21世纪经济学系列教材

宏观经济学习题集

（第三版）

主　编　张　顺
副主编　田金莹　师颖新
主　审　张树安

中国人民大学出版社
·北京·

作者简介

张顺，经济学博士，资深经济学副教授，有二十多年讲授西方经济学的经历，曾任经济学专业教研室主任。多次担任西方经济学考研辅导主讲教师，热爱学生，喜欢与学生探讨、研究经济社会问题。一直工作在教学第一线，潜心研究教学内容，完善教学方法，提升教学效果。曾经讲授宏观经济学、微观经济学、政治经济学、区域经济学、发展经济学、制度经济学、管理经济学等课程。主持多项省部级经济社会发展课题，出版教材和专著多部，公开发表经济学论文三十多篇。

同时，本书其他参编人员都是讲授西方经济学十年以上的专职教师，熟悉教材重点、难点、知识体系和考试出题思路，自编和选编的各类习题都具有很强的代表性、权威性和启发性。

内容简介

本书是高鸿业主编的经典教材《西方经济学》（宏观部分）的配套习题集。本书以高鸿业主编的《西方经济学》（宏观部分）教材为基础，并参考其他普通高等院校通用教材。本习题集按章编写，每章都包括三部分内容：第一部分是课后习题详解，对教材中的全部习题都给出了详细的答案；第二部分是精编习题；第三部分是精编习题详解。内容紧扣教材，提炼了教材的每一个知识点。习题内容包括涉及宏观经济学的基本概念、基本理论、基本分析方法的各种试题。

本书的特点及适用范围如下：（1）本书以试题的形式提炼知识点，以答案的形式归纳、提升、扩展基本理论和技能，读者通过阅读本书可以轻松掌握宏观经济学基本概念和基本理论，提高运用经济理论、经济学方法分析和解决经济问题的能力。（2）本书内容力求做到紧扣教材、深入浅出、题型全面、重点突出，针对每个小知识点都编写了大量的名词解释、单项选择题、多项选择题和判断题，尽量覆盖全部知识点，这些客观性试题一共有1 000多道，对于读者全面掌握知识点和参加各种考试帮助极大。对于复杂的理论问题，本书以问答题和计算题的形式进行阐述。（3）个别内容相对重要，但是一些教材限于篇幅，没有涉及，本习题集以主观题形式进行了详解，这类习题以 * 号标识，请读者酌情掌握。（4）本书可以作为高校本科生、考研学生以及自考、夜大、函授、电大学生学习宏观经济学的配套教材。每类题型都配有参考答案，因此，本书是自学、自测、巩固提高、加深理解基本理论和基本知识的良师益友、必备读物。

总　序

改革开放以来，经济社会的发展对中国经济学教育、教学产生了重要的影响，提出了新的要求。为了使经济学教育、教学根植于我国改革开放和现代化建设的肥沃土壤，服务于时代和实践的需求，中国人民大学出版社从本世纪初就开始组织国内知名经济学者编写适应新时期经济学教学的“21世纪经济学系列教材”。

十多年来，21世纪经济学系列教材已经逐步推出了许多适合中国特点的经济学教科书，影响了一批又一批的青年学子。这其中，我国经济学界杰出教育家、西方经济学学科主要奠基人之一高鸿业先生主编的《西方经济学》，已成为我国高校经济学专业的权威教材，读者早已超过千万！中国马克思主义政治经济学的奠基人宋涛先生的《政治经济学教程》，对马克思主义政治经济学在中国的传播、普及和发展发挥了重要作用。该系列已经出版的其他教材，如孙久文教授的《区域经济学教程》、彭刚教授的《发展经济学教程》、王则柯教授的《博弈论教程》、黄卫平教授的《国际经济学教程》等等，都产生了广泛的影响，为中国的经济学教育作出了贡献。

近几年来，中国的经济学教育、教学面临新的形势，取得了长足的进步：一是我国经济学界教育思想、教育观念已经发生了重大转变，更加重视素质教育；二是教学内容有了重大改革，在学科专业调整建设、课程体系、教学内容改革方面取得了进展；三是教育、教学方法有了重大进步，更加重视理论联系实际，实验、实践、案例教学逐步加强，现代化教学手段被广泛应用。

有鉴于此，为了应对新的形势与变化，中国人民大学出版社在认真调查研究高等学校经济学专业本科培养方案和课程教学大纲的基础上，组织专家学者，经过反复研究论证、合理定位、精心写作、吐故纳新，进一步整合优化了“21世纪经济学系列教材”。这套教材将涵盖经济学专业所有的基础课、主干课、核心课，使学生通过《政治经济学》《微观经济学》《宏观经济学》等基础理论教材的学习，掌握经济学的基础理论，培养厚实的经济学理论功底；通过《产业经济学》《区域经济学》《国际经济学》等应用类主干课程教材的学习，掌握现实经济部门的运行和发展；通过《经济学说史》《经济思想史》《世界经济史》等经济史学类教材的学习，理解经济学的发展和演变规律；通过《计量经济学》《统计学》等经济学方法类教材的学习，掌握经济学的思考方法和具体的研究方法；通过《博弈论》《行为经济学》

等专业教材的学习，了解经济学理论的前沿进展；通过《西方经济学典型题题解》等基础课程的配套教辅书的学习，牢固掌握所学经济学理论。

这套教材的编写特色主要体现在以下几个方面：

第一，作者阵容强大，教学经验丰富。作者大都是来自中国人民大学、北京大学、清华大学、南开大学、复旦大学、浙江大学、武汉大学等国内重点大学的学科带头人，有很高的科研水平和丰富的教学经验。

第二，在教材编写和内容安排上，强调基础知识、基本理论、基本技能。同时充分吸收国内外优秀教材的优点，定位明确，体系科学，概念准确，深入浅出。

第三，融合本学科现有的研究成果，反映本学科研究的最新进展，反映中国改革开放和现代化建设实践中的新成果，反映当今世界发生的深刻变革对经济学理论和实践产生的影响。

第四，教材重视加入现实经济生活中的案例、新闻素材等内容，使教材的可读性更强，更能够与当前中国经济现实结合起来，使学生能够学以致用。

中国人民大学出版社希望通过这套教材的出版，与广大教师、学生一起研究和探讨，进一步提高中国经济学教材的编写水平，提高经济学教学质量，为经济学的发展，为培养具有实践能力与创新能力、具有国际视野又了解中国国情的高层次经济学人才作出新的贡献。

前 言

随着我国市场经济的发展，西方经济理论的教学和研究越来越受到重视。在高等院校，宏观经济学是经济及管理类学科的基础课和必修课，也是其他各类人士提高综合素质和适应市场经济工作应该了解并掌握的基本理论。要学好宏观经济学，除了看教材、查阅文献和听课之外，还必须有针对性地分析一些案例、做一些练习题，培养经济学思维。为了满足广大读者对宏观经济学的学习及高等院校教学的需要，实现教学大纲、教材、案例集、课件及习题集的配套，中国人民大学、北京大学、东北财经大学、大连民族大学、吉林大学、大连财经学院、大连海洋大学、哈尔滨商业大学和上海海关学院等高校常年讲授西方经济学的骨干教师联合起来，精心编写了这本习题集。

本书的编写分工如下：由张顺负责总设计、主要编写和修改校对工作。张顺编写第十二章到第十七章，田金莹编写第十八章到第二十章，师颖新编写第二十一章，黄亚军编写第二十二章。另外，本书得以顺利出版要感谢中国人民大学、北京大学、东北财经大学、大连民族大学、吉林大学、大连财经学院、大连海洋大学、哈尔滨商业大学、上海海关学院的教师和领导的支持与帮助，感谢在编写过程中程恩富教授、刘大志教授、张巨勇教授、林权教授、韩平教授、张英教授、张国红教授、薛建强老师、王力南老师、刘丹老师、关溪媛老师、曹阳老师、路继业老师、陈太明老师、张芳老师、解柠羽老师、孙青芬老师、许辉老师、施维明老师、孙显峰老师提供的宝贵建议或资料，感谢张奎、邱百艳等朋友的合作及共同努力，感谢中国人民大学出版社编辑王晗霞、刘美昱的策划、指导以及审阅。对于本书的错误和不足，希望读者和专家不吝指正，你们的指导对我们完善此书将有巨大的帮助。主编的邮箱地址是“西方经济学习题集”拼音的首字母组合，具体为：xfjjxxtj@126.com。

编写组

2021年7月于大连

目　录

第十二章

宏观经济的基本指标及其衡量

第一部分　课后习题详解

1. 宏观经济学和微观经济学有什么联系和区别？为什么有些经济活动从微观看是合理的、有效的，而从宏观看却是不合理的、无效的？

解答：两者之间的区别在于：

（1）研究的对象不同。微观经济学研究单个经济主体的最优化行为；宏观经济学研究一国整体经济的运行规律和宏观经济政策。

（2）解决的问题不同。微观经济学解决资源配置问题；宏观经济学解决资源利用问题。

（3）中心理论不同。微观经济学的中心理论是价格理论，所有的分析都是围绕价格机制的运行展开的；宏观经济学的中心理论是国民收入（产出）理论，所有的分析都是围绕国民收入（产出）的决定展开的。

（4）研究方法不同。微观经济学采用的是个量分析方法；宏观经济学采用的是总量分析方法。

两者之间的联系主要表现在：

（1）二者都是通过需求曲线和供给曲线决定价格和产量，而且曲线的变动趋势相同。

（2）相互补充。微观经济学是在假设资源得到充分利用的前提下研究资源如何实现最优配置的问题，而宏观经济学是在假设资源已经实现最优配置的前提下研究如何充分利用这些资源。它们共同构成经济学的基本内容。

（3）微观经济学和宏观经济学都以实证分析作为主要的分析和研究方法。

（4）微观经济学是宏观经济学的基础。当代宏观经济学越来越重视微观基础的研究，即将宏观经济分析建立在微观经济主体行为分析的基础上。

由于微观经济学和宏观经济学分析问题的角度不同，分析方法也不同，因此有些经济活动从微观看是合理的、有效的，而从宏观看却是不合理的、无效的。例如，在经济生活中，某个厂商降低工资，从该厂商的角度看，成本低了，市场竞争力强了，但是如果所有厂商都降低工资，则上面降低工资的那个厂商的竞争力就不会增强，而且职工整体工资收入降低以后，整个社会的消费以及有效需求也会降低。同样，一个人或者一个家庭实行节约，可以增加家庭财富，但是如果大家都节约，社会需求就会降低，生产和就业就会受到影响。

2. 举例说明最终产品和中间产品的区别不是根据产品的物质属性而是根据产品是否进入最终使用者手中。

解答： 最终产品是指在核算期内不需要再继续加工、直接可供社会投资与消费的产品和劳务。中间产品是指在核算期间须进一步加工、目前还不作为社会投资和消费的产品和劳务。在国民收入核算中，一件产品究竟是中间产品还是最终产品，不能根据产品的物质属性来加以区分，而只能根据产品是否进入最终使用者手中这一点来加以区分。例如，我们不能根据产品的物质属性来判断面粉和面包究竟是最终产品还是中间产品。如果面粉为面包厂所购买，则面粉是中间产品；如果面粉为家庭主妇所购买，则面粉是最终产品。同样，如果面包由面包商店卖给消费者，则它是最终产品，但如果面包由生产厂出售给面包商店，则它属于中间产品。

3. 为什么人们从公司债券中得到的利息应计入 GDP，而从政府公债中得到的利息不计入 GDP?

解答： 从公司债券中得到的利息应计入 GDP，而从政府公债中得到的利息不计入 GDP。这是因为：

（1）购买公司债券实际上是借钱给公司用，公司从人们手中借到了货币，把货币投入生产，比如购买机器设备，就是货币提供了生产性服务，可被认为创造了价值，因而公司债券的利息可被看作是资本这一要素提供生产性服务的报酬或收入，当然要计入 GDP。

（2）政府公债的利息被看作是转移支付，因为政府借的债不一定被投入生产活动，而往往是用于弥补财政赤字。政府公债的利息常常被看作是利用从纳税人身上所取得的收入来支付的，因而习惯上被看作是转移支付。转移支付是不计入 GDP 的。

4. 为什么政府给公务员发的工资要计入 GDP，而给灾区或困难人群发的救济金不计入 GDP?

解答： 政府通过雇请公务员为社会提供了服务，公务员提供服务创造了价值，而且发生了实际的市场交易活动，所以政府给公务员发的工资要计入 GDP。而政府给灾区或困难人群发的救济金属于转移支付，转移支付只是简单地把一些人或一些组织的收入转移给另一些人或另一些组织，在这个过程中没有创造价值，也没有相应的产品或劳务的交换发生，所以这些救济金不计入 GDP。

另外救济金属于转移支付，最终会变成消费或投资。若救济金（转移支付）计入 GDP，再把由此引起的消费或投资也计入 GDP，则会出现重复计算。

5. 为什么企业向政府缴纳的间接税也计入 GDP?

解答： 用收入法核算国内生产总值（GDP）即用要素收入亦即企业生产成本核算国内生产总值。严格说来，最终产品的市场价值除了生产要素收入构成的成本，还有企业间接税、折旧、公司未分配利润等。企业间接税虽然不是生产要素创造的收入，但要通过产品价格转嫁给购买者，故也应被视为成本。企业间接税主要包括货物税或销售税、周转税等。为了使用支出法计得的 GDP 和用收入法计得的 GDP 相一致，必须把企业间接税计入 GDP。举例来说，某人购买一件上衣支出 100 元，这 100 元以支出形式计入 GDP。实际上，若这件上衣价格中含有 5 美元的消费税和 3 美元的折旧，则作为要素收入的就只有 92 美元。因此，用收入法计算 GDP 时，应把这 5 美元和 3 美元一起加到 92 美元中作为收入计入 GDP。

6. 假设某国某年发生了以下活动：(a) 一家银矿公司支付 7.5 万美元工资给矿工开采 50 千克银并卖给一个银器制造商，售价 10 万美元；(b) 银器制造商支付 5 万美元工资给工人加工一批项链并卖给消费者，售价 40 万美元。

(1) 用最终产品生产法计算 GDP。

(2) 在生产活动中赚得的工资和利润各为多少？用收入法计算 GDP。

解答：(1) 项链为最终产品，价值 40 万美元，所以 GDP＝40（万美元）。

(2) 在生产活动中，所获工资共计：7.5＋5＝12.5（万美元）；在生产活动中，所获利润共计：(10－7.5)＋(30－5)＝27.5（万美元）。用收入法计得的 GDP 为 12.5＋27.5＝40（万美元）。

7. 一经济社会生产三种产品：书、面包和菜豆。它们在 2016 年和 2017 年的产量和价格如下表所示。

	2016 年		2017 年	
	产量	价格	产量	价格
书	100 本	10 美元	110 本	10 美元
面包	200 条	1 美元	200 条	1.5 美元
菜豆	500 千克	0.5 美元	450 千克	1 美元

试求：

(1) 2016 年名义 GDP。

(2) 2017 年名义 GDP。

(3) 以 2016 年为基期，2016 年和 2017 年的实际 GDP 是多少？这两年实际 GDP 变化了多少百分比？

(4) 以 2017 年为基期，2016 年和 2017 年的实际 GDP 是多少？这两年实际 GDP 变化了多少百分比？

(5)“GDP 的变化取决于我们用哪一年的价格作为衡量实际 GDP 的基期价格。”这句话是否正确？

(6) 以 2016 年作为基期，计算 2016 年和 2017 年的 GDP 折算指数。

解答：(1) 2016 年名义 GDP＝10×100＋1×200＋0.5×500＝1 450（美元）。

(2) 2017 年名义 GDP＝10×110＋1.5×200＋1×450＝1 850（美元）。

(3) 如果以 2016 年为基期，则

$$\text{2016 年的实际 GDP}=10\times100+1\times200+0.5\times500=1\,450(\text{美元})$$

$$\text{2017 年的实际 GDP}=10\times110+1\times200+0.5\times450=1\,525(\text{美元})$$

$$\text{这两年的实际 GDP 变化}=\frac{1\,525-1\,450}{1\,450}\times100\%\approx5.2\%$$

(4) 如果以 2017 年为基期，则

2016 年的实际 GDP$=10\times100+1.5\times200+1\times500=1\,800$(美元)

2017 年的实际 GDP$=10\times110+1.5\times200+1\times450=1\,850$(美元)

$$这两年的实际 GDP 变化=\frac{1\,850-1\,800}{1\,800}\times100\%\approx2.8\%$$

(5)“GDP 的变化取决于我们用哪一年的价格作为衡量实际 GDP 的基期价格。”这句话是不正确的，因为实际 GDP 的变化取决于产出变化，与价格无关；名义 GDP 由当年价格水平和社会总产出决定。

(6) 2016 年 GDP 折算指数=名义 GDP/实际 GDP=1 450/1 450=100%。

2017 年 GDP 折算指数=名义 GDP/实际 GDP=1 850/1 525=121.3%。

8. 假定一国有下列国民收入统计资料：

某国的国民收入统计资料 单位：亿美元

国内生产总值	4 800
总投资	800
净投资	300
消费	3 000
政府购买	960
政府预算盈余	30

试计算：(1) 国内生产净值；(2) 净出口；(3) 政府税收减去转移支付后的收入；(4) 个人可支配收入；(5) 个人储蓄。

解答：(1) 国内生产净值=国内生产总值−资本消耗补偿，而资本消耗补偿即折旧，等于总投资减净投资后的余额，即 800−300=500，因此国内生产净值=4 800−500=4 300（亿美元）。

(2) 从 GDP$=c+i+g+nx$ 中可知 $nx=$GDP$-c-i-g$，因此，净出口 $nx=4\,800-3\,000-800-960=40$（亿美元）。

(3) 用 BS 代表政府预算盈余，T 代表税收，TR 代表转移支付，则有 $BS=T-TR-g$，所以政府税收减去转移支付后的收入 $T-TR=BS+g=30+960=990$（亿美元）。

(4) 个人可支配收入本来是个人收入减去个人所得税后的余额，本题条件中没有说明间接税、公司利润、社会保险税等因素，因此，可由国内生产净值直接得到个人可支配收入，即 $y_d=4\,300-990=3\,310$（亿美元）。

(5) 个人储蓄 $S=y_d-c=3\,310-3\,000=310$（亿美元）。

9. 假定国内生产总值是 5 000，个人可支配收入是 4 100，政府预算赤字是 200，消费是 3 800，贸易赤字是 100（单位都是亿元）。

试计算：(1) 储蓄；(2) 投资；(3) 政府支出。

解答：(1) 用 s 代表储蓄（即私人储蓄 s_p），用 y_d 代表个人可支配收入，则

$$s=y_d-c=4\,100-3\,800=300(亿元)$$

(2) 用 i 代表投资，用 s_p、s_g 和 s_r 分别代表私人部门、政府部门和国外部门的储蓄，则 $s_g=t-g=BS$，在这里，t 代表政府税收收入，g 代表政府支出，BS 代表政府预算盈余，在本题中，$s_g=BS=-200$。

s_r 表示国外部门的储蓄，即外国的出口减去进口，对本国来说，则是进口减去出口，在本题中为 100，因此投资为

$$i=s_p+s_g+s_r=300+(-200)+100=200(\text{亿元})$$

（3）从 GDP$=c+i+g+(x-m)$ 可知，政府支出

$$g=5\,000-3\,800-200-(-100)=1\,100(\text{亿元})$$

10. 举例说明资本存量、总投资、净投资和重置投资四者的关系，这四者是否都计入 GDP？它们是否一定都是正数？

解答： 总投资＝重置投资＋净投资，即净投资＝总投资－重置投资。各个时期净投资的总和为某一节点的资本存量。

总投资增加时资本存量不一定增加，总投资增加时净投资不一定增加，而只有净投资增加时，资本存量才能增加。例如，某年某国总投资是 200 亿元，假如重置投资是 50 亿元，则净投资为 150 亿元，本期资本存量增加 150 亿元。

GDP 核算的是总投资，而不是资本存量、净投资和重置投资。但总投资包含了净投资和重置投资，总投资变动会影响资本存量。

资本存量、重置投资一定为正数。一个社会不能停止消费和生产活动，要进行生产活动必须有资本存量，所以资本存量一定为正数。资本每年必然产生折旧，折旧对应重置投资，所以重置投资一定是正数。总投资不可能是负数。即使本年度没有生产任何资本品，总投资也只是零而不能为负。净投资不一定都是正数，可能是负数。如果本年度生产的资本品的价值不足以弥补资本的折旧，则净投资就为负数。

11. 为什么存货会被算作资本、存货变动会被算作投资？

解答： 一般情况下，企业的存货包括下列三种类型的有形资产：（1）在正常经营过程中存储以备出售的存货。（2）为了最终出售但目前处于生产加工过程中的各种物品，如工业企业的在产品、自制半成品以及委托加工物资等。（3）为了生产供销售的产品或提供劳务以备消耗的存货。这是指企业为生产产品或提供劳务而储备的以供耗用的各种原材料、燃料、包装物、低值易耗品等。

资本是能够提供生产服务的各种生产资料。存货对厂商来说，像设备一样，能为生产提供某种服务。存货对厂商的正常经营来说是必不可少的，它构成资本存量的一部分。

GDP 是某经济社会在一个时期所生产的产品价值。存货的增加是生产活动的结果。GDP 核算的存货投资主要是产成品的增加，包括意愿存货投资和非意愿存货投资。如果把存货排除在 GDP 之外，只统计当期销售额，而不是统计生产额，会低估 GDP。例如，某国某年生产了 5 000 亿美元产值，但只卖出了 4 500 亿美元，还有 500 亿美元应被看作是由企业自己购买，要作为存货投资计入 GDP。

12. 为什么计入 GDP 的只能是净出口而不是出口？

解答： GDP 核算的是本国在一定时期内生产的产品和劳务的市场价值总和。出口是本国生产的一部分，因而也是本国 GDP 的一部分，而从外国进口的货物并不是本国生产的一部分，只是外国生产的一部分，却被计入本国的消费、投资和政府购买，所以要减去进口部分，否则就会犯多计算 GDP 的错误。

例如，进口 1 台价值 100 万美元的机器，被计入本国投资，进口价值 50 万美元的食

品，被计入本国消费。如果我们核算 GDP 时不把这 150 万美元的进口减去，就会误把外国生产的 GDP 计作本国的 GDP。因此，我们在计算 GDP 时，必须从出口中扣除进口即仅计算净出口，否则就会多计算 GDP。

13. 假定甲厂商为乙厂商提供服务应得的报酬为 400 美元，乙厂商为甲厂商提供服务应得的报酬为 300 美元，甲和乙商定互相抵销 300 美元，结果甲只收乙 100 美元。试问计入 GDP 的是否就是这 100 美元？

解答：GDP 核算的是本国在一定时期内生产的产品和劳务的市场价值总和，所以甲厂商和乙厂商不管为谁提供服务，它们所创造的价值都应该为 GDP 的核算数值，不应该相互抵销，所以有：

GDP＝400＋300＝700（美元）

14. 根据下列统计资料计算国民收入（NI）、国内生产净值（NDP）、国内生产总值（GDP）、个人收入（PI）。

单位：亿美元

折旧	20	间接税	15	红利	100
公司利润	250	个人租金收入	140	社会保险税	10
雇员报酬	500	非公司企业主收入	200	政府转移支付	50
企业支付的利息	25				

（1）国民收入（NI）＝公司利润＋个人租金收入＋雇员报酬＋非公司企业主收入＋企业支付的利息＝250＋140＋500＋200＋25＝1 115（亿美元）。

（2）国内生产净值(NDP)＝国民收入＋间接税＝1 115＋15＝1 130（亿美元）。

（3）国内生产总值(GDP)＝国内生产净值＋折旧＝1 130＋20＝1 150（亿美元）。

（4）个人收入(PI)＝国民收入＋红利－(公司利润＋社会保险税)＋政府转移支付＝1 115＋100－(250＋10)＋50＝1 005（亿美元）。

15. 消费价格指数（CPI）能完美地衡量人们的生活费用变动吗？

解答：消费价格指数能够在很大程度上反映人们生活费用的变动，但不能完美地衡量人们生活费用的变动。这是因为：

（1）消费价格指数的“一篮子”产品和劳务组合的种类和数量是相对固定的，如果一些消费者实际消费的“一篮子”产品和劳务的组合和数量与计算 CPI 所采用的“一篮子”产品和劳务不一致，这些消费者的生活费用及其变化就不能够完全在 CPI 上反映出来。

（2）CPI 没有考虑到消费者的替代倾向。当产品和劳务的价格变动时，它们并不是同比例变动的，一些产品和劳务价格上涨较明显，一些产品和劳务价格上涨比较缓慢，而另一些产品和劳务的价格甚至会下降。对此消费者会进行消费产品和劳务的替代，即少消费价格上升明显的产品和劳务，多消费价格上升缓慢甚至下降的产品和劳务。但是，CPI 的“一篮子”产品和劳务组合是固定的，因此 CPI 会高估生活费用的变化。

（3）CPI 没有考虑新产品或新劳务的出现。在新产品或新劳务出现后，消费者有了更多的选择，而更多的选择意味着消费者为了维持既定生活水平所需要支出的钱可以减少，因此 CPI 会高估生活费用的变化。

（4）CPI 难以反映和衡量产品和劳务的质量。如果一种产品或劳务的质量提高了，而这种产品或劳务的价格保持不变，则单位货币的购买力实际上是上升了；反之亦然。

第二部分　精编习题

一、名词解释

1. 国民生产总值
2. 国内生产总值
3. 国民收入
4. 个人收入
5. 个人可支配收入
6. 名义国内生产总值
7. 实际国内生产总值
8. 国内生产总值折算指数
9. 最终产品
10. 中间产品
11. 重置投资
12. 失业率
13. 劳动力参与率
14. 消费价格指数
15. 生产者价格指数
16. 绿色 GDP
17. 采购经理指数

二、单项选择题

1. 宏观经济学的研究对象是（　　）。
A. 社会总体的经济行为及其后果
B. 经济活动个体决策者的行为及其后果
C. 消费者或生产者个体利益最大化
D. 以上都对
2. 下列关于宏观经济学的描述错误的是（　　）。
A. 宏观经济学以社会总体的经济行为及其后果为研究对象
B. 宏观经济学研究的是整个社会的经济活动
C. 宏观经济学采用个量分析法
D. 国民收入是进行宏观分析的关键
3. 宏观经济学以（　　）为中心，被称为（　　）理论。
A. 国民收入，收入　　B. 价格，价格
C. 国民收入，价格　　D. 价格，收入
4. 因为 GDP 包括不同种类的产品，所以在计算 GDP 的时候采用（　　）。
A. 消费者评价　　B. 市场价格
C. 生产成本　　D. 特定商品数量
5. 国内生产总值中的最终产品是指（　　）。
A. 有形的产品
B. 无形的产品
C. 既包括有形的产品，也包括无形的产品

D. 以上都不对

6. 国内生产总值是下列哪一项的市场价值？（　　）

A. 一年内一个经济的所有交易

B. 一年内一个经济中交换的所有产品和劳务

C. 一年内一个经济中交换的所有最终产品

D. 一年内一个经济中生产的所有最终产品

7. 如果钢铁、油漆、绝缘材料以及所有用来制造一个电烤炉的原料的价值在计算GDP时都包括进去了，那么这种衡量方法（　　）。

A. 因各种原料都进入市场交易，所以是正确的

B. 因为重复记账导致过高衡量

C. 因为重复记账导致过低衡量

D. 由于各种原料起初都是生产者存货的一部分，故没有影响

8. 下列哪一项不是按收入法核算国内生产总值的要素收入？（　　）

A. 业主收入　　B. 雇员报酬

C. 政府转移支付　　D. 个人租金收入

9. 下列项目应计入GDP的是（　　）。

A. 购买一辆二手卡车　　B. 购买国债

C. 政府转移支付　　D. 购买当年建造的房屋

10. 下列应该计入当年国内生产总值的是（　　）。

A. 用来生产面包的面粉　　B. 居民家庭食用的面粉

C. 企业为居民加工面条的面粉　　D. 以上都不对

11. 下列不包括在GDP里面的是（　　）。

A. 理发师提供的服务　　B. 外教的工资

C. 租房子的租金　　D. 农户种植的用于自家食用的蔬菜

12. 张三雇人进行家庭保洁，李四自己进行家庭保洁，下列说法正确的是（　　）。

A. 只有张三雇人进行家庭保洁支付的报酬应包括在GDP中

B. 张三雇人支付的报酬和李四自己进行家庭保洁的估计价值都应包括在GDP中

C. 只有李四自己进行家庭保洁的估计价值应包括在GDP中

D. 张三雇人支付的报酬和李四自己进行家庭保洁的估计价值都不应包括在GDP中

13. 张三到洗衣店清洗衣服，下列说法正确的是（　　）。

A. GDP将增加，而消费总支出没有变化

B. GDP不变，而消费总支出增加

C. GDP和消费总支出都将增加

D. GDP和消费总支出都没有变化

14. 张三自己在家洗衣服，下列说法正确的是（　　）。

A. GDP将增加，而消费总支出没有变化

B. GDP不变，而消费总支出增加

C. GDP和消费总支出都将增加

D. GDP和消费总支出都没有变化

15. 下列应该计入当年国内生产总值的是（　　）。

A. 当年生产的电视机

B. 去年生产而今年销售出去的电视机

C. 某人去年收购而在今年转售给他人的电视机

D. 以上都对

16. 某汽车厂 2016 年的库存汽车增加了 1 万辆，并在 2017 年全部销售出去，下列说法正确的是（　　）。

A. 这 1 万辆汽车应该计入 2016 年的 GDP

B. 这 1 万辆汽车应该计入 2017 年的 GDP

C. 这 1 万辆汽车应该计入 2016 年的 GDP，同时也应该计入 2017 年的 GDP

D. 这 1 万辆汽车既不应该计入 2016 年的 GDP，也不应该计入 2017 年的 GDP

17. 某手机生产企业 2016 年生产了 100 万部手机，其中销售了 80 万部，其余 20 万部成为库存，这 20 万部库存手机在 2017 年全部销售出去，下列说法正确的是（　　）。

A. 这 100 万部手机都应该计入 2016 年的 GDP

B. 这 100 万部手机都应该计入 2017 年的 GDP

C. 80 万部手机应该计入 2016 年的 GDP，20 万部手机应该计入 2017 年的 GDP

D. 以上都正确

18. 下列变量不是流量的是（　　）。

A. 个人可支配收入　　B. 消费支出

C. 个人财富　　D. GDP

19. 下面不属于流量的是（　　）。

A. 净出口　　B. 折旧

C. 转移支付　　D. 国家债务

20. 下列哪项会计入 GDP?（　　）

A. 政府支付国债利息　　B. 购买二手房

C. 购买普通股票　　D. 购买一件新衣服

21. 对于一个经济体核算来讲，下列说法正确的是（　　）。

A. 收入大于产出　　B. 产出大于收入

C. 收入总是等于产出　　D. 以上都有可能

22. 政府购买支出是指（　　）。

A. 政府购买各种产品和劳务的支出　　B. 政府购买各种产品的支出

C. 政府购买各种劳务的支出　　D. 以上都不对

23. 按支出法，应计入私人国内总投资的项目是（　　）。

A. 个人购买的小汽车　　B. 个人购买的游艇

C. 个人购买的住房　　D. 个人购买的黄金期货

24. 政府给残疾人发放的救济金属于（　　）。

A. 政府购买支出　　B. 转移支付

C. 税收　　D. 消费

25. 向政府雇员支付的报酬属于（　　）。

A. 政府购买支出 B. 转移支付
C. 税收 D. 消费
26. 下列哪一项不列入国内生产总值的核算？（ ）
A. 出口到国外的一批货物 B. 企业走私赚取的收益
C. 经纪人为一幢房屋买卖收取的佣金 D. 保险公司收到的财产保险费
27. 下列各项可被计入 GDP 的是（ ）。
A. 家庭主妇的家务劳动 B. 拍卖毕加索的画所得的全部收入
C. 晚上为邻居照看孩子所得到的收入 D. 从政府那里获得的困难补助收入
28. 下列应该计入 GDP 的是（ ）。
A. 张三卖出股票所获得的收入 B. 张三获得政府支付的国债利息
C. 张三购买二手房的支出 D. 张三出租房子所获得的租金收入
29. 在国民收入核算体系中，测度某区域在一定时期内生产的所有最终产品的价值量的是（ ）。
A. 国内生产净值 B. 国内生产总值
C. 可支配收入 D. 以上说法均不正确
30. 为了鼓励大学生创业，政府提供的资助金应该（ ）。
A. 包括在 GDP 中，因为资助金是政府支出的一部分
B. 包括在 GDP 中，因为资助金是企业投资的一部分
C. 不包括在 GDP 中，因为资助金是政府转移支付的一部分
D. 以上都不正确
31. 已知某国的资本存量在年初时为 2 000 亿元，该国在本年度生产了 500 亿元的资本品，同时资本的折旧消耗是 300 亿元，则该国在本年度的总投资和净投资分别为（ ）。
A. 500 亿元和 200 亿元 B. 2 500 亿元和 2 200 亿元
C. 500 亿元和 300 亿元 D. 2 300 亿元和 500 亿元
32. 在核算 GDP 时，投资是指（ ）。
A. 购买股票、债券等金融资产
B. 购买房地产和金融资产
C. 购买新设备、存货和新的包括住宅在内的建筑物
D. 购买新设备、存货、新的建筑物和家庭教育支出
33. 近年来，我国政府增加了在机场安保方面的开支，这些产品和劳务的支出（ ）。
A. 不包括在 GDP 里，因为它们是非常性支出
B. 包括在 GDP 里，因为它们是政府购买支出
C. 不包括在 GDP 里，因为它们是转移支付
D. 只有中央政府的支出包括在 GDP 里，地方政府的支出不包括在 GDP 里
34. 按照支出法，下列哪项会计入 GDP？（ ）
A. 政府转移支付 B. 购买二手房屋
C. 购买一件古董 D. 政府修建公路
35. 在一个只有家庭和企业的经济中，按照收入法计算 GDP，GDP 等于（ ）。
A. 加总所有家庭的支出 B. 加总所有企业的支出

C. 加总所有由企业支付的收入　　D. 以上都正确

36. 下列不属于国民收入的是（　　）。

A. 租金收入　　B. 政府支付的失业救济金

C. 工资　　D. 企业支付的利息

37. 国内生产总值与国内生产净值的差是（　　）。

A. 间接税　　B. 直接税

C. 折旧　　D. 以上都不对

38. 下列关系式错误的是（　　）。

A. NDP＝GDP－折旧　　B. NI＝NDP－企业间接税

C. DPI＝PI－个人所得税　　D. NNP＝GNP＋折旧

39. 关于个人收入的描述错误的是（　　）。

A. 个人收入指一个国家在一定时期内所有个人获得的收入总和

B. 个人收入等于国民收入减去公司未分配利润、公司所得税、社会保险税，再加上个人转移支付收入

C. 个人收入是居民个人可以用于消费和储蓄的收入

D. 个人收入缴纳个人所得税后所剩的余额是个人可支配收入

40. 国内生产净值与国民收入的差是（　　）。

A. 间接税　　B. 直接税

C. 公司未分配利润　　D. 以上都不对

41. 在三部门经济中，下列哪一项不是恒等式？（　　）

A. $Y=C+I+G$　　B. $C+I+G=C+S+T$

C. $S+T=I+G$　　D. $Y=C+S$

42. 下列储蓄—投资恒等式错误的是（　　）。

A. 在两部门经济中，$I=S$

B. 在三部门经济中，$I=S+(T-G)$

C. 在四部门经济中，$I=S+(G-T)+(X-M+K_r)$

D. 在四部门经济中，$I=S+(T-G)+(M-X+K_r)$

43. 为使不同年份的 GDP 具有可比性，需要对 GDP 进行调整，原因是（　　）。

A. GDP 是一个现行市场价值的概念，受价格指数影响

B. 不同年份的 GDP 的实物数量不同

C. 不同年份的 GDP 所含的折旧和间接税不同

D. GDP 包含了非物质生产部门的成果

44. 某经济体如果 2003 年的 GDP 以当年价格计算为 3 980 亿元，2013 年的 GDP 以当年价格计算为 6 760 亿元，相应的价格指数 2003 年为 91，2013 年为 111，那么，2013 年的 GDP 实际值与 2003 年的 GDP 实际值相比（　　）。

A. 增长了约 40%　　B. 增长了约 70%

C. 增长了约 90%　　D. 增长了约 20%

45. 今年的名义 GDP 增加了，说明（　　）。

A. 今年的物价上涨了　　B. 今年的物价和产出都增加了

C. 今年的产出增加了　　D. 不能确定

46. 假设某经济体第 1 年即基年的名义 GDP 为 500 亿元人民币，如果第 8 年价格指数翻了一倍而实际产出增加了 50%，则第 8 年的当期名义 GDP 等于（　　）。

A. 2 000 亿元　　B. 1 500 亿元

C. 1 000 亿元　　D. 750 亿元

47. GDP 折算指数反映的是（　　）。

A. 相对于当前价格水平的基期价格水平

B. 相对于基期价格水平的当前价格水平

C. 相对于当前实际产出水平的基期实际产出水平

D. 相对于基期实际产出水平的当前实际产出水平

48. 在通货膨胀期间，一般（　　）。

A. 名义 GDP 与实际 GDP 以相同的速度上升

B. 名义 GDP 比实际 GDP 以更快的速度上升

C. 名义 GDP 比实际 GDP 以更慢的速度上升

D. 无法确定

49. 当 GDP 折算指数上升，而实际 GDP 上升时，（　　）。

A. 名义 GDP 上升　　B. 名义 GDP 下降

C. 名义 GDP 不变　　D. 以上都有可能

50. 某国 2000 年成年人总数大概为 4 800 万人，劳动力参与率是 65%，失业率是 5%，那么就业和失业人数分别大约是（　　）。

A. 2 950 万和 270 万　　B. 2 964 万和 156 万

C. 2 780 万和 270 万　　D. 2 950 万和 170 万

51. 没有工作，目前正在找工作，但还没有找到工作的大学毕业生（　　）。

A. 既没有就业也不是劳动力　　B. 是劳动力但失业

C. 失业但不是劳动力　　D. 就业且是劳动力

52. 某地区在 2016—2017 年间的统计数据表明，就业人数增加，而失业率也有所上升，那么该如何解释？（　　）

A. 在 2016—2017 年间当地劳动力总数上升幅度快于就业人数增加幅度

B. 在 2016—2017 年间当地劳动力总数下降

C. 在 2016—2017 年间当地人口出生率上升

D. 该数据有问题

53. 如果一个失业者停止找工作，那么失业率会（　　）。

A. 下降，且劳动力参与率上升　　B. 下降，且劳动力参与率下降

C. 不变，且劳动力参与率下降　　D. 和劳动力参与率一样保持不变

54. 下列哪项不会降低失业率？（　　）

A. 失业人数减少

B. 就业人数减少，且劳动力人数同比减少

C. 就业人数增加

D. 放弃继续寻找工作的人数增加

55. 某国的人口总数是 1 000 万，其中劳动力是 800 万，就业人数是 700 万，那么该国的失业率是（　　）。

A. 10%　　B. 12.5%　　C. 20%　　D. 30%

56. 如果 2016 年底的价格指数是 128，2017 年底的价格指数是 136，那么，2017 年的通货膨胀率是（　　）。

A. 4.2%　　B. 5.9%　　C. 6.25%　　D. 8%

57. 下列不是衡量通货膨胀的价格指数的是（　　）。

A. 消费价格指数　　B. 生产者价格指数

C. 行业景气指数　　D. 国内生产总值折算指数

58. 如果 2014 年的 CPI 是 400，而 2000 年的 CPI 是 100，那么 2014 年的 100 元相当于 2000 年的（　　）。

A. 25 元　　B. 40 元　　C. 50 元　　D. 60 元

59. 关于 GDP 折算指数的说法正确的是（　　）。

A. GDP 折算指数衡量生产的全部最终产品的价格

B. GDP 折算指数既包括国内产品价格，也包括进口产品价格

C. GDP 折算指数给各种产品价格分配的权重是固定的

D. 以上都正确

60. 关于消费价格指数的描述正确的是（　　）。

A. 消费价格指数反映的是全部最终产品的价格

B. 消费价格指数不包括进口产品的价格

C. 消费价格指数包括生产性物品的价格

D. 消费价格指数给各种价格分配固定权重

61. CPI 和 GDP 折算指数（　　）。

A. 一般是同向变化的　　B. 一般会显示出不同的变化

C. 变化完全相同　　D. 变化完全不同

62. 在国民收入核算中，最重要的是核算（　　）。

A. 个人收入　　B. 国内生产总值

C. 国民生产净值　　D. 个人可支配收入

63. 如果我国从俄罗斯进口的石油价格下降了，这将使（　　）。

A. GDP 折算指数下降　　B. GDP 折算指数上升

C. GDP 折算指数不变　　D. 以上都不正确

三、多项选择题

1. 宏观经济运行中可能出现的主要经济问题有（　　）。

A. 经济波动　　B. 失业

C. 通货膨胀　　D. 经济增长问题

2. 测度宏观经济运行的重要指标有（　　）。

A. 国民收入增长率　　B. 失业率

C. 物价水平　　D. 消费者剩余

3. 价格指数主要包括三种，即（　　）。

A. CPI　　B. PPI

C. PPC　　D. GDP 折算指数

4. 在微观经济学中正确的结论，在宏观经济学中可能不正确的原因是（　　）。

A. 经济个体和经济总体追求的目标不同

B. 总体不是个体的简单相加

C. 前提假设不同

D. 微观经济理论基本不正确

5. 下列哪项会计入 GDP?（　　）

A. 政府转移支付　　B. 消费者购买一辆新汽车

C. 企业购买新机器　　D. 政府支付给公务员工资

6. 下述对 GDP 的含义理解正确的是（　　）。

A. GDP 是一个市场价值概念

B. 为了避免重复计算，GDP 只计算最终产品价值，而不计算中间产品价值

C. GDP 仅指一定时期内生产的最终产品而不是一定时期内所售出的最终产品，是一个生产概念

D. GDP 仅仅是一定时期内生产的价值，故包含时间因素，是一个流量

7. 中国的联想集团在美国的分公司取得的利润应该计入（　　）。

A. 美国的 GNP　　B. 中国的 GDP

C. 中国的 GNP　　D. 美国的 GDP

8. 美国的可口可乐公司在中国的分公司取得的利润应该计入（　　）。

A. 美国的 GNP　　B. 中国的 GDP

C. 中国的 GNP　　D. 美国的 GDP

9. 国民收入核算的方法包括（　　）。

A. 支出法　　B. 收入法　　C. 生产法　　D. 企业法

10. 按照支出法核算 GDP，应该包括（　　）。

A. 个人消费支出总额　　B. 私人国内投资总额

C. 政府购买的产品和劳务总额　　D. 产品与劳务出口净额

11. 对于一个经济体的核算来讲，下列说法正确的是（　　）。

A. 收入等于支出　　B. 产出大于支出

C. 收入等于产出　　D. 收入、产出、支出三者相等

12. 国内生产总值与国民生产总值的关系是（　　）。

A. 国内生产总值加上来自国外的净要素收入就得到国民生产总值

B. 国内生产总值加上本国生产要素在国外获得的要素收入，减去本国付给外国生产要素在本国获得的收入，就可以得到相对应的国民生产总值

C. 国内生产总值减去来自国外的净要素收入就得到国民生产总值

D. 国内生产总值减去本国生产要素在国外获得的要素收入，加上本国付给外国生产要素在本国获得的收入，就可以得到相对应的国民生产总值

13. 下列表述正确的是（　　）。
A. NDP 指国内生产净值，是 GDP 扣除折旧的部分
B. NI 指国民收入，是指一个国家在一定时期内用于生产的各种生产要素所得到的全部收入
C. PI 即可支配收入
D. GDP 指国内生产总值，是指一国在一定时期内所生产的最终产品（包括产品与劳务）的市场价值总和
14. 下列关系式正确的是（　　）。
A. NDP＝GDP－折旧　　B. NI＝NDP＋企业间接税
C. DPI＝PI－个人所得税　　D. GNP＝NNP＋折旧
15. 下述对 GDP 和 GNP 的关系表述正确的是（　　）。
A. GDP 从地域角度划分，考虑的是一国经济领土内的经济产出总量
B. GNP 从身份角度，统计利用一国国民（常住单位）拥有的劳动和资本等要素所提供的产出总量
C. GDP 和 GNP 的数值不一定相等
D. GDP 和 GNP 的数值一定相等
16. 下述对名义 GDP 和实际 GDP 的表述正确的是（　　）。
A. 名义 GDP 是指用生产产品和劳务的当年价格计算的全部最终产品的市场价值
B. 实际 GDP 是指将从前某一年的价格作为基期价格所计算出来的当年全部最终产品的市场价值
C. 实际 GDP＝名义 GDP÷GDP 折算指数
D. GDP 折算指数＝名义 GDP÷实际 GDP
17. 某国的成年人口总数是 5 000 万，其中劳动力是 4 000 万，就业人数是 3 600 万，那么下列说法正确的是（　　）。
A. 该国的失业率为 10%　　B. 该国的劳动力参与率为 80%
C. 该国的就业率为 90%　　D. 该国的失业率为 20%
18. 如果我国从美国进口的汽车价格下降了，这将使（　　）。
A. GDP 折算指数下降　　B. CPI 上升
C. GDP 折算指数不变　　D. CPI 下降
19. 为什么说 GDP 没能全面地衡量社会的福利总水平？（　　）
A. 没有衡量闲暇的价值
B. 没有计量非市场经济活动的价值
C. 没有计量地下经济活动的价值
D. 没有反映污染等经济活动后果的全部社会价值

四、判断题

1. 国内生产总值中的最终产品是指有形的物质产品。（　　）
2. 今年建成并出售的房屋的价值和去年建成而在今年出售的房屋的价值都应计入今

年的国内生产总值。（ ）

3. 罐头厂为制作罐头而买的苹果和居民购买的苹果都应计入国内生产总值。（ ）

4. 同样的服装，在生产中作为工作服穿就是中间产品，而在日常生活中穿就是最终产品。（ ）

5. 某人出售一幅旧油画所得到的收入应该计入当年的国内生产总值。（ ）

6. 如果农民种植的粮食用于自己消费，则这种粮食的价值就无法计入国内生产总值。（ ）

7. 一栋建筑物的销售额应加到国内生产总值中。（ ）

8. 销售一栋建筑物的房地产经纪商的佣金应加到国内生产总值中。（ ）

9. 当增值法被用来统计产出商品的价值时，不存在重复记账的问题。（ ）

10. 一国 GDP 的变动是由该国所生产的产品和劳务的数量变动引起的。（ ）

11. 当一个人决定去看电影而不是在书房看书消磨周末的时候，GDP 将增加。（ ）

12. 在国民收入核算中，产出等于收入。（ ）

13. 在国民收入核算中，产出等于支出。（ ）

14. 用生产法、收入法和支出法核算的 GDP 必然是相等的。（ ）

15. 住宅建筑是消费者的耐用品，在国民收入账户中，被作为消费支出处理。（ ）

16. 在国民收入核算中，净投资可以为负，但总投资无论如何都不能为负。（ ）

17. 按照收入法核算国民收入，不应该包括非公司企业主收入。（ ）

18. 折旧费用是个人可支配收入的一部分。（ ）

19. 社会保险税的增加不会影响 PI 和 DPI。（ ）

20. 国内生产总值减去折旧就是国内生产净值。（ ）

21. 国内生产总值和国民生产总值是相等的。（ ）

22. 储蓄—投资恒等式意味着实际的储蓄总等于实际的投资。（ ）

23. 既然折旧和间接税不是要素收入，按照收入法，这两项不应计入 GDP。（ ）

24. 个人从公司债券和政府债券中都获得利息收入，则按照收入法，两种利息都应计入 GDP。（ ）

25. 在四部门经济中，储蓄—投资恒等式中的“储蓄”的含义是私人储蓄。（ ）

26. 作为衡量一国生活水平的指标，名义国内生产总值是可获得的最好统计数据。（ ）

27. 名义 GDP 和实际 GDP 的区别在于实际产出不同。（ ）

28. 失业者是指没有工作的人。（ ）

29. 失业率是指失业人数和总人口的比率。（ ）

30. 消费价格指数在计算时，把居民所购消费品的价格全部计入。（ ）

31. GDP 折算指数衡量的是全部最终产品的价格，也包括进口产品的价格。（ ）

五、问答题

1. 如何理解国内生产总值的含义？

2. 简述国内生产总值和国民生产总值的区别与联系。

3. 下列项目是否计入 GDP？为什么？

（1）政府转移支付；（2）购买一辆二手卡车；（3）购买普通股票；（4）购买一块地产。

4. 怎样理解“产出等于收入”和“产出等于支出”？

5. 按照支出法核算国民收入，主要包括哪些内容？

6. 如果甲、乙两国合并成一个国家，对 GDP 总和会有什么影响（假定两国产出不变)？

7. 按照收入法核算国民收入，主要包括哪些内容？

8. 为什么人们购买债券和股票从个人来说可算是投资，而在经济学上不算是投资？

9. 如何理解国内生产总值（GDP）、国内生产净值（NDP）、国民收入（NI）、个人收入（PI）和个人可支配收入（DPI）这几个统计指标之间的关系？

10. 在统计中，社会保险税增加对 GDP、NDP、NI、PI 和 DPI 这五个总量中的哪几个总量有影响？为什么？

11. 比较 GDP 折算指数和消费价格指数。

12. 简述三部门经济中，国民收入的基本公式的推导过程。

13. 简述四部门经济中，国民收入的基本公式的推导过程。

14. 储蓄—投资恒等式为什么不意味着计划的储蓄恒等于计划的投资？

15. 简述名义 GDP 和实际 GDP 的区别与联系。

16. 为什么说 GNP 不是反映一个国家福利水平的理想指标？

17. 简要评述国民收入核算的缺陷及纠正措施。

六、计算题

1. 根据下表提供的某国经济数据（单位：亿元），求该国相应年份的 GDP、NDP、C、I 和 In（净投资）。

指标	第一年	第二年
新生产建筑	5	5
新生产设备	10	10
新生产消费品	110	90
消费掉的消费品	90	110
估计一年现有建筑的折旧	10	10
估计一年现有设备的折旧	10	10
年初消费品的库存量	30	50
年底消费品的库存量	50	30

2. 假设某国某年有下列国民收入统计资料（见下页表）。

某国国民收入统计资料 单位：10亿美元

资本消耗补偿	356.4
雇员报酬	1 866.3
企业支付的利息	264.9
间接税	266.3
个人租金收入	34.1
公司利润	164.8
非公司企业主收入	120.3
红利	66.4
社会保险税	253.0
个人所得税	402.1
消费者支付的利息	64.4
政府支付的利息	105.1
政府转移支付	347.5
个人消费支出	1 991.9

请计算：（1）国民收入。（2）国内生产净值。（3）国内生产总值。（4）个人收入。（5）个人可支配收入。（6）个人储蓄。

3. 假定某经济有A、B、C三个厂商，A厂商年产5 000，卖给B、C和消费者，其中B买200，C买2 000，其余2 800卖给消费者。B年产500，直接卖给消费者。C年产6 000，其中3 000由A购买，其余由消费者购买。

（1）假定投入在生产中被用光，计算价值增加。

（2）计算GDP。

（3）如果只有C有500的折旧，计算国民收入。

4. 现有如下表所示的资料：

生产三种产品的成本和价格

生产阶段	产品价格	中间产品成本	增值
小麦	100	—	
面粉	120		
面包			30

（1）把表中空格填上。

（2）最终产品面包的价值是多少？

（3）如果不区分中间产品与最终产品，按各个阶段的产值计算，总产值为多少？

（4）在各个阶段上增值共为多少？

（5）重复计算即中间产品成本为多少？

5. 设统计部门选用A、B、C三种商品来计算消费价格指数，所获数据如下页表所示，试计算CPI及通货膨胀率。

三种商品的价格和数量

品种	数量	基期价格（元）	本期价格（元）
A	2	1.00	1.50
B	1	3.00	4.00
C	3	2.00	4.00

第三部分　精编习题详解

一、名词解释

1. 国民生产总值（GNP）：是以国民为统计标准，指某国国民拥有的全部生产要素所生产的最终产品的市场价值。

2. 国内生产总值（GDP）：是以区域为统计标准，指经济社会（即一国或一地区）在一定时期内运用生产要素所生产的全部最终产品（产品和劳务）的市场价值。

3. 国民收入（NI）：一个国家的生产要素在一定时期内提供生产性服务所得到的全部收入，等于工资、利润、利息和地租的总和。

4. 个人收入（PI）：一个国家一年内个人所得到的全部收入，等于国民收入减去公司未分配利润、公司所得税及社会保险税，加上政府给个人的转移支付。

5. 个人可支配收入（DPI）：一个国家一年内个人可以支配的全部收入，等于个人收入减去个人所得税。

6. 名义国内生产总值：用生产产品和劳务的当年价格计算的全部最终产品的市场价值。

7. 实际国内生产总值：将从前某一年的价格作为基期价格所计算出来的全部最终产品的市场价值。

8. 国内生产总值折算指数：名义国内生产总值与实际国内生产总值的比值。

9. 最终产品：指在一定时期内生产的并由其最后使用者购买的产品和劳务。

10. 中间产品：指用于再出售而供生产别种产品的产品。

11. 重置投资：指用于补偿在生产过程中损耗的资本设备的投资，数量等于折旧额。重置投资是保证再生产所必需的条件。重置投资额取决于资本设备的数量、构成和使用年限等。

12. 失业率：指劳动力中没有工作而又在寻找工作的人所占的比例，即失业者占劳动力的百分比，失业率的波动反映就业的波动情况。

13. 劳动力参与率：指劳动力占可工作年龄人口数的百分比。

14. 消费价格指数（CPI）：又称生活费用价格指数，指通过计算城市居民日常消费的生活用品和劳务的价格水平变动而得到的指数。

15. 生产者价格指数（PPI）：指通过计算生产者在生产过程中所有阶段上所获得的产品的价格水平变动而得到的指数。

16. 绿色 GDP：指一个国家或地区在考虑了自然资源与环境因素的影响之后经济活

动的最终成果，即从 GDP 中扣除在经济活动中所付出的资源耗减成本和环境降级成本。绿色 GDP 这个指标实质上代表了国民经济增长的净正效应。绿色 GDP 占 GDP 的比重越高，表明国民经济增长的正面效应越高，负面效应越低，反之亦然。

17. 采购经理指数（purchasing managers' index，PMI）：可以衡量经济变化趋势，是新订单指标、生产指标、供应商交货指标、库存指标以及就业指标等数值的综合性加权指数。中国采购经理指数是由国家统计局和中国物流与采购联合会共同合作完成的，是快速及时反映市场动态的先行指标，它包括制造业和非制造业采购经理指数，与 GDP 一同构成我国宏观经济的指标体系。PMI 如果大于 50%，表明经济趋于上升，反之则表明经济趋于下降。

二、 单项选择题

1. A	2. C	3. A	4. B	5. C	6. D	7. B	8. C	9. D
10. B	11. D	12. A	13. C	14. D	15. A	16. A	17. A	18. C
19. D	20. D	21. C	22. A	23. C	24. B	25. A	26. B	27. C
28. D	29. B	30. C	31. A	32. C	33. B	34. D	35. C	36. B
37. C	38. D	39. C	40. A	41. D	42. C	43. A	44. A	45. D
46. B	47. B	48. B	49. A	50. B	51. B	52. A	53. B	54. B
55. B	56. C	57. C	58. A	59. A	60. D	61. A	62. B	63. C

三、 多项选择题

1. ABCD　2. ABC　3. ABD　4. ABC　5. BCD　6. ABCD　7. CD　8. AB　9. ABC　10. ABCD　11. ACD　12. AB　13. ABD　14. ACD　15. ABC　16. ABCD　17. ABC　18. CD　19. ABCD

四、 判断题

1. ×	2. ×	3. ×	4. √	5. ×	6. √	7. ×	8. √
9. √	10. ×	11. √	12. √	13. √	14. √	15. ×	16. √
17. ×	18. ×	19. ×	20. √	21. ×	22. √	23. ×	24. ×
25. ×	26. ×	27. ×	28. ×	29. ×	30. ×	31. ×	

判断题详解

1. （×），国内生产总值中的最终产品既包括有形的物质产品，也包括无形产品和服务。

2.（×），国内生产总值仅指一定时期内生产的最终产品而不是一定时期内所售出的最终产品，是一个生产概念。今年建成并出售的房屋的价值应计入今年的国内生产总值，去年建成而在今年出售的房屋的价值应计入去年的国内生产总值。

3.（×），为了避免重复计算，国内生产总值只计算最终产品价值，而不计算中间产品价值。在国民收入核算中，一件产品究竟是中间产品还是最终产品，不能根据产品的物质属性来加以区分，而只能根据产品是否进入最终使用者手中这一点来加以区分。罐头厂为制作罐头而买的苹果是中间产品，不计入国内生产总值，而居民购买的苹果是最终产品，应计入国内生产总值。

4.（√），为了避免重复计算，国内生产总值只计算最终产品价值，而不计算中间产品价值。在国民收入核算中，一件产品究竟是中间产品还是最终产品，不能根据产品的物质属性来加以区分，而只能根据产品是否进入最终使用者手中这一点来加以区分。同样的服装，在生产中作为工作服穿就是中间产品，而在日常生活中穿就是最终产品。

5.（×），国内生产总值仅计算一定时期内所生产的最终产品的价值，而不计算一定时期内所售出的最终产品的价值，是一个生产概念。旧油画不是当年新生产的产品，某人出售一幅旧油画所得到的收入不应该计入当年的国内生产总值。

6.（√），国内生产总值是一个市场价值概念。除少数例外，国内生产总值仅仅是指为市场而生产的产品和劳务的价值，非市场活动不包括在内。如果农民种植的粮食用于自己消费，则这种粮食属于非市场活动的产物，其价值就无法计入国内生产总值。

7.（×），国内生产总值仅指一定时期内生产的最终产品的价值，而不是一定时期内所售出的最终产品的价值，是一个生产概念。一栋建筑物有可能不是建造当年销售的，因此不应该按照销售额计入当年的国内生产总值，应该按照其建造当年的市场价值计入当年的国内生产总值。

8.（√），销售一栋建筑物的房地产经纪商的佣金属于劳务报酬，应加到国内生产总值中。

9.（√），增值法也称生产法，此法是直接计算产品与劳务的总价值。每个企业所生产产品的价值由两部分组成：向其他企业购买的材料、能源、工具等中间产品的价值；自己投入生产要素新创造出来的价值。所以只需要计算企业在生产和销售过程中所增加的价值。因此，当增值法被用来统计产出商品的价值时，不存在重复记账的问题。

10.（×），由于GDP是用货币来计算的，因此，一国GDP的变动主要由两个因素造成：一是由该国所生产的产品和劳务的数量变动引起；二是由该国所生产的产品和劳务的价格变动引起。

11.（√），GDP为一国或地区所拥有的生产要素在一定时期内（通常为一年）生产的全部最终产品（产品和劳务）的市场价值。GDP是一个市场价值的概念，看电影是一项市场交易活动，应该计入GDP；而在书房看书没有市场交易产生，故不应计入GDP。

12.（√），所谓产出，就是当年生产的全部最终产品的总市值，在这个总市值的价值构成中，一部分是要素成本（如利息、工资、租金等），另一部分是非要素成本（如间接税、折旧等），它们最后分别成为家庭的收入、企业的收入和政府的收入。因为最终产品的总价格就等于要素成本与非要素成本之和，故产出等于收入。

13.（√），所谓支出，是指各部门针对本国最终产品发生的支出。由于把因无人购买或购买力不足而积压在仓库里的存货视为企业自己将其“买下”的投资行为，故产出必等于支出。

14.（√），产出、收入和支出分别是从生产、分配和流通三个环节对同一堆最终经济成果的衡量。若不考虑统计误差的因素，三者必然是相等的，从而用生产法、收入法和支出法核算的 GDP 也必然是相等的。

15.（×），经济学上的投资是指增加或更换资本资产（包括厂房、住宅、机械设备及存货）的支出。经济学上的投资包括固定资产投资和存货投资。固定资产投资包括新厂房、新设备、新商业用房和新住宅的增加。住宅建筑属于固定资产，在国民收入账户中，应被作为投资支出而不是消费支出处理。

16.（√），若存货的缩减额加上折旧额超过了新生产的建筑和设备的总价值，净投资为负；总投资不可能是负数，即使本年度没有生产任何资本品，总投资也只是零而不能为负。

17.（×），按照收入法核算国民收入，应该包括非公司企业主收入，如医生、律师、农民和小店铺主的收入。他们使用自己的资金，自我雇用，其工资、利息、利润、租金常混在一起被作为非公司企业主收入。

18.（×），折旧指用于补偿在生产过程中损耗的资本设备的投资，亦即重置投资。因此，折旧费用是总投资的一部分，而不是个人可支配收入的一部分。

19.（×），社会保险税是 GDP、NDP 和 NI 当中的一个部分，社会保险税的增加意味着其他部分的减少，各部分的总和即 GDP、NDP 和 NI 是不变的。但在由 NI 得到 PI 时，需要将社会保险税从 NI 中扣除，故若其他条件不变，社会保险税增加，PI 将减少；由于 DPI 由 PI 扣除个人所得税而得，DPI 亦会相应减少。

20.（√），国内生产总值减去折旧就是国内生产净值。国民生产净值是社会总产品中扣除已消耗的生产资料后的全部消费资料和用于扩大再生产及增加后备的那部分生产资料。国民生产净值等于国民生产总值与资本折旧之差。

21.（×），国内生产总值指一个国家（地区）领土范围内，本国（地区）居民和外国居民在一定时期内所生产和提供的最终使用的产品和劳务的价值，即国内生产总值是一国范围内生产的最终产品的市场价值，因此是一个地域概念；而与此相联系的国民生产总值则是一个国民概念，是指某国国民所拥有的全部生产要素所生产的最终产品的市场价值。由于国内生产总值和国民生产总值核算的范围不一样，因此两者有区别，一般是不相等的。

22.（√），储蓄与投资恒等，是从国民收入会计角度看的恒等，是“事后的、实际的”投资和储蓄的恒等。设有一个两部门经济，其国民收入为 1 000 亿元，从收入的使用看，用于消费的为 800 亿元，则未被消费的 200 亿元即为储蓄；从支出的结构看，消费仍为 800 亿元，未被消费的 200 亿元此时被视为投资。这里的投资和储蓄是事后的、实际的指标，其中可能包含有非合意的部分，因此就必然有储蓄与投资的恒等。

23.（×），因为 GDP 是当年全部最终经济成果的市场价值，折旧和间接税无疑应包括在里面。如将此两项排除在外，核算得到的将不是 GDP，而是大致相当于 NI 的一个指标。

24.（×），收入法之“收入”，是国民收入初次分配形成的收入而非最终收入。个人从公司债券中获得的利息被视为要素报酬的一种，应该计入 GDP；而政府债券利息属于转移支付，属于国民收入的再分配，不计入 GDP。

25.（×），在四部门经济的国民收入核算中，储蓄—投资恒等式是：$I=S+(T-G)+(M-X+K_r)$，其中 S 为私人储蓄，$T-G$ 为政府储蓄，$M-X+K_r$ 为外国对本国的储蓄。因此，在四部门经济中，储蓄—投资恒等式中的“储蓄”的含义是总储蓄，即私人储蓄、政府储蓄和外国对本国的储蓄三者之和。

26.（×），名义国内生产总值是指用生产产品和劳务的当年价格计算的全部最终产品的市场价值，名义国内生产总值的增长有可能是由物价上升导致的，它没有扣除通货膨胀因素，并不能准确反映实际产出的变动和人们的生活水平，因此该题的说法是错误的。

27.（×），名义 GDP 是指用生产产品和劳务的当年价格计算的全部最终产品的市场价值，它没有考虑通货膨胀因素。由于通货膨胀等原因，价格可能会发生剧烈变化，故为方便比较而引入实际 GDP 的概念。实际 GDP 是指将从前某一年的价格作为基期价格所计算出来的当年全部最终产品的市场价值。二者之间的关系式为：实际 GDP＝名义 GDP÷GDP 折算指数。同一经济体同年的实际 GDP 和名义 GDP 若不同，是由于价格水平不同，但产出相同。

28.（×），失业是指有劳动能力的人想工作而又没有找到工作。一个 5 岁的儿童没有劳动能力，且没有工作，但他不是失业者。

29.（×），失业率是指失业人数和劳动力总人数的比率，而不是指失业人数和总人口的比率。

30.（×），消费价格指数在计算时，并不是把居民所购消费品的价格全部计入，只是挑选了对居民生活影响较大的一些商品。这些商品是固定的一篮子商品，且每种被选商品的权数都是相对固定的。

31.（×），GDP 折算指数衡量的是一国生产的全部最终产品的价格，只包括国内产品和劳务的价格，但是不包括进口产品的价格。

五、问答题

1. **解答：**国内生产总值（GDP）为一国或地区所拥有的生产要素在一定时期内（通常为一年）生产的全部最终产品（产品和劳务）的市场价值。

（1）GDP 是一个市场价值概念。除少数例外，GDP 仅仅是指为市场而生产的产品和劳务的价值，非市场活动不包括在内。

（2）为了避免重复计算，GDP 只计算最终产品价值，而不计算中间产品价值。

（3）GDP 仅指一定时期内所生产的最终产品的价值，而不是指一定时期内所售出的最终产品的价值，是一个生产概念。

（4）GDP 仅仅是一定时期内生产的价值，故包含时间因素，是一个流量。

（5）GDP 是指一个国家国土内所生产的产品价值，是一个地域概念，而不管这种生产的生产要素的归属关系。

（6）GDP 没有反映收入结构与分配；没有反映产品质量的提高；没有反映社会生活方式改变的代价，比如劳动力的生活与生产条件、工作时间、生态的破坏、环境污染等；地下经济的合法部分，为逃税而未统计到 GDP 中。

2. **解答：**国内生产总值（GDP）为一国或地区所拥有的生产要素在一定时期内（通常为一年）生产的全部最终产品（产品和劳务）的市场价值。国民生产总值（GNP）为一国或地区的国民所拥有的全部生产要素生产的全部最终产品（产品和劳务）的市场价值。

前者是一个地域概念，后者是一个国民概念。两者的关系是：GNP＝GDP＋本国生产要素在其他国家获得的收入（利润、劳务收入）－外国居民从本国获得的收入。

3. **解答：**（1）政府转移支付不计入 GDP，政府转移支付只是简单地通过税收（包括社会保险）把收入从一个人（或组织）手中转移到另一个人（或组织）手中，并没有相应的产品或劳务的交换发生。

（2）购买一辆二手卡车也不计入 GDP，因为旧车在第一次销售时已被计入 GDP，旧车销售只不过是最终产品从一个消费者手中转移到另一个消费者手中，是产权转移，社会商品并没有增加。

（3）购买普通股票也不计入 GDP，因为购买股票不是增加或替换资本资产的行为，而只是一种证券交易活动，是公司产权转移，并没有实际的生产经营活动发生。它不属于经济学意义上的投资。

（4）购买一块地产属于投资：若是新地产，应该计入 GDP；若是二手地产，地产增值部分计入 GDP。

4. **解答：**（1）产出等于收入。所谓产出，就是当年生产的全部最终产品的总市值，在这个总市值的价值构成中，一部分是要素成本（如利息、工资、租金等），另一部分是非要素成本（如间接税、折旧等），它们最后分别成为家庭的收入、企业的收入和政府的收入。因为最终产品的总价格就等于要素成本与非要素成本之和，故产出等于收入。

（2）产出等于支出。所谓支出，是指各部门针对本国最终产品发生的支出。由于把因无人购买或购买力不足而积压在仓库里的存货视为企业自己将其“买下”的投资行为（称为企业存货投资），故产出也必然等于支出。

（3）产出、收入和支出分别是从生产、分配和流通三个环节对相同的最终经济成果的衡量。若不考虑统计误差的因素，三者必然是相等的，从而用生产法、收入法和支出法核算的 GDP 也必然是相等的。

5. **解答：**对国民收入（以 GDP 为例）的核算可用支出法，其核算的理论基础是总产出等于总支出。总支出指经济社会（一个国家或一个地区）在一定时期内的消费、投资、政府购买以及净出口等几方面支出的总和。公式如下：GDP$=C+I+G+(X-M)$。其中，消费 C 包括对耐用消费品（如家电、家具等）、非耐用消费品（如食物、衣服等）和劳务（如理发、旅游等）的支付，但不包括个人对建筑住宅的支付；经济学中的投资 I 是指增加或更换资本资产（厂房、设备、住宅和存货）的支出；G 为政府购买产品和劳务的支出，转移支付（救济金等）不计入；$X-M$ 为净出口，是出口 X 与进口 M 的差额，可正可负。

6. **解答：**如果甲、乙两国合并成一个国家，对 GDP 总和不会有影响。原因如下：（1）GDP 是指经济社会在一定时期内生产的全部最终产品的市场价值。GDP 所度量的是事后的产出，其值与两个地区的国别划分无关。（2）一般地说，一宗进口业务会使一国的国内支出增加而使其净出口等量减少，GDP 数量不发生变化。例如，甲国向乙国出口汽车，价值 50 万元，乙国向甲国出口粮食，价值 45 万元。从甲国看，按照 GDP 的定义，50 万元汽车价值计入 GDP；按照收入法，50 万元汽车价值计入 GDP；按照支出法，净出口增加 5（＝50－45）万元，同时国内粮食支出增加 45 万元，支出合计增加 50 万元。从乙国看，计入乙国 GDP 的有净出口－5 万元。乙国国内为汽车支出 50 万元，由此国内支出增加 45（＝－5＋50）万元。两国 GDP 总和增加 95 万元。如果两国合并成一个国家，计入 GDP 的价值也是 95 万元。

7. **解答：**收入法指用要素收入即企业生产成本核算国内生产总值。严格说来，最终产品的市场价值除了生产要素收入所构成的成本之外，还有间接税、折旧、公司未分配利润等内容。公式如下：GDP＝工资＋利息＋租金＋利润＋间接税＋企业转移支付＋折旧。其中，工资、利息、租金是最典型的要素收入。工资中还需要包括所得税、社会保险税。利息是指提供资金给企业使用而产生的利息，所以需要剔除政府公债利息和消费信贷利息。租金包括租赁收入、专利和版权的收入等。利润是税前利润，包括公司所得税、红利、未分配利润等。企业转移支付包括对非营利组织的慈善捐款和消费者呆账。间接税包括货物税、销售税、周转税等。

8. **解答：**（1）虽然购买债券和股票对购买者而言可以称为一种"投资"，但经济学上规定的投资与我们通常意义上的投资不一样。经济学上的投资是指增加或更换资本资产（包括厂房、住宅、机械设备及存货）的支出。经济学上的投资包括固定资产投资和存货投资。固定资产投资包括新厂房、新设备、新商业用房和新住宅的增加；存货投资是指存货价值的增加（也存在减少的可能性）。投资是一定时期内增加到资本中的资本流量。进行 GDP 核算时，采用的是总投资而不是净投资。

人们购买债券和股票只是一种证券交易活动，并不是实际的生产经营活动。人们购买债券和股票是一种产权转移活动，因而不属于经济学意义上的投资活动，也不能计入 GDP。当公司从人们手里取得了出售债券或股票的货币资金再去购买厂房或机械设备时，才是投资活动。

（2）国民收入核算中核算的是运用生产要素所生产的全部最终产品的市场价值。购买股票和债券的资金在购买时还没有用于生产，不能产生最终产品，更谈不上价值。但是如果购买股票和债券时支付了一定的佣金和未来可能产生的股息和利息，则应该归入国民收入的核算。因为前者为经纪人的劳务收入，而后者则是资金利用后的增值。

9. **解答：**西方国民收入核算体系实际上包括如下五个总量：国内生产总值（GDP）、国内生产净值（NDP）、国民收入（NI）、个人收入（PI）和个人可支配收入（DPI）。其相互关系如下：

NDP＝GDP－折旧

NI＝NDP－企业间接税

PI＝NI－(公司所得税＋社会保险税＋公司未分配利润)

＋政府或企业给个人的转移支付＋利息调整

DPI＝PI－个人所得税

10. **解答：**社会保险税实质上是企业和职工为得到社会保障而由个人支付的保险金，它由政府有关部门按一定比例以税收形式征收。社会保险税是从国民收入中扣除的，因此，社会保险税的增加并不影响国内生产总值（GDP）、国内生产净值（NDP）、国民收入（NI），但影响个人收入（PI）。社会保险税增加会减少个人收入，间接影响个人可支配收入（DPI）。

11. **解答：**比较 GDP 折算指数和消费价格指数。

名义 GDP 是指用生产产品和劳务的当年价格计算的全部最终产品的市场价值。实际

GDP 是指将从前某一年的价格作为基期价格所计算出来的全部最终产品的市场价值。GDP 折算指数则是名义 GDP 与实际 GDP 的比率，用来反映物价的变动程度。

消费价格指数即 CPI 表示在典型家庭的支出中，购买具有代表性的一组商品，现在要比过去多花费多少。它的测算方式是：人们有选择地选取一组（相对固定的）产品和劳务，然后比较它们按当期价格购买的花费和按基期价格购买的花费。

GDP 折算指数与消费价格指数都是衡量通货膨胀的常用指标，但实际上两者在计算范围上有很大的差别。（1）GDP 折算指数统计产品和劳务的范围最为广泛，既包括生活资料，也包括生产资料；消费价格指数只包括生活资料。（2）GDP 折算指数统计国内生产的产品和劳务，并不包括居民消费的进口商品；消费价格指数统计既包括国内的生活资料，也包括居民消费的进口商品。（3）GDP 折算指数反映的价格水平比较全面；消费价格指数是统计选择出的一组相对固定的产品和劳务，而实际上消费的产品和劳务随着经济的发展有着种类和数量组合的变化，因而消费价格指数反映的价格水平不够全面。（4）相对于 GDP 折算指数，消费价格指数反映的价格水平对消费者的生活影响更大，消费者更关心。

12. **解答：**三部门经济由消费者（家庭）、企业（厂商）和政府构成。

从支出（总需求）的角度：$Y=C+I+G$，其中 G 为政府购买。

从收入（总供给）的角度：$Y=C+S+T$，其中 T 为剔除了政府转移支付的净税收收入。

由供求相等得 $C+I+G=C+S+T$，化简后得储蓄—投资恒等式 $I=S+(T-G)$，其中 S 代表私人储蓄，$T-G$ 代表政府储蓄。

13. **解答：**四部门经济由消费者（家庭）、企业（厂商）、政府和国外经济构成。

从支出（总需求）的角度：$Y=C+I+G+X-M$。

从收入（总供给）的角度：$Y=C+S+T+K_r$。

由供求相等得：$C+I+G+X-M=C+S+T+K_r$，化简后得：

$$I=S+(T-G)+(M-X+K_r)=\text{公众储蓄}+\text{政府储蓄}+\text{国外储蓄}$$

其中，C 表示消费，I 表示投资，S 表示储蓄，G 表示政府购买，T 表示税收，X 表示出口，M 表示进口，K_r 表示对国外的转移支付。

14. **解答：**储蓄—投资恒等式是根据储蓄和投资的定义得出的。根据定义，以两部门经济为例，国内生产总值等于消费加投资，国民总收入等于消费加储蓄。国内生产总值等于国民总收入。这样，只要遵循定义，储蓄就恒等于投资，而不管经济是否充分就业。而在实际生活中，储蓄主要由居民进行，而投资主要由企业进行，个人的储蓄动机和企业的投资动机不一样，这才会导致计划储蓄和计划投资的不一致，从而引起经济的扩张或收缩。在分析宏观经济均衡时，要求的投资等于储蓄，是指计划的投资等于计划的储蓄。在进行国民经济核算时储蓄等于投资是指从国民收入的会计角度出发，事后的储蓄等于事后的投资。若非意愿存货投资等于零，则计划的投资等于计划的储蓄。若非意愿存货投资不等于零，则从国民收入的会计角度出发，事后的储蓄等于事后的投资，实际投资等于实际储蓄，但是计划的投资不等于计划的储蓄。

15. **解答：**名义 GDP 是用生产产品和劳务的当年价格计算的全部最终产品的市场价

值。实际 GDP 是指将从前某一年的价格作为基期价格所计算出来的当年全部最终产品的市场价值。

二者之间的关系式为：实际 GDP＝名义 GDP÷GDP 折算指数。

实际 GDP 剔除了价格变动对产出的影响，反映实际产出的变化。名义 GDP 随着价格水平和产出的变化而变化，若价格不变，即 GDP 折算指数＝1，一国同期名义 GDP＝实际 GDP。

16. **解答：**（1）福利水平是人们效用的满足程度，而人们的效用是由消费活动和闲暇来决定的，所以一种指标能否很好地反映福利水平，以能否准确地衡量消费和闲暇来决定。

（2）GNP 不是反映一国福利水平的理想指标，有以下原因：

①它包括了资本消耗的补偿，而这部分与消费和闲暇数量无关。

②GNP 中的政府支出与本期消费没有明确关系。

③计算 GNP 时是加上出口，减去进口，而出口与国内消费无关，进口与国内消费有关。

④GNP 没有反映人们闲暇的数量。

⑤GNP 没有考虑地下经济，而地下经济与福利水平有着直接关系。

⑥GNP 没有反映经济增长所造成的资源枯竭和环境污染，资源枯竭和环境污染会降低人们的福利水平。

⑦GNP 没有反映就业率、人们的劳动强度。人们的劳动强度高、就业率低，则整体福利水平下降。

⑧GNP 没有反映人均可支配收入水平，也不能反映社会建设、政治建设、生态建设和文化建设情况。

综上所述，GNP 不能很好地反映一国的福利水平。

17. **解答：**（1）西方国民收入核算通常通过 GDP 来衡量国民经济的总产出水平、发展的程度和生活水平，这是存在缺陷的。

①统计中不包括非市场交易活动，即一部分产品和劳务被漏掉了。例如，家务劳动、自给自足的生产以及个人私自交易等。

②国民收入指标不能说明社会为此付出的代价和成本，也没有反映经济增长造成的资源枯竭和环境污染。

③西方国民收入核算无法反映人们从产品和劳务消费中获得的福利状况。

④由于不同国家产品结构和市场价格的差异，难以对两国的国民收入指标进行精确比较。例如，由于 GDP 中包含劳务，两个国家虽然可以拥有相同的 GDP，但一个生产粮食，一个生产歌曲，显然，两国的物质生活水平不一样。

⑤国民收入核算没有反映就业率、人们的劳动强度。人们的劳动强度高、就业率低，则整体福利水平下降。

⑥国民收入核算不能很好地反映一国的科技水平和劳动生产率。

⑦国民收入核算没有反映人均可支配收入水平，也不能反映社会建设、政治建设、生态建设和文化建设情况。

（2）鉴于以上问题，西方经济学家从不同的角度加以修正，提出人均 GDP、绿色

GDP、经济净福利、物质生活质量指数等计算方法和指标。近年来，经济学家试图采用“扩充的国民收入账户”（augmented national accounts）来修正国民收入核算的缺陷。其中一个加项为地下经济，但不是所有的地下经济都是加项，例如，医生、保姆、农民的地下活动应计入加项，而赌博、贩毒等地下经济则不计入。一个减项为环境的破坏。

六、计算题

1. **解答：**（1）第一年各指标的数值为：

C＝消费掉的消费品＝90(亿元)

I＝新生产建筑＋新生产设备＋年底消费品的库存量－年初消费品的库存量

＝5＋10＋50－30＝35(亿元)

In＝I－估计一年现有建筑的折旧－估计一年现有设备的折旧

＝35－10－10＝15(亿元)

GDP＝C＋I＝90＋35＝125(亿元)

NDP＝GDP－(I－In)＝125－20＝105(亿元)

（2）第二年各指标的数值为：

C＝消费掉的消费品＝110(亿元)

I＝新生产建筑＋新生产设备＋年底消费品的库存量－年初消费品的库存量

＝5＋10＋30－50＝－5(亿元)

In＝I－估计一年现有建筑的折旧－估计一年现有设备的折旧

＝－5－10－10＝－25(亿元)

GDP＝C＋I＝110－5＝105(亿元)

NDP＝GDP－(I－In)＝105－20＝85(亿元)

2. **解答：**（1）国民收入＝雇员报酬＋企业支付的利息＋个人租金收入＋公司利润＋非公司企业主收入＝1 866.3＋264.9＋34.1＋164.8＋120.3＝2 450.4（10亿美元）。

（2）国内生产净值＝国民收入＋间接税＝2 450.4＋266.3＝2 716.7（10亿美元）。

（3）国内生产总值＝国内生产净值＋资本消耗补偿＝2 716.7＋356.4＝3 073.1（10亿美元）。

（4）个人收入＝国民收入－(公司利润＋社会保险税)＋政府支付的利息＋政府转移支付＋红利＝2 450.4－(164.8＋253.0)＋105.1＋347.5＋66.4＝2 551.6（10亿美元）。

（5）个人可支配收入＝个人收入－个人所得税＝2 551.6－402.1＝2 149.5（10亿美元）。

（6）个人储蓄＝个人可支配收入－消费者支付的利息－个人消费支出＝2 149.5－64.4－1 991.9＝93.2（10亿美元）。

3. **解答：**（1）A的价值增加为：5 000－3 000＝2 000。

B的价值增加为：500－200＝300。

C的价值增加为：6 000－2 000＝4 000。

合计价值增加为：2 000＋300＋4 000＝6 300。

（2）最终产品价值为：2 800＋500＋3 000＝6 300，式中 2 800、500、3 000 分别为 A、B、C 卖给消费者的最终产品。

（3）国民收入为：6 300－500＝5 800。

4. **解答：**（1）如下表所示。

生产三种产品的成本和价格

生产阶段	产品价值	中间产品成本	增值
小麦	100	—	100
面粉	120	100	20
面包	150	120	30

（2）面包的价值是 150。

（3）总产值＝100＋120＋150＝370。

（4）增值共为 150。

（5）中间产品成本＝100＋120＝220。

5. **解答：**$CPI=\frac{1.5\times2+4\times1+4\times3}{1\times2+3\times1+2\times3}\times100=173$，通货膨胀率$=\frac{173-100}{100}\times100\%=73\%$。

第十三章 国民收入的决定：收入—支出模型

第一部分　课后习题详解

1. 能否说边际消费倾向和平均消费倾向总是大于 0 而小于 1?

解答： 消费倾向就是消费支出和收入的关系，又称消费函数。消费支出和收入的关系可以从两个方面加以考察：一是考察消费支出变动量和收入变动量的关系，这就是边际消费倾向，$MPC=\frac{\Delta C}{\Delta Y}$或$MPC=\frac{\mathrm{d}C}{\mathrm{d}Y}$；二是考察一定收入水平上消费支出量和该收入量的关系，这就是平均消费倾向，$APC=\frac{C}{Y}$。边际消费倾向总是大于 0 而小于 1，因为一般说来，消费者收入增加后，既不会分文消费不增加，也不会把增加的收入全部用于增加消费，一般情况是一部分用于增加消费，另一部分用于增加储蓄，即 $\Delta Y=\Delta C+\Delta S$，因此，$0<MPC=\frac{\Delta C}{\Delta Y}<1$。可是，平均消费倾向就不一定总是大于 0 而小于 1。当人们收入很低甚至是零时，也必须消费，哪怕借钱也要消费，这时，平均消费倾向就会大于 1。例如，在图 13 - 1 中，当收入低于 Y_0 时，平均消费倾向就大于 1。当收入低于 Y_0 时，消费曲线上任一点与原点的连线与横轴所成的夹角总是大于 45°，因而这时平均消费倾向$\frac{C}{Y}>1$。

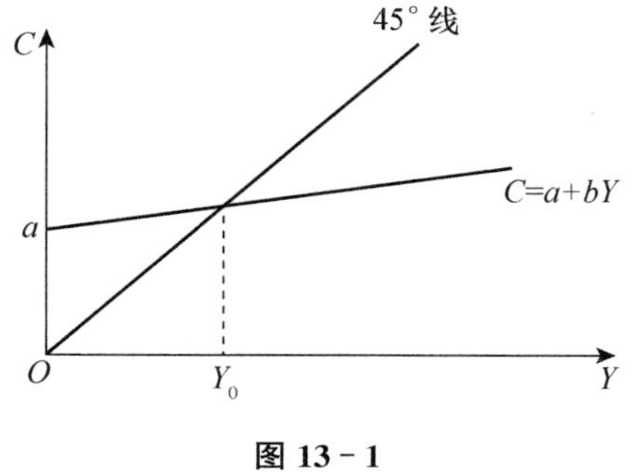

图 13 - 1

2. 什么是凯恩斯定律？提出凯恩斯定律的社会经济背景是什么？

解答：所谓凯恩斯定律是指，不论需求量为多少，经济制度都能以不变的价格提供相应的供给量，也就是说，社会总需求变动只会引起产量和收入的变动，直到供求相等，而不会引起价格变动。这条定律提出的背景是，凯恩斯写作《就业、利息和货币通论》一书时，面对的是1929—1933年西方世界经济大萧条之后的阴影，工人大批失业，资源大量闲置。在这种情况下，社会总需求增加只会使闲置的资源得到利用从而使生产增加，而不会使资源价格上升，从而产品成本和价格大体上保持不变。这条凯恩斯定律被认为适用于短期分析。在短期中，价格不易变动，社会需求变动时，企业首先是考虑调整产量，而不是变动价格。

3. 为什么一些西方经济学家认为，将一部分国民收入从富人转移给穷人将提高总收入水平？

解答：因为穷人收入低，为维持基本生活水平，他们的消费支出在收入中的比重大于富人，富人的消费倾向较低，储蓄倾向较高，而穷人的消费倾向较高，因而将一部分国民收入从富人转移给穷人可提高整个社会的消费倾向，从而提高整个社会的总消费支出水平，于是总产出或者说总收入水平就会随之提高。

4. 为什么政府购买乘数的绝对值大于政府税收乘数和政府转移支付乘数的绝对值？

解答：政府购买直接影响总支出，两者的变化是同方向的。总支出的变化量数倍于政府购买的变化量，这个倍数就是政府购买乘数。但是税收并不直接影响总支出，它通过改变人们的可支配收入来影响消费支出，再影响总支出。税收的变化与总支出的变化是反方向的。当税收增加（税率上升或税收基数增加）时，人们的可支配收入减少，从而消费减少，总支出也减少。总支出的减少量数倍于税收的增加量，反之亦然。这个倍数就是税收乘数。由于税收并不直接影响总支出，而是要通过改变人们的可支配收入来影响消费支出，再影响总支出，因此税收乘数的绝对值小于政府购买乘数的绝对值。例如增加10亿元政府购买，一开始就能增加10亿元总需求，但是减税10亿元会使人们的可支配收入增加10亿元，如果边际消费倾向是0.8，则一开始增加的消费需求只有8亿元，这样政府购买乘数的绝对值就必然大于税收乘数的绝对值。

政府转移支付对总支出的影响方式类似于税收，是间接影响总支出，也是通过改变人们的可支配收入来影响消费支出及总支出；并且政府转移支付乘数和税收乘数的绝对值是一样大的。但与税收不同的是，政府转移支付与政府购买是同方向变化的，但政府转移支付乘数小于政府购买乘数。

5. 平衡预算乘数作用的机理是什么？

解答：平衡预算乘数指政府收入和支出以相等数量增加或减少时国民收入变动与政府收支变动的比率。在理论上，平衡预算乘数等于1。也就是说，政府增加一元钱的开支同时增加一元钱的税收，会使国民收入增加一元钱，原因在于政府购买乘数的绝对值大于税收乘数的绝对值。如果用公式说明，就是 $\Delta t=\Delta g$（假定政府转移支付 t_r 不变），而收入的变化是由总支出变化决定的，即 $\Delta y=\Delta c+\Delta i+\Delta g$，假定投资不变，即 $\Delta i=0$，则 $\Delta y=\Delta c+\Delta g$，而 $\Delta c=\beta\Delta y_d=\beta(\Delta y-\Delta t)$，因此，有 $\Delta y=\beta(\Delta y-\Delta t)+\Delta g=\beta(\Delta y-\Delta g)+\Delta g$（因为 $\Delta t=\Delta g$），移项得到：

$$\Delta y(1-\beta)=\Delta g(1-\beta)$$

可见，$\frac{\Delta y}{\Delta g}=\frac{1-\beta}{1-\beta}=1$，即平衡预算乘数（用 k_b 表示）$k_b=\frac{\Delta y}{\Delta g}=1$。

这一结论也可以通过将政府购买乘数和税收乘数直接相加而得：

$$k_g+k_t=\frac{1}{1-\beta}+\frac{-\beta}{1-\beta}=1$$

6. 税收、政府购买和转移支付这三者对总需求的影响有何区别？

解答：总需求由消费、投资、政府购买和净出口四部分组成。

税收并不直接影响总需求，它通过改变人们的可支配收入，从而影响消费支出，再影响总需求。税收的变化与总需求的变化是反方向的。当税收增加（税率上升或税收基数增加）时，人们的可支配收入减少，从而消费减少，总需求也减少。总需求的减少量数倍于税收的增加量，反之亦然。这个倍数就是税收乘数。

政府购买直接影响总需求，两者的变化是同方向的。总需求的变化量也数倍于政府购买的变化量，这个倍数就是政府购买乘数。

政府转移支付对总需求的影响方式类似于税收，是间接影响总需求，也是通过改变人们的可支配收入来影响消费支出及总需求；并且政府转移支付乘数和税收乘数的绝对值是一样大的。但与税收不同的是，政府转移支付与政府购买是同方向变化的，但政府转移支付乘数小于政府购买乘数。

税收、政府购买和转移支付都是政府可以控制的变量，控制这些变量的政策称为财政政策。政府可以通过财政政策来调控经济运行。

例如，增加 1 美元的政府购买，一开始就使总需求增加 1 美元，因为政府购买直接是对最终产品的需求。可是增加 1 美元的转移支付或减少 1 美元的税收，只是使人们的可支配收入增加 1 美元，若边际消费倾向是 0.8，则消费支出只增加 0.8 美元，这 0.8 美元才是增加 1 美元的转移支付或减少 1 美元的税收带来的对最终产品的需求的第一轮增加，这一区别使政府转移支付乘数与税收乘数大小相等、方向相反，同时使政府购买乘数的绝对值大于政府转移支付乘数和税收乘数的绝对值。

7. 假设某经济的消费函数为 $c=100+0.8y_d$，投资 $i=50$，政府购买支出 $g=200$，政府转移支付 $t_r=62.5$，税收 $t=250$（单位均为 10 亿美元）。

（1）求均衡收入。

（2）试求投资乘数、政府购买乘数、税收乘数、政府转移支付乘数、平衡预算乘数。

解答：（1）$y=c+i+g=100+0.8\times(y-250+62.5)+50+200$

$0.2y=200$

均衡收入 $y=1\,000$

（2）投资乘数 $k=1/(1-\beta)=1/(1-0.8)=5$

政府购买乘数 $k_g=1/(1-\beta)=1/(1-0.8)=5$

税收乘数 $k_t=-\beta/(1-\beta)=-0.8/(1-0.8)=-4$

政府转移支付乘数 $k_{tr}=\beta/(1-\beta)=0.8/(1-0.8)=4$

平衡预算乘数 $k_b=k_g+k_t=5+(-4)=1$

8. 在上题中，假定该社会达到充分就业所需要的国民收入为 1 200，试问：（1）增加政府购买；或（2）减少税收；或（3）以同一数额增加政府购买和税收（以便预算平衡）以实现充分就业，各需多少数额？

解答： 原来均衡收入为 1 000，现在需要达到 1 200，则 GDP 缺口 $\Delta y = 1\,200 - 1\,000 = 200$。

（1）$\Delta g = \dfrac{\Delta y}{k_g} = \dfrac{200}{5} = 40$。

（2）$\Delta T = \dfrac{\Delta y}{k_t} = \dfrac{200}{-4} = -50$。

（3）$\Delta g = \Delta T = \dfrac{\Delta y}{k_b} = 200$。

9. 消费支出波动比国内生产总值波动平稳的主要原因是什么？

解答： 从长期来看，消费支出和国内生产总值按相同的方向变动。但从短期来看，消费支出和国内生产总值都有波动，消费支出的波动幅度比国内生产总值要小。这是由于，国内生产总值受消费、投资、政府购买、净出口影响。国内生产总值与投资和净出口是顺经济周期变量，三者同方向变动，投资和净出口十分不稳定，而且国内生产总值与投资、净出口具有循环积累的自我强化效应。消费与政府购买比较稳定，因此国内生产总值波动主要是由投资和净出口波动引起的。

中低收入者的消费支出受个人可支配收入影响比较大，而个人可支配收入主要受工资、税收、转移支付影响。工资具有刚性，基本比较稳定。税收、转移支付是逆经济周期变量，当经济衰退时（即国内生产总值减少时），税收减少，政府给个人的转移支付（失业保险和社会保险）增加，使得个人可支配收入的减少量小于经济衰退程度（即国内生产总值的减少量）；反之，当经济高涨时（即国内生产总值增加时），税收增加，政府给个人的转移支付减少，使得个人可支配收入的增加量小于经济高涨程度（即国内生产总值的增加量）。税收和转移支付起到了自动稳定器的作用，个人可支配收入的波动幅度要小于国内生产总值的波动幅度。高收入者的消费支出基本不受外部经济环境影响，是稳定的。显然，消费支出波动幅度要比国内生产总值小，即消费支出波动比国内生产总值波动要平稳。

10. 按照凯恩斯的观点，增加储蓄对均衡收入会有什么影响？什么是“节俭的悖论”？

解答： 凯恩斯储蓄—投资国民收入决定模型可用图 13－2 来描述：交点 E_0 表示计划的投资等于储蓄，该点决定了均衡国民收入水平 Y_0。假设消费函数为 $C = a + bY$，则储蓄函数为 $S = -a + (1-b)Y$，从而增加储蓄也就是减少消费，即减小消费函数中的 a、b 值。a 变小，意味着图中储蓄曲线 S 上移；b 变小，意味着边际储蓄倾向（$1-b$）变大，储蓄曲线以 A 点为圆心逆时针转动。这两者均会导致均衡点 E 向左移动，也就是使均衡国民收入下降。

增加储蓄会导致均衡国民收入下降，这是凯恩斯主义的观点。减少储蓄或增加消费会通过增加总需求而引起国民收入增加，经济繁荣；反之，减少消费或增加储蓄会通过减少总需求而引起国民收入减少，经济萧条。由此得出一个看来是自相矛盾的推论：节制消费、增加储蓄会增加个人财富，对个人是件好事，但由于会减少国民收入从而引起萧条，所以对整个经济来说是坏事；增加消费、减少储蓄会减少个人财富，对个人是件坏事，但

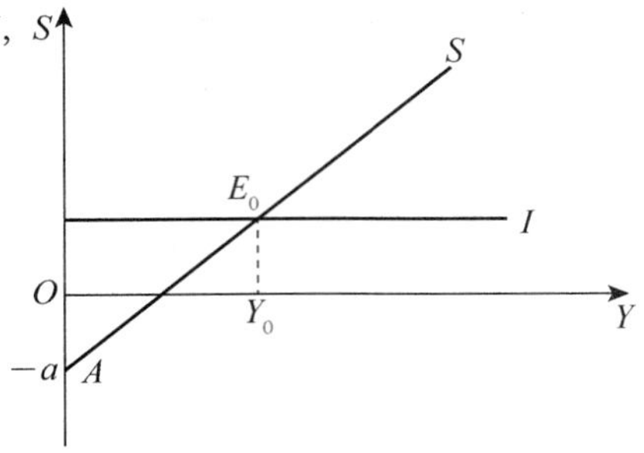

图 13-2 储蓄曲线和投资曲线相交决定均衡国民收入

由于会增加国民收入从而使经济繁荣，所以对整个经济来说是好事。这就是所谓的“节俭的悖论”。

任何经济理论都是以一定的假设为前提的，离开了假设，理论就失去了其基础，当然也就不能成立。凯恩斯的简单国民收入决定模型的前提假设是：经济中的资源没有得到充分利用，从而限制国民收入增加的就不是总供给，而是总需求。凯恩斯的这一理论主要是针对 20 世纪 30 年代大萧条的情况提出的，总需求对生产很重要。另外，该理论对储蓄的资源用于何种用途没有研究。储蓄若束之高阁、被闲置，一定不会促进经济发展；储蓄若转化为投资，则会带动经济增长和生产能力提高。

凯恩斯所用的是一种短期分析，即假设生产能力、技术条件等都是不变的，资源未得到充分利用。在长期中，经济的发展、国民收入的增加仍然要依靠生产能力的提高、资本的增加、技术的进步。在长期中，经济增长就取决于储蓄的增加，而不是消费的增加。由于各国情况不同，所以不能将之到处照搬。对于供给不足的国家，此理论不适用。

11. 为什么西方宏观经济学家通常可假定产量是由总需求决定的?

解答：经济发展要求总供给和总需求均衡。按照木桶定理、短边原则，经济中的产出一定由总供给和总需求相对较小的量决定。若总供给大于总需求，产品过剩，总需求决定产品销售量和就业量，有需求就可以扩大生产、增加产量，对应凯恩斯定律。反之，若总需求大于总供给，供给不足，总供给可以自动创造自己的需求，总供给决定社会均衡产量，对应萨伊定律。

资本主义社会进入 20 世纪，普遍出现了产品过剩现象，生产过剩的经济危机连续发生，总供给大于总需求基本成为常态。在此背景下，1936 年凯恩斯出版了《就业、利息和货币通论》，标志着西方宏观经济学正式产生。凯恩斯经济学就是解决总需求不足的经济学，凯恩斯经济学是西方宏观经济学的核心理论。

所以客观现实和理论来源都使西方宏观经济学家通常假定产量是由总需求决定的。

12. 试述乘数理论的适用性。

解答：乘数指自发支出的增加所引起的国民收入增加的倍数。倍数产生的原因是，各经济部门是相互关联的，某一部门的一笔投资不仅会增加本部门的收入，而且会在国民经济其他部门中引起连锁反应，从而增加这些部门的投资与收入。

乘数能够发挥作用的条件是：（1）经济中存在闲置资源，资源没有得到充分利用，即要有可供利用的劳动力和一定量的存货用于增加生产。否则，投资增加以及由此造成的消费支出增加并不会引起生产增加，只会刺激物价上升。(2) 投资和储蓄的决定相互独立。若两者不独立，则乘数作用变小。因为投资增加会带动货币需求增加，从而使利率上升，而利率上升会鼓励储蓄，减少消费，从而部分抵消由于投资增加而引起收入增加进而使消费增加的趋势。(3) 货币供给量的增加适应支出增加的需要。若货币供给受到限制，则投资和消费支出增加时，货币需求的增加就得不到货币供给相应增加的支持，利率会上升，不但抑制消费，而且抑制投资，使总需求降低。(4) 增加的收入不能用于购买进口产品，否则收入增加会受到限制。(5) 乘数发挥作用还与边际消费倾向、税率等因素有关，乘数与边际消费倾向同方向变动、与税率反方向变动。

13. 能否说边际消费倾向递减，平均消费倾向也一定递减？能否反过来说，平均消费倾向递减，边际消费倾向也一定递减？

解答：$APC=\frac{c}{y}=\frac{a+by}{y}=\frac{a}{y}+b=\frac{a}{y}+MPC$，$\frac{a}{y}$随 y 增加而递减，若 MPC 递减，则 APC 递减。

$APC-MPC=\frac{a}{y}>0$，故 $APC>MPC$。因为 MPC 小于 APC，因此即使 MPC 递增，APC 也可以保持递减。所以 APC 递减，MPC 不一定也递减。

14. 假设某社会经济的储蓄函数为 $s=-1\,600+0.25y$，投资从 $i=400$ 增加到 $i=600$ 时，均衡国民收入增加多少？

解答：由 $s=i$ 得：

$-1\,600+0.25y=400$，$y=8\,000$

$-1\,600+0.25y=600$，$y=8\,800$

均衡国民收入增加值为：$\Delta y=8\,800-8\,000=800$。

15. 假设某经济的消费函数为 $c=1\,000+0.75y_d$，投资为 $i=800$，政府购买为 $g=750$，净税收为 $t=600$，试求：(1) 均衡国民收入和可支配收入；(2) 消费支出；(3) 私人储蓄和政府储蓄；(4) 投资乘数。

解答：(1) $y_d=y-t=y-600$

$y=c+i+g=1\,000+0.75(y-600)+800+750$

均衡国民收入 $y=8\,400$

可支配收入 $y_d=y-t=y-600=8\,400-600=7\,800$

(2) 消费支出 $c=1\,000+0.75y_d=1\,000+0.75\times 7\,800=6\,850$

(3) 私人储蓄$=y_d-c=7\,800-6\,850=950$

政府储蓄=净税收 t－政府购买 $g=600-750=-150$

(4) 投资乘数$=\frac{1}{1-MPC}=\frac{1}{1-0.75}=4$

16. 在一个两部门经济中，假设边际储蓄倾向为 0.2，投资增加 1 000 亿美元时，国民收入、消费及储蓄如何变化？

解答：边际储蓄倾向为 0.2，则边际消费倾向$=1-0.2=0.8$。

国民收入增加额 $\Delta y=1\,000\times\frac{1}{0.2}=5\,000$(亿美元)

消费增加额 $\Delta c=5\,000\times0.8=4\,000$(亿美元)

储蓄增加额 $\Delta s=5\,000\times0.2=1\,000$(亿美元)

17. 假设一国经济中消费者支出增加 600，政府购买、政府转移支付和税收各减少 300，边际储蓄倾向为 0.2，试问新的均衡国民收入将如何变动?

解答： 边际储蓄倾向为 0.2，则边际消费倾向$=1-0.2=0.8$。

$$消费者支出乘数=政府购买乘数=\frac{1}{1-MPC}=\frac{1}{0.2}=5$$

$$政府转移支付乘数=\frac{MPC}{1-MPC}=\frac{0.8}{1-0.8}=4$$

$$税收乘数=\frac{-MPC}{1-MPC}=\frac{-0.8}{1-0.8}=-4$$

均衡国民收入变动额 $\Delta y=600\times5-300\times5-300\times4+300\times4=1\,500$

18. 假设某经济的消费函数为 $c=150+0.75y$，试问 $y=1\,000$ 时的边际消费倾向、平均消费倾向、边际储蓄倾向和平均储蓄倾向是多少?

解答： 消费 $c=150+0.75y=150+0.75\times1\,000=900$

储蓄 $s=y-c=1\,000-900=100$

边际消费倾向 $MPC=0.75$

平均消费倾向 $APC=\frac{c}{y}=\frac{900}{1\,000}=0.9$

边际储蓄倾向 $MPS=1-MPC=1-0.75=0.25$

平均储蓄倾向 $APS=\frac{s}{y}=\frac{100}{1\,000}=0.1$

19. 什么是宏观税收函数?

解答： 宏观税收函数是税收与税率、国民收入之间的数量模型。$T=T_0+tY$，其中 T 为税收额，T_0 为定量税，t 为税率，Y 为国民收入。T 与 Y 同方向变动，但是税率太高可能使国民收入减少，进而引起税收减少，表现为拉弗曲线（见图 13－3)。

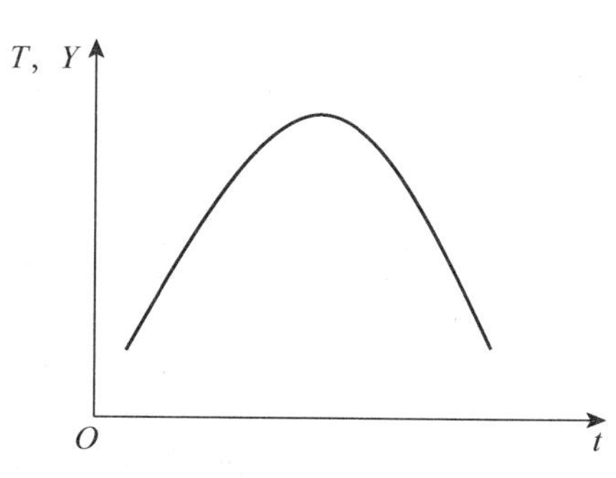

图 13－3

第二部分　精编习题

一、名词解释

1. 均衡产出或收入
2. 投资乘数
3. 税收乘数
4. 平衡预算乘数
5. 边际消费倾向
6. 平均消费倾向
7. 边际储蓄倾向
8. 平均储蓄倾向
9. 政府购买乘数
10. 政府转移支付乘数
11. 节俭的悖论
12. 充分就业状态下的国民收入
13. 实际国民收入
14. 国内生产总值缺口
15. 通货紧缩缺口
16. 通货膨胀缺口

二、单项选择题

1. 消费函数为 $c=a+by$（$a>0$，$0<b<1$），这表明，平均消费倾向（　　）。

A. 大于边际消费倾向　　B. 小于边际消费倾向

C. 等于边际消费倾向　　D. 以上三种情况都可能

2. 在一个私人部门（$C+I$）模型中，收入的均衡水平发生在（　　）。

A. 计划投资等于计划消费时　　B. 总供给等于计划投资时

C. 总供给等于总需求时　　D. 消费等于投资时

3. 在一个两部门经济中，均衡国民收入水平发生在（　　）。

A. 计划投资等于计划消费时　　B. 总供给等于计划投资时

C. 总需求等于计划投资时　　D. 计划储蓄等于计划投资时

4. 假设总供给是 540 美元，消费是 460 美元而投资是 70 美元，则在该经济中，（　　）。

A. 计划投资等于计划储蓄

B. 存货中包含非计划投资

C. 存在非计划储蓄

D. 非计划储蓄等于计划投资及非计划投资

5. 假设在一个两部门经济中，总供给是 800 亿元，消费是 450 亿元而投资是 370 亿元，则在该经济中，（　　）。

A. 计划投资等于计划储蓄　　B. 非计划存货投资大于 0

C. 非计划存货投资等于 0　　D. 非计划存货投资小于 0

6. 根据简单的国民收入决定模型，引起国民收入减少的原因是（　　）。

A. 消费减少　　B. 储蓄减少　　C. 消费增加　　D. 投资增加

7. 某家庭在收入为 0 时，消费支出为 2 000 元，后来收入升至 6 000 元，消费支出亦升至 6 000 元，则该家庭的边际消费倾向是（　　）。

A. 3/4　B. 2/3　C. 1/3　D. 1

8. 若平均消费倾向为一个常数，则消费函数将是（　　）。

A. 在纵轴上有一正截距的直线　B. 通过原点的一条直线
C. 一条相对于横轴上凸的曲线　D. 一条相对于横轴下凹的曲线

9. 引致消费取决于（　　）。

A. 自发消费　B. 边际储蓄倾向
C. 收入和边际消费倾向　D. 收入

10. 根据凯恩斯的消费函数，引起消费增加的因素主要是（　　）。

A. 价格水平下降　B. 收入增加
C. 储蓄增加　D. 边际消费倾向下降

11. 在以下几种情况下，线性消费函数的形状最陡峭的是（　　）。

A. 边际消费倾向为 0.6　B. 边际消费倾向为 0.1
C. 边际消费倾向为 0.9　D. 边际消费倾向为 0.5

12. 按照凯恩斯理论，在自发消费为正数的线性消费函数中，平均消费倾向（　　）。

A. 大于边际消费倾向　B. 等于边际消费倾向
C. 小于边际消费倾向　D. 等于 0

13. 按照凯恩斯理论，如果消费函数是非线性的，那么（　　）。

A. 边际消费倾向递增　B. 边际消费倾向不变
C. 边际消费倾向递减　D. 边际消费倾向等于 0

14. 如果边际储蓄倾向为 0.3，投资支出增加 60 亿元，这将导致均衡国民收入增加（　　）。

A. 20 亿元　B. 60 亿元　C. 180 亿元　D. 200 亿元

15. 在两部门经济中，当投资增加 100 万元时，国民收入增加了 1 000 万元，那么此时的边际消费倾向为（　　）。

A. 100%　B. 10%　C. 90%　D. 20%

16. 消费函数的斜率取决于（　　）。

A. 平均消费倾向　B. 与可支配收入无关的消费总量
C. 边际消费倾向　D. 由于收入变化而引起的投资总量

17. 如果平均储蓄倾向为负，那么（　　）。

A. 平均消费倾向等于 1
B. 平均消费倾向大于 1
C. 平均消费倾向和边际储蓄倾向之和小于 1
D. 平均消费倾向小于 1

18. 如果边际储蓄倾向为 0.2，那么（　　）。

A. 边际消费倾向等于 0.8　B. 边际消费倾向大于 0.8
C. 平均储蓄倾向等于 0.8　D. 边际消费倾向小于 0.8

19. 边际消费倾向和边际储蓄倾向之和（　　）。

A. 大于 1　B. 等于 1　C. 小于 1　D. 等于 0

20. 平均消费倾向和平均储蓄倾向之和（　　）。

A. 大于 1　　B. 等于 1　　C. 小于 1　　D. 等于 0

21. 根据凯恩斯的储蓄函数，引起储蓄增加的因素是（　　）。

A. 收入增加　　B. 利率提高

C. 人们预期未来的价格水平要上升　　D. 边际储蓄倾向下降

22. 凯恩斯提出了（　　）。

A. 绝对收入消费理论　　B. 相对收入消费理论

C. 永久收入消费理论　　D. 生命周期消费理论

23. 杜森贝利提出了（　　）。

A. 绝对收入消费理论　　B. 相对收入消费理论

C. 永久收入消费理论　　D. 生命周期消费理论

24. 弗里德曼提出了哪种消费理论？（　　）

A. 绝对收入消费理论　　B. 相对收入消费理论

C. 永久收入消费理论　　D. 生命周期消费理论

25. 莫迪利安尼提出了哪种消费理论？（　　）

A. 绝对收入消费理论　　B. 相对收入消费理论

C. 永久收入消费理论　　D. 生命周期消费理论

26. 下列表述正确的是（　　）。

A. 社会消费函数是单个消费者消费函数的简单加总

B. 社会消费函数只受收入的影响

C. 社会消费函数是单个消费者消费函数之和

D. 单个消费者消费函数只受收入的影响

27. 在两部门经济中，如果消费函数是 $C=1\,000+0.8Y$，计划投资是 600，则均衡收入是（　　）。

A. 1 000　　B. 2 000　　C. 4 000　　D. 8 000

28. 在两部门经济中，如果储蓄函数是 $S=-500+0.2Y$，计划投资是 1 000，则均衡收入是（　　）。

A. 5 000　　B. 6 000　　C. 7 500　　D. 8 000

29. 下列哪一项不是影响消费的因素？（　　）

A. 收入　　B. 利率　　C. 价格水平　　D. 生产成本

30. 考虑一个简单经济，总需求只包括消费，$C=400+0.9Y$，那么均衡实现时的消费是（　　）。

A. 1 000　　B. 2 000　　C. 3 600　　D. 4 000

31. 如果消费函数为 $C=100+0.8(Y-T)$，那么投资乘数是（　　）。

A. 0.8　　B. 1　　C. 4　　D. 5

32. 在以下几种情况下，投资乘数最大的是（　　）。

A. 边际消费倾向为 0.6　　B. 边际消费倾向为 0.4

C. 边际消费倾向为 0.75　　D. 边际消费倾向为 0.2

33. 在两部门经济中，当投资增加 200 万元时，国民收入增加了 2 000 万元，那么此时的边际储蓄倾向为（　　）。

A. 100%　　B. 10%　　C. 90%　　D. 20%

34. 在一个两部门经济中，当国民收入处于均衡水平时，（　　）。

A. 收入总额必须等于消费者计划用掉的那部分收入再加上他们计划储蓄的数额

B. 消费者支出总额必须正好等于“收支相抵”的收入水平

C. 国民收入的数额必须正好等于计划投资与储蓄相加的总额

D. 收入总额必须正好等于消费的那部分收入加计划投资总额

35. 考虑一个简单经济，总需求只包括消费，如果 $C=400+0.8Y$，那么均衡收入是（　　）。

A. 1 000　　B. 2 000　　C. 1 600　　D. 3 200

36. 如果边际消费倾向是 0.8，在没有所得税的情况下，政府转移支付乘数是（　　）。

A. 4　　B. 5　　C. 6　　D. 8

37. 如果消费函数为 $C=100+0.8(Y-T)$，那么政府购买乘数是（　　）。

A. 0.8　　B. 1.25　　C. 4　　D. 5

38. 下列哪项经济政策将导致收入水平有最大变化？（　　）

A. 政府增加购买 50 亿元产品和劳务

B. 政府购买增加 50 亿元，同时税收增加 50 亿元

C. 税收减少 50 亿元

D. 政府购买增加 50 亿元，其中 30 亿元由增加的税收支付

39. 政府购买乘数（　　）。

A. 等于投资乘数　　B. 等于投资乘数的相反数

C. 比投资乘数小 1　　D. 等于政府转移支付乘数

40. 税收乘数和政府转移支付乘数的区别是（　　）。

A. 税收乘数总比政府转移支付乘数小 1　　B. 前者为负，而后者为正

C. 两者互为倒数　　D. 后者为负，而前者为正

41. 如果边际储蓄倾向为 0.2，则税收乘数（税收为定量税）的值为（　　）。

A. 5　　B. 0.25　　C. −4　　D. 2

42. 如果政府购买乘数为 8，在其他条件不变时（税收为定量税），税收乘数为（　　）。

A. 6　　B. 8　　C. −7　　D. 5

43. 下列哪项经济政策将导致收入水平有最小变化？（　　）

A. 政府增加购买 100 亿元产品和劳务

B. 政府购买增加 100 亿元，同时税收增加 100 亿元

C. 税收减少 100 亿元

D. 政府购买增加 100 亿元，其中 60 亿元由增加的税收支付

44. 在以下几种情况下，政府购买乘数最大的是（　　）。

A. 边际消费倾向为 0.6　　B. 边际消费倾向为 0.4

C. 边际消费倾向为 0.8　　D. 边际消费倾向为 0.5

45. 如果边际消费倾向是0.8，在税收是从量税的情况下，税收乘数是（　　）。

A. −4　　B. 5　　C. 6　　D. 8

46. 投资乘数（　　）。

A. 等于政府购买乘数　　B. 等于政府购买乘数的相反数

C. 比政府购买乘数小　　D. 等于政府转移支付乘数

47. 税收乘数和政府购买乘数的区别是（　　）。

A. 税收乘数总比政府购买乘数大　　B. 前者为负，而后者为正

C. 两者互为倒数　　D. 后者为负，而前者为正

48. 如果边际消费倾向为0.8，则税收乘数（税收为定量税）的值为（　　）。

A. 5　　B. 1　　C. −4　　D. 2

49. 如果投资乘数为10，在其他条件不变时（税收为定量税），税收乘数为（　　）。

A. 6　　B. 8　　C. −9　　D. 7

50. 在一个三部门经济中，$Y-T-C$ 代表（　　）。

A. 政府储蓄　　B. 私人储蓄　　C. 企业储蓄　　D. 国民储蓄

51. 在一个三部门经济中，当税收下降200万元时，国民收入增加了800万元，那么此时的边际储蓄倾向为（　　）。

A. 1　　B. 0.2　　C. 0.8　　D. 0.4

52. 在一个三部门经济中，当政府转移支付增加500万元时，国民收入增加了2 000万元，那么此时的边际消费倾向为（　　）。

A. 1　　B. 0.2　　C. 0.8　　D. 0.5

53. 在一个三部门经济中，假设消费函数是 $C=400+0.8Y$，如果税收减少200，收入会（　　）。

A. 减少800　　B. 减少600　　C. 增加600　　D. 增加800

54. 在一个三部门经济中，假设税收为0，消费函数是 $C=400+0.75Y$，如果政府转移支付减少200，收入会（　　）。

A. 减少800　　B. 减少600　　C. 增加600　　D. 增加800

55. 在一个三部门经济中，如果政府转移支付增加200，收入会增加800，那么如果税收增加100，收入会（　　）。

A. 减少400　　B. 减少800　　C. 增加400　　D. 增加800

56. 如果边际消费倾向是0.8，税收增加100，将会导致储蓄（　　）。

A. 减少80　　B. 减少100　　C. 增加100　　D. 增加80

57. 如果边际储蓄倾向是0.2，税收减少50，将会导致消费（　　）。

A. 减少160　　B. 减少50　　C. 增加50　　D. 增加160

58. 增加政府购买100元比降低税收100元对GDP的影响程度（　　）。

A. 更大　　B. 更小

C. 一样　　D. 取决于边际消费倾向

59. 增加政府转移支付100元和降低税收100元相比，对GDP的影响程度（　　）。

A. 更大　　B. 更小

C. 一样　　D. 取决于边际消费倾向

60. 平衡预算乘数的值（　　）。

A. 大于 1　　B. 等于 1　　C. 小于 1　　D. 等于 0

61. 在一个三部门经济中，如果政府转移支付乘数是 4，那么此时的边际消费倾向为（　　）。

A. 1　　B. 0.2　　C. 0.8　　D. 0.5

62. 在一个三部门经济中，如果税收乘数是 −3，那么此时的边际储蓄倾向为（　　）。

A. 1　　B. 0.25　　C. 0.8　　D. 0.75

63. 四部门经济与三部门经济相比，投资乘数会（　　）。

A. 不变　　B. 变大　　C. 变小　　D. 不确定

64. 下列关于对外贸易乘数的表述正确的是（　　）。

A. 对外贸易乘数与边际消费倾向负相关，与边际进口倾向负相关

B. 对外贸易乘数与边际消费倾向正相关，与边际进口倾向负相关

C. 对外贸易乘数与边际消费倾向正相关，与边际进口倾向正相关

D. 对外贸易乘数与边际消费倾向负相关，与边际进口倾向正相关

三、多项选择题

1. 在两部门经济中，均衡发生于（　　）之时。

A. 实际储蓄等于实际投资

B. 实际消费加实际投资等于产出值

C. 计划储蓄等于计划投资

D. 总供给等于总需求

2. 简单国民收入决定理论的基本假设包括（　　）。

A. 两部门经济（居民户消费和储蓄，厂商生产和投资）

B. 没有供给限制（存在资源闲置，物价不变，这是凯恩斯主义的基本出发点）

C. 折旧和公司未分配利润为零

D. 投资为一个常数，即企业自主决定投资，不受利率和产量变动的影响

3. 下列对产品市场均衡描述正确的是（　　）。

A. 均衡产出又叫均衡收入，指和总需求相等的产出

B. 产品市场均衡条件是总支出等于总收入

C. 在两部门经济中，产品市场均衡实现时，投资等于消费，即 $I=S$

D. 在产品市场实现均衡时，货币市场也一定同时实现均衡

4. 在两部门经济中，如果消费函数是 $C=300+0.8Y$，计划投资是 500，则（　　）。

A. 边际储蓄倾向是 0.2　　B. 投资乘数是 4

C. 投资乘数是 5　　D. 均衡收入是 1 000

5. 下列表述正确的是（　　）。

A. 边际消费倾向与边际储蓄倾向之和等于 1

B. 平均消费倾向与平均储蓄倾向之和等于 1

C. 边际消费倾向与平均消费倾向之和等于 1

D. 平均储蓄倾向与边际储蓄倾向之和等于 1

6. 社会原来收入水平为 1 000 亿元，消费为 800 亿元，当收入增加至 1 200 亿元时，消费增加至 900 亿元，下列计算结果正确的是（　　）。

A. 收入水平为 1 000 亿元时的平均消费倾向是 0.8

B. 收入水平为 1 000 亿元时的平均储蓄倾向是 0.2

C. 收入水平由 1 000 亿元增加至 1 200 亿元时的边际消费倾向是 0.5

D. 收入水平由 1 000 亿元增加至 1 200 亿元时的边际储蓄倾向是 0.5

7. 影响消费的因素主要包括（　　）。

A. 利率　　B. 价格水平　　C. 收入分配　　D. 社会保障制度

8. 在两部门经济中，收入为 1 500 亿元时，储蓄为 500 亿元，收入增加到 2 000 亿元时，储蓄为 800 亿元，下列计算正确的是（　　）。

A. 边际消费倾向是 0.4　　B. 边际储蓄倾向是 0.6

C. 投资乘数是 5/3　　D. 投资乘数是 4

9. 在一个两部门经济中，均衡收入水平发生在（　　）。

A. 计划投资等于计划消费时　　B. 总供给等于总支出时

C. 总需求等于总供给时　　D. 计划储蓄等于计划投资时

10. 下列表述正确的是（　　）。

A. 社会消费函数是家户消费函数之和

B. 社会消费函数不是家户消费函数的简单加总

C. 社会消费函数除了受收入的影响，还受到很多因素的限制

D. 家户消费函数只受收入的影响

11. 由家户消费函数求得社会消费函数，要考虑哪些限制？（　　）

A. 国民收入的分配　　B. 公司未分配利润在总利润中所占的比例

C. 政府税收政策　　D. 以上都不正确

12. 关于投资乘数的表述正确的是（　　）。

A. 投资乘数指收入的变化与带来这种变化的投资变化的比率

B. 投资乘数等于政府转移支付乘数

C. 居民边际消费倾向越高，投资乘数则越大

D. 居民边际储蓄倾向越高，投资乘数则越小

13. 下列关于平衡预算乘数的描述正确的是（　　）。

A. 平衡预算乘数指政府收入和支出同时以相等数量增加或减少时国民收入变动与政府收支变动的比率

B. 平衡预算乘数大于 1

C. 平衡预算乘数为 1

D. 平衡预算乘数小于 1

14. 在一个三部门经济中，如果政府转移支付增加 100，收入会增加 400，那么（　　）。

A. 政府转移支付乘数是 4　　B. 边际消费倾向是 0.8

C. 边际储蓄倾向是 0.2　　D. 政府购买乘数是 5

15. 税收乘数和政府购买乘数的关系是（　　）。

A. 税收乘数的绝对值比政府购买乘数大

B. 后者为负，而前者为正

C. 政府购买乘数比税收乘数的绝对值大

D. 前者为负，而后者为正

16. 在一个三部门经济中，如果税收增加 500，收入会减少 1 500，那么（　　）。

A. 税收乘数是－4　　B. 边际消费倾向是 0.75

C. 边际储蓄倾向是 0.25　　D. 如果税收减少 150，收入会增加 450

17. 在一个三部门经济中，如果税收为定量税，边际消费倾向是 0.9，那么（　　）。

A. 投资乘数是 10　　B. 税收乘数是－9

C. 边际储蓄倾向是 0.1　　D. 政府购买乘数是 10

18. 已知国民收入总额＝10 亿美元，政府预算赤字＝1 亿美元，国际收支逆差＝1 亿美元，储蓄额＝2 亿美元。下列哪项测度准确？（　　）

A. 消费额＝7.5 亿美元　　B. 投资＝4 亿美元

C. 消费＋政府支出＝9 亿美元　　D. 投资＝2 亿美元

四、判断题

1. 在均衡产出水平上，无论是计划存货投资还是非计划存货投资，都必然为零。（　　）

2. 收入变动是影响消费的全部原因。（　　）

3. 一般边际消费倾向总是大于 0 小于 1。（　　）

4. 平均消费倾向总是大于 0 小于 1。（　　）

5. 平均消费倾向总是大于边际消费倾向。（　　）

6. 高收入家庭的边际消费倾向要高于低收入家庭。（　　）

7. 若消费函数为 $C=0.85Y$，则边际消费倾向表示新增货币收入的 85%用于消费。（　　）

8. 自发消费随着收入的变动而变动，它取决于收入和边际消费倾向。（　　）

9. 当产品市场处于均衡时，边际消费倾向必然等于边际储蓄倾向。（　　）

10. 如果实际储蓄等于实际投资，那么实际经济处于均衡状态。（　　）

11. 如果边际消费倾向为 0.75，那么储蓄函数比消费函数陡峭。（　　）

12. 边际消费倾向和边际储蓄倾向之和等于 1。（　　）

13. 边际消费倾向上升将减少收入。（　　）

14. 若一国可支配收入的 92.2%用于消费支出，则 7.8%用于储蓄。（　　）

15. 社会消费函数是单个消费者消费函数的简单加总。（　　）

16. 美国经济学家杜森贝利提出了永久收入假说。（　　）

17. 如果边际消费倾向为 0.75（税收为定量税），那么投资乘数为 4。（　　）

18. 如果边际消费倾向为 0.75（税收为定量税），那么政府购买乘数为 4。（　　）

19. 如果边际消费倾向为 0.75，平衡预算上升 100，那么实际收入上升 75。（　）

20. 如果边际消费倾向为 0.75，税收上升 100，那么实际收入下降 300。（　）

21. 在均衡公式 $S+T=I+G$ 中，储蓄一定等于投资，税收一定等于政府支出。（　）

22. 税收和政府转移支付都将由于它们对可支配收入的影响而影响消费。（　）

23. 政府购买的变化直接影响总需求，但税收和政府转移支付则是通过它们对私人消费和投资的影响间接影响总需求。（　）

24. 投资乘数的大小与居民边际消费倾向负相关。（　）

25. 增加政府转移支付将增加国内生产总值。（　）

26. 若所得税不是同政府购买增加相同数额，政府购买的增加将导致政府预算赤字的增加。（　）

27. 政府购买增加，则个人储蓄增加。（　）

28. 在没有所得税的条件下，增加政府购买同时减少等量的政府转移支付，将使国内生产总值增加与政府购买相同的量。（　）

29. 边际储蓄倾向越大，政府购买变动对国内生产总值的影响就越大。（　）

30. 政府将增加的税收无论用于增加政府购买还是增加政府转移支付，都会使均衡收入水平提高。（　）

31. 引起消费变化的个人收入和自发投资对国民收入具有同样的影响。（　）

32. 潜在国民收入水平决定于一国在一定时期可利用的资本、劳动、自然资源等生产要素的总量以及所达到的技术水平。（　）

33. 真实国内生产总值（real GDP）是剔除了价格因素的国内生产总值，与名义国内生产总值（nominal GDP）相对应。（　）

34. 实际国内生产总值（actual GDP）指与总支出相一致的均衡国民收入，由社会总需求水平决定，与潜在国内生产总值（potential GDP）相对应。（　）

35. 一国在一定时期的实际国民收入就是该国在该时期的潜在国民收入。（　）

36. 国内生产总值缺口指潜在国民收入和实际的均衡国民收入之间的差距；通货紧缩缺口指充分就业国民收入所要求的总支出与实际总支出之间的差额。（　）

37. 在简单国民收入决定模型中，国内生产总值缺口为表示国民收入的横轴上的一段线段，通货紧缩缺口为表示总支出的纵轴上的一段线段。（　）

五、问答题

1. 在两部门宏观经济模型中，国民收入在产品市场上的均衡条件是什么？
2. 在均衡产出水平上，计划存货投资和非计划存货投资是否都必然为零？
3. 简述国民收入决定和国民收入核算的关系。
4. 简述家户消费函数和社会消费函数之间的关系。
5. 解释投资乘数的定义、公式及其作用过程。
6. 请解释为什么平衡预算乘数等于 1。
7. 请用收入—支出法说明均衡国民收入水平的决定。

8. 政府购买和政府转移支付都属于政府支出，为什么计算构成国民收入的总需求时只计进政府购买而不包括政府转移支付，即为什么 $y=c+i+g+(x-m)$，而不是 $y=c+i+g+t_r+(x-m)$？

9. 当税收为收入的函数时，为什么税率提高时，均衡收入会减少？定量税增加会使收入水平上升还是下降？为什么？

10. 请推导四部门经济中国民收入的决定公式。

11. 为什么有了对外贸易之后，封闭经济中的一些乘数会变小？

12. 什么是萨伊定律？什么是凯恩斯定律？二者之间有什么区别？

13. 分析凯恩斯简单消费函数的不足之处。

六、计算题

1. 社会原来的收入水平为 1 000 亿元，消费为 800 亿元，当收入增加至 1 200 亿元时，消费增加至 900 亿元，请计算：

（1）收入水平为 1 000 亿元时的平均消费倾向。

（2）收入水平为 1 000 亿元时的平均储蓄倾向。

（3）收入水平由 1 000 亿元增加至 1 200 亿元时的边际消费倾向。

（4）收入水平由 1 000 亿元增加至 1 200 亿元时的边际储蓄倾向。

2. 根据上题所计算出的边际消费倾向，当投资增加 50 亿元时，国民收入会增加多少？如果投资减少 40 亿元，国民收入会减少多少？

3. 当投资增加 80 亿元时，国民收入增加 200 亿元，计算这时的投资乘数、边际消费倾向和边际储蓄倾向。

4. 在两部门经济中，社会收入为 1 500 亿元时，储蓄为 500 亿元，收入增加为 2 000 亿元时，储蓄为 800 亿元，计算边际消费倾向、边际储蓄倾向和投资乘数。

5. 在两部门经济中，假设投资增加 80 亿元，边际储蓄倾向为 0.2，求出投资乘数、收入的变化及方向，并求出消费的变化。

6. 假设某经济社会的消费函数为 $c=100+0.8y$，投资为 50（单位：10 亿美元）。

（1）求均衡收入、消费和储蓄。

（2）如果当时实际产出（即收入）为 800，试求企业非自愿存货积累。

（3）如果投资增至 100，试求增加的收入。

（4）若消费函数变为 $c=100+0.9y$，投资仍为 50，收入和储蓄各为多少？投资增至 100 时收入增加多少？

（5）消费函数变动后，乘数有何变化？

7. 边际消费倾向为 0.9，如果减税 9 亿元，试计算总储蓄会增加多少（设为定量税的情况）。

8. 已知边际消费倾向 $\beta=0.8$，税率 $t=0.25$，均衡时有一个 150 亿元的预算赤字，即有 $g-T=150$ 亿元，g、T 分别为政府购买和净税收。

（1）增加多少投资才能恰好消除赤字？

（2）改变多少政府购买才能恰好消除赤字？

（3）改变多少政府转移支付才能恰好消除赤字？

（4）改变多少自发税收才能恰好消除赤字？

（5）同时等量增加政府购买和税收多少数额才能恰好消除赤字？

9. 设消费 $c=\alpha+\beta y_d=100+0.8y_d$，净税收 $T=50$，投资 $i=100$，政府购买 $g=60$，出口 $x=80$，进口 $m=20+0.05y$（单位：亿元）。求：

（1）均衡的国民收入。

（2）净出口。

（3）政府购买乘数。

10. 在三部门经济中，已知消费函数为 $C=100+0.9Y_d$，Y_d 为可支配收入，投资 $I=300$ 亿元，政府购买 $G=160$ 亿元，税收 $T=0.2Y$。

试求：

（1）均衡的国民收入水平。

（2）政府购买乘数。

（3）政府购买增加到 300 亿元时新的均衡国民收入。

11. 假设经济模型为：$C=20+0.75(Y-T)$；$I=380$；$G=400$；$T=0.20Y$；$Y=C+I+G$。

（1）计算边际消费倾向。

（2）税收的公式表明当收入增加 100 时，税收增加 20，所以可支配收入增加 80，消费增加 60（$=0.75\times80$）。画出作为收入 Y 的函数的消费函数曲线，标明其斜率及纵横截距。

（3）计算均衡的收入水平。

（4）在均衡的收入水平下，政府预算盈余为多少？

（5）若 G 从 400 增加到 410，计算政府购买乘数，并解释它不等于 $\frac{1}{1-MPC}$ 的原因（MPC 为边际消费倾向）。

12. 假定边际消费倾向为 0.9，所得税为收入的三分之一，政府决定增加支出以使国内生产总值增加 750 元。政府开支应该增加多少？这对预算赤字有何影响？

13. 某国的投资函数和消费函数分别为：$I=150$ 和 $C=0.6Y+100$。

（1）求均衡国民收入。

（2）当消费函数变为 $C=0.8Y+100$ 时，均衡国民收入如何变化？比较投资乘数的大小。

（3）当投资函数变为 $I=200$ 时，均衡国民收入如何变化？

14. 某经济社会的消费函数、投资函数分别为：$C=100+0.9Y$，$I=80$。

（1）求投资乘数及均衡国民收入。

（2）求储蓄函数及均衡时的储蓄额。

（3）当投资函数变为 $I=0.05Y+30$ 时，均衡国民收入如何变化？

15. 假定某经济社会的消费函数 $c=30+0.8y_d$，净税收即总税收减去政府转移支付后的金额 $t_n=50$，投资 $i=60$，政府购买 $g=50$，净出口即出口减进口以后的余额 $nx=50-0.05y$。求：

（1）均衡收入。

（2）在均衡收入水平上的净出口余额。

（3）投资乘数。

（4）投资从 60 增至 70 时的均衡收入和净出口余额。

（5）当净出口从 $nx=50-0.05y$ 变为 $nx=40-0.05y$ 时的均衡收入和净出口余额。

第三部分　精编习题详解

一、名词解释

1. 均衡产出或收入：指和总需求相一致的产出，也就是经济社会的收入正好等于全体居民和企业想要有的支出。

2. 投资乘数：指收入变动与引起这种变动的投资变动的比率。

3. 税收乘数：指收入变动与引起这种变动的税收变动的比率。

4. 平衡预算乘数：指政府收入和支出同时以相等数量增加或减少时国民收入变动与政府收支变动的比率。

5. 边际消费倾向：指增加的一单位收入中用于增加的消费部分的比率。

6. 平均消费倾向：指任一收入水平上消费支出在收入中的比率。

7. 边际储蓄倾向：指增加的一单位收入中用于增加的储蓄部分的比率。

8. 平均储蓄倾向：指任一收入水平上储蓄支出在收入中的比率。

9. 政府购买乘数：指收入变动与引起这种变动的政府购买变动的比率。

10. 政府转移支付乘数：指收入变动与引起这种变动的政府转移支付变动的比率。

11. 节俭的悖论：指节制储蓄、增加消费会减少个人财富，对个人是坏事，但由于会增加国民收入从而使经济繁荣，所以对整个经济来说是好事；节制消费、增加储蓄会增加个人财富，对个人是好事，但由于会减少国民收入从而引起萧条，所以对整个经济来说是坏事。

12. 充分就业状态下的国民收入：指利用社会上一切可利用的经济资源（劳动、资本、土地等）所能够生产的产品和劳务的最大量值，也就是一国的经济潜力得到充分利用或发挥时所能够达到的最大产出量，故又称潜在国民收入。

13. 实际国民收入：就是和总支出水平相一致的均衡国民收入，它由整个社会（该国家）的消费支出、投资支出、政府购买支出和净出口加总而构成的总需求水平决定。

14. 国内生产总值缺口（GDP gap）：指潜在国民收入和实际的均衡国民收入之间的差距。

15. 通货紧缩缺口：指实际的均衡国民收入小于潜在国民收入时，充分就业国民收入所要求的总支出与实际总支出之间的差额。

16. 通货膨胀缺口：指实际的均衡国民收入大于潜在国民收入时，实际总支出与充分就业国民收入所要求的总支出之间的差额。

二、单项选择题

1. A 2. C 3. D 4. B 5. D 6. A 7. B 8. B 9. C
10. B 11. C 12. A 13. C 14. D 15. C 16. C 17. B 18. A
19. B 20. B 21. A 22. A 23. B 24. C 25. D 26. C 27. D
28. C 29. D 30. D 31. D 32. C 33. B 34. D 35. B 36. A
37. D 38. A 39. A 40. B 41. C 42. C 43. B 44. C 45. A
46. A 47. B 48. C 49. C 50. B 51. B 52. C 53. D 54. B
55. A 56. A 57. D 58. A 59. C 60. B 61. C 62. B 63. C
64. B

三、多项选择题

1. CD 2. ABCD 3. AB 4. AC 5. AB 6. ABCD 7. ABCD 8. ABC 9. BCD 10. ABC 11. ABC 12. ACD 13. AC 14. ABCD 15. CD 16. BCD 17. ABCD 18. CD

四、判断题

1. × 2. × 3. √ 4. × 5. √ 6. × 7. √ 8. ×
9. × 10. × 11. × 12. √ 13. × 14. √ 15. × 16. ×
17. √ 18. √ 19. × 20. √ 21. × 22. √ 23. √ 24. ×
25. √ 26. × 27. √ 28. √ 29. × 30. √ 31. × 32. √
33. √ 34. √ 35. × 36. √ 37. √

判断题详解

1.（×），这个说法是错误的。在均衡产出水平上，有“计划投资等于计划储蓄”，非计划存货投资必然为零。计划存货投资的数量取决于投资主体的意愿，所以并不必然为零，一般大于零。

2.（×），收入变动不是影响消费的全部原因，利率、价格水平、收入分配、社会保障制度等因素都会影响消费行为。

3.（√）。

4.（×），这种说法是错误的。当消费者的收入不敷消费所需即有负储蓄时，平均消费倾向大于 1；当消费者的收入水平超出消费需要即有正储蓄时，平均消费倾向小于 1。

5.（√），用消费函数来表述，其公式为：$C=a+bY_D(a>0, 0<b<1)$。该式说明，消费是可支配收入 Y_D 的函数，其中，a 为自发消费，b 为边际消费倾向。将该式两边同

时除以可支配收入 Y_D，就可以得出平均消费倾向 APC：$APC=\frac{C}{Y_D}=\frac{a}{Y_D}+b$，该式表明，平均消费倾向 APC 大于边际消费倾向 b。

6. （×），根据边际消费倾向递减规律，随着收入的增加，消费也相应增加，但是增加的幅度会越来越小于收入增加的幅度。因此，高收入家庭的边际消费倾向要小于低收入家庭。

7. （√），若消费函数为 $C=0.85Y$，则边际消费倾向为 0.85，表示新增货币收入的 85%用于消费。

8. （×），人们的全部消费实际上可以分为自发消费和引致消费两部分。自发消费是由人的基本需求决定的最必需的消费，它不取决于收入。引致消费取决于收入和边际消费倾向。

9. （×），产品市场的均衡条件一般可以表述为“总需求等于总供给”。

10. （×），当经济处于均衡产出水平时，总产出等于总支出，此时计划储蓄等于计划投资。而实际储蓄等于实际投资是从国民收入会计角度看的恒等，是“事后的、实际的”投资和储蓄的恒等。

11. （×），如果边际消费倾向为 0.75，那么消费函数的斜率是边际消费倾向，即 0.75；而储蓄函数的斜率是边际储蓄倾向，即 0.25，所以储蓄函数比消费函数平坦。

12. （√），消费者收入增加后，一般情况是一部分用于增加消费，另一部分用于增加储蓄，因此，边际消费倾向和边际储蓄倾向之和等于 1。

13. （×），边际消费倾向越大，乘数越大；边际消费倾向越小，乘数越小。边际消费倾向上升将使乘数变大，因此将增加收入。

14. （√），可支配收入是消费与储蓄之和，若一国可支配收入的 92.2%用于消费支出，则 7.8%用于储蓄。

15. （×），社会消费函数是单个消费者消费函数之和，但社会消费函数并不是单个消费者消费函数的简单加总，社会消费函数的形成除了受消费者消费函数影响之外，还受到其他因素的影响。

16. （×），美国经济学家杜森贝利提出了相对收入假说，永久收入假说是由美国经济学家弗里德曼提出的。

17. （√），如果边际消费倾向为 0.75（税收为定量税），那么投资乘数 $=1/(1-MPC)=4$。

18. （√），如果边际消费倾向为 0.75（税收为定量税），那么政府购买乘数 $=1/(1-MPC)=4$。

19. （×），平衡预算乘数是 1，所以平衡预算上升 100，那么实际收入上升 100。

20. （√），如果边际消费倾向为 0.75，税收上升 100，那么实际收入下降 $\Delta y=\Delta T\times MPC/(1-MPC)=100\times0.75/(1-0.75)=300$。

21. （×），在均衡公式 $S+T=I+G$ 中，S 与 T 之和一定等于 I 与 G 之和，但是储蓄不一定等于投资，税收也不一定等于政府支出。

22. （√），税收和政府转移支付都会对可支配收入产生影响，进而影响消费。

23.（√），政府购买是指政府购买产品和劳务的支出，它直接影响总需求，但税收和政府转移支付则是通过它们对私人消费和投资的影响间接影响总需求。

24.（×），投资乘数的大小与居民边际消费倾向正相关。居民边际消费倾向越高，投资乘数就越大；居民边际储蓄倾向越高，投资乘数则越小。

25.（√），政府转移支付的变化会对私人消费和投资产生影响，从而间接影响总需求，因此增加政府转移支付将增加国内生产总值。

26.（×），若所得税不是同政府购买增加相同数额，政府预算最终的经济结果取决于所得税和政府购买哪个值更大。

27.（√），政府购买增加会拉动国民收入增加，所以最终会导致个人储蓄增加。

28.（√），在没有所得税的条件下，增加政府购买同时减少等量的政府转移支付，减少等量的政府转移支付实际上和增加等量的税收是等效的，由于平衡预算乘数是 1，因此将使国内生产总值增加与政府购买相同的量。

29.（×），政府购买乘数与边际储蓄倾向是反向变动关系，边际储蓄倾向越大，政府购买乘数就越小，政府购买变动对国内生产总值的影响就越小。

30.（√），这个说法是正确的。政府将增加的税收用于增加政府购买将使均衡收入水平提高，原因是平衡预算乘数大于 0（在三部门定量税条件下此乘数值为 1）。政府将增加的税收用于增加政府转移支付亦会使均衡收入水平提高。表面看，政府转移支付乘数与税收乘数绝对值相同但符号相反，但细想一下，政府增加的税收可能主要来自富有的阶层，而政府转移支付的受益者则主要是贫穷的阶层。由于后者的边际消费倾向一般要比前者大，故将增加的税收用于增加政府转移支付也会使均衡收入水平提高。

31.（×），这种说法是错误的。由个人收入增加引起的消费称引致消费，收入按照边际消费倾向进行消费，这样引起消费变化的个人收入小于自发投资对国民收入的影响。只有自发消费才会和自发投资一样对国民收入产生影响。

32.（√），潜在国民收入是社会在一定时期内能达到的最大的期望的国民收入，其水平决定于一国在一定时期可利用的资本、劳动、自然资源等生产要素的总量以及所达到的技术水平。

33.（√）。

34.（√）。

35.（×），一国在一定时期的实际国民收入一般是均衡国民收入，很多时候与潜在国民收入不一致，存在国民收入缺口。

36.（√）。

37.（√），在简单国民收入决定模型中，国内生产总值缺口为国民收入差额，通货紧缩缺口为总支出差额。

五、问答题

1. **解答：**（1）在两部门经济中，国民收入的均衡条件为：总需求等于总供给，即 $AE=Y$。

（2）两部门经济中的 $AE=C+I$，$Y=C+S$。因此 $AE=Y$，即 $C+I=C+S$，$I=S$。这就是两部门经济中国民收入决定的恒等式。如果 $I>S$，则意味着计划总需求大于实际产量，厂商的非合意存货减少，为了增加合意存货，厂商必然会扩大生产规模，增加产品供给，直至 $I=S$；如果 $I<S$，则意味着计划总需求小于实际产量，厂商的非合意存货增加，出现非合意存货大于零，为了减少非合意存货，厂商必然会缩小生产规模，减少产品供给，直至 $I=S$。

按照消费函数决定思想，$Y=C+I=a+bY+I$，整理得：$Y=\dfrac{a+I}{1-b}$。

2. **解答：**当处于均衡产出水平时，计划存货投资一般大于零，而非计划存货投资必然为零。这是因为计划存货投资是计划投资的一部分，而均衡产出就是等于消费加计划投资的产出，计划存货投资一般大于零。企业进行计划存货投资是为了解决产品生产和销售在时间上的不一致性，随时满足市场对商品的需求。在均衡产出水平上，非计划存货投资一定是零，如果非计划存货投资不是零，那就不是均衡产出了。比方说，企业错误估计了形势，超出市场需要而多生产了产品，就造成了非计划存货投资。

假设消费函数 $C=a+bY_D$，$AE=C+I$，如图 13－4 所示，图中 B 线为没有计划投资时的消费函数曲线，AE 线和 B 线之间的纵向距离为投资 I。图中 45°线表示均衡国民收入。45°线与 B 线之差被称为实际投资，只有在 E 点，实际投资等于计划投资，经济处于均衡状态，由于计划存货投资是计划投资的一部分，计划存货投资一般大于零，这时非计划存货投资 IU 等于 0。在 E 点右边，实际投资和计划投资不相等，存在非计划存货投资 IU，如图所示。

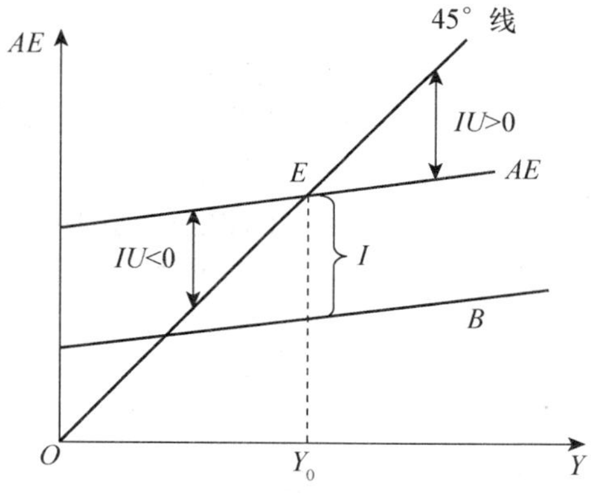

图 13－4

3. **解答：**国民收入决定与国民收入核算之间既有联系，也有区别。

两者的联系为：（1）两者的组成相同。以两部门为例，它们均为 C 和 I，前者是把 C 和 I 作为经济变量，研究 C 和 I 的变化是怎样影响和决定国民收入的；后者是按 $Y=C+I$ 计算国民收入。

（2）两者共同运用了总供给＝总需求的原理。前者把总供给＝总需求作为恒定的分析方法，以此来决定国民收入；而后者把总供给＝总需求作为恒定的统计方法，据此计算国民收入。

两者的区别为：国民收入决定研究一个国家或地区在一定时期内的国民收入水平是由

什么因素决定的，以及如何不断提高国民收入水平。

国民收入核算回答一个国家或地区在一定时期内国民收入五个总量指标的数量是多少。它是对客观经济的如实反映。它要解决国民收入计算问题。

4. **解答：**社会消费函数是家户消费函数之和，但是社会消费函数不是家户消费函数的简单加总，由家户消费函数求取社会消费函数还受到很多因素的限制：

（1）国民收入的分配。富有者边际消费倾向较低，而贫穷者边际消费倾向较高，因此，国民收入分配越不均等，社会消费曲线越是向下移动。

（2）政府的税收政策。如果政府实行累进个人所得税，将富有者原来可用于储蓄的一部分收入征收过来，转化为政府支出，则最终社会总消费会增加，社会消费曲线会向上移动。

（3）公司未分配利润在总利润中所占的比例。公司未分配利润实质上是一种储蓄，若分给股东，则必定有一部分会转化为消费，因此，公司未分配利润在总利润中所占的比例越大，消费就越少，储蓄就越多，社会消费曲线就越是向下移动。

另外，影响社会消费水平的因素还包括利率、价格水平和社会保障制度等因素。

5. **解答：**投资乘数指收入的变化与带来这种变化的投资支出变化的比率。乘数的一般公式为：$K=\frac{1}{1-MPC}=\frac{1}{MPS}$，其中，$K$ 代表投资乘数，MPC 代表边际消费倾向，MPS 代表边际储蓄倾向。投资乘数既可以产生正向的作用，也可以产生反向的作用。例如，投资支出增加将会引起国民收入成倍增加，投资支出减少将会引起国民收入更大的下降。

乘数指自发支出的增加所引起的国民收入增加的倍数。倍数产生的原因是，国民经济各部门之间是相互联系的，对某一部门的需求（支出）增加，不仅会使该部门的生产和收入相应增加，而且还会引起其他部门的生产、收入和支出的增加，从而使国民收入增加量数倍于最初增加的支出。设对第一部门最初增加的投资为 $\Delta\bar{A}$，由这种支出引起的收入的增量为 $\Delta\bar{A}$。设所有各部门的边际消费倾向为 b，则第一部门增加的收入会使消费需求增加 $b\cdot\Delta\bar{A}$，由此引起第二部门的收入增加 $b\cdot\Delta\bar{A}$。第二部门增加的收入中又要消费 $b^2\cdot\Delta\bar{A}$，于是，又使第三部门的收入增加 $b^2\cdot\Delta\bar{A}$。第三部门由此增加的消费需求 $b^3\cdot\Delta\bar{A}$ 将使第四部门的收入增加 $b^3\cdot\Delta\bar{A}$。这种由收入增加带动的消费需求增加逐轮延续下去，当整个经济再次到达均衡时，增加的总支出（ΔAE）与国民收入（ΔY）则为：$\Delta AE=\Delta Y=\Delta\bar{A}+b\Delta\bar{A}+b^2\Delta\bar{A}+b^3\Delta\bar{A}+\cdots=\Delta\bar{A}(1+b+b^2+b^3+\cdots)$。因为 $0<b<1$，所以 $\Delta AE=\Delta Y=\frac{1}{1-b}\times\Delta\bar{A}$。在上式中，$\frac{1}{1-b}$即为乘数。它表示由于最初自发支出增加了 $\Delta\bar{A}$，当总供给与总需求再次达到均衡时，国民收入的增加量（ΔY）为 $\Delta\bar{A}$ 的$\frac{1}{1-b}$倍。因为 $0<b<1$，所以$\frac{1}{1-b}>1$；而且，乘数的大小取决于边际消费倾向（b）。边际消费倾向越大，乘数越大；边际消费倾向越小，乘数越小。凯恩斯在《就业、利息和货币通论》中把乘数与边际消费倾向联系起来，说明总支出变动与国民收入变动的关系。所以，乘数原理在凯恩斯的国民收入决定理论中占有重要的地位。此后，美国经济学家汉森和萨缪尔森把乘数原理与加速原理结合起来，解释经济周期的原因。

6. **解答：**平衡预算乘数指政府收入和支出同时以相等数量增加或减少时国民收入变

动与政府收支变动的比率。

在征收比例税的条件下：

$$政府购买乘数\ k_G=\frac{1}{1-b(1-t)}（推导略），税收乘数\ k_T=\frac{-b(1-t)}{1-b(1-t)}$$

税收乘数推导如下：设 ΔY、ΔT、b 和 t 分别表示收入变化量、税收变化量、可支配收入的边际消费倾向和边际税率，则有

$$\begin{aligned}\Delta Y&=-b(1-t)\Delta T-b^2(1-t)^2\Delta T-b^3(1-t)^3\Delta T-\cdots-b^n(1-t)^n\Delta T\\&=-[b(1-t)+b^2(1-t)^2+b^3(1-t)^3+\cdots+b^n(1-t)^n]\Delta T\\&=\frac{-b(1-t)}{1-b(1-t)}\Delta T\end{aligned}$$

因此，税收乘数 $k_T=\frac{\Delta Y}{\Delta T}=\frac{-b(1-t)}{1-b(1-t)}$。

假设政府购买和税收各增加同一数量，即 $\Delta G=\Delta T$，则

$$\begin{aligned}\Delta Y&=k_G\Delta G+k_T\Delta T=\frac{1}{1-b(1-t)}\Delta G+\frac{-b(1-t)}{1-b(1-t)}\Delta T\\&=\frac{1}{1-b(1-t)}\Delta G+\frac{-b(1-t)}{1-b(1-t)}\Delta G=\Delta G\end{aligned}$$

因此，平衡预算乘数 $k_B=\frac{\Delta Y}{\Delta G}=1$。所以在比例税条件下，平衡预算乘数为 1。

在定量税条件下：

$$\Delta Y=k_G\Delta G+k_T\Delta T=\frac{1}{1-b}\Delta G+\frac{-b}{1-b}\Delta T$$

由于 $\Delta G=\Delta T$，因此

$$\Delta Y=k_G\Delta G+k_T\Delta T=\frac{1-b}{1-b}\Delta G$$

或者 $$\Delta Y=k_G\Delta G+k_T\Delta T=\frac{1-b}{1-b}\Delta T$$

可见 $k_B=\frac{\Delta Y}{\Delta G}=\frac{\Delta Y}{\Delta T}=\frac{1-b}{1-b}=1$。所以在定量税条件下，平衡预算乘数也为 1。

7. **解答：**以两部门国民收入水平的决定为例，如图 13－5 所示，用 Y 表示总收入，AE 表示总支出，如果 $Y=AE$，E 点为国民收入与总支出的均衡点，则有 $Y=C+I$。因此国民收入的决定可通过研究投入与支出的关系来进行。

（1）45°线表示总收入等于总支出。

（2）总支出曲线 $AE=C+I$ 与 45°线的交点 E 表示经济处于均衡状态，E 点为均衡点。Y_E 为均衡国民收入；在 E 点的左边 $Y<AE$，市场出现供不应求，企业将增加产量和就业，使 Y 增加；在 E 点的右边 $Y>AE$，市场出现供过于求，企业将减少产量和就业，使 Y 减少。不论在 E 点的左边还是右边，经济都会根据市场的供求情况进行调整，使 Y

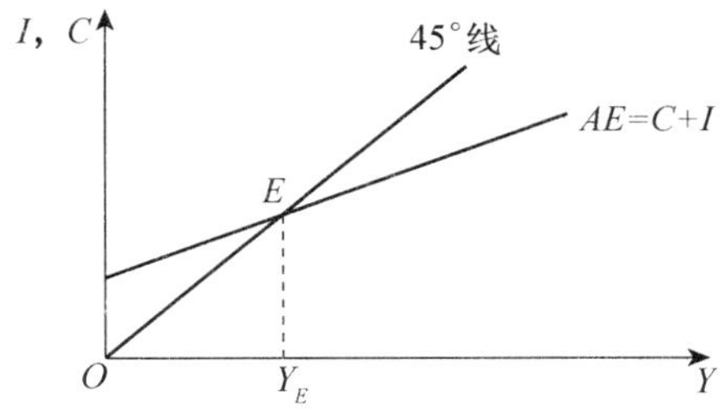

图 13-5　收入—支出法

增加或减少，直至达到均衡国民收入。

8. **解答：** 政府增加转移支付，虽然对总需求也有影响，但这种影响是通过增加人们的可支配收入进而增加消费支出实现的。如果把转移支付也计入总需求，就会形成总需求的重复计算。例如，政府增加 10 亿元的转移支付，假定边际消费倾向为 0.8，则会使消费增加 8 亿元。在此，首轮总需求增加是 8 亿元，而不是 18 亿元。但是如果把 10 亿元转移支付也看作增加的总需求，那么就进行了重复计算，即一次是 10 亿元，另一次是 8 亿元。

另外，按照收入法计算国内生产总值，统计的是实际发生的产品和劳务的购买活动，而转移支付是社会货币财富的再分配，没有发生实际的产品和劳务的购买活动，所以政府转移支付不应该像政府购买一样被计入 GDP。

9. **解答：**（1）设税收 $T=T_0+ty$，其中 T_0 为自发税收，t 为税率，消费函数 $c=\alpha+\beta y_d$，$y_d=y-T+TR$，TR 为政府转移支付，i 和 g 分别为投资和政府购买，二者都被设为常数。将以上条件代入均衡等式 $y=c+i+g$，不难求得均衡收入的表达式：

$$y=\frac{1}{1-\beta(1-t)}(\alpha+i+g-\beta T_0+\beta TR)$$

若其他条件不变，税率 t 提高，容易看到均衡收入必定减少。之所以出现这种情况，原因是税收和储蓄一样，也是一种“漏出”，对国民收入有缩减作用；税率越高，“漏出”就越多，均衡收入减少得就越多。

（2）定量税的增加会使收入水平下降。原因如前所述，其他条件不变，定量税这种“漏出”的增加意味着总支出的减少，从而使均衡收入下降。若设税收 $T=T_0$，其他设定与（1）中相同，不难得到均衡收入的表达式：

$$y=\frac{1}{1-\beta}(\alpha+i+g-\beta T_0+\beta TR)$$

从以上表达式中亦不难得出上述结论。

10. **解答：** 四部门指私人、企业、政府和国外部门。

国外部门的经济活动分为经常项目和资本项目，这里只考虑经常项目，一般用净出口表示，净出口为一国出口与进口之差，即 $NX=X-M$，其中，NX 为净出口；X 为出口，取决于汇率、国内外价格比和国外的收入水平，是本国国民收入的外生变量；M 为进口，主要受汇率、国内外价格比及本国国民收入的影响。为简化起见，假定产品的国内外价格比及汇率保持不变，进口是本国国民收入的函数，则进口函数可表示为：

$$M=M_0+mY(M_0>0,\ 0<m<1)$$

其中，M_0 是与收入无关的进口额，称为自发进口，mY 是与收入相关的进口额，称为引致进口，参数 m 为边际进口倾向，它表示收入中将转化为对国外产品的购买的份额。

在四部门经济中，总支出包括消费、投资、政府购买和净出口，从而可以得到下列简单的宏观经济模型：

$$
\begin{aligned}
&Y=C+I+G+X-M\\
&C=a+bY_d\\
&Y_d=Y-T_N\\
&T_N=T-TR\\
&T=T_0+tY\\
&TR=TR_0\\
&I=I_0\\
&G=G_0\\
&X=X_0\\
&M=M_0+mY
\end{aligned}
$$

联立方程可解得均衡国民收入的决定公式为：

$$Y_e=\frac{1}{1-b(1-t)+m}(a+I_0+G_0-bT_0+bTR_0+X_0-M_0)$$

此国民收入决定模型说明，国民收入与自发消费 a、边际消费倾向 b、政府转移支付 TR_0、投资 I_0、政府购买 G_0、出口 X_0 同方向变动，与定量税 T_0、比例税税率 t、自发进口 M_0、边际进口倾向 m 反方向变动。

11. **解答：**在封闭经济中，投资和政府支出增加，国民收入增加的倍数是$\frac{1}{1-\beta}$，而有了对外贸易后这一倍数变成了$\frac{1}{1-\beta+m}$（这里 β 和 m 分别表示边际消费倾向和边际进口倾向），显然乘数变小了，这主要是由于增加的收入的一部分被用到购买进口商品上去了，造成了财富的漏出。

12. **解答：**（1）萨伊定律是法国古典经济学家萨伊在其于 1803 年出版的《政治经济学概论》一书中提出的著名论点，即供给会创造出自己的需求。这一命题的含义是：任何产品的生产除了满足生产者自身的需求外，其余部分总会用来交换其他产品，即形成对其他产品的需求。每个人实际上都是在用自己的产品去购买别人的产品，所以卖者必然也是买者。一种产品的供给增加，实际上也是对其他产品的需求增加；一国供给能力增加 1 倍，所有产品供给量都增加 1 倍，购买力也同时增加 1 倍。一个自然而然的结论是：总需求总是且必定等于总供给，经济总能实现充分就业的均衡。需要指出的是，萨伊定律并不否认局部的供求失衡，它只是否定全面生产过剩的失衡。

（2）凯恩斯在其于 1936 年出版的《就业、利息和货币通论》一书中提出了著名的有效需求理论。凯恩斯在三个基本心理规律——边际消费倾向递减规律、资本边际效率递减规律以及流动性偏好规律的基础上，论证了消费需求不足、投资需求不足从而有效需求不足的原因，认为有效需求不足会使生产即供给不能扩大到充分就业的程度，从而导致了非自愿性失业的出现。在这里，不再是萨伊的“供给会创造出自己的需求”，而是“需求会创造出自己的供给”，这便是所谓的凯恩斯定律，经济可能经常处于低于充分就业的均衡，以至于充分就业均衡只能被认为是一种特例。

（3）萨伊定律认为供给可以自发地创造需求，而凯恩斯的观点正好相反，他认为，需求创造供给，有效需求决定国民收入。相应地，两者的政策主张也不同。

（4）两者对政府和市场的观念不同。萨伊定律以完全竞争市场为前提，认为依靠自然的经济秩序，所有的问题都会得到妥善的解决，经济总能处于充分就业的均衡状态。而凯恩斯定律则说明，仅仅依靠经济自身的力量，经济往往处于低于充分就业的均衡。在政策主张上，萨伊主张放任自流的经济政策，减少政府对经济的干预，而凯恩斯主义则主张政府干预。

13. **解答：**（1）回避了资本主义私有制造成的两极分化是消费不足的主要原因。边际消费倾向递减需要佐证，而且不是社会消费不足的主要原因。（2）实际的微观消费只能加总价值，无法加总使用价值，而忽略了使用价值的供求均衡问题无法说明国民收入的均衡。（3）只注重短期，没有谈长期，很多人长期平均消费倾向不变。（4）影响消费的不只是现期收入和消费倾向，还有其他因素。该函数没有研究影响有效需求的其他因素。（5）消费函数只是一种观念上的数学模拟，现实中并不一定存在科学的微观消费函数，也很难加总出科学的宏观消费函数。

六、计算题

1. **解答：**（1）$APC=\frac{C}{Y}=\frac{800}{1\ 000}=0.8$。

（2）$APS=\frac{S}{Y}=\frac{1\ 000-800}{1\ 000}=0.2$。

（3）$MPC=\frac{\Delta C}{\Delta Y}=\frac{900-800}{1\ 200-1\ 000}=0.5$。

（4）$MPS=\frac{\Delta S}{\Delta Y}=\frac{300-200}{200}=0.5$。

2. **解答：**$\Delta Y=\frac{\Delta I}{1-MPC}=\frac{50}{0.5}=100$（亿元）

$$\Delta Y=\frac{\Delta I}{1-MPC}=\frac{\Delta I}{MPS}=\frac{-40}{0.5}=-80\text{（亿元）}$$

3. **解答：**$K_I=\frac{\Delta Y}{\Delta I}=\frac{200}{80}=2.5$

由 $K_I=\frac{1}{1-MPC}$ 得：

$$MPC=1-\frac{1}{K_I}=0.6，MPS=1-0.6=0.4$$

4. **解答：**$MPC=\frac{\Delta C}{\Delta Y}=\frac{1\ 200-1\ 000}{2\ 000-1\ 500}=0.4$

$$MPS=\frac{\Delta S}{\Delta Y}=\frac{800-500}{2\,000-1\,500}=0.6$$

$$K_I=\frac{1}{1-MPC}=\frac{1}{1-0.4}\approx 1.67$$

5. **解答：** $K_I=\frac{1}{0.2}=5$

$\Delta Y=K_I\,\Delta I=5\times 80=400$（亿元），其变化方向为增加。

$\Delta C=\beta\Delta Y=0.8\times 400=320$（亿元），增加 320 亿元。

6. **解答：**（1）$y=c+i=100+0.8y+50$，解得 $y=750$，$c=100+0.8\times 750=700$，$s=750-700=50$。

（2）$IU=800-750=50$。

（3）$y=c+i=100+0.8y+100$，$0.2y=200$，$y=1\,000$，$\Delta y=1\,000-750=250$。

（4）$y=c+i=100+0.9y+50$，$0.1y=150$，$y=1\,500$，$s=-100+0.1\times 1\,500=50$。

$y=c+i=100+0.9y+100$，$0.1y=200$，$y=2\,000$，$\Delta y=2\,000-1\,500=500$。

（5）乘数变大，由 5 变为$\frac{1}{0.1}=10$。

7. **解答：** 根据已知条件，易得税收乘数 k_t 为：

$$k_t=-\frac{\beta}{1-\beta}=-\frac{0.9}{1-0.9}=-9$$

减税 9 亿元，会使收入增加 $\Delta y=-9\times(-9)=81$(亿元)。

因为边际消费倾向 $MPC=0.9$，则边际储蓄倾向为 $MPS=1-MPC=0.1$。

易得总储蓄增量为 $\Delta s=MPS\times\Delta y_d=0.1\times(81+9)=9$(亿元)。

8. **解答：** 投资乘数 k_i＝政府购买乘数 $k_g=\frac{1}{1-b(1-t)}=\frac{1}{1-0.8\times 0.75}=2.5$

税收乘数 k_t＝－政府转移支付乘数 $k_{tr}=\frac{-b(1-t)}{1-b(1-t)}=\frac{-0.8\times(1-0.25)}{1-0.8\times 0.75}$

$=-1.5$

平衡预算乘数 $k_b=1$

（1）若通过增加投资的办法消除赤字，则增加的投资 Δi 须满足：

$$\Delta T=t\Delta y=tk_i\cdot\Delta i=0.25\times 2.5\times\Delta i=150(亿元)$$

$\Delta i=240$(亿元)，即须增加投资 240 亿元。

（2）若通过改变政府购买的办法消除赤字，则改变的政府购买 Δg 须满足：

$$\Delta T-\Delta g=t\Delta y-\Delta g=tk_g\,\Delta g-\Delta g=0.25\times 2.5\times\Delta g-\Delta g=150(亿元)$$

$\Delta g=-400$(亿元)，即须减少政府购买 400 亿元。

（3）若通过改变政府转移支付的办法消除赤字，则改变的政府转移支付 Δtr 须满足：

$$\Delta T-\Delta tr=t\Delta y-\Delta tr=tk_{tr}\,\Delta tr-\Delta tr=0.25\times 1.5\times\Delta tr-\Delta tr=150(亿元)$$

$\Delta tr=-240$(亿元)，即须减少政府转移支付 240 亿元。

（4）若通过改变自发税收的办法消除赤字，则改变的自发税收 ΔT_0 须满足：

$$\Delta T_0 + t\Delta y = \Delta T_0 + tk_t\Delta T_0 = \Delta T_0 + 0.25 \times (-1.5) \times \Delta T_0 = 150(\text{亿元})$$

$\Delta T_0 = 240$(亿元)，即须增加自发税收 240 亿元。

（5）若通过改变预算规模的办法消除赤字（$\Delta g = \Delta T$），则改变的预算规模 ΔB 须满足：

$$ty - \Delta g + \Delta T = t \cdot k_b \cdot \Delta B = 0.25 \times 1 \times \Delta B = 150(\text{亿元})$$

$\Delta B = 600$(亿元)，即须同时增加政府购买和税收 600 亿元才可消除 150 亿元的预算赤字。

9. **解答：**（1）由已知，得

$$y_d = y - 50$$

将已知条件代入均衡等式 $y = c + i + g + x - m$，得：

$$y = 100 + 0.8(y - 50) + 100 + 60 + 80 - 20 - 0.05y$$

解得：均衡收入 $y = 1\,120$(亿元)。

（2）净出口 $nx = x - m = 80 - 20 - 0.05 \times 1\,120 = 4$(亿元)。

（3）$k_g = \dfrac{1}{1-\beta+\gamma} = \dfrac{1}{1-0.8+0.05} = 4$。

10. **解答：**（1）根据题意可得：

$$\begin{aligned} Y &= C + I + G \\ &= 100 + 0.9Y_d + 300 + 160 \\ &= 100 + 0.9(Y - T) + 300 + 160 \\ &= 100 + 0.9 \times 0.8Y + 300 + 160 \end{aligned}$$

解得：$Y = 2\,000$(亿元)。

（2）由 $b = 0.9$，$t = 0.2$ 可得

$$\text{政府购买乘数 } K_G = \frac{1}{1-b(1-t)} = \frac{1}{1-0.9\times 0.8} = \frac{25}{7} \approx 3.57$$

（3）
$$\begin{aligned} Y &= C + I + G \\ &= 100 + 0.9Y_d + 300 + 300 \\ &= 100 + 0.9(Y - T) + 300 + 300 \\ &= 100 + 0.9 \times 0.8Y + 300 + 300 \end{aligned}$$

解得：$Y = 2\,500$(亿元)。

或者：政府购买增加 $\Delta G = 300 - 160 = 140$(亿元)，所以均衡国民收入增加 $\Delta Y = K_G \cdot \Delta G = \dfrac{25}{7} \times 140 = 500$(亿元)，从而新的均衡国民收入为 $2\,000 + 500 = 2\,500$(亿元)。

11. **解答：**（1）因为 $C = 20 + 0.75(Y - T)$，所以，边际消费倾向 $= 0.75$。

（2）$C=20+0.75(Y-T)=20+0.75\times0.8Y=20+0.6Y$。

根据题意可画出图 13－6。

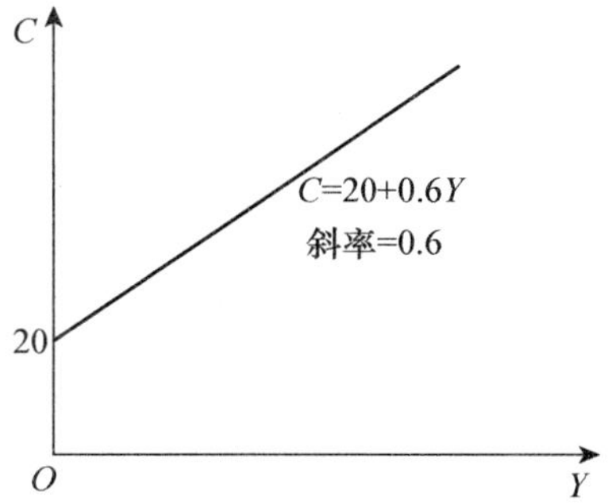

图 13－6　消费函数

（3）
$$\begin{aligned}Y&=C+I+G\\&=20+0.75(Y-T)+380+400\\&=20+0.75\times0.8Y+380+400\end{aligned}$$

解得：$Y=2\,000$。

（4）政府预算盈余为 $T-G=0.20\times2\,000-400=0$。

（5）政府购买乘数 $k_G=\dfrac{1}{1-b(1-t)}=\dfrac{1}{1-0.75\times(1-0.20)}=2.5$。

k_G 之所以不等于$\dfrac{1}{1-MPC}$，是因为当税收为收入的函数时，收入中要有一定比例作为税收上缴给政府，因而可支配收入减少了。

在均衡时，有

$$Y=C+I+G=a+b(1-t)Y+I+G$$

所以，$k_G=\dfrac{1}{1-b(1-t)}\neq\dfrac{1}{1-MPC}$。

12. **解答：**政府购买乘数为

$$K_G=\frac{\Delta Y}{\Delta G}=\frac{1}{1-b(1-t)}$$

所以 $\Delta G=\dfrac{\Delta Y}{K_G}=\Delta Y[1-b(1-t)]$，代入已知参数得：

$$\Delta G=750\times\left[1-0.9\times\left(1-\frac{1}{3}\right)\right]=300$$

预算赤字的变动即政府开支的变动减去税收的变动。政府开支上升 300 元。因为国内生产总值增加 750 元时边际税率为 1/3，所以，税收增加 250 元。因此，预算赤字上升 50 元。

13. **解答：**（1）$Y=C+I=0.6Y+100+150$

解得：$Y=625$。

$$\text{投资乘数 } k_I=\frac{1}{1-b}=\frac{1}{1-0.6}=2.5$$

（2）$Y=0.8Y+100+150$

解得：$Y=1\,250$。

$$\text{投资乘数 } k_I=\frac{1}{1-b}=\frac{1}{1-0.8}=5$$

均衡国民收入由于投资乘数增大 1 倍而增大 1 倍。

（3）$Y=0.6Y+100+200$

解得：$Y=750$。

均衡国民收入因投资量增加 50（$=200-150$）而增加 125（$=750-625$）。

14. **解答：**（1）投资乘数为 $k_I=\frac{1}{1-b}=\frac{1}{1-0.9}=10$。

国民收入为：

$$Y=C+I=100+0.9Y+80$$

解得：$Y=1\,800$。

（2）储蓄函数为：$S=Y-C=Y-(100+0.9Y)=0.1Y-100$。

均衡时的储蓄额为：$S=0.1\times1\,800-100=80$。

（3）均衡条件因投资函数而变为：

$$Y=C+I=100+0.9Y+0.05Y+30=130+0.95Y$$

解得：$Y=2\,600$。

因投资函数变化而产生的均衡国民收入增加额为：$2\,600-1\,800=800$。

15. **解答：**（1）可支配收入为 $y_d=y-t_n=y-50$，从而消费为 $c=30+0.8(y-50)=30+0.8y-40=0.8y-10$，故均衡收入为：

$$y=c+i+g+nx=0.8y-10+60+50+50-0.05y=0.75y+150$$

解得：$y=\frac{150}{0.25}=600$，即均衡收入为 600。

（2）净出口余额为 $nx=50-0.05y=50-0.05\times600=20$。

（3）投资乘数 $k_i=\frac{1}{1-0.8+0.05}=4$。

（4）投资从 60 增至 70 时，有

$$y=c+i+g+nx=0.8y-10+70+50+50-0.05y=0.75y+160$$

解得：$y=\frac{160}{0.25}=640$，即均衡收入为 640。

净出口余额为 $nx=50-0.05y=50-0.05\times640=50-32=18$。

（5）净出口函数从 $nx=50-0.05y$ 变为 $nx=40-0.05y$ 时的均衡收入为：

$$y=c+i+g+nx=0.8y-10+60+50+40-0.05y=0.75y+140$$

解得：$y=\frac{140}{0.25}=560$，即均衡收入为 560。

净出口余额为 $nx=40-0.05y=40-0.05\times560=40-28=12$。

第十四章
国民收入的决定：*IS—LM* 模型

第一部分　课后习题详解

1. 怎样理解 *IS—LM* 模型是凯恩斯主义宏观经济学的核心？

解答： 凯恩斯理论的核心是有效需求原理，认为国民收入取决于有效需求，而有效需求原理的支柱是边际消费倾向递减、资本边际效率递减以及心理上的流动性偏好这三个心理规律。凯恩斯通过利率把货币经济和实物经济联系了起来，打破了新古典学派把实物经济和货币经济分开的两分法，认为货币不是中性的，货币市场上的均衡利率会影响投资和收入，而产品市场上的均衡收入又会影响货币需求和利率，这就使产品市场和货币市场相互联系与作用。汉森、希克斯这两位经济学家则用 *IS—LM* 模型构建了一个产品市场和货币市场之间的相互作用共同决定国民收入与利率的理论框架，从而使凯恩斯的有效需求理论得到了较为完善的表述。不仅如此，凯恩斯主义的经济政策（财政政策和货币政策）也是围绕 *IS—LM* 模型而展开的，因此可以说，*IS—LM* 模型是凯恩斯主义宏观经济学的核心。

IS—LM 模型之所以被称为凯恩斯主义宏观经济学的核心，还在于 *IS—LM* 模型在阐明凯恩斯主义经济理论和政策思想方面有很多优点：

一是 *IS—LM* 模型可清楚直观地表示经济短期波动究竟来自何方，是来自投资支出变动、消费支出变动、政府支出或税收方面因素的变动，还是来自货币供给和需求方面因素的变动。如果属于前一方面因素引起的波动，则这种波动会在 *IS* 曲线移动中得到体现；如果属于后一方面因素引起的波动，则这种波动会在 *LM* 曲线移动中得到体现。

二是 *IS—LM* 模型可清楚直观地表现出政府干预经济使用的是财政政策还是货币政策。如果是财政政策，必然表现在 *IS* 曲线的移动上，扩张性财政政策引起 *IS* 曲线向右上方移动，紧缩性财政政策引起 *IS* 曲线向左下方移动；如果是货币政策，必然表现在 *LM* 曲线的移动上，增加货币的扩张性政策引起 *LM* 曲线向右下方移动，减少货币的紧缩性政策引起 *LM* 曲线向左上方移动。

三是 *IS—LM* 模型可清楚直观地表现出构成总需求的诸因素对总需求变动影响的强弱程度。例如，如果投资对利率变动很敏感，*IS* 曲线就会较平坦，即 *IS* 曲线的斜率绝对值较小；反之，若投资对利率变动不敏感，*IS* 曲线就会较陡峭，即 *IS* 曲线的斜率绝对值较大。如果货币需求对利率变动很敏感，*LM* 曲线就会较平坦；反之，若货币需求对利率变动不敏感，*LM* 曲线就会较陡峭。利率变动是影响投资从而影响总需求变动的主要因素。利率变动如何影响总需求可以在 *IS* 曲线和 *LM* 曲线形状上一目了然地看出来。

四是 *IS*—*LM* 模型可清楚直观地表现出政府干预经济的政策的效果。财政政策与货币政策的效果与 *IS* 曲线和 *LM* 曲线的倾斜程度即斜率相关。

五是 *IS*—*LM* 模型可清楚直观地表现出凯恩斯主义和货币主义这两大学派为什么会对财政政策和货币政策有不同的态度。凯恩斯主义者认为，当利率较低时，人们即使有闲置货币，也不肯购买债券，经济会陷入所谓“流动偏好陷阱”状态，这时 *LM* 曲线呈水平状，如果政府支出增加使 *IS* 曲线右移，货币需求增加不会使利率上升而产生“挤出效应”，因此财政政策会极有效。相反，这时政府若增加货币供给量，不可能使利率下降，因为人们不肯用多余的货币去购买债券，从而债券价格不会上升即利率不会下降并增加国民收入，因此货币政策无效，所以该学派注重财政政策。与之相对，货币学派则认为，人们通常只有货币的交易需求而没有投机需求，如果央行增发货币，人们会将增发的货币都用来购买债券，于是债券价格会上升即利率会下降，进而使投资和收入大幅度增加，因而货币政策极其有效。相反，如果实行增加支出的财政政策，货币需求增加会导致利率大幅度上升，从而导致很大的“挤出效应”，这使财政政策效果很小。因此，该学派在两大政策选择中注重的是货币政策。

六是 *IS*—*LM* 模型可清楚地表现出总需求曲线的来历。总需求曲线反映的是国民收入和价格总水平之间的反向变动关系。在 *IS*—*LM* 模型中，当其他状况不变时，价格上升在名义货币供给不变时使实际货币供给量（M/P）下降，因而 *LM* 曲线向左上方移动，从而使均衡国民收入水平下降。这样就可直观地勾画出国民收入与价格总水平之间反方向变动的总需求曲线。

正因为 *IS*—*LM* 模型有着表现凯恩斯主义宏观经济理论的上述诸多用处，因此传统上一直把 *IS*—*LM* 模型当作凯恩斯主义经济理论体系的标准解释和核心理论。

2. 一个预期长期实际利率是 3%的厂商正在考虑一个投资项目清单，每个项目都需要花费 100 万美元，这些项目在回收期长短和回收数量上不同。第一个项目将在两年内回收 120 万美元；第二个项目将在三年内回收 125 万美元；第三个项目将在四年内回收 130 万美元。哪个项目值得投资？如果利率是 5%，答案有变化吗？（假定价格稳定。）

解答： 实际利率是 3%，第一个项目回收值的现值是$\frac{120}{1.03^2}\approx 113.11$(万美元)，第二个项目回收值的现值是$\frac{125}{1.03^3}\approx 114.39$(万美元)，第三个项目回收值的现值是$\frac{130}{1.03^4}\approx 115.50$(万美元)，三个项目回收值的现值都大于 100 万美元，都值得投资。

如果利率是 5%，则上面三个项目回收值的现值分别是：$\frac{120}{1.05^2}\approx 108.84$(万美元)，$\frac{125}{1.05^3}\approx 107.98$(万美元)，$\frac{130}{1.05^4}\approx 106.95$(万美元)。因此，也都值得投资。

3. 假定每年通货膨胀率是 4%，上题中回收的资金以当时的名义美元计算，这些项目仍然值得投资吗？

解答： 如果预期通货膨胀率是 4%，则 120 万美元、125 万美元和 130 万美元的实际收益分别是 $120/1.04^2 \approx 110.95$（万美元）、$125/1.04^3 \approx 111.12$（万美元）和 $130/1.04^4 \approx 111.12$（万美元），再以 3% 的利率折成现值，分别为：$110.95/1.03^2 \approx 104.58$（万美元），$111.12/1.03^3 \approx 101.69$（万美元），$111.12/1.03^4 \approx 98.73$（万美元）。

从上述结果可知，当年通货膨胀率为 4%、利率是 3% 时，第一、第二个项目仍可投资，而第三个项目不值得投资。

同样的结果也可以用另一种方法得到：由于年通货膨胀率为 4%，实际利率为 3%，因此名义利率约为 7%，这样，三个项目回收值的现值分别为 $\frac{120}{(1+7\%)^2} \approx 104.81$（万美元），$\frac{125}{(1+7\%)^3} \approx 102.04$（万美元），$\frac{130}{(1+7\%)^4} \approx 99.18$（万美元），所以第一、第二个项目值得投资。

4.（1）若投资函数为 $i=100$（亿美元）$-5r$，找出利率为 4%、5%、6% 和 7% 时的投资量；

（2）若储蓄函数为 $s=-40$（亿美元）$+0.25y$，找出与上述投资相均衡的收入水平；

（3）求 IS 曲线并作出图形。

解答：（1）若投资函数为 $i=100$（亿美元）$-5r$，则：

当 $r=4$ 时，$i=100-5\times4=80$（亿美元）；

当 $r=5$ 时，$i=100-5\times5=75$（亿美元）；

当 $r=6$ 时，$i=100-5\times6=70$（亿美元）；

当 $r=7$ 时，$i=100-5\times7=65$（亿美元）。

（2）若储蓄函数为 $s=-40$（亿美元）$+0.25y$，根据均衡条件 $i=s$，即 $100-5r=-40+0.25y$，解得 $y=560-20r$，根据（1）中的已知条件计算 y，则：

当 $r=4$ 时，$y=480$（亿美元）；

当 $r=5$ 时，$y=460$（亿美元）；

当 $r=6$ 时，$y=440$（亿美元）；

当 $r=7$ 时，$y=420$（亿美元）。

（3）IS 曲线：$i=s$，$100-5r=-40+0.25y$，$y=560-20r$。

IS 曲线如图 14－1 所示。

5. 假定：

（a）消费函数为 $c=50+0.8y$，投资函数为 $i=100$（亿美元）$-5r$；

（b）消费函数为 $c=50+0.8y$，投资函数为 $i=100$（亿美元）$-10r$；

（c）消费函数为 $c=50+0.75y$，投资函数为 $i=100$（亿美元）$-10r$。

（1）求（a）、（b）、（c）的 IS 曲线；

（2）比较（a）和（b），说明投资对利率更敏感时，IS 曲线的斜率会发生什么变化；

（3）比较（b）和（c），说明边际消费倾向变动时，IS 曲线的斜率会发生什么变化。

解答：（1）根据 $y=c+s$，得到 $s=y-c=y-(50+0.8y)=-50+0.2y$，再根据均

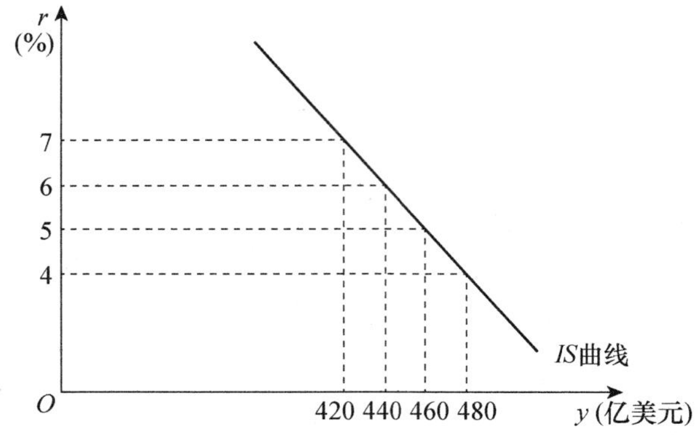

图 14－1

衡条件 $i=s$，可得在（a）中，$100-5r=-50+0.2y$，解得：

（a）的 IS 曲线为 $y=750-25r$，即 $r=30-\frac{1}{25}y$。

同理可得：

（b）的 IS 曲线为 $y=750-50r$，即 $r=15-\frac{1}{50}y$；

（c）的 IS 曲线为 $y=600-40r$，即 $r=15-\frac{1}{40}y$。

（2）比较（a）和（b），我们可以发现（b）的投资函数中的投资对利率更敏感，表现在 IS 曲线上，就是 IS 曲线斜率的绝对值变小，即 IS 曲线更平坦一些，弹性更大。

（3）比较（b）和（c），当边际消费倾向变小（从 0.8 变为 0.75）时，IS 曲线斜率的绝对值变大了，即（c）的 IS 曲线更陡峭一些。

6. 假定货币需求为 $L=0.2y-5r$。

（1）画出利率为 10％、8％和 6％而收入为 800 亿美元、900 亿美元和 1 000 亿美元时的货币需求曲线。

（2）若名义货币供给为 150 亿美元，价格水平 $P=1$，找出货币需求与供给相均衡的收入与利率。

（3）画出 LM 曲线，并说明什么是 LM 曲线。

（4）若货币供给为 200 亿美元，再画一条 LM 曲线，这条 LM 曲线与（3）中的 LM 曲线相比有何不同？

（5）若 $r=10$，$y=1\,100$ 亿美元，货币供给与（4）中的相同，则货币需求与供给是否均衡？若不均衡，利率会怎样变动？

解答：（1）由于货币需求为 $L=0.2y-5r$，所以：

当 $r=10$，y 为 800、900 和 1 000 时货币需求量分别为 110、130 和 150；

当 $r=8$，y 为 800、900 和 1 000 时货币需求量分别为 120、140 和 160；

当 $r=6$，y 为 800、900 和 1 000 时货币需求量分别为 130、150 和 170。

货币需求曲线如图 14－2 所示。

（2）货币需求与供给相均衡即 $L=M_S$，有 $L=0.2y-5r$，$M_S=m=M/P=150/1=150$，联立这两个方程得 $0.2y-5r=150$，即：

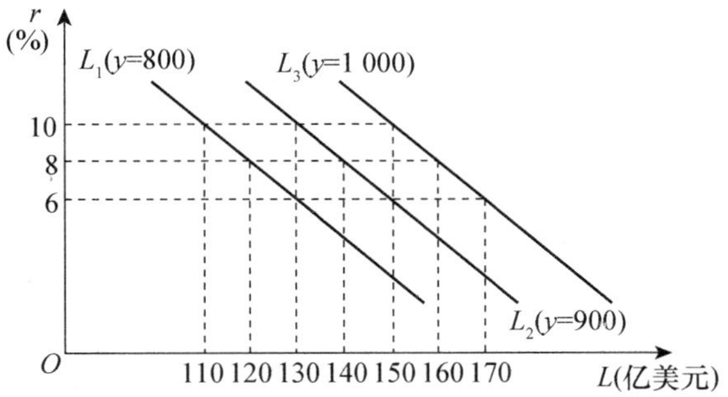

图 14－2

$y=750+25r$

可见，货币需求和供给均衡时的收入和利率为：

$y=1\,000$，$r=10$

$y=950$，$r=8$

$y=900$ ，$r=6$

……

（3）LM 曲线是从货币的投机需求与利率的关系、货币的交易需求和谨慎需求（即预防需求）与收入的关系以及货币需求与供给相等的关系中推导出来的。满足货币市场均衡条件的收入 y 和利率 r 的关系的图形被称为 LM 曲线。也就是说，LM 曲线上的任一点都代表一定利率和收入的组合，在这样的组合下，货币需求与供给都是相等的，亦即货币市场是均衡的。

根据（2）中的 $y=750+25r$，就可以得到 LM 曲线，如图 14－3 所示。

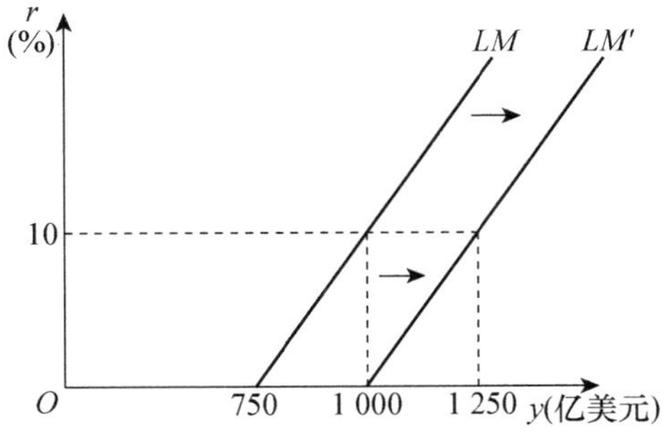

图 14－3

（4）货币供给为 200 亿美元，则 LM'曲线为 $0.2y-5r=200$，即 $y=1\,000+25r$。这条 LM'曲线与（3）中得到的 LM 曲线相比，平行向右移动了 250 个单位（如图 14－3 所示）。

（5）若 $r=10$，$y=1\,100$ 亿美元，则货币需求 $L=0.2y-5r=0.2\times1\,100-5\times10=220-50=170$（亿美元），而货币供给 $M_S=200$（亿美元），由于货币需求小于货币供给，所以利率会下降，直到实现新的均衡。

7. 假定名义货币供给用 M 表示，价格水平用 P 表示，实际货币需求用 $L=ky-hr$

表示。

（1）求 LM 曲线的代数表达式，找出 LM 曲线的斜率的表达式。

（2）找出 $k=0.20$，$h=10$；$k=0.20$，$h=20$；$k=0.10$，$h=10$ 时 LM 曲线斜率的值。

（3）当 k 变小时，LM 曲线的斜率如何变化？当 h 增加时，LM 曲线的斜率如何变化？请说明变化原因。

（4）若 $k=0.20$，$h=0$，LM 曲线的形状如何？

解答：（1）LM 曲线表示实际货币需求等于实际货币供给即货币市场均衡时的收入与利率组合情况。实际货币供给为$\frac{M}{P}$，因此，当货币市场均衡时，$L=\frac{M}{P}$，假定 $P=1$，则 LM 曲线的代数表达式为：

$$ky-hr=M$$

即

$$r=-\frac{M}{h}+\frac{k}{h}y$$

其斜率的代数表达式为$\frac{k}{h}$。

（2）当 $k=0.20$，$h=10$ 时，LM 曲线的斜率为：

$$\frac{k}{h}=\frac{0.20}{10}=0.02$$

当 $k=0.20$，$h=20$ 时，LM 曲线的斜率为：

$$\frac{k}{h}=\frac{0.20}{20}=0.01$$

当 $k=0.10$，$h=10$ 时，LM 曲线的斜率为：

$$\frac{k}{h}=\frac{0.10}{10}=0.01$$

（3）由于 LM 曲线的斜率为$\frac{k}{h}$，因此 k 越小，LM 曲线的斜率越小，LM 曲线也就越平坦，而 h 越大，LM 曲线的斜率就越小，LM 曲线也就越平坦。k 变小时，LM 曲线的斜率变小，LM 曲线更加平坦，原因是 k 变小时，每一元国民收入中用于交易需求的比例减小，表示利率不变时一定收入变化所需货币（交易需求）变化更小，或一定货币交易需求变化所需收入变化更大，货币市场均衡时一定货币供给所要求的收入变化更大，因此 LM 曲线更为平坦。h 增大时，LM 曲线斜率变小，LM 曲线更加平坦，原因是 h 增大时，L_2（货币投机需求）对利率（r）反应敏感，收入不变时，r 的较小变动会引致 L_2 的较大变化，或者说，一定货币需求（投机需求）所要求的利率变化变小，因此货币市场均衡时，LM 曲线更平坦。

（4）若 $k=0.2$，$h=0$，则 LM 曲线为 $0.2y=M$，即：

$$y=5M$$

此时 LM 曲线为一垂直于横轴 y 的直线，$h=0$ 表明货币需求与利率大小无关，这正好是 LM 曲线的古典区域的情况。

8. 假设在一个只有家庭和企业的两部门经济中，消费 $c=100+0.8y$，投资 $i=150-6r$，实际货币供给 $m=150$，货币需求 $L=0.2y-4r$（单位均为亿美元）。

（1）求 IS 曲线和 LM 曲线；

（2）求产品市场和货币市场同时均衡时的利率和收入。

解答：（1）先求 IS 曲线。$y=c+i=\alpha+\beta y+e-dr$，此时 IS 曲线将为 $r=\frac{\alpha+e}{d}-\frac{1-\beta}{d}y$。

于是由题意 $c=100+0.8y$，$i=150-6r$，可得 IS 曲线为

$$r=\frac{100+150}{6}-\frac{1-0.8}{6}y$$

即 $$r=\frac{250}{6}-\frac{1}{30}y \quad 或 \quad y=1\,250-30r$$

再求 LM 曲线。由 $L=m$ 得：

$$150=0.2y-4r$$

即 $$r=-\frac{150}{4}+\frac{1}{20}y \quad 或 \quad y=750+20r$$

（2）当产品市场和货币市场同时均衡时，IS 曲线和 LM 曲线相交于一点，在该点上收入和利率可通过求解 IS 和 LM 的联立方程得到，即

$$\begin{cases}y=1\,250-30r\\y=750+20r\end{cases}$$

得 $r=10$，$y=950$（亿美元）。

9. 分析研究 IS 曲线和 LM 曲线的斜率及其决定因素有什么意义？

解答：分析研究 IS 曲线和 LM 曲线的斜率及其决定因素，主要是为了分析有哪些因素会影响财政政策和货币政策的效果。

在分析财政政策的效果，比如增加政府支出的扩张性财政政策的效果时，政府支出增加会使利率上升，利率每上升一定幅度就会使私人部门投资下降一定幅度，此为政府支出增加的"挤出效应"，从而扩张性财政政策的效果就会打折扣。财政政策效果与 IS 和 LM 曲线的斜率有直接的关系。

IS 曲线为 $r=\frac{\alpha+e}{d}-\frac{1-\beta}{d}y$，其斜率为 $-\frac{1-\beta}{d}$，投资对利率的反应程度 d 越大，或者边际消费倾向 β 越大，IS 曲线斜率的绝对值 $\frac{1-\beta}{d}$ 就越小，IS 曲线就越平坦，在 LM 曲线斜率不变的情况下，挤出效应就越大，财政政策的效果就越小，如图 14－4 所示。

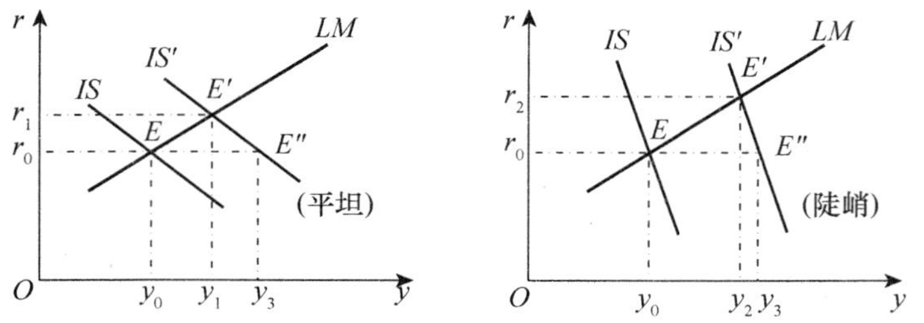

(a) 政策效果小 (b) 政策效果大

图 14-4

LM 曲线为 $r=\frac{ky}{h}-\frac{m}{h}$，使 LM 曲线的斜率 $\frac{k}{h}$ 较大的因素（货币需求对利率较不敏感即 h 较小，货币需求对收入较为敏感即 k 较大），都是使财政政策效果较小的因素。

当 LM 曲线陡峭时，增加货币供给的扩张性货币政策会使利率下降很多，即货币政策效果很明显；当 IS 曲线比较平坦时，利率下降会使私人部门投资增加很多，即货币政策效果很明显。使 IS 曲线斜率的绝对值较小的因素以及使 LM 曲线的斜率较大的因素，都是使货币政策效果较大的因素。反之亦然。

可见，通过分析 IS 曲线和 LM 曲线的斜率以及它们的决定因素就可以比较直观地了解财政政策或者货币政策效果的决定因素。

10. 为什么要讨论 IS 曲线和 LM 曲线的移动？

解答：宏观经济政策主要是财政政策和货币政策，财政政策变动会引起 IS 曲线移动，货币政策变动会引起 LM 曲线移动，通过对 IS 曲线和 LM 曲线的移动的分析可以研究财政政策和货币政策的执行效果。

在 IS—LM 框架中，如政府购买、政府转移支付、税收、进出口等的变动都会使 IS 曲线移动，而实际货币供给和货币需求变动都会使 LM 曲线移动，这些移动都会引起均衡收入和利率的变动。

例如，政府减税、增加转移支付使人们的可支配收入增加，在其他情况不变时，消费支出水平就会上升。IS 曲线会向右上方移动，增加国民收入和就业水平；再如，本国货币贬值在其他情况不变时会使出口增加，进口减少，从而使净出口增加，IS 曲线也会向右上方移动。同样，在名义货币供求不变时价格水平下降，或者在价格水平不变时增加名义货币供给或减少名义货币需求，都会使 LM 曲线向右下方移动，增加国民收入和就业水平。

政府实行扩张性财政政策使 IS 曲线向右上方移动，收入和利率同时上升，并且通过不同斜率的 IS 曲线和 LM 曲线的相交可清楚地看出财政政策的效果。同样，政府实行扩张货币的政策会使 LM 曲线向右下方移动，利率下降，收入增加，并且通过不同斜率的 IS 曲线和 LM 曲线的相交可清楚地看出货币政策的效果。

因此，IS—LM 模型被西方学者当作分析财政政策和货币政策对经济的调控机制及其效果的简明而直观的工具。

11. 消费函数中的自发消费支出和边际消费倾向变动时，IS 曲线会有什么变动？

解答：若消费函数用 $c=\alpha+\beta y$ 表示，投资函数用 $s=e-dr$ 表示，则 IS 曲线可表示为：$r=\frac{\alpha+e}{d}-\frac{1-\beta}{d}y$，其斜率为$-\frac{1-\beta}{d}$。自发消费支出 α 增加或减少，会使 IS 曲线向右上方或左下方平行移动。边际消费倾向 β 增大或变小，则会使 IS 曲线斜率的绝对值变小或变大，从而使 IS 曲线变得更为平坦或陡峭。

例如边际消费倾向 β 增大，IS 曲线变得更为平坦。原因是，β 变大表示同样的收入中会有更多的收入用于消费支出，用于储蓄的比例变小了，为使储蓄和一定利率水平上的投资相等，需要有更多的收入才能产生相应的储蓄，从而要有更多的收入和一定的利率相结合才能使 $I=S$，这就使 IS 曲线变得更为平坦。

12. 什么是 LM 曲线的三个区域？其经济含义是什么？

解答：（1）LM 曲线上斜率的三个区域分别指 LM 曲线从左到右所经历的水平线、向右上方倾斜线和垂直线三个阶段。LM 曲线的这三个区域被分别称为凯恩斯区域、中间区域和古典区域，见图 14－5。

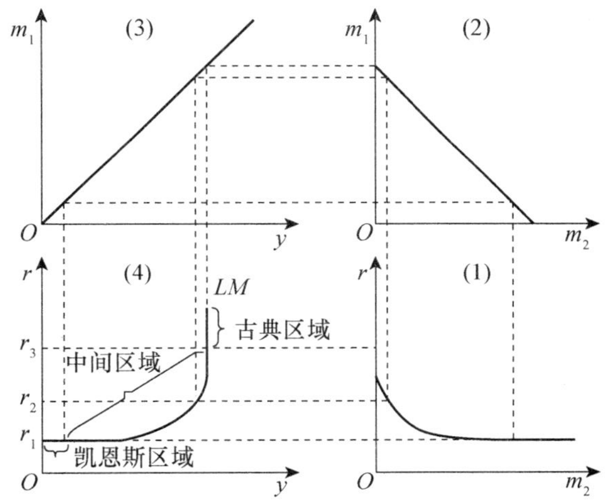

图 14－5　LM 曲线的三个区域

（2）从 LM 曲线的斜率来看。由 $r=\frac{k}{h}y-\frac{m}{h}$ 可看出，LM 曲线的斜率为$\frac{k}{h}$。LM 曲线斜率的大小取决于以下两个因素：①货币需求对收入的敏感系数 k。h 一定时，k 越大，LM 曲线的斜率越大，LM 曲线越陡峭。②货币需求对利率的敏感系数 h。k 一定时，h 越大，LM 曲线的斜率越小，LM 曲线越平坦。一般情况下，LM 曲线的斜率为正值，LM 曲线由左下向右上倾斜，这一区域被称为中间区域。当利率下降到很低时，货币的投机需求将无限大，即 h 无穷大，LM 曲线的斜率为零，LM 曲线成为一水平线，这一区域被称为凯恩斯区域。当货币的投机需求为零，即 h 为零时，LM 曲线的斜率无穷大，LM 曲线为垂直线，这一区域被称为古典区域。中间区域位于凯恩斯区域和古典区域之间。

（3）从三个区域的经济含义来看。①在水平线阶段的 LM 曲线上，货币需求曲线已处于水平状态，对货币的投机需求已达到“流动性陷阱”阶段，货币需求对利率的敏感性极大，也就是货币需求的利率弹性无穷大。凯恩斯认为，当利率很低，即债券价格很高时，人们觉得用货币购买债券的风险极大，债券只会跌，不会涨，因此购买债券很可能亏损，人们愿意长期持有货币，不肯去购买债券，这时，货币的投机需求无限大，从而使 LM 曲线呈水平状态。由于这种分析是凯恩斯提出的，所以水平的 *LM* 区域被称为凯恩斯区域。在凯恩斯区域，经济一般处于萧条时期，货币政策无效，而财政政策有很大效果。②在垂直阶段，*LM* 曲线的斜率无穷大，货币的投机需求对利率已毫无敏感性，从而货币需求曲线的斜率（$1/h$）趋于无穷大，货币需求曲线呈垂直状态，表示不论利率怎样变动，货币的投机需求均为零，从而 *LM* 曲线也呈垂直状态（k/h 趋于无穷大）。由于古典学派认为只有交易需求而无投机需求，货币需求对于利率无弹性，因此垂直的 *LM* 区域被称为古典区域。在古典区域，经济一般处于繁荣时期，财政政策无效，而货币政策有效。③*LM* 曲线的斜率在古典区域为无穷大，在凯恩斯区域为零，在古典区域和凯恩斯区域之间的 *LM* 曲线处于中间区域，在中间区域，*LM* 曲线的斜率为正值。在中间区域，货币需求的利率弹性大于零，小于无穷大，经济状况介于凯恩斯区域和古典区域之间，是复苏向繁荣的过渡阶段。

13. 如果经济中的收入和利率的组合不在 *IS* 曲线和 *LM* 曲线的交点上，市场能否使产品市场和货币市场的这种非均衡走向均衡？

解答：（1）产品市场和货币市场的一般均衡。

在 *IS* 曲线上，有一系列使产品市场均衡的利率及收入组合点；在 *LM* 曲线上，有一系列使货币市场均衡的利率及收入组合点。*IS* 曲线与 *LM* 曲线交于一点，在该点上，产品市场和货币市场同时达到均衡，其数值可通过解 *IS* 与 *LM* 的联立方程组得到。任何偏离这一组合的点都意味着两个市场是失衡的，任何失衡情况都是不稳定的，最终会趋向均衡。

（2）两个市场的失衡及调整。

①产品市场不均衡会导致收入变动：当收入与利率组合点位于 *IS* 曲线左下方时，投资大于储蓄，即 $I>S$，有超额产品需求，从而导致收入上升，组合点会右移；当收入与利率组合点位于 *IS* 曲线右上方时，投资小于储蓄，即 $I<S$，有超额产品供给，从而导致收入下降，组合点会左移。②货币市场不均衡导致利率变动：当收入与利率组合点位于 *LM* 曲线左上方时，货币需求小于货币供给，即 $L<M$，有超额货币供给，从而导致利率下降，提高货币需求，组合点会下移；当收入与利率组合点位于 *LM* 曲线右下方时，$L>M$，有超额货币需求，从而导致利率上升，抑制货币需求，组合点会上移。这四种调整使不均衡组合点最终趋向均衡利率与均衡收入。

下面举例来具体说明产品市场和货币市场从失衡到均衡的调整过程。

IS 曲线和 *LM* 曲线将坐标平面分成了四个区域：Ⅰ、Ⅱ、Ⅲ和Ⅳ［如图 14－6（a）所示］。这四个区域的点既不在 *IS* 曲线上，也不在 *LM* 曲线上，是一些非均衡点。不同区域中产品市场与货币市场的情况如下表所示。

区域	产品市场	货币市场
Ⅰ	$I<S$　有超额产品供给	$L<M$　有超额货币供给
Ⅱ	$I<S$　有超额产品供给	$L>M$　有超额货币需求
Ⅲ	$I>S$　有超额产品需求	$L>M$　有超额货币需求
Ⅳ	$I>S$　有超额产品需求	$L<M$　有超额货币供给

综合以上情况，可得出产品市场与货币市场失衡的各种不同的组合，如图 14－6（b）

所示。

这种产品市场和货币市场由失衡到均衡的调整过程可以用图 14－6（c）说明。

如图 14－6（c）所示，假定经济社会处于 A 点所表示的国民收入和利率组合的失衡状态。在 A 点所处的区域Ⅲ中，对于产品市场，投资大于储蓄，即 $I>S$，存在超额产品需求；对于货币市场，货币需求大于货币供给，即 $L>M$，存在超额货币需求。产品市场超额产品需求的存在，引起国民收入增加，结果促使 A 点向右水平移动；货币市场超额货币需求的存在，引起利率上升，结果促使 A 点向上垂直运动。在以上两股力量的共同作用下，A 点将沿对角线方向向右上方移动。假定 A 点逐渐移动到区域Ⅱ中的 B 点。在 B 点，对于产品市场，投资小于储蓄，即 $I<S$，存在超额产品供给；对于货币市场，货币需求大于货币供给，即 $L>M$，存在超额货币需求。产品市场超额产品供给的存在，引起国民收入减少，结果促使 B 点向左水平移动；货币市场超额货币需求的存在，引起利率上升，结果继续促使 B 点向上垂直运动。在以上两股力量的共同作用下，B 点将沿对角线方向向左上方移动。假定 B 点继续移动到区域Ⅰ中的 C 点。在 C 点，对于产品市场，投资小于储蓄，即 $I<S$，存在超额产品供给；对于货币市场，货币需求小于货币供给，即 $L<M$，存在超额货币供给。产品市场超额产品供给的存在，引起国民收入减少，结果促使 C 点向左水平移动；货币市场超额货币供给的存在，引起利率下降，结果促使 C 点向下垂直运动。在以上两股力量的共同作用下，C 点将沿对角线方向向左下方移动。假定 C 点继续移动到区域Ⅳ中的 D 点。在 D 点，对于产品市场，投资大于储蓄，即 $I>S$，存在超额产品需求；对于货币市场，货币需求小于货币供给，即 $L<M$，存在超额货币供给。产品市场超额产品需求的存在，引起国民收入增加，结果促使 D 点向右水平移动；货币市场超额货币供给的存在，引起利率下降，结果继续促使 D 点向下垂直运动。在以上两股力量的共同作用下，D 点将沿对角线方向向右下方移动。这种过程将继续下去，最后国民收入和利率都将趋向于 IS 曲线和 LM 曲线的交点 E，从而实现产品市场和货币市场的同时均衡。

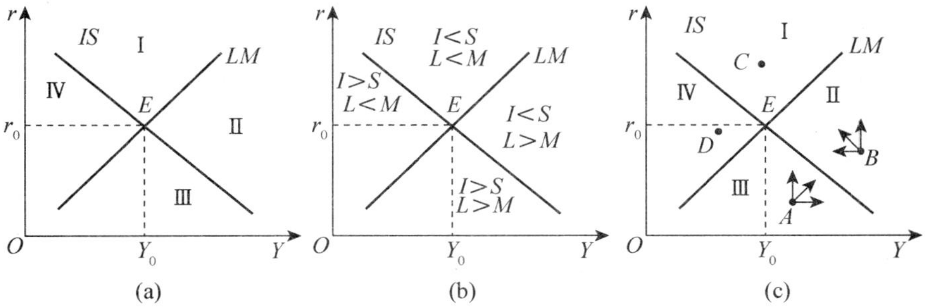

图 14－6　产品市场和货币市场的均衡

14. 为什么政府支出增加会使利率和收入均上升，而中央银行增加货币供给会使收入增加而利率下降？

解答：政府支出的增加意味着总需求（总支出）的增加，这将使产量和收入增加，从而增加对货币的交易需求量，在货币供给量不变的条件下（LM 曲线不变），新增加的货币需求会使利率上升，最终会引起出于投机动机的货币需求下降来保证货币市场均衡。这个过程在 IS—LM 模型中表现为 LM 曲线不变，IS 曲线向右移动，总需求的增加引起收入和利率同时上升。

在中央银行增加货币供给量，而货币需求不变时，利率将会下降。在既定的投资函数下利率的下降会导致投资增加。从产品市场看，在 *IS* 曲线上，利率将会下降而国民收入将会增加，这个过程表现为 *IS* 曲线不变，*LM* 曲线向右移动，导致利率下降和国民收入增加。

15. 已知 *IS* 方程为 $y=550-1\,000r$，边际储蓄倾向 $MPS=0.2$，利率 $r=0.05$。

（1）如果政府购买支出增加 5 个单位，新旧均衡收入分别为多少？

（2）*IS* 曲线如何移动？

解答：（1）$r=0.05$ 时，$y=550-1\,000r=550-50=500$。

由 $MPS=0.2$，得 $MPC=1-MPS=1-0.2=0.8$，因此政府购买乘数 $K_g=\frac{1}{1-0.8}=5$。

政府购买支出增加 $\Delta g=5$，则 $\Delta y=\Delta g\times K_g=5\times5=25$。

新的均衡收入为：$y=500+25=525$。

（2）*IS* 曲线水平右移 $\Delta y=K_g\Delta g=5\times5=25$ 个单位。

故新的 *IS* 曲线为 $y=550-1\,000r+25=575-1\,000r$。

16. 假定 $y=c+i+g$，消费需求为 $c=800+0.63y$，投资需求为 $i=7\,500-20\,000r$，货币需求为 $L=0.162\,5y-10\,000r$，价格水平为 $P=1$，试计算名义货币供给是 6 000 亿美元、政府支出是 7 500 亿美元时的 GDP 值，并证明所求的 GDP 值等于消费、投资和政府支出的总和。

解答：求 *IS* 曲线：

$$y=c+i+g=800+0.63y+7\,500-20\,000r+7\,500$$

即
$$0.37y=15\,800-20\,000r$$

化简得
$$r=\frac{15\,800}{20\,000}-\frac{0.37}{20\,000}y$$

在 $P=1$ 的情况下，由货币供给等于货币需求可得 *LM* 曲线为：

$$0.162\,5y-10\,000r=6\,000$$

化简得
$$r=-\frac{6\,000}{10\,000}+\frac{0.162\,5}{10\,000}y$$

将 *IS* 曲线方程和 *LM* 曲线方程联立，删除 r 得：

$$\frac{15\,800}{20\,000}-\frac{0.37}{20\,000}y=-\frac{6\,000}{10\,000}+\frac{0.162\,5}{10\,000}y$$

化简整理得 $y=40\,000$（亿美元）。

$y=40\,000$ 亿美元为所求的 GDP 值。

此时

$$r=-\frac{6\,000}{10\,000}+\frac{0.162\,5}{10\,000}\times40\,000=\frac{500}{10\,000}=0.05$$

所以 $c=800+0.63\times 40\ 000=26\ 000$(亿美元)，$i=7\ 500-20\ 000r=7\ 500-20\ 000\times 0.05=6\ 500$(亿美元)。

已知 g 为 7 500 亿美元，则

$$c+i+g=26\ 000+6\ 500+7\ 500=40\ 000(\text{亿美元})=y$$

这说明所求的 GDP 值正好等于消费、投资和政府支出的总和，总支出和总收入相等。

第二部分 精编习题

一、名词解释

1. 自发投资
2. 资本边际效率
3. 投资的边际效率曲线
4. 托宾的“q”理论
5. 产品市场的均衡
6. *IS* 曲线
7. 交易动机
8. 谨慎（预防性）动机
9. 投机动机
10. 货币的交易需求
11. 流动性偏好
12. 狭义的货币供给 M1
13. 广义的货币供给 M2
14. 广义的货币供给 M3
15. *LM* 曲线
16. 凯恩斯陷阱
17. *IS*—*LM* 模型
18. 费雪效应

二、单项选择题

1. 若资本边际效率低于市场利率，则企业投资应该（　　）。

A. 减少　　B. 增加

C. 无法确定投资决策　　D. 以上都不对

2. 一笔投资为 2 850 元，年利率为 4%，以后三年每年可以带来收入 1 000 元，则这笔投资的资本边际效率（　　）年利率。

A. 大于　　B. 小于　　C. 等于　　D. 不确定

3. 企业扩大投资的条件是（　　）。

A. $MEC>r$　　B. $MEC<r$　　C. $MEC=r$　　D. 不确定

4. *IS* 曲线描述（　　）。

A. 产品市场达到均衡时，国民收入与利率之间的关系

B. 货币市场达到均衡时，国民收入与利率之间的关系

C. 货币市场达到均衡时，国民收入与价格之间的关系

D. 产品市场达到均衡时，国民收入与价格之间的关系

5. *IS* 曲线为 $Y=500-2\ 000r$，下列哪一个利率和国民收入水平的组合不在 *IS* 曲线上？（　　）

A. 利率 $r=0.02$，国民收入 $Y=450$

B. 利率 $r=0.05$，国民收入 $Y=400$

C. 利率 $r=0.07$，国民收入 $Y=360$

D. 利率 $r=0.10$，国民收入 $Y=300$

6. 在 IS 曲线上满足储蓄和投资均衡的收入和利率的组合点有（　　）。

A. 1个　　B. 无数个　　C. 0个　　D. 2个

7. 净税收和政府购买支出的等量增加使得 IS 曲线（　　）。

A. 不变

B. 向右平移 $K_b \cdot \Delta G$ 单位（K_b 指平衡预算乘数）

C. 向左平移 $K_b \cdot \Delta G$ 单位

D. 向右平移 K_b 单位

8. IS 曲线上的每一点都表示使（　　）。

A. 投资等于储蓄的收入和利率的组合

B. 投资等于储蓄的均衡的货币量

C. 货币需求等于货币供给的均衡货币量

D. 产品市场和货币市场同时均衡的收入

9. 如果政府把定量税改为比例税，则该经济的 IS 曲线将（　　）。

A. 变得平缓　　B. 变得陡峭　　C. 左移　　D. 右移

10. 一般来说，位于 IS 曲线右边的收入和利率组合都是（　　）。

A. 投资小于储蓄的非均衡组合

B. 投资大于储蓄的非均衡组合

C. 投资等于储蓄的均衡组合

D. 货币供给大于货币需求的非均衡组合

11. 自发投资支出增加 10 亿美元，会使 IS 曲线（　　）。

A. 右移 10 亿美元　　B. 左移 10 亿美元

C. 右移投资乘数乘以 10 亿美元　　D. 左移投资乘数乘以 10 亿美元

12. 如果净税收增加 10 亿美元，会使 IS 曲线（　　）。

A. 右移税收乘数的绝对值乘以 10 亿美元　B. 左移税收乘数的绝对值乘以 10 亿美元

C. 右移支出乘数乘以 10 亿美元　　D. 左移支出乘数乘以 10 亿美元

13. 政府支出的增加使 IS 曲线（　　）。

A. 向左移动　　B. 向右移动　　C. 保持不动　　D. 斜率增大

14. IS 曲线左边的点代表着产品市场（　　）。

A. 过剩　　B. 短缺　　C. 均衡　　D. 过剩或短缺

15. 如用 K_t 表示税收乘数，则自发税收增加 ΔT 会使 IS 曲线（　　）。

A. 左移 $|K_t|\Delta T$　　B. 左移 $K_g\Delta T$（K_g 为政府购买乘数）

C. 右移 $|K_t|\Delta T$　　D. 右移 ΔT

16. 政府转移支付增加使 IS 曲线（　　）。

A. 向左移动　　B. 向右移动　　C. 保持不动　　D. 以上说法均有可能

17. IS 曲线表示满足（　　）关系。

A. 收入—支出均衡　　B. 总供给和总需求均衡

C. 储蓄和投资均衡　　D. 以上都对

18. IS 曲线的斜率由（　　）决定。

A. 边际消费倾向　　B. 投资对利率的敏感程度

C. 两者都是　　D. 两者都不是

19. IS 曲线右边的各点代表了（　　）。

A. 总需求大于总供给　　B. 总支出大于均衡时要求的水平

C. 总需求小于总供给　　D. 计划的总支出等于实际国民生产总值

20. 给定消费 $C=40+0.8Y_d$，投资 $I=700-40r$，净税收增加 10 单位使 IS 曲线（　　）。

A. 右移 10 单位　　B. 左移 10 单位

C. 右移 40 单位　　D. 左移 40 单位

21. 引起 IS 曲线向左移动的原因是（　　）。

A. 政府决定修建一条高速公路

B. 政府决定降低个人所得税

C. 中央银行降低贴现率

D. 本国汇率升值

22. 如果（　　），IS 曲线将向右移动。

A. 消费者对经济的信心增强

B. 公司对经济更加乐观并决定在每个利率水平都增加投资

C. 政府增加转移支付

D. 以上都对

23. 自发投资支出增加 30 亿元，会使 IS 曲线（　　）。

A. 右移 30 亿元　　B. 左移 30 亿元

C. 右移投资乘数乘以 30 亿元　　D. 左移投资乘数乘以 30 亿元

24. 按照凯恩斯的观点，人们需要货币是出于（　　）。

A. 交易动机　　B. 谨慎动机　　C. 投机动机　　D. 以上都对

25. 按照凯恩斯理论，货币的交易需求可由下列哪一种函数关系表述？（　　）

A. $L_1=f(p)$　　B. $L_1=f(r)$　　C. $L_1=f(y)$　　D. $L_1=f(n)$

E. 以上均不对

26. 按照凯恩斯理论，如果人们收入增加，则（　　）。

A. 增加货币的交易需求和谨慎需求　　B. 只增加货币的谨慎需求

C. 只增加货币的投机需求　　D. 只增加货币的交易需求

27. 当利率降得很低时，人们购买债券的风险将会（　　）。

A. 变得很小　　B. 变得很大　　C. 不发生变化　　D. 难以确定

28. 如果流动性偏好接近水平状，这意味着（　　）。

A. 利率稍有变动，货币需求就会大幅度变动

B. 利率变动很大时，货币需求也不会有很多变动

C. 货币需求不受利率变动影响

D. 以上三种情况均可能存在

29. 对利率变动反应最敏感的是（　　）。

A. 货币的交易需求　　B. 货币的谨慎需求

C. 货币的投机需求　　D. 三种需求反应相同

30. 流动性偏好曲线表明（　　）。

A. 利率越高，债券价格越低，人们预期债券价格越会下降，因而不愿购买更多债券

B. 利率越高，债券价格越低，人们预期债券价格回涨的可能性越大，因而愿意购买更多债券

C. 利率越低，债券价格越高，人们预期债券价格越会下降，因而不愿购买更多债券

D. 利率越低，债券价格越高，人们预期债券价格可能还要上升，因而希望购买更多债券

31. 假定货币供给量和价格水平不变，货币需求为收入和利率的函数，则收入增加时，（　　）。

A. 货币需求增加，利率上升　　B. 货币需求增加，利率下降

C. 货币需求减少，利率上升　　D. 货币需求减少，利率下降

32. 下列哪一项不影响货币需求？（　　）

A. 一般物价水平　　B. 银行利率水平

C. 公众的支付习惯　　D. 产品和劳务的相对价格

33. 货币的交易需求不仅和收入有关，还和货币变为债券或储蓄存款的交易费用、市场利率有关，因此（　　）。

A. 交易需求随收入和交易费用增加以及利率提高而增加

B. 交易需求随收入和交易费用增加以及利率下降而增加

C. 交易需求随收入和交易费用减少以及利率提高而增加

D. 交易需求随收入和交易费用减少以及利率下降而增加

34. 按照凯恩斯的货币理论，如果 r 上升，货币需求将（　　）。

A. 不变　　B. 下降　　C. 上升　　D. 以上均不对

35. 通货是指（　　）。

A. 铸币、纸币　　B. 储蓄存款　　C. 活期存款　　D. 定期存款

36. 依据凯恩斯的货币理论，货币供给增加将（　　）。

A. 降低利率，从而增加投资和总需求

B. 降低利率，从而减少投资和总需求

C. 提高利率，从而增加投资和总需求

D. 提高利率，从而减少投资和总需求

37. LM 曲线描述（　　）。

A. 产品市场达到均衡时，国民收入与利率之间的关系

B. 货币市场达到均衡时，国民收入与利率之间的关系

C. 货币市场达到均衡时，国民收入与价格之间的关系

D. 产品市场达到均衡时，国民收入与价格之间的关系

38. 一般地说，位于 LM 曲线左边的收入和利率的组合，都是（　　）。

A. 货币需求大于货币供给的非均衡组合
B. 货币需求小于货币供给的非均衡组合
C. 产品需求小于产品供给的非均衡组合
D. 产品需求大于产品供给的非均衡组合

39. 假定货币需求为 $L=ky-hr$，货币供给增加 10 亿美元而其他条件不变，则会使 LM 曲线（　　）。
A. 右移 10 亿美元
B. 右移 k 乘以 10 亿美元
C. 右移 10 亿美元除以 k（即 $10\div k$）
D. 右移 k 除以 10 亿美元（即 $k\div 10$）

40. 若 LM 方程为 $Y=750+2\,000r$，则当货币需求与供给均衡时，利率和收入为（　　）。
A. $r=10\%$，$Y=750$　　B. $r=10\%$，$Y=800$
C. $r=10\%$，$Y=950$　　D. $r=10\%$，$Y=900$

41. 如果货币市场均衡方程为 $r=\frac{k}{h}y-\frac{M}{hP}$，则 LM 曲线变得平坦是由于（　　）。
A. k 变小，h 变大　　B. k 和 h 同比例变大
C. k 变大，h 变小　　D. k 和 h 同比例变小

42. （　　），LM 曲线向右移动。
A. 名义利率下降　　B. 总产量增加
C. 货币需求增加　　D. 货币供给增加

43. 下列哪种情况会引起货币需求曲线向左移动？（　　）
A. 利率上升　　B. 利率下降　　C. 国民收入增加　　D. 国民收入减少

44. 货币需求（　　）时，对于给定的货币供给增加量，利率将下降得（　　）。
A. 越富有弹性，越多　　B. 越平坦，越多
C. 越陡峭，越少　　D. 越缺乏弹性，越多

45. 影响货币总需求的因素是（　　）。
A. 利率和收入　　B. 只有收入　　C. 只有利率　　D. 存货投资

46. 根据凯恩斯的观点，货币供给减少后（　　）。
A. 对总需求没有影响
B. 因对货币的需求减少而引起总需求下降
C. 引起消费支出减少，从而总需求下降
D. 因利率上升和投资减少而降低总需求

47. 某国实际货币需求减少，可能是由于（　　）。
A. 通货膨胀率上升　　B. 利率上升
C. 税收减少　　D. 总产出增加

48. 如果利率和收入都能按供求情况自动得到调整，当利率和收入的组合点出现在 IS 曲线左下方、LM 曲线右下方的区域中时，有可能（　　）。
A. 利率上升，收入增加　　B. 利率上升，收入不变

C. 利率上升，收入减少　　　　　　　　D. 以上三种情况都可能发生

49. 在 *LM* 曲线不变的情况下，自发总需求增加会引起（　　）。

A. 国民收入增加，利率上升　　　　　　B. 国民收入增加，利率下降

C. 国民收入减少，利率上升　　　　　　D. 国民收入减少，利率下降

50. 在 *IS* 曲线不变的情况下，货币量减少会引起（　　）。

A. 国民收入增加，利率下降　　　　　　B. 国民收入增加，利率上升

C. 国民收入减少，利率上升　　　　　　D. 国民收入减少，利率下降

51. 根据 *IS—LM* 模型，（　　）。

A. 自发总需求增加，使国民收入减少，利率上升

B. 自发总需求增加，使国民收入增加，利率上升

C. 货币量增加，使国民收入增加，利率上升

D. 货币量增加，使国民收入减少，利率下降

52. 货币市场和产品市场同时均衡出现于（　　）。

A. 各种收入水平和利率上　　　　　　B. 一种收入水平和利率上

C. 各种收入水平和一定利率水平上　　　D. 一种收入水平和各种利率水平上

53. 利率和收入的组合点出现在 *IS* 曲线右上方、*LM* 曲线左上方的区域中，则表示（　　）。

A. 投资小于储蓄且货币需求小于货币供给

B. 投资小于储蓄且货币需求大于货币供给

C. 投资大于储蓄且货币需求小于货币供给

D. 投资大于储蓄且货币需求大于货币供给

54. *IS* 曲线右上方、*LM* 曲线右下方的组合表示（　　）。

A. 产品供大于求、货币供大于求

B. 产品供大于求、货币求大于供

C. 产品求大于供、货币供大于求

D. 产品求大于供、货币求大于供

55. 假定 *IS* 曲线和 *LM* 曲线的交点所表示的均衡国民收入低于充分就业的国民收入。根据 *IS—LM* 模型，如果不让利率上升，政府应该（　　）。

A. 增加投资　　　　　　　　　　　　B. 增加投资的同时增加货币供给量

C. 减少货币供给量　　　　　　　　　D. 减少投资的同时减少货币供给量

三、多项选择题

1. 下列影响预期收益的因素有哪些？（　　）

A. 对投资项目的产出的需求预期　　　B. 产品成本

C. 投资税抵免　　　　　　　　　　　D. 政策变动

2. *IS* 曲线表示（　　）。

A. 产品市场均衡时收入与利率的组合

B. 产品市场总需求等于总供给时收入与利率的组合

C. 产品市场投资等于储蓄时收入与利率的组合
D. 货币市场均衡时收入与利率的组合

3. 以下关于 *IS* 曲线斜率的判断，不正确的是（ ）。
A. 投资需求对利率变化的反应程度敏感，*IS* 曲线较为平缓
B. 投资需求对利率变化的反应程度敏感，*IS* 曲线较为陡峭
C. 边际消费倾向越大，*IS* 曲线越平缓
D. 边际消费倾向越大，*IS* 曲线越陡峭

4. 下列引起 *IS* 曲线向左移动的因素是（ ）。
A. 投资需求增加　　B. 政府购买减少
C. 政府税收增加　　D. 政府税收减少

5. 在其他条件不变的情况下，引起 *LM* 曲线向右移动的原因可以是（ ）。
A. 投资需求曲线右移　　B. 货币交易需求曲线右移
C. 货币投机需求曲线右移　　D. 货币供给量增加

6. 货币的需求动机有（ ）。
A. 交易动机　　B. 谨慎动机
C. 投机动机　　D. 流动性偏好

7. 利率既定时，货币的（ ）是收入的增函数。
A. 投机需求　　B. 需求量
C. 交易需求　　D. 预防需求

8. 收入既定时，货币的（ ）是利率的减函数。
A. 投机需求　　B. 需求量
C. 交易需求　　D. 预防需求

9. 关于 *LM* 曲线，以下判断正确的是（ ）。
A. 在凯恩斯区域，*LM* 曲线水平
B. 在中间区域，*LM* 曲线向右上方倾斜
C. 在中间区域，*LM* 曲线向右下方倾斜
D. 在古典区域，*LM* 曲线垂直

10. 下面哪个关于 *LM* 曲线的叙述是错误的？（ ）
A. *LM* 曲线向上倾斜，并且是在收入水平给定的条件下画出的
B. *LM* 曲线向上倾斜，并且价格的提高将使其向上移动
C. *LM* 曲线向上倾斜，并且是在实际货币供给给定的条件下画出的
D. 沿着 *LM* 曲线，实际支出等于计划支出

11. 下面几种情况中，哪些不是引起 *LM* 曲线向左移动的原因？（ ）
A. 物价水平不变，中央银行在公开市场上购买政府债券
B. 物价水平不变，中央银行提高要求的准备率
C. 实际国民生产总值减少
D. 中央银行的货币供应没有任何变动，但物价水平下降了

12. （ ）将导致 *LM* 曲线向左移动。
A. 货币供给的增加　　B. 货币供给的减少

C. 货币投机需求的增加　　D. 货币投机需求的减少

13. （　　）将导致 LM 曲线向右移动。

A. 货币供给的增加　　B. 货币供给的减少

C. 交易和预防需求的增加　　D. 交易和预防需求的减少

14. 在 LM 曲线的“凯恩斯区域”内，（　　）。

A. 货币政策有效　　B. 财政政策有效

C. 货币政策无效　　D. 财政政策无效

15. 在 LM 曲线的“古典区域”内，（　　）。

A. 货币政策有效　　B. 财政政策有效

C. 货币政策无效　　D. 财政政策无效

16. 在 IS 曲线和 LM 曲线相交时，表示（　　）。

A. 产品市场均衡而货币市场非均衡

B. 产品市场非均衡而货币市场均衡

C. 产品市场不一定处于充分就业均衡

D. 产品市场和货币市场同时达到均衡

17. 若经济处于 IS 曲线的右上方和 LM 曲线的右下方，则（　　）。

A. 投资大于储蓄

B. 投资小于储蓄

C. 货币供给大于货币需求

D. 货币供给小于货币需求，收入将减少，利率将上升

18. 若经济处于 IS 曲线的左下方和 LM 曲线的左上方，则（　　）。

A. 投资大于储蓄　　B. 投资小于储蓄

C. 货币供给大于货币需求　　D. 货币供给小于货币需求

19. 根据 IS—LM 模型，（　　）。

A. 自发总需求增加，使国民收入减少，利率上升

B. 自发总需求增加，使国民收入增加，利率上升

C. 货币量增加，使国民收入增加，利率下降

D. 货币量增加，使国民收入减少，利率下降

20. 下面不属于 IS—LM 模型假定条件的是（　　）。

A. 投资是一个外生变量　　B. 总供给不变

C. 价格水平不变　　D. 经济处于充分就业状态

四、判断题

1. 资本边际效率是递减的。（　　）
2. 当市场利率小于资本边际效率时，这项资本品就值得投资。（　　）
3. 资本边际效率随着投资量的增加而递增。（　　）
4. 投资支出和利率成正比，即利率越高，投资量越大。（　　）

5. 在 *IS* 曲线上只有一个点的利率和实际国民收入的结合实现了产品市场的均衡。（　）

6. 边际储蓄倾向越大，*IS* 曲线越平坦，表明 y 对 r 的变化更为灵敏。（　）

7. *IS* 曲线左下方的点表示投资大于储蓄，均衡的国民收入会减少。（　）

8. 货币需求的利率弹性系数 h 发生变化时，*IS* 曲线与横轴的交点不动，在 h 变小时，顺时针旋转；在 h 变大时，逆时针旋转。（　）

9. 投资函数中的 d（投资对利率变动的反应灵敏系数）既影响 *IS* 曲线的斜率，又影响 *IS* 曲线的纵截距。（　）

10. 在其他条件不变时，如果利率由 4%上升到 5%，则 *IS* 曲线向右移动。（　）

11. 增加净税收 1 个单位，*IS* 曲线向左平移 $\frac{b}{1-b}$ 个单位。（　）

12. 投资需求的增加使投资需求曲线左移，使 *IS* 曲线右移。（　）

13. 税收的增加使 *IS* 曲线向右移动。（　）

14. 储蓄的增加使储蓄曲线右移，使 *IS* 曲线右移。（　）

15. 其他条件不变，利率越低，为满足交易需要的货币需求量越小。（　）

16. 家庭与企业在商业银行和其他金融机构提供的活期存款是货币供给 M1 的组成部分。（　）

17. 债券价格和利率之间是正方向变动关系。（　）

18. 当公众从中央银行手中购买政府证券时，货币供给增加。（　）

19. 如果货币供给量超过货币需求量，利率会下降。（　）

20. 提出 *IS*—*LM* 模型的英国经济学家希克斯把货币需求称为流动性偏好。（　）

21. 在其他条件不变的情况下，利率水平越高，人们希望持有的实际货币量就越少。（　）

22. 实际国内生产总值增加引起实际货币需求曲线向右移动。（　）

23. 货币比债券的流动性更大，从总体上货币的生息能力比债券更差。（　）

24. 实际货币需求增加将引起利率下降。（　）

25. 在 *IS*—*LM* 模型中，如果经济处于 *LM* 曲线的中间区域，投资增加将增加收入，提高利率。（　）

26. 货币的交易需求与货币的预防需求是收入的增函数，货币的投机需求是利率的减函数。（　）

27. 预防性货币需求形成的基本原因是货币收入与货币支出之间的非同步性。（　）

28. 由银行持有的通货和硬币是货币供给 M1 的组成部分。（　）

29. 在准货币中，活期存款比定期存款的流动性更高。（　）

30. 当商业银行收回已发放的贷款时，货币供给增加。（　）

31. 狭义的货币供给指流通中的硬币、纸币和银行活期存款的总和（用 M1 表示）。（　）

32. 在凯恩斯陷阱中，货币的投机需求无穷小。（　）

33. 在名义货币供给量不变时，物价水平上升使 *LM* 曲线向右移动。（　）

34. *LM* 曲线上任何一点的利率与实际国民收入的结合都实现了货币需求等于货币

供给。 （ ）

35. 在价格水平不变的情况下，名义货币需求等于名义货币供给量就隐含着货币市场实现了均衡。 （ ）

36. 投机需求的增加使投机需求曲线右移，在其他条件不变时，使 *LM* 曲线左移。 （ ）

37. 交易需求的增加使交易需求曲线右移，在其他条件不变时，使 *LM* 曲线左移。 （ ）

38. 货币供给的增加在其他条件不变时，使 *LM* 曲线右移，国民收入增加，利率下降。 （ ）

39. 在 *LM* 曲线的凯恩斯区域，投资增加使国民收入增加，利率不变。 （ ）

40. *LM* 曲线右下方的点表示货币需求小于货币供给，均衡的利率会上升。 （ ）

41. *IS*—*LM* 模型无法表现财政政策或者货币政策对经济的影响。 （ ）

42. 在 *IS*—*LM* 模型中，如果 *IS* 曲线向右上方移动，*LM* 曲线同时向右下方移动，则可能出现收入增加而利率不变的情况。 （ ）

43. *IS* 和 *LM* 曲线交点的利率和收入就是产品市场和货币市场同时达到均衡的利率和收入。 （ ）

44. *IS* 曲线与 *LM* 曲线的交点表示产品市场、货币市场和要素市场同时均衡。 （ ）

45. *IS* 曲线与 *LM* 曲线的交点表示该社会经济一定达到了充分就业。 （ ）

46. 在 *IS*—*LM* 模型中，如果经济处于中间区域，税收增加将减少收入，提高利率。 （ ）

五、问答题

1. 在 *IS* 和 *LM* 两条曲线相交时所形成的均衡收入是否就是充分就业的国民收入？为什么？

2. *IS* 曲线向右下方倾斜的假定条件是什么？

3. *LM* 曲线向右上方倾斜的假定条件是什么？

4. 为什么利率和收入的组合点位于 *IS* 曲线右上方时，反映的是产品市场上供过于求的情况？

5. 简述凯恩斯的货币市场的均衡条件。

6. 什么是“流动性陷阱”？当经济处于流动性陷阱时，扩张性货币政策是否有效？

7. 试述凯恩斯理论的基本框架。

8. 潜在国民收入与均衡国民收入两个概念在宏观经济分析中有何重要作用？

9. 使用 *IS*—*LM* 模型说明：

（1）为什么均衡国民收入（产出）水平是由产品市场与货币市场共同决定的。

（2）当市场均衡收入水平小于充分就业的收入水平时，运用货币政策或财政政策可能对社会产出结构的不同部分分别产生何种影响。

（3）怎样混合运用财政政策和货币政策才能使总收入水平提高而利率不变。

10. 简述凯恩斯货币需求理论。

11. 用 IS—LM 模型说明为什么凯恩斯主义者强调财政政策的作用，而货币主义者强调货币政策的作用。

12. 简述凯恩斯三大基本心理规律与有效需求不足理论的关系。

13. 分析 IS—LM 模型的局限性。

14. 如果产品市场和货币市场没有同时达到均衡而市场又往往能使其走向同时均衡或者说一般均衡，为什么还要政府干预经济生活？

15. IS—LM 模型是否克服了产品市场和货币市场中的一些经济变量循环决定的现象？

六、计算题

1. 假定某经济中有：$C=100+0.75Y_d$，$I=125-600r$，$G=50$，$T=20+0.2Y$，$TR=0$。

（1）推导 IS 方程。

（2）求 IS 曲线的斜率。

（3）当 $r=15\%$ 时，Y 是多少？

2. 假定某经济中消费函数为 $C=0.8(1-t)Y$，税率为 $t=0.25$，投资函数为 $I=900-50r$，政府购买为 $G=800$，货币需求为 $L=0.25Y-62.5r$，实际货币供给为 $M/P=500$，试求：

（1）IS 曲线。

（2）LM 曲线。

（3）两个市场同时均衡时的利率和收入。

3. 假定经济由四部门构成，且 $Y=C+I+G+NX$，消费函数为 $C=300+0.8Y_d$，投资函数为 $I=200-1\,500r$，净出口函数为 $NX=100-0.04Y-500r$，货币需求为 $L=0.5Y-2\,000r$，其政府支出为 $G=200$，税率为 $t=0.2$，名义货币供给为 $M=550$，价格水平为 $P=1$，试求：

（1）IS 曲线。

（2）LM 曲线。

（3）产品市场与货币市场同时均衡时的利率和收入。

4. 已知消费函数为 $c=100+0.6y$，投资函数为 $i=520-2r$，货币需求为 $L=0.2y-4r$，货币供给为 $m=120$。

（1）写出 IS 曲线方程。

（2）写出 LM 曲线方程。

（3）写出 IS—LM 模型的具体方程并求解均衡的国民收入和均衡的利率。

（4）如果自主投资由 520 增加到 550，均衡国民收入会如何变动？结论与乘数原理一致吗？请解释。

5. 假定货币需求函数为 $L=0.2Y-5r$，价格水平不变（$P=1$）。

（1）若名义货币供给量为 150，找出货币需求与供给均衡时的 LM 曲线。

（2）若名义货币供给量为 200，找出货币需求与供给均衡时的 LM 曲线，它与（1）中的 LM 曲线相比有什么不同？

（3）若 $r=10$，$Y=1\,100$，货币供给与（2）中的相同，则货币需求与供给是否均衡？若不均衡，利率该如何变化？

第三部分　精编习题详解

一、名词解释

1. 自发投资：即使利率 r 为零时也有的投资量。

2. 资本边际效率（MEC）：是一种贴现率，该贴现率恰好使一项资本品在使用期内各预期收益现值之和等于这项资本品的供给价格或重置成本。

3. 投资的边际效率曲线：表示投资与利率之间关系的曲线。

4. 托宾的“q”理论：美国经济学家詹姆斯·托宾提出了股票价格会影响企业投资的理论。企业的市场价值与重置成本之比，可以作为衡量要不要进行新投资的标准，托宾称此比率为“q”。其中市场价值就是这个企业的股票的市价总额，它等于每股价格乘以总股数。重置成本是指建造这个企业所需的成本。当 $q<1$ 时，说明买旧的企业比建新企业便宜，于是就不会有投资。相反，当 $q>1$ 时，说明建新企业比买旧的企业便宜，因此会有新投资。这是区别于凯恩斯理论的一种投资需求理论。

5. 产品市场的均衡：指产品市场上总供给与总需求相等。

6. IS 曲线：指满足产品市场均衡，即投资 I 恰好等于储蓄 S 时，代表国民收入和利率的各种组合的点联结起来而形成的曲线。在两部门经济中，IS 曲线的数学表达式为 $I(r)=S(y)$，位于 IS 曲线上的收入和利率的组合是满足投资等于储蓄的均衡组合。一般 IS 曲线的斜率为负，是一条向右下方倾斜的曲线。

7. 交易动机：个人和企业为了应付日常交易活动而持有一部分货币的动机。出于交易动机的货币需求量主要取决于收入，收入越高，交易数量就越大，为应付日常开支所需的货币量也就越大。

8. 谨慎（预防性）动机：人们为预防意外风险支出而持有一部分货币的动机，如个人或企业为应付突发事故、失业、疾病等意外事件而需要事先持有一定数量的货币。这一货币需求量大体上也和收入成正比。

9. 投机动机：指人们为了抓住有利的购买有价证券的机会而持有一部分货币的动机。对货币的投机需求与利率变动有负向关系。

10. 货币的交易需求：由货币的交易动机和预防动机产生的货币需求量，它是收入的增函数。

11. 流动性偏好：由于货币具有使用上的灵活性，人们宁愿牺牲利息收入而储存不生息的货币来保持财富的心理倾向。

12. 狭义的货币供给 M1：指流通中的硬币、纸币和银行活期存款的总和。

13. 广义的货币供给 M2：在狭义的货币供给 M1 上加上定期存款，便是广义的货币供给 M2，即其等于硬币、纸币、银行活期存款、定期存款的总和。

14. 广义的货币供给 M3：广义的货币供给 M2 再加上个人和企业所持有的政府债券

等流动资产或"货币近似物"，便是意义更广泛的货币供给（一般用 M3 表示），即其等于硬币、纸币、银行活期存款、定期存款再加上个人和企业所持有的政府债券等流动资产或"货币近似物"。

15. *LM* 曲线：当 m 给定时，$m=ky-hr$ 的公式可表示满足货币市场均衡条件的收入 y 与利率 r 的关系，这一关系的图形被称为 *LM* 曲线。该线上任何一点都代表一定利率和收入的组合，在这样的组合下，货币需求与供给都是相等的，亦即货币市场是均衡的。

16. 凯恩斯陷阱：又称流动性陷阱（liquidity trap）、流动偏好陷阱，指当利率水平极低时，人们对货币的需求趋于无限大，货币当局即使增加货币供给，也不能降低利率，从而不能增加投资引诱的一种经济状态。原因是当利率极低时，有价证券的价格会达到很高的水平，人们为了避免因有价证券价格跌落而遭受损失，几乎每个人都宁愿持有现金而不愿持有有价证券，这意味着货币需求会变得具有完全弹性，人们对货币的需求量趋于无限大，表现为流动性偏好曲线或货币需求曲线的右端会变成水平线。在此情况下，货币供给的增加不会使利率下降，从而也就不会增加投资引诱和有效需求，当经济出现上述状态时，就被称为陷入流动性陷阱。但实际上，以经验为根据的论据从未证实过流动性陷阱的存在，而且流动性陷阱也未能被精确地说明是如何形成的。此时宏观经济调控的货币政策无效，财政政策有效。

17. *IS*—*LM* 模型：说明产品市场和货币市场同时均衡的利率和收入的一般均衡模型。其数学方程，*IS* 曲线为 $i(r)=s(y)$；*LM* 曲线为 $m=L_1(y)+L_2(r)$。图示如下（见图 14－7），*IS* 曲线与 *LM* 曲线的交点表示产品市场与货币市场同时实现均衡。

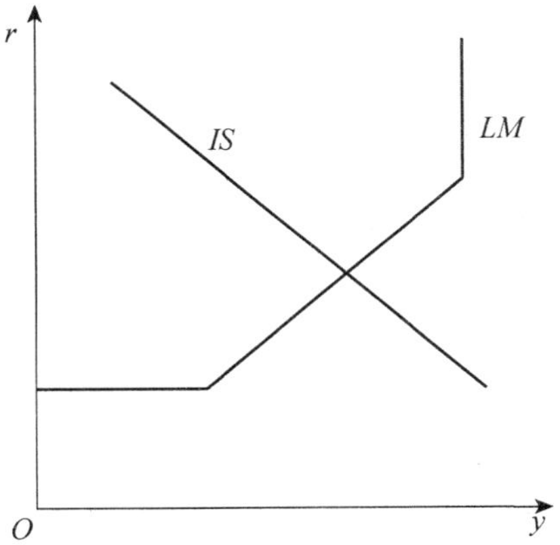

图 14－7

18. 费雪效应：实际利率＝名义利率－预期通货膨胀率。

二、单项选择题

1. A	2. B	3. A	4. A	5. A	6. B	7. B	8. A	9. B
10. A	11. C	12. B	13. B	14. B	15. A	16. B	17. D	18. C
19. C	20. D	21. D	22. D	23. C	24. D	25. C	26. A	27. B
28. A	29. C	30. C	31. A	32. D	33. B	34. B	35. A	36. A

37. B　38. B　39. C　40. C　41. A　42. D　43. D　44. D　45. A
46. D　47. B　48. D　49. A　50. C　51. B　52. B　53. A　54. B
55. B

三、 多项选择题

1. ABCD　2. ABC　3. BD　4. BC　5. BD　6. ABC　7. BCD　8. AB　9. ABD
10. AD　11. ACD　12. BC　13. AC　14. BC　15. AD　16. CD　17. BD　18. AC
19. BC　20. ABD

四、 判断题

1. √　2. √　3. ×　4. ×　5. ×　6. ×　7. ×　8. ×
9. √　10. ×　11. √　12. ×　13. ×　14. ×　15. ×　16. √
17. ×　18. ×　19. √　20. √　21. √　22. √　23. √　24. ×
25. √　26. √　27. √　28. ×　29. ×　30. ×　31. √　32. ×
33. ×　34. √　35. √　36. √　37. √　38. √　39. √　40. ×
41. ×　42. √　43. √　44. ×　45. ×　46. ×

判断题详解

1.（√），凯恩斯提出了资本边际效率递减规律。

2.（√），如果资本边际效率大于市场利率，则此投资就值得，否则，就不值得。

3.（×），资本边际效率随着投资量的增加而递减。

4.（×），投资支出和利率成反比，即利率越高，投资量越小。

5.（×），在 IS 曲线上的任意点都表示在产品市场均衡时利率和实际国民收入的组合。

6.（×），边际储蓄倾向越大，说明边际消费倾向越小，则 IS 曲线越陡峭，表明 y 对 r 的变化越不灵敏。

7.（×），IS 曲线左下方的点表示投资大于储蓄，国民收入会增加。

8.（×），货币需求的利率弹性系数 h 发生变化时，LM 曲线与横轴的交点不动，在 h 变大时，顺时针旋转；在 h 变小时，逆时针旋转。

9.（√）。IS 曲线的函数公式为 $r=\frac{a+e}{d}-\frac{1-b}{d}y$，从公式中可以看出投资函数中的 d（投资对利率变动的反应灵敏系数）既影响 IS 曲线的斜率，又影响 IS 曲线的纵截距。

10.（×），在其他条件不变时，利率变动不会引起 IS 曲线的位置移动，只会引起 IS 曲线上点的移动。

11.（√）。由于税收乘数是 $\frac{-b}{1-b}$，所以净税收增加 1 个单位，IS 曲线向左平移 $\frac{b}{1-b}$

个单位。

12.（×），投资需求的增加使投资需求曲线右移，使 *IS* 曲线右移。

13.（×），在其他条件不变的情况下，税收的增加相当于投资的减少，而投资的减少使 *IS* 曲线左移。

14.（×），储蓄的增加使储蓄曲线左移，使 *IS* 曲线左移。

15.（×），对货币的投机需求量与利率之间呈反方向变化的关系。其他条件不变，利率越低，为满足交易需要的货币需求量应该越大。

16.（√），货币供给 M1 包括通货和活期存款，这里的活期存款账户（demand deposit accounts）是由个人、企业和政府部门持有的无息支票账户，存款人可随时支取现金或使用支票进行支付，无须事先通知银行。银行允许符合条件的客户超出其存款余额签发支票，即可进行透支。

17.（×），债券价格和利率之间是反方向变动关系。

18.（×），当公众从中央银行手中购买政府证券时，货币供给减少。

19.（√），货币供给量大于货币需求量，利率一般会下降。

20.（√）。

21.（√），因为投机动机的影响，$L_2=-hr$，利率水平越高，实际货币需求量越少。

22.（√），$L_1=ky$，实际国内生产总值增加会引起实际货币需求增加。

23.（√），流动性越大，生息能力就越差。

24.（×），在货币供给不变的情况下，实际货币需求增加将引起利率上升。

25.（√），在 *IS*—*LM* 模型中，如果经济处于 *LM* 曲线的中间区域，投资增加将使 *IS* 曲线向右移动，增加收入，提高利率。

26.（√）。

27.（√），货币工资的取得是某个时点问题，交易则是一段时间内的事情，因此，预防性货币需求形成的基本原因是货币收入与货币支出之间的非同步性。

28.（×），由公众持有的通货和硬币是货币供给 M1 的组成部分。

29.（×），定期存款不属于准货币。

30.（×），当商业银行收回已发放的贷款时，货币供给减少。

31.（√）。

32.（×），在凯恩斯陷阱中，利率非常低，债券的价格非常高，人们无论有多少钱，都会留在手中，即货币的投机需求无穷大。

33.（×），在名义货币供给量不变时，物价水平上升使 *LM* 曲线向左上方移动。

34.（√），*LM* 曲线上任一点都表示在货币市场实现均衡时利率与实际国民收入的组合。

35.（√），在价格水平不变的情况下，名义货币供给量＝实际货币供给量＝货币需求量，即为货币市场均衡。

36.（√）。

37.（√）。

38.（√）。

39. （√），在凯恩斯区域，LM 曲线是水平的，投资增加使 IS 曲线向右移动，国民收入增加，利率不变。

40. （×），LM 曲线右下方的点表示货币需求大于货币供给，利率会上升。

41. （×），IS—LM 模型可以直观地表现财政政策或者货币政策对经济的影响。

42. （√）。

43. （√）。

44. （×），IS 曲线与 LM 曲线的交点表示投资等于储蓄以及货币需求等于货币供给，产品市场和货币市场同时均衡，但要素市场不一定达到均衡。

45. （×），IS 曲线与 LM 曲线的交点决定的国民收入是均衡国民收入，均衡国民收入可能小于、等于或者大于充分就业时的国民收入，所以不一定达到了充分就业。

46. （×），在 IS—LM 模型中，如果经济处于中间区域，税收增加将使 IS 曲线向左移动，减少收入，降低利率。

五、问答题

1. **解答：**两个市场同时均衡时的收入不一定就是充分就业的国民收入。这是因为 IS 和 LM 曲线都只是分别表示产品市场上供求相等和货币市场上供求相等的收入和利率的组合，因此，两条曲线的交点所形成的收入和利率也只表示两个市场同时达到均衡的利率和收入，它并没有说明这种收入一定是充分就业的收入。当整个社会的有效需求严重不足时，即使利率甚低，企业的投资意愿也较差，也会使较低的收入和较低的利率相结合达到产品市场的均衡，即 IS 曲线离坐标图形上的原点较近，当这样的 IS 和 LM 曲线相交时，交点上的均衡收入往往就是非充分就业的国民收入。

2. **解答：**IS 曲线向右下方倾斜的假定条件是投资需求是利率的减函数，以及储蓄是收入的增函数，即利率上升时，投资减少，利率下降时，投资增加；收入增加时，储蓄随之增加，收入减少时，储蓄随之减少。如果这些条件成立，那么当利率下降时，投资必然增加，为了达到产品市场的均衡，或者说储蓄和投资相等，则储蓄必须增加，而储蓄又只有在收入增加时才能增加。这样，较低的利率必须和较高的收入配合，才能保证产品市场上总供给和总需求相等。于是当坐标图形上纵轴表示利率、横轴表示收入时，IS 曲线就必然向右下方倾斜。如果上述前提条件不存在，则 IS 曲线就不会向右下方倾斜。例如当投资需求的利率弹性无限大时，即投资需求曲线为水平状时，则 IS 曲线将成为一条水平线。再如，如果储蓄不随收入增加而增加，即边际消费倾向等于 1，则 IS 曲线也呈水平状。由于西方学者一般认为投资随利率下降而增加，储蓄随收入下降而减少，因此一般可假定 IS 曲线是向右下方倾斜的。

3. **解答：**LM 曲线向右上方倾斜的假定条件是货币需求随利率上升而减少，随收入上升而增加。如果这些条件成立，则当货币供给既定时，若利率上升，货币投机需求量减少（即人们认为债券价格下降时，购买债券从投机角度看风险变小，因而愿意买进债券而减少持币），为保持货币市场上的供求平衡，货币交易需求量必须相应增加，而货币交易需求又只有在收入增加时才会增加，于是，较高的利率必须和较高的收入相结合，才能使货币市场均衡。如果这些条件不成立，则 LM 曲线不可能向右上方倾斜。例如，古典学派认为，人们需要货币只是为了交易，并不存在投机需求，即货币的投机需求为零，在这样的情况下，LM 曲线就是一条垂直线。反之，凯恩斯认为，当利率下降到足够低的水平时，人们的货币投机需求将无限大（即人们认为这时的债券价格太高，只会下降，不会上升，从而购买债券风险太大，因而人们手头不管有多少货币，都不再愿意去购买债券），从而掉入流动性陷阱，使 LM 曲线呈水平状。由于西方学者认为人们对货币的投机需求一般既不可能是零，也不可能无穷大，它介于零和无穷大之间，因此，LM 曲线一般是向右上方倾斜的。

4. **解答：**产品市场上供过于求是指储蓄大于投资的情况。在 IS 曲线右上方的任何收入和利率的组合点之所以都表明储蓄大于投资，是因为相对于一定的收入而言，利率太高了，从而使该收入提供的储蓄超过了该利率所导致的投资，或者是相对于一定的利率而言，收入太高了，从而该利率所导致的投资水平低于该收入所提供的储蓄，这些情况可用图 14－8 表示。

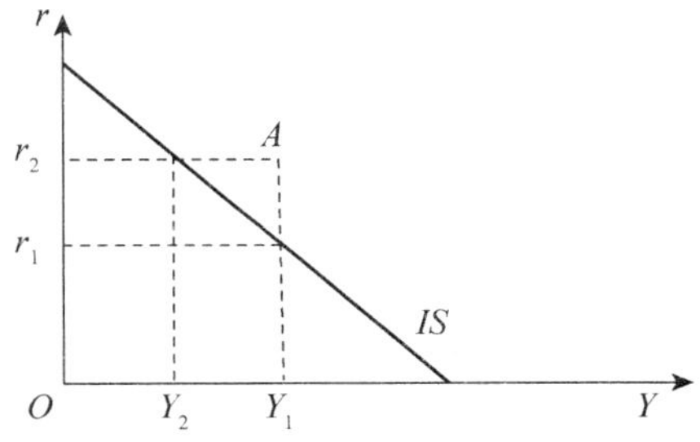

图 14－8

在图 14－8 中，A 点位于 IS 曲线之上，相对于收入 Y_1，利率 r_2 太高了，若利率为 r_1，则 $I=S$，然而 $r_2>r_1$，由 r_2 决定的投资小于由 r_1 决定的投资，从而使由 Y_1 决定的储蓄大于由 r_2 决定的投资。$S>I$ 的情况也可以这样说，相对于利率 r_2 而言，收入 Y_1 太高了，若收入为 Y_2，则 $I=S$，然而，$Y_1>Y_2$，由 Y_1 决定的储蓄大于由 Y_2 决定的储蓄，从而使由 Y_1 决定的储蓄大于由 r_2 决定的投资。

5. **解答：**在宏观经济学中，货币市场的均衡条件为货币的供给等于货币的需求。在凯恩斯主义的框架内，货币供给被认为是由一国的货币当局发行并调节的，因而是一个外生变量，其大小与利率无关。故在以利率为纵坐标、货币量为横坐标的坐标系内，货币供给曲线是一条垂直于横轴的直线，凯恩斯主义的货币需求理论是建立在凯恩斯的流动性偏好的基础上的，其构成为 $L=L_1(y)+L_2(r)$，其中 $L_1(y)$ 为出于交易动机和谨慎动机的货币需求量，$L_2(r)$ 为出于投机动机的货币需求量。于是货币市场的均衡条件可以表示为：$M/P=L=L_1(y)+L_2(r)$。

在已知收入水平的情况下，上述均衡条件决定了均衡的利率水平，如图 14－9 所示。

凯恩斯的货币需求函数在一定程度上发展了庇古的货币数量论，特别是由于明确指出投机动机而突出了利率的作用。但凯恩斯的货币理论只注意利率和收入对货币需求的影响，而忽略了人们对财富的持有量也是决定货币需求的重要因素。此外，西方学者认为，凯恩斯把财富的构成看得过于简单，好像在现实的社会中，只有货币和债券两种资产可供人们选择，这些都是有待改进的。

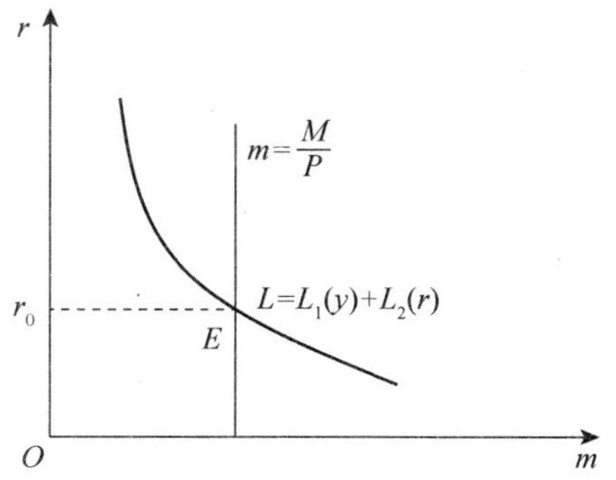

图 14－9

6. **解答**：(1) 流动性陷阱是凯恩斯流动性偏好理论中的一个概念。流动性陷阱的基本原理是，凯恩斯认为，对利率的预期是人们调节货币和债券配置比例的重要依据，利率越高，货币需求量就越小，当利率极高时，这一需求量等于零，因为人们认为这时利率不大可能再上升，或者说有价证券的市场价格不大可能再下降，因而将所持有的货币全部换成有价证券。反之，当利率极低时，人们会认为这时利率不大可能再下降，或者说有价证券的市场价格不大可能再上升而只会跌落，因而会将所持有的有价证券全部换成货币。人们有了货币也决不肯再去购买有价证券，以免证券价格下跌时遭受损失，即人们不管有多少货币，都愿意持有在手中，这种情况被称为“流动性陷阱”或“凯恩斯陷阱”。

(2) 处于流动性陷阱时扩张性货币政策的效应。

在流动性陷阱情况下，货币的投机需求无限，货币供给的增加不会使利率下降，从而也就不会增加投资引诱和有效需求，表现为流动性偏好曲线或货币需求曲线的右端会变成水平线。此时采取扩张性货币政策不能降低利率，不能增加收入，货币政策无效，而财政政策极为有效。

7. **解答**：凯恩斯理论主要包括以下几点：

(1) 国民收入取决于消费和投资。

(2) 消费由消费倾向和收入决定，消费倾向分为平均消费倾向和边际消费倾向，边际消费倾向大于 0 而小于 1，因此，收入增加，消费也增加，但在增加的收入中，用来增加消费的部分所占比例可能越来越小，用于增加储蓄的部分所占比例可能越来越大。

(3) 消费倾向稳定，因此，国民收入波动主要来自投资的变动，投资乘数与边际消费倾向有关，由于边际消费倾向大于 0 而小于 1，因此，投资乘数大于 1。

(4) 投资由利率和资本边际效率决定，投资与利率呈反方向变动，与资本边际效率呈正方向变动。

(5) 利率取决于流动性偏好与货币数量。流动性偏好是货币需求，由 L_1 和 L_2 组成，其中 L_1 来自交易动机和谨慎动机，L_2 来自投机动机。货币数量是货币供给，由满足交易动机和谨慎动机的货币和满足投机动机的货币组成。

(6) 资本边际效率由预期收益和资本资产的供给价格或者说重置成本决定。凯恩斯认为，形成资本主义萧条的根源是消费需求和投资需求所构成的总需求不足以实现充分就业，消费需求不足是由于边际消费倾向小于 1，即人们不会把增加的收入全部用来增加消费，而投资需求不足来自资本边际效率在长期内递减。为解决有效需求不足，必须发挥政府的作用，用财政政策和货币政策来实现充分就业，财政政策就是由政府增加支出或减少税收以增加总需求，通过乘数原理引起收入成倍增加，货币政策是增加货币供给量以降低利率，刺激投资而增加收入。由于存在“流动性陷阱”，因此货币政策效果有限，增加收入主要靠财政政策。

8. **解答：**潜在国民收入也称为充分就业产量或者自然率产量，是指经济充分地利用现在的资源时所达到的可能的最大产量；均衡国民收入则是指在总需求或总支出的约束条件下达到宏观均衡时的实际产量。两者之间的关系可以反映短期经济波动的原因。两者正好相等表明资源处于充分利用状态，即处于充分就业状态。均衡国民收入小于潜在国民收入，则资源未得到充分利用，表现为经济衰退，失业增加；均衡国民收入大于潜在国民收入，则资源超正常使用，表现为经济增长，通货膨胀。

9. **解答：**（1）*IS*—*LM* 模型是描述产品市场和货币市场之间相互联系的理论结构。一方面，在产品市场上，国民收入取决于消费、投资、政府支出和净出口加总起来的总需求水平，而总需求要受到利率的影响，利率则由货币市场的供求情况决定，也就是说，货币市场要影响产品市场；另一方面，产品市场上所决定的国民收入又会影响货币需求，从而影响利率，这又是产品市场对货币市场的影响。可见，两个市场是相互联系的，而收入和利率也只有在这种相互联系、相互作用中才能决定。所以，均衡国民收入水平由产品市场和货币市场共同决定。

（2）总需求划分为四个部分即消费、投资、政府支出和净出口，各种政策工具对这四部分需求的影响程度是不同的，从而会对产出构成产生不同的影响。当市场均衡收入水平小于充分就业的收入水平时，扩张性货币政策会使本币贬值从而可能刺激出口，也可能鼓励耐用消费品（汽车及其他大件消费品）的消费和生产，也可能刺激房地产投资；扩张性财政政策如减税则可能主要是刺激消费，而政府支出会刺激公共物品生产，但如果资金要靠借债（公债）筹集，则可能挤出私人部门的投资。

（3）扩张性财政政策会使 *IS* 曲线向右上方移动，将 *IS* 移动到 *IS*′，从而均衡点为 *E*′，利率上升到 r_0 之上，收入增加；如果同时采用扩张性货币政策，则会使 *LM* 曲线向右下方移动，将 *LM* 移动到 *LM*′，从而利率由 *E*′ 点对应的较高的利率下降到 r_0，收入增加到 y'，此时，收入增加而利率保持不变（见图 14-10）。因此，可采用扩张性财政政策和扩张性货币政策相结合的方法达到增加收入而利率不变的目的。

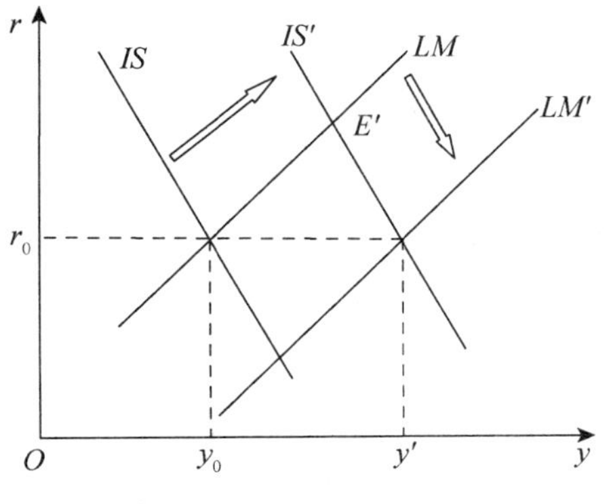

图 14-10

10. **解答**：凯恩斯在货币需求理论中提到了流动性偏好理论，并对人们的货币需求动机进行分析，他认为人们之所以不以其未消费的那部分收入全部购买有价证券，而要手持一部分不生息的货币，主要是因为喜欢货币的流动性，具体出于以下三个动机：

第一，交易动机，指个人生活上或厂商业务上为应付日常支出而对货币的需求，即个人和企业需要货币是为了进行正常的交易活动。出于交易动机的货币需求量主要决定于收入，收入越高，交易数量就越大。

第二，谨慎动机或预防动机，这是为预防意外支出而持有一部分货币的动机，如个人或企业为应付事故、失业、疾病等意外事件而需要事先持有一定数量的货币。这一货币需求量大体上也和收入成正比。

交易动机和预防动机都注重货币的流通手段和支付手段职能，两者主要取决于收入的大小，可以用函数 $L_1=ky$ 表示。

第三，投机动机，指人们为了抓住有利的购买有价证券的机会而持有一部分货币的动机。这是凯恩斯的创新之处，也是凯恩斯货币需求理论中最有特色的部分。出于投机动机对货币的需求直接取决于利率水平的高低，而与收入水平无关，可以用函数 $L_2=-hr$ 表示。

因此，在凯恩斯看来，对货币的总需求是人们对货币的交易需求、预防需求和投机需求的总和，于是对货币的总需求可表示为：$L=L_1(y)+L_2(r)$，其中 L_1 是收入 y 的增函数，L_2 是利率 r 的减函数，进而总需求函数可以表示为 $L=L_1(y)+L_2(r)=ky-hy$。

11. **解答**：(1) 货币主义者强调货币政策作用的原因。

按照西方经济学家的观点，由于货币的投机需求与利率呈反方向变动关系，因而 LM 曲线向右上方倾斜，但当利率上升到相当高度时，因保留闲置货币而产生的利息损失变得很大，而利率进一步上升将引起资本损失风险变得很小（债券价格下降到很低的程度），这就使得货币的投机需求完全消失。这是因为，利率很高，意味着债券价格很低。当债券价格低到正常水平以下时，买进债券不会使本金因债券价格下跌而损失，因而人们手中任何的闲置货币都可用来购买债券而不再保留在手中，导致货币投机需求完全消失。由于利率上升到足够高的水平使货币的投机需求完全消失，货币需求全由交易动机产生，而与利率无关，因此 LM 曲线就表现为垂直状。

古典学派认为，人们的货币需求由于交易动机而产生，只和收入有关，而和利率波动无关，因此，垂直的 LM 曲线区域被认为是古典区域。当 LM 曲线呈垂直状时，变动预算收支的财政政策不可能影响产出和收入，相反，变动货币供给量的货币政策则对国民收入有很大作用，这正是古典货币数量论的观点和主张。因此，古典学派强调货币政策作用的观点和主张就表现为 IS 曲线的移动（它表现为财政政策）在垂直的 LM 曲线区域即古典区域移动不会影响产出和收入，而移动 LM 曲线（它表现为货币政策）却对产出和收入有很大作用，如图 14－11 和图 14－12 所示。

LM 曲线呈垂直状时货币政策极有效而财政政策无效的原因在于，当人们只有交易需求而没有投机需求时，如果政府采用扩张性货币政策，这些增加的货币将全部被人们用来购买债券，人们不愿为投机而持有货币，这样，增加货币供给就会导致债券价格大幅度上升，而利率大幅度下降使投资和收入大幅度增加，因而货币政策极为有效。相反，实行增加政府支出的政策则完全无效，因为支出增加时，货币需求增加会导致利率大幅度上升（因为货币需求的利率弹性极小，几近于零），从而导致极大的挤出效应，使得增加政府支出的财政政策效果极小。所以古典主义者强调货币政策的作用而否定财政政策的作用。

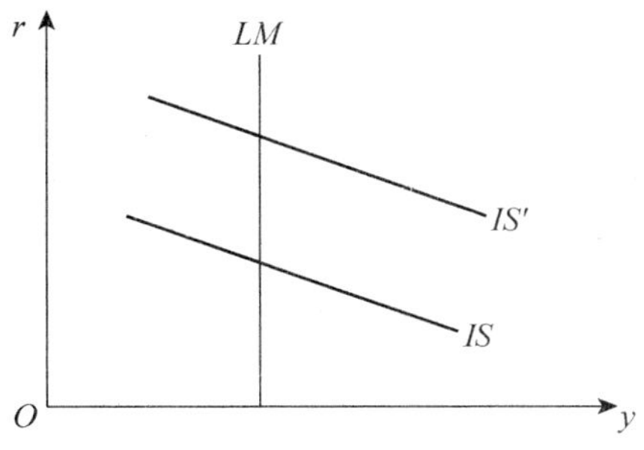

图 14－11　财政政策无效

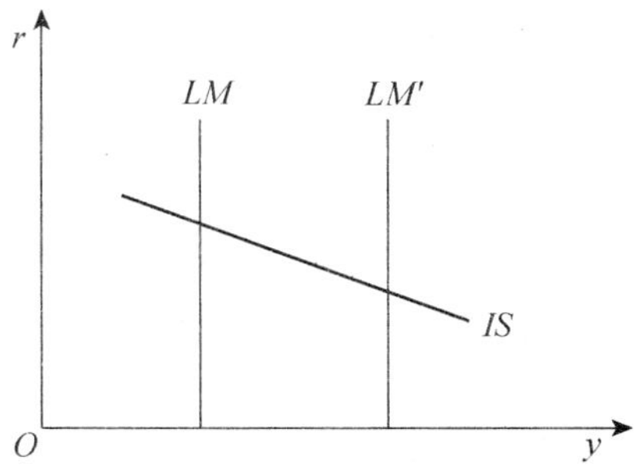

图 14－12　货币政策有效

（2）凯恩斯主义者强调财政政策作用的原因。

凯恩斯认为，当利率降低到很低的水平时（因为凯恩斯所处的时代正是经济大萧条时期，此时的利率处于较低的水平），持有货币的利息损失很小，可是如果用其购买债券，由于债券价格异常高（利率极低表示债券价格极高），因而只会跌，而不会涨，从而购买债券的货币资本损失的风险变得很大，这时，人们即使有闲置货币，也不肯去购买债券，这就是说，货币的投机需求变得很大甚至无限大，经济陷入所谓的“流动性陷阱”（又称“凯恩斯陷阱”）状态，这时的 LM 曲线呈水平状。如果政府增加支出，IS 曲线右移，货币需求增加，并不会引起利率上升而发生挤出效应，于是财政政策极为有效，如图 14－13 所示。相反，这时政府如果增加货币供给量，则不可能再使利率进一步下降，因为人们再不肯用多余的货币购买债券而宁愿将货币保留在手中，因此债券价格不会上升，即利率不会下降，既然如此，想通过增加货币供给使利率下降并增加投资和国民收入就不可能，因此货币政策无效，如图 14－14 所示。因此凯恩斯主义者强调财政政策而不是货币政策的作用。

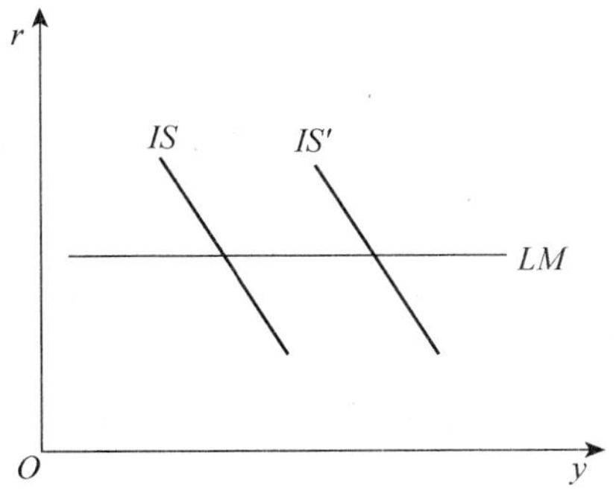

图 14－13　财政政策有效

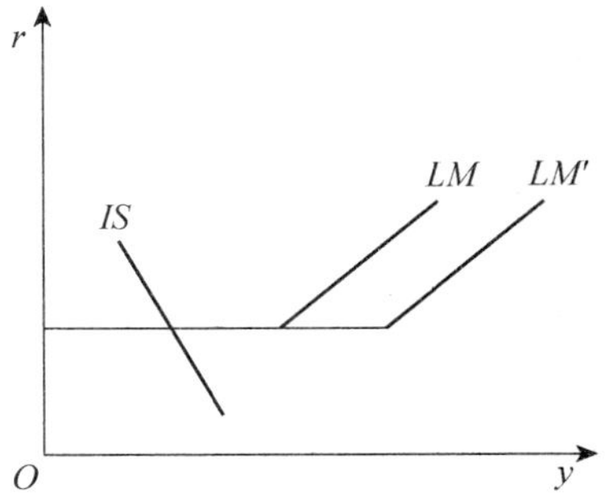

图 14－14　货币政策无效

12. **解答：**（1）凯恩斯的宏观经济理论是建立在有效需求不足的基础上的，而其有效需求不足理论则是以三大基本心理规律为前提的。凯恩斯的三大基本心理规律是：边际消费倾向递减规律、资本边际效率递减规律和流动性偏好规律。

（2）边际消费倾向递减规律与有效需求不足理论的关系。边际消费倾向递减规律又称为边际消费递减规律。它是指人们的消费虽然随着收入的增加而增加，但消费的增量不如收入的增量那么多。因而人们的收入越是增加，消费支出占全部收入的比例就越小。

（3）资本边际效率递减规律与有效需求不足理论的关系。投资的多寡取决于资本边际效率与利率的对比。一般说来，投资需求与资本边际效率呈同方向变动，而与利率水平呈反方向变动。资本边际效率递减使投资的增加受到了严重限制，于是就会出现有效需求不足。

（4）流动性偏好规律与有效需求不足理论的关系。流动性偏好又称灵活偏好，指人们为应付日常开支、意外支出和进行投机活动而愿意持有现金的一种心理偏好。该理论根源于交易动机、预防动机和投机动机。流动性偏好规律使人们必须得到利息才肯放弃货币，因而使利率总维持在较高的水平，这也会妨碍投资的增加。

这样投资和消费不足导致社会有效需求不足，从而产生非自愿失业。要消除这一状态，政府必须干预经济，通过宏观经济政策，实现充分就业。

13. **解答**：第一，该模型不能详细说明总需求政策的作用机制，不能真正说明凯恩斯有效需求理论的实质。第二，它以确定性表述说明不确定性。第三，它以静态说明动态问题。第四，它完全将供给问题作为绝对理想化和不言而喻的条件排除在外了，因而无法说明供给方面的所有问题。第五，它只考虑了货币市场和产品市场的价值均衡，却没有涉及市场总体供求的价值与使用价值的一致性。这些都是该模型的错误和缺陷。

14. **解答**：这是因为虽然市场能够自动实现产品市场和货币市场的均衡，但是这个均衡收入并不意味着就是充分就业的国民收入。凯恩斯认为，由于人们自发的心理因素的影响，存在三条基本心理规律，即边际消费倾向递减规律、资本边际效率递减规律及心理上的流动性偏好规律，使得人们的消费需求和投资不足，也即整个社会的有效需求不足。这时，即使利率较低，企业的投资意愿也较差，这会使得较低的收入和较低的利率相结合达到产品市场的均衡，这个收入往往就是非充分就业的均衡收入。显然，这时市场自发形成的是一种资源没有得到充分利用的状态，这就需要政府用财政政策和货币政策进行调节，使经济达到物价平稳的充分就业状态。

15. **解答**：所谓产品市场和货币市场中的一些经济变量循环决定的问题，是指在产品市场中要决定收入，必须先决定利率，否则无法确定投资水平，而利率却无法在产品市场中决定，只能在货币市场中决定；但是，在货币市场中，如果不先确定一个收入水平，利率又无法决定，而收入水平又是在产品市场上决定的；这样，两个市场和两个变量互相依赖，就产生了循环论证的问题。*IS*—*LM* 模型的创造者看到了这个问题，就设计了 *IS*—*LM* 模型，认为可以解决这个循环论证的问题。但事实上，*IS*—*LM* 模型只是在表面形式上似乎解决了这个问题。实际上，该模型只是生硬地将动态问题变成了静态问题，并没有真正解决问题。因为均衡条件只是一个静态的交点，而不存在动态调整的随机均衡点。因此，循环论证问题并没有在 *IS*－*LM* 模型中得到解决。这也是该模型创造者多年后承认自己没有真正理解凯恩斯经济思想的一个重要表现。

六、计算题

1. **解答**：（1）推导 *IS* 方程：$Y=C+I+G=100+0.75(Y-20-0.2Y)+125-$

$600r+50=260+0.6Y-600r$，整理得：

$$Y=650-1\,500r$$

（2）IS 方程为：$r=-\frac{Y}{1\,500}+\frac{13}{30}$；IS 的斜率为：$-\frac{1}{1\,500}=-0.000\,667$。

（3）当 $r=15\%$时，$Y=650-225=425$。

2. **解答：**（1）这是一个三部门经济模型，由恒等式 $Y=C+I+G$ 可得 IS 曲线为：

$$Y=0.8(1-0.25)Y+900-50r+800$$
$$0.4Y=1\,700-50r$$
$$Y=4\,250-125r$$

（2）LM 曲线为 $0.25Y-62.5r=500$，即 $Y=2\,000+250r$。

（3）解方程$\begin{cases}Y=4\,250-125r\\Y=2\,000+250r\end{cases}$，得

$$\begin{cases}r=6\\Y=3\,500\end{cases}$$

因此均衡时 $r=6$，$Y=3\,500$。

3. **解答：**（1）这是一个引入外贸的四部门经济模型。在 C、I、G、NX 已知的条件下，由 $Y=C+I+G+NX$ 得

$$Y=300+0.8Y_d+200-1\,500r+200+100-0.04Y-500r$$

又因为　$Y_d=(1-t)Y=(1-0.2)Y$

因此　　$Y=300+0.8(1-0.2)Y+200-1\,500r+200+100-0.04Y-500r$

整理化简得 IS 曲线为：$Y=2\,000-5\,000r$。

（2）在名义货币供给为 550 和价格水平为 1 的情况下，实际货币供给为 550，由货币供给与货币需求相等得 LM 曲线为：$550=0.5Y-2\,000r$，即 $Y=1\,100+4\,000r$。

（3）联立 IS 和 LM 方程得：

$$\begin{cases}Y=2\,000-5\,000r\\Y=1\,100+4\,000r\end{cases}$$

解方程组得均衡利率 $r=0.1$，均衡收入 $Y=1\,500$。

4. **解答：**（1）由 $y=c+i$ 得

$$y=100+0.6y+520-2r$$
$$0.4y=620-2r$$

解得 IS 曲线方程为：$y=1\,550-5r$。

（2）令 $m=L$，即 $120=0.2y-4r$，解得 LM 曲线方程为：$y=600+20r$。

（3）IS—LM 模型的方程组为

$$\begin{cases}y=1\,550-5r\\y=600+20r\end{cases}$$

解得：$r_0=38$，$y_0=1\ 360$。

（4）如果自主投资由 520 增加到 550，按照乘数原理，国民收入增加 $30\times\frac{1}{1-0.6}=75$，则 IS 曲线方程 $y=1\ 550-5r+75=1\ 625-5r$，解 IS—LM 模型的方程组 $\begin{cases}y=1\ 625-5r\\y=600+20r\end{cases}$，求得均衡国民收入为 1 420。实际的国民收入增加量为 $1\ 420-1\ 360=60$。实际的国民收入增加量 60 小于按照乘数原理求得的国民收入增加量 75。因为自主投资的增加不仅增加国民收入，还会提高利率，从而减少引致投资，使得国民收入增加量没有按照乘数原理得出的多。

5. **解答**：（1）在价格水平不变即 $P=1$ 时，若已知货币需求函数为 $L=0.2Y-5r$ 和名义货币供给量为 150，则 LM 曲线为：$0.2Y-5r=150$，即 $r=-30+\frac{1}{25}Y$。

（2）若名义货币供给量为 200，同样根据（1）中所用的方法可得货币需求与货币供给均衡时的 LM 曲线为：$0.2Y-5r=200$，即 $r=-40+\frac{1}{25}Y$。

与（1）中 LM 曲线 $r=-30+\frac{1}{25}Y$ 相比，（2）的 LM 曲线位于（1）的 LM 曲线的右下方，且两者平行，这说明货币供给增加会引致 LM 曲线向右下方平行移动。

（3）当 $r=10$，$Y=1\ 100$ 时，货币需求量为 $L=0.2\times1\ 100-5\times10=170$，货币供给量为 200，此时货币需求小于货币供给，处于非均衡状态，存在利率下降的压力。

第十五章

国民收入的决定：*AD*—*AS* 模型

第一部分　课后习题详解

1. 总需求曲线的理论来源是什么？为什么在 *IS*—*LM* 模型中，由 *P*（价格）自由变动即可得到总需求曲线？

解答：（1）总需求是经济社会对产品和劳务的需求总量，这一需求总量通常以产出水平来表示。一个经济社会的总需求包括消费需求、投资需求、政府购买和国外需求。总需求量受多种因素的影响，其中价格水平是一个重要的因素。在宏观经济学中，为了说明价格水平对总需求量的影响，引入了总需求曲线的概念，即总需求量与价格水平之间关系的几何表示。在凯恩斯主义的总需求理论中，总需求曲线的理论来源主要由产品市场均衡理论和货币市场均衡理论来反映。

（2）在 *IS*—*LM* 模型中，一般价格水平被假定为一个常数（参数）。在价格水平固定不变且货币供给已知的情况下，*IS* 曲线和 *LM* 曲线的交点决定均衡的收入（产量）水平。现用图 15－1 来说明怎样根据 *IS*—*LM* 图形来推导总需求曲线。

图 15－1 分上下两个部分。上图为 *IS*—*LM* 图。下图表示价格水平和总需求量之间的关系，即总需求曲线。当价格 *P* 的数值为 P_1 时，*LM* 曲线 $LM(P_1)$ 与 *IS* 曲线相交于 E_1 点，E_1 点所表示的国民收入和利率分别为 y_1 和 r_1。将 P_1 和 y_1 标在下图中便得到总需求曲线上的一点 D_1。

现在假设 *P* 由 P_1 下降到 P_2。由于 *P* 的下降，*LM* 曲线移动到 $LM(P_2)$ 的位置，它与 *IS* 曲线的交点为 E_2 点。E_2 点所表示的国民收入和利率分别为 y_2 和 r_2。对应于上图中的 E_2 点，又可在下图中找到 D_2 点。按照同样的程序，随着 *P* 的变化，*LM* 曲线和 *IS* 曲线可以有许多交点，每一个交点都代表着一个特定的 *y* 和 *P*。于是就有许多 *P* 与 *y* 的组合，从而构成了下图中一系列的点。把这些点连在一起所得到的曲线 *AD* 便是总需求曲线。

从以上关于总需求曲线的推导中可以看到，总需求曲线表示社会的总需求量和价格水平之间的反向关系，即总需求曲线是向右下方倾斜的。向右下方倾斜的总需求曲线表示，价格水平越高，总需求量就越小；价格水平越低，总需求量就越大。

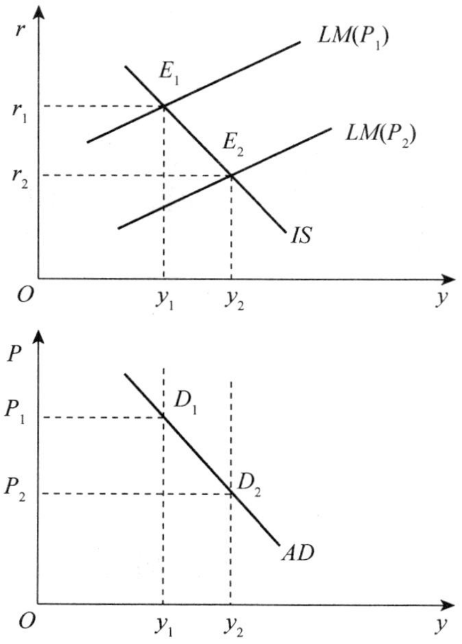

图 15－1

2. 为什么进行宏观调控的财政政策和货币政策一般被称为需求管理政策？

解答： 财政政策是指政府变动税收和支出，以便影响总需求，进而影响就业和国民收入的政策。货币政策是指货币当局即中央银行通过银行体系变动货币供应量来调节总需求的政策。无论是财政政策还是货币政策，都是通过影响利率、消费和投资进而影响总需求，使就业和国民收入得到调节的。通过对总需求的调节来调控宏观经济，所以财政政策和货币政策被称为需求管理政策。

3. 总供给曲线的理论来源是什么？

解答： 总供给曲线描述国民收入与一般价格水平之间的依存关系。根据生产函数和劳动市场的均衡可推导出总供给曲线。资本存量一定时，国民收入水平随着就业量的增加而增加，就业量取决于劳动市场的均衡，所以总供给曲线的理论来源于生产函数和劳动市场均衡的理论。

4. 为什么总供给曲线可以被区分为古典、凯恩斯和常规这三种类型？

解答： 总供给曲线的理论主要由总量生产函数和劳动市场理论来反映。在劳动市场理论中，经济学家对工资和价格的变化及调整速度的看法是有分歧的。

古典总供给理论认为，劳动市场的运行没有阻力，在工资和价格可以灵活变动的情况下，劳动市场能够出清，这使经济总能维持充分就业状态，从而在其他因素不变的情况下，经济的产量总能保持在充分就业的产量或潜在产量水平上。因此，在以价格为纵坐标、总产量为横坐标的坐标系中，古典总供给曲线是一条位于充分就业产量水平的垂直线。

凯恩斯的总供给理论认为，在短期，一些价格是刚性的，从而不能根据需求的变动而调整。由于工资和价格刚性，短期总供给曲线不是垂直的。凯恩斯总供给曲线在以价格为纵坐标、总产量为横坐标的坐标系中是一条水平线，表明经济中的厂商在现有价格水平上，愿意供给社会所需的任何数量的商品。作为凯恩斯总供给曲线基础的思想是，作为工资和价格刚性的结果，劳动市场不能总维持在充分就业状态，由于存在失业，厂商可以在现行工资下获得所需的劳动，因而它们的平均生产成本被认为是不随产出水平变化而变化的。

一些经济学家认为，古典的和凯恩斯的总供给曲线分别代表着关于劳动市场的两种极端的说法。在现实中，工资和价格的调整经常介于两者之间。在这种情况下，在以价格为纵坐标、总产量为横坐标的坐标系中，总供给曲线是向右上方延伸的，这即为常规的总供给曲线。

总之，针对总量劳动市场关于工资和价格的不同假定，宏观经济学中存在着三种类型的总供给曲线。

5. 用总需求曲线和总供给曲线的互动，说明宏观经济中的衰退、高涨（或过热）和滞胀的状态。

解答：宏观经济学用总需求—总供给模型对经济中的衰退、高涨和滞胀状态的说明，主要是通过说明短期的收入和价格水平的决定来完成的，如图 15－2 和图 15－3 所示。

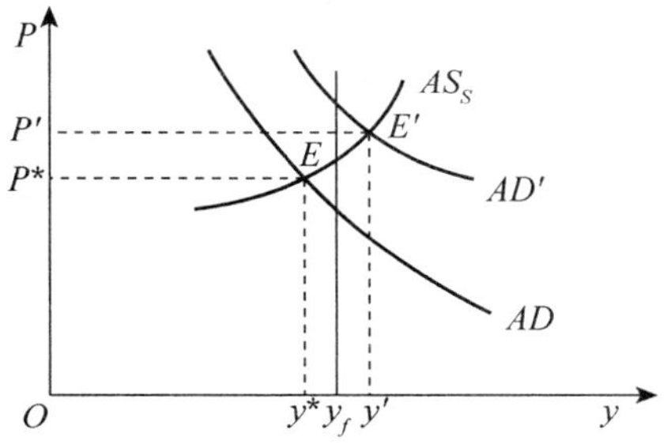

图 15－2　衰退状态与高涨状态的说明

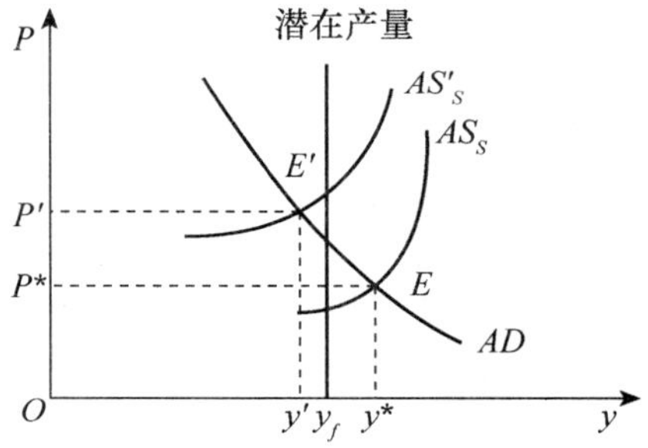

图 15－3　滞胀状态的说明

从图 15－2 可以看到，短期的收入和价格水平的决定有两种情况。

第一种情况是，AD 是总需求曲线，AS_S 是短期总供给曲线，总需求曲线和短期总供给曲线的交点 E 决定的产量或收入为 y^*，价格水平为 P^*，二者都处于很低的水平。第一种情况表示经济处于衰退状态。

第二种情况是，当总需求增加，总需求曲线从 AD 向右移动到 AD' 时，短期总供给曲线 AS_S 和新的总需求曲线 AD' 的交点 E' 决定的产量或收入为 y'，价格水平为 P'，二者都处于很高的水平。第二种情况表示经济处于高涨状态。

现在假定短期总供给曲线由于供给冲击（如石油价格和工资等提高）而向左移动，但总需求曲线不发生变化。在这种情况下，短期收入和价格水平的决定可以用图 15－3 表示。

在图 15－3 中，AD 是总需求曲线，AS_S 是短期总供给曲线，两者的交点 E 决定的产量或收入为 y^*，价格水平为 P^*。现在由于出现了供给冲击，短期总供给曲线向左移动到 AS'_S，总需求曲线和新的短期总供给曲线的交点 E' 决定的产量或收入为 y'，价格水平为 P'，这个产量低于原来的产量，而价格水平却高于原来的价格水平，这种情况表示经济处于滞胀状态，即经济停滞和通货膨胀结合在一起的状态。

6. 对微观经济学中的供求模型和宏观经济学中的 AD—AS 模型加以比较，并说明二者的异同。

解答：二者在“形式”上有一定的相似之处。微观经济学中的供求模型主要说明单个商品的价格和数量的决定。宏观经济学中的 $AD—AS$ 模型主要说明总体经济的价格水平和国民收入的决定。二者在图形上都用两条曲线来表示，在以价格为纵坐标、数量（产出）为横坐标的坐标系中，向右下方倾斜的为需求曲线，向右上方延伸的为供给曲线。

但二者在内容上有很大的不同：其一，两模型涉及的对象不同。微观经济学中的供求模型描述的是微观经济领域的事物，而宏观经济学中的 $AD—AS$ 模型描述的是宏观经济领域的事物。其二，各自的理论基础不同。微观经济学中的需求曲线的理论基础是消费者行为理论，而供给曲线的理论基础主要是成本理论和市场理论，它们均属于微观经济学的内容。宏观经济学中的总需求曲线的理论基础主要是产品市场均衡理论和货币市场均衡理论，而总供给曲线的理论基础主要是劳动市场理论和总量生产函数，它们均属于宏观经济学的内容。其三，各自的功能不同。微观经济学中的供求模型在说明商品价格和数量决定的同时，还可用来说明需求曲线和供给曲线移动对价格和商品数量的影响，这一模型只解释微观市场的一些现象和结果。宏观经济学中的 $AD—AS$ 模型在说明价格和产出决定的同时，不仅可以用来解释宏观经济的波动现象，而且可以用来说明政府运用宏观经济政策干预经济的结果。其四，微观经济学的供求模型中的价格是个别商品的价格，影响供给和需求的是相对价格。宏观经济学的 $AD—AS$ 模型中的价格是价格水平，一般用价格指数表示，它对需求的影响是通过影响货币购买力、利率等影响消费和投资，进而影响需求，它对供给的影响是通过影响劳动市场均衡状态，进而影响供给。

7. 设总供给函数为 $y_S=2\,000+P$，总需求函数为 $y_D=2\,400-P$。

（1）求供求均衡点。

（2）如果总需求曲线向左（平行）移动 10%，求新的均衡点并把该点与（1）的结果相比较。

（3）如果总需求曲线向右（平行）移动 10%，求新的均衡点并把该点与（1）的结果相比较。

（4）如果总供给曲线向左（平行）移动 10%，求新的均衡点并把该点与（1）的结果相比较。

（5）本题的总供给曲线具有何种形状？属于何种类型？

解答：（1）由 $y_S=y_D$ 得：

$$2\,000+P=2\,400-P$$

于是 $P=200$，$y_D=y_S=2\,200$，即得供求均衡点。

（2）向左平移 10%后的总需求方程为：

$$y_D=2\,160-P$$

于是，由 $y_S=y_D$ 有：

$$2\,000+P=2\,160-P$$

$$P=80，y_S=y_D=2\,080$$

与（1）相比，新的均衡表现出经济处于衰退状态。

（3）向右平移 10%后的总需求方程为：

$$y_D = 2\,640 - P$$

于是，由 $y_S = y_D$ 有：

$$2\,000 + P = 2\,640 - P$$
$$P = 320，\ y_S = y_D = 2\,320$$

与（1）相比，新的均衡表现出经济处于高涨状态。

（4）向左平移 10%后的总供给方程为：

$$y_S = 1\,800 + P$$

于是，由 $y_S = y_D$ 有：

$$1\,800 + P = 2\,400 - P$$
$$P = 300，\ y_S = y_D = 2\,100$$

与（1）相比，新的均衡表现出经济处于滞胀状态。

（5）总供给曲线是向右上方延伸的直线，属于常规型。

8. 导致总需求曲线和总供给曲线变动的因素主要有哪些？

解答：在给定的价格水平，任何使总支出曲线向上或向下移动的因素都会使总需求曲线移动，分别是：

（1）家庭消费需求的变化。

（2）企业投资需求的变化。

（3）政府购买和税收的变化。

（4）净出口的变化。

（5）货币供给的变化。

例如，扩张性财政政策——政府购买增加或税收减少会使总需求曲线右移；自主性消费、自主性私人投资的变动，其增加会使 *IS* 曲线右移，从而也使总需求曲线右移，其减少会使总需求曲线左移；名义货币供给的变动，其增加会使 *LM* 曲线右移，从而使总需求曲线右移，其减少会使总需求曲线左移。

导致总供给曲线变动的因素主要有：

（1）可得到的劳动数量的变化。

（2）物质资本或人力资本的变动。

（3）自然资源可获得性的变动。

（4）技术知识的变化。例如，技术进步会使既定的资源生产出更多的产量，从而使总供给曲线右移。

（5）对价格水平的预期。

（6）进口商品价格的变化。如进口商品价格上升，则厂商生产成本上升，从而使厂商在原有产品价格水平上生产减少，进而使总供给曲线左移。

（7）工资水平的变化。

（8）企业风险承担意愿的变化。

（9）自然灾害和战争。

9. 在一个三部门经济中，消费函数为 $C=200+0.75Y$，投资函数为 $I=200-25r$，货币需求函数为 $L=Y-100r$，名义货币供给量为 1 000，政府购买为 $G=50$，求该经济的总需求函数。

解答： 收入恒等式为 $Y=C+I+G$，将消费函数、投资函数和政府购买代入其中，得 $Y=200+0.75Y+200-25r+50$，化简后，得：

$$Y=1\,800-100r \tag{①}$$

式①即为该经济的 IS 曲线方程。

货币市场均衡条件为 $M/P=L$，将货币需求关系式和货币供给数量代入其中，有：

$$\frac{1\,000}{P}=Y-100r$$

式中，P 为经济中的价格水平。

上式化简为：

$$Y=100r+\frac{1\,000}{P} \tag{②}$$

式②即为该经济的 LM 曲线方程。

为求该经济的总需求曲线方程，将式①、式②联立，并消去变量 r，得到该经济的总需求曲线：$Y=900+\dfrac{500}{P}$。

10. 决定总需求曲线斜率的主要因素有哪些？

解答： 总需求曲线可以从 IS—LM 模型推导出来，所以其斜率也与 IS—LM 模型涉及的变量有关。

假定宏观经济为三部门经济，消费函数为 $C=\alpha+\beta y$，投资函数为 $I=e-dr$，政府购买为 G；同时假定货币需求函数为 $L=ky-hr$，名义货币供给量为 M，价格水平为 P。其中 β、d、k 和 h 分别表示边际消费倾向、投资对利率的敏感性、货币交易需求对收入的敏感性、货币投机需求对利率的敏感性。

（1）根据产品市场均衡条件 $y=C+I+G$，得到 IS 方程：$r=\dfrac{\alpha+e+G}{d}-\dfrac{1-\beta}{d}y$ 。

根据货币市场均衡条件 $L=\dfrac{M}{P}$ ，得到 LM 方程：$r=\dfrac{k}{h}y-\dfrac{M}{hP}$ 。

由 IS 方程与 LM 方程可得 AD 函数：

$$y=\frac{\alpha+e+G}{d}\cdot\frac{hd}{kd+h(1-\beta)}+\frac{Md}{kd+(1-\beta)h}P^{-1}$$

则 $\dfrac{\mathrm{d}y}{\mathrm{d}P}=\dfrac{-Md}{kd+h(1-\beta)P^2}$ ，从而总需求曲线的斜率为 $\dfrac{\mathrm{d}P}{\mathrm{d}y}=-\dfrac{kd+h(1-\beta)}{Md}P^2$。

（2）β 越大，$\left|\dfrac{\mathrm{d}P}{\mathrm{d}y}\right|$ 越小，即 AD 曲线越平坦。因为当 P 下降使 Y 增加时，β 越大则 C 上升得越多，所以 AD 曲线越平坦。

d 越大，$\left|\frac{\mathrm{d}P}{\mathrm{d}y}\right|$ 越小，即 AD 曲线越平坦。因为当 P 下降使实际货币供给量 m 增加进而使 r 下降时，d 越大则 r 下降得越多，所以 AD 曲线越平坦。

k 越大，$\left|\frac{\mathrm{d}P}{\mathrm{d}y}\right|$ 越大，即 AD 曲线越陡峭。因为当 P 下降使 m 增加时，k 越大则 LM 曲线向右平移得越少，AD 增加得也越少，所以 AD 曲线越陡峭。

h 越大，$\left|\frac{\mathrm{d}P}{\mathrm{d}y}\right|$ 越大，即 AD 曲线越陡峭。因为当 P 下降使 m 增加时，h 越大，P 下降得越少，从而 AD 增加得也越少，所以 AD 曲线越陡峭。

反之亦然。

11. 根据收入—支出模型推导总需求曲线。

解答： 总支出曲线表示在每一收入水平上的总支出量 $E=c+i+g+nx$，其中，c 和 nx 都是 y 的增函数，图 15－4 上图中的 45°线表示产品市场均衡（总支出等于总收入），$E_1(y)$ 线表示价格水平为 P_1 时的总支出曲线，它与 45°线的交点决定的收入水平为 y_1，相应的总支出量为 E_1，$E_2(y)$ 线表示价格水平下降为 P_2 时的总支出曲线，它与 45°线的交点决定的收入水平为 y_2，相应的总支出量为 E_2。

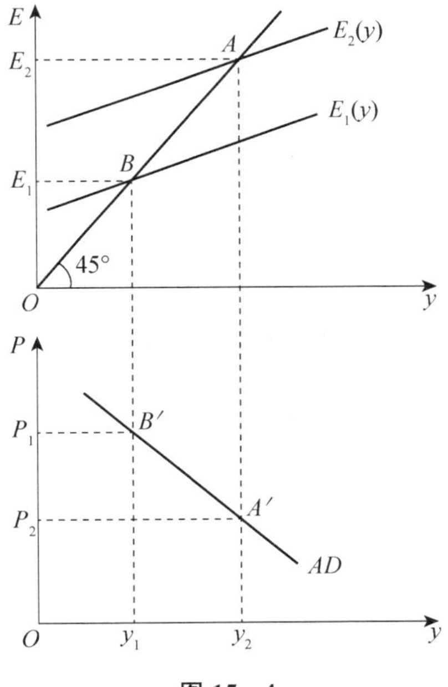

图 15－4

总需求曲线表示与不同的价格水平所对应的总需求量，如图 15－4 的下图所示。将不同的价格水平和相应的均衡收入的组合点连接起来，就得到总需求曲线 AD，价格水平越高，总需求量或者说均衡总支出量越小；反之亦然。价格水平与总需求量之间存在反向变化的关系。总支出与总需求都表示经济中总的意愿购买量，但前者强调以收入为自变量，后者强调以价格水平为自变量。总支出与收入正相关，总需求与价格水平负相关。

12. 导致短期总供给曲线（常规）移动的因素有哪些？

解答： 第一，可得到的劳动量增加使短期总供给曲线向右移动；而可得到的劳动量减少使短期总供给曲线向左移动。这意味着，劳动变动会引起短期总供给曲线发生移动。

第二，物质资本或人力资本（指人们通过教育、培训和经验获得的知识与技能）增加使短期总供给曲线向右移动；而物质资本或人力资本减少使短期总供给曲线向左移动。这意味着，资本变动会引起短期总供给曲线发生移动。

第三，自然资源可获得性的增加使短期总供给曲线向右移动；而自然资源可获得性的减少使短期总供给曲线向左移动。这意味着，自然资源变动会引起短期总供给曲线发生移动。

第四，技术进步使短期总供给曲线向右移动；可得到的技术减少使短期总供给曲线向左移动。

第五，预期价格水平上升一般会减少产品与劳务的供给量，并使短期总供给曲线向左移动。其原因在于，当工人和企业预期价格水平要上升时，他们就倾向于达成一个高水平名义工资的合同，而高工资增加了企业的成本，进而在既定的价格水平下减少了企业供给的产品与劳务量。反之，当预期价格水平下降时，则增加了产品与劳务的供给量，并使短期总供给曲线向右移动。

对前四个因素可以从生产函数的角度来理解，而第五个因素即预期价格水平对总供给的影响可以通过总供给曲线方程 $y=y_f+\lambda(P-P^e)$ 来理解。

第六，若投入品（如石油）价格上升，则经济的短期总供给曲线向左移动；若投入品价格下降，则短期总供给曲线向右移动。

第七，若名义工资增加，则短期总供给曲线向左移动；若名义工资下降，则短期总供给曲线向右移动。

下表概括了上述因素对总供给曲线的影响。

序号	因素及其变化	总供给曲线的变化
1	可得到的劳动量增加（劳动市场相对宽松）	向右移动
2	资本增加	向右移动
3	自然资源可获得性增加	向右移动
4	技术进步	向右移动
5	预期价格水平下降	向右移动
6	投入品价格下降	向右移动
7	名义工资下降	向右移动

13. 简要说明在总供给曲线中价格影响经济总产出的机制。

解答： 总供给曲线表示社会供给方面的产量与价格水平之间的关系。这一关系来自总量生产函数和劳动市场。总量生产函数主要包含两个自变量，即就业量（N）和资本存量（K）。由于资本存量在短期中被假设为一个不变的常量，所以短期总量生产函数只存在一个自变量（N）。就业量（N）的大小取决于货币工资（W）和价格水平（P）。把总量生产函数和劳动市场结合在一起，可以得到表示社会总供给方面的产量与价格水平之间关系的总供给曲线。

总供给曲线的斜率取决于货币工资（W）和价格水平（P）之间的调整速度，古典学派认为二者的调整速度很快，甚至可以立即调整。在能够立即调整的假设下总供给曲线成为一条垂直线，构成总供给曲线的古典学派极端，被称为古典总供给曲线。由于古典学派倾向于研究长期状态，所以垂直的总供给曲线也被称为长期总供给曲线的极端状态。

凯恩斯认为货币工资（W）和价格水平（P）之间的调整速度很慢，甚至根本不能进行调整。在根本不能进行调整的假设下，总供给曲线成为一条水平线，构成总供给曲线的凯恩斯极端。由于凯恩斯主要研究短期的情况，所以水平的总供给曲线也被称为短期总供给曲线的极端状态。

在一般情况下，总供给曲线位于古典学派极端和凯恩斯极端这两个极端之间。常规的总供给曲线向右上方延伸。价格水平上升，总供给增加。

14. 假定经济的总需求函数为 $P=80-\frac{2}{3}y$，总供给函数为 $y=y_f=60$。

（1）求经济均衡时的价格水平。

（2）如果总需求函数变为 $P=100-\frac{2}{3}y$，价格水平可变，那么经济的价格水平和变动幅度将为多少？

解答：（1）$P=80-\frac{2}{3}y=80-\frac{2}{3}\times 60=40$。

（2）$P=100-\frac{2}{3}y=100-\frac{2}{3}\times 60=60$

$$价格水平上升幅度=\frac{60-40}{40}=50\%$$

15. 假设一经济的货币数量减少了，用 $AD—AS$ 模型说明：（1）短期中价格水平与总产出水平的变动情况；（2）长期中价格水平与总产出水平的变动情况。

解答：（1）原始冲击：货币数量减少，利率上升，投资减少，股票市场市值缩水，人们收入减少，消费也会下降。在上述情况下，许多人对未来失去信心并改变他们的计划，家庭削减支出并推迟大件商品的购买，企业则放弃或推迟新设备的购买。由于家庭和企业现在在任何一个既定的价格水平下想要购买的产品与劳务都减少了，故 AD 曲线会向左移动，如图 15－5 所示。

从图 15－5 中可以看到，经济最初的状态位于图中的 A 点，经济在经历上述事件后，新的短期均衡状态位于图中的 B 点，即通过比较新的均衡和最初的均衡，便可以说明总需求减少的影响。在短期，经济沿着最初的短期总供给曲线 $SRAS_1$ 从 A 点变动到 B 点。此时，产量从原来的 y_f 下降到 y_2，价格水平从 P_1 下降到 P_2。产出水平下降表明经济处于衰退中。

（2）长期中价格水平与总产出水平的变动情况。

现在考察经济从短期均衡向长期均衡的转变。从图 15－5 中可知，由于 B 点的价格水平低于 A 点的价格水平，因此工人和企业开始针对低于预期的价格水平作出调整，工人愿意接受更低的工资，因为每一单位货币工资能够购买更多的产品和劳务，另外，衰退造成的失业率上升也使得工人愿意接受更低的工资。企业也愿意接受更低的价格，需求的减少促使企业这样选择。随着时间的推移，预期价格水平下降了，从而促使短期总供给曲线从图中的 $SRAS_1$ 向右移动到 $SRAS_2$。这种移动使经济回到长期均衡点 D 处。在新的长期

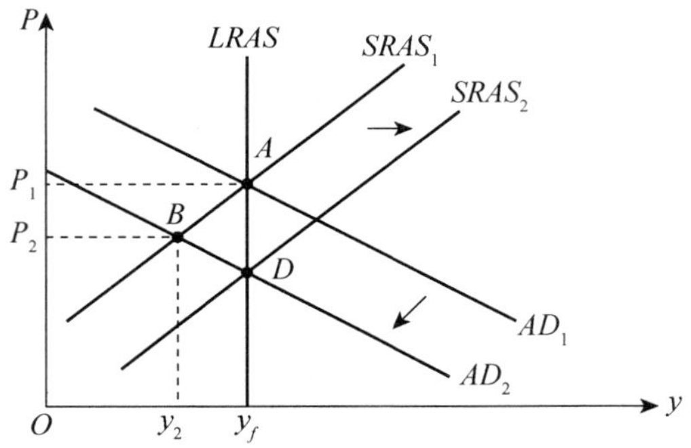

图 15－5 总需求下降的短期和长期影响

均衡点 D，产出最终回到了其自然水平。

总之，根据上面关于总需求曲线移动的分析，可以得出两个结论：第一，在短期，总需求的下降会造成衰退。（表现在图中，经济从 A 点变动到 B 点。）第二，在长期，总需求的下降只造成价格水平的下降，但不影响产量。（表现在图中，经济从 A 点最终变动到 D 点。）同时，对于图 15－5，还需说明两点。第一，图中的短期总供给曲线从 $SRAS_1$ 到 $SRAS_2$ 的移动不会马上发生，也就是说，经济从 B 点变动到 D 点可能需要一段时间。第二，在宏观经济中，把图中描述的 B 点向 D 点的调整过程称为宏观经济的自动调整机制，因为它的发生一般不需要政府采取任何行动。

第二部分 精编习题

一、名词解释

1. 总需求
2. 总需求函数
3. 财富效应
4. 利率效应
5. 潜在产量
6. 总供给
7. 总供给函数
8. 总量生产函数
9. 古典总供给曲线
10. 凯恩斯主义的总供给曲线
11. AD—AS 模型
12. 工资刚性
13. 滞胀

二、单项选择题

1. 微观需求和宏观需求之间的相同点有（　　）。

A. 自变量都是价格水平　　B. 自变量都是相对价格

C. 需求与价格呈同方向变化　　D. 需求与价格呈反方向变化

2. 总需求曲线向右下方倾斜是由于价格水平上升时，（　　）。

A. 投资会减少　　B. 消费会减少　　C. 净出口会减少　　D. 以上因素都是

3. 在宏观经济学中，将价格水平变动引起利率同方向变动，进而使投资和产出水平反方向变动的情况称为（　　）。

A. 实际余额效应　B. 投资效应　C. 产出效应　D. 利率效应

4. 下列有关总需求曲线的说法正确的是（　　）。

A. 在充分就业时为垂直的直线

B. 如果经济中存在较高的失业率，则为水平的直线

C. 由于利率效应、财富效应和进出口效应的作用而具有负斜率

D. 由于生产成本随着实际总产出的增加而递减，所以具有负斜率

5. 影响总需求的外生变量（　　）。

A. 用来解释为什么总需求曲线具有负斜率

B. 用来说明整条总需求曲线移动的原因

C. 用来表明实际产出与价格水平之间的反方向变动关系

D. 用来表明投入品的价格和资源生产力之间的关系

6. 在其他条件不变的情况下，按照总需求曲线的一般变动趋势，（　　）。

A. 价格水平的变化对均衡 GDP 水平没有影响

B. 价格水平上升将提高财富的实际价值

C. 总支出水平（相应地实际 GDP 水平）与价格水平呈反方向变动关系

D. 总支出水平（相应地实际 GDP 水平）与价格水平呈正方向变动关系

7. 因价格水平下降而导致的总需求增加就相当于（　　）。

A. 沿着某一条固定的总需求曲线向下移动

B. 总供给下降

C. 总需求曲线向右移动

D. 总需求曲线向左移动

8. 假定当价格水平为 1 时，社会需要 1 000 亿元货币从事交易，则当价格水平为 0.8 时，为了维持同样规模的交易量，社会需要的从事交易的货币量为（　　）。

A. 800 亿元　B. 1 250 亿元　C. 1 000 亿元　D. 1 800 亿元

9. 下面哪种说法正确解释了总需求曲线向右下方倾斜的原因？（　　）

A. 物价水平下降增加了实际余额，导致国民收入水平提高

B. 物价水平下降迫使中央银行增加货币供给量，导致 *LM* 下移，收入水平提高

C. 物价水平下降诱使政府减税，导致 *LM* 下移，收入水平提高

D. 以上都正确

10. 净出口增加可以使（　　）。

A. 总支出曲线上移，总需求曲线左移

B. 总支出曲线上移，总需求曲线右移

C. 总支出曲线下移，总需求曲线右移

D. 总支出曲线下移，总需求曲线左移

11. 由于国外价格水平因素的变化而导致的总支出增加，可能引起（　　）。

A. 在 *AD*—*AS* 模型中总供给减少

B. 在 *AD*—*AS* 模型中沿着某一条固定的总需求曲线向下移动

C. 在 AD—AS 模型中总需求曲线右移
D. 在 AD—AS 模型中总需求曲线左移
12. 如果个人所得税和公司所得税降低，则（　　）。
A. 会使总需求曲线向右移　　B. 会使消费和投资支出增加
C. 会增加实际产出　　D. 以上都会
13. 下列预期会使总需求曲线向左移动的是（　　）。
A. 政府支出增加　　B. 净出口减少
C. 劳动力参与减少　　D. 采用先进生产技术
14. 下列预期会使总需求曲线向右移动的是（　　）。
A. 政府支出增加　　B. 净出口减少
C. 劳动力参与减少　　D. 税收增加
15. 在长期总供给曲线区域，决定价格的力量是（　　）。
A. 需求　　B. 供给　　C. 工资　　D. 技术
16. 长期总供给曲线表明，（　　）。
A. 在任何价格水平下，潜在的实际国民收入都是一致的
B. 产出仅仅取决于总需求水平
C. 均衡的实际国民收入不能确定
D. 价格水平仅由总供给确定
17. 表示价格不变而总供给可以增加的总供给曲线是（　　）。
A. 凯恩斯主义总供给曲线　　B. 常规总供给曲线
C. 长期总供给曲线　　D. 古典总供给曲线
18. 在凯恩斯主义总供给曲线中，总供给增加引起的变化可能是（　　）。
A. 国民收入增加，价格水平上升　　B. 国民收入增加，价格水平不变
C. 国民收入增加，价格水平下降　　D. 国民收入不变，价格水平下降
19. 当存在过剩生产能力时，（　　）。
A. 总需求增加对产出无影响
B. 总供给增加对价格产生抬升作用
C. 总供给减少对价格产生抬升作用
D. 总需求增加将提高产出，而对价格的影响很小
20. 凯恩斯主义总供给曲线向右下方移动表示（　　）。
A. 价格水平上升，总供给增加　　B. 价格水平下降，总供给增加
C. 价格水平不变，总供给增加　　D. 价格水平不变，总供给减少
21. 在总供给曲线的水平部分，（　　）。
A. 假定经济资源价格不变
B. 表明即使不提高价格水平，也可以增加产出
C. 假定经济中存在闲置的经济资源
D. 包含以上全部因素
22. 常规总供给曲线上某点沿着本曲线向右上方移动表示（　　）。
A. 价格水平上升，总供给增加　　B. 价格水平下降，总供给增加

C. 价格水平不变，总供给增加　　　　D. 价格水平不变，总供给减少

23. 常规总供给曲线向上倾斜表明（　　）。

A. 价格水平与实际国民收入是负相关的

B. 价格水平与实际国民收入是正相关的

C. 产出的价格与投入的价格是负相关的

D. 短期内实际产出与价格无关

24. 总供给曲线对经济的调节过程是至关重要的，因为（　　）。

A. 它连接了货币需求与劳动市场　　　　B. 它连接了利率与产品市场

C. 它连接了产品市场与劳动市场　　　　D. 它连接了宏观经济需求与价格水平

25. 总供给曲线向左上方移动的原因是（　　）。

A. 投入生产要素的价格普遍上升　　　　B. 投入生产要素的价格普遍下降

C. 总需求减少　　　　D. 总需求增加

26. 技术进步会引起（　　）。

A. 短期总供给曲线和长期总供给曲线都向右移动

B. 短期总供给曲线和长期总供给曲线都向左移动

C. 短期总供给曲线向左移动，但长期总供给曲线不变

D. 长期总供给曲线向右移动，但短期总供给曲线不变

27. 当总供给曲线具有正斜率时，单位原材料的实际成本增加会使总供给曲线移向（　　）。

A. 右方，价格水平下降，实际产出增加

B. 左方，价格水平下降，实际产出增加

C. 右方，价格水平上升，实际产出减少

D. 左方，价格水平上升，实际产出减少

28. 总供给曲线左移可能是因为（　　）。

A. 其他情况不变而货币工资增加　　　　B. 其他情况不变而原材料涨价

C. 其他情况不变而劳动生产率下降　　　　D. 以上都有可能

29. 下列经济现象中可以使总供给曲线向右移动的是（　　）。

A. 政府支出增加　　　　B. 净出口减少

C. 投入劳动力减少　　　　D. 采用先进生产技术

30. 假定经济活动正处于潜在国民生产总值水平，若政府支出增加，这一政策的长期效果是（　　）。

A. 价格上升，产出上升　　　　B. 价格上升，产出不变

C. 价格上升，产出下降　　　　D. 价格下降，产出上升

31. 使总供给曲线上移的原因是（　　）。

A. 工资提高　　B. 价格提高　　C. 需求增加　　D. 技术进步

32. 长期总供给曲线是（　　）。

A. 向右上方倾斜的　　　　B. 向右下方倾斜的

C. 一条垂直于横轴的线　　　　D. 一条平行于横轴的线

33. 总供给曲线向右下方移动的原因是（　　）。

A. 社会生产能力下降
B. 社会投资减少
C. 社会投资增加
D. 利率水平上升

34. 其他条件不变，生产力的提高将（　　）。

A. 使总需求曲线左移
B. 使总供给曲线左移
C. 使总供给曲线右移
D. 使价格水平上升

35. 总供给曲线向右移动最可能是由什么情况引起的？（　　）

A. 企业税增加
B. 生产力降低
C. 名义工资率提高
D. 进口的经济资源价格下降

36. 其他条件不变，生产可能性曲线向外移动将会使（　　）。

A. 总供给曲线右移
B. 总供给曲线左移
C. 总需求曲线左移
D. 价格水平提高

37. 下述哪一种情况会使单位生产成本提高，从而使总供给曲线左移？（　　）

A. 减少企业税
B. 经济过分高涨遇到“瓶颈”约束
C. 进口经济资源的价格上升
D. 放松对企业的管制

38. 下述因素中哪一项不会引起总供给曲线移动？（　　）

A. 劳动生产率提高
B. 进口原油价格下降
C. 降低企业税
D. 价格水平上升

39. 假定某经济中名义工资下降而生产率提高，在其他条件不变的情况下，会使（　　）。

A. 总需求曲线左移
B. 总供给曲线左移
C. 总供给曲线右移
D. 总支出曲线下移

40. 总需求的变动引起国民收入与价格水平同方向变动的总供给曲线是（　　）。

A. 凯恩斯主义总供给曲线
B. 短期总供给曲线
C. 长期总供给曲线
D. 不可能发生国民收入与价格水平同方向变动的情况

41. 从凯恩斯主义的角度，政府扩张性财政政策的长期效果是（　　）。

A. 价格上升，产出上升
B. 价格上升，产出不变
C. 价格上升，产出下降
D. 价格下降，产出上升

42. 在短期总供给曲线上，总需求减少引起的变化是（　　）。

A. 价格水平下降，国民收入增加
B. 价格水平下降，国民收入不变
C. 价格水平下降，国民收入下降
D. 价格水平上升，国民收入下降

43. 在总需求不变时，短期总供给的增加会引起的变化是（　　）。

A. 国民收入增加，价格水平下降
B. 国民收入增加，价格水平不变
C. 国民收入减少，价格水平上升
D. 国民收入减少，价格水平下降

44. 如果经济处于低于充分就业的均衡水平，总供给曲线向右上方倾斜，那么总需求增加会引起（　　）。

A. 物价水平上升和实际国民生产总值增加
B. 物价水平上升和实际国民生产总值减少

C. 物价水平下降和实际国民生产总值增加
D. 物价水平下降和实际国民生产总值减少

45. 若中央银行提高利率，则 AD—AS 模型的变动情况应是（　　）。
A. AS 曲线向左移动　　B. AS 曲线向右移动
C. AD 曲线向左移动　　D. AD 曲线向右移动

46. 当（　　）的时候，总需求曲线更平坦。
A. 投资支出对利率的变化较敏感　　B. 支出乘数较小
C. 货币需求对利率的变化较敏感　　D. 货币供给量较大

47. 在非充分就业的条件下，扩大总需求会使（　　）。
A. 国民收入增加　　B. 总供给曲线向右移动
C. 利率下降　　D. 物价水平下降

48. 在资源闲置情况下，根据 AD—AS 模型，扩张性财政政策使产出（　　）。
A. 增加　　B. 减少　　C. 不变　　D. 不确定

49. 根据总供求模型，扩张性货币政策使价格水平（　　）。
A. 提高　　B. 下降　　C. 不变　　D. 不确定

50. 短期总需求大于总供给，可能产生的结果是（　　）。
A. 减少总供给　　B. 增加总需求
C. 降低物价　　D. 提高物价

51. 其他条件不变，如果我国主要的贸易伙伴国的国民收入增加了，会使我国的（　　）。
A. 总供给曲线左移　　B. 总供给曲线右移
C. 总需求曲线右移　　D. 总需求曲线左移

52. 其他条件不变，降低个人和公司所得税会（　　）。
A. 增加总需求，而减少总供给　　B. 使总需求和总供给都增加
C. 使总需求和总供给都减少　　D. 减少总需求，而增加总供给

53. 在什么情况下可达到均衡价格水平和均衡实际产出水平？（　　）
A. 当实际产出达到最高时　　B. 当出口等于进口时
C. 当价格水平达到最低时　　D. 当总需求曲线和总供给曲线相交时

54. 如果总需求增加并因此导致实际产出和就业增加，但价格水平保持不变，由此可知，（　　）。
A. 货币供给减少了
B. 总需求曲线在总供给曲线的水平部分与之相交
C. 总需求曲线在总供给曲线的垂直部分与之相交
D. 总需求曲线在总供给曲线的中间（正斜率）部分与之相交

55. 在总供给曲线的中间部分（正斜率），总需求增加会使（　　）。
A. 就业增加，但价格水平保持不变
B. 价格水平上升，但就业保持不变
C. 价格水平和就业都上升
D. 就业增加，但价格水平下降

56. 如果总需求曲线在总供给曲线的中间部分与之相交，则总供给曲线向左移动会导致（　　）。

A. 价格上升，但就业保持不变　　B. 价格上升，就业减少

C. 价格下降，就业增加　　D. 价格上升，就业增加

57. 如果实际产出增加，而价格水平下降，这可能是由什么引起的？（　　）

A. 总需求曲线向右移动　　B. 总需求曲线向左移动

C. 总供给曲线向右移动　　D. 总供给曲线向左移动

58. 如果总需求增加而总供给减少，则价格水平（　　）。

A. 会下降，但实际产出可能增加也可能减少

B. 会上升，但实际产出可能增加也可能减少

C. 和实际产出都会上升

D. 和实际产出都会下降

59. 如果个人所得税降低，同时投入品的生产效率提高，则（　　）。

A. 均衡产出会增加　　B. 均衡价格必然下降

C. 均衡产出会减少　　D. 均衡价格必然上升

60. 如果在当前价格水平上总需求量超过总供给量，则（　　）。

A. 总需求曲线将会向左移动　　B. 总需求曲线将会向右移动

C. 会出现价格上升　　D. 会出现价格下降

61. 在下述哪种情况下，会发生价格上升？（　　）

A. 总供给和总需求都增加　　B. 总供给和总需求都减少

C. 总供给减少，而总需求增加　　D. 总供给增加，而总需求减少

62. 假定某经济的 MPC 为 0.75，存在 200 亿元的衰退缺口，并处于总供给曲线的水平部分，如果要使该经济达到充分就业，则必须（　　）。

A. 使其总需求曲线右移 200 亿元　　B. 使其总需求曲线左移 200 亿元

C. 使其总供给曲线左移 200 亿元　　D. 使其总需求曲线右移 800 亿元

63. 假定某经济的 MPS 为 0.2，存在 500 亿元的通货膨胀缺口，并处于总供给曲线的垂直部分，如果要使该经济的价格降回到原来的水平，则必须（　　）。

A. 使总需求曲线右移 500 亿元　　B. 使总需求曲线左移 500 亿元

C. 使总需求曲线左移 2 500 亿元　　D. 使总需求曲线左移 100 亿元

64. 假定经济实现充分就业，总供给曲线是垂直线，减税将（　　）。

A. 提高价格水平和实际产出　　B. 提高价格水平但不影响实际产出

C. 提高实际产出但不影响价格水平　　D. 对价格水平和实际产出均无影响

65. 已知消费 $C=90+0.8Y_d$，投资 $I=150-6r$，税收 $T=100$，政府购买 $G=100$，名义货币供给 $M=160$，货币需求 $L=0.2Y-4r$，则当价格水平为 1.25 时，产品市场和货币市场同时均衡时的收入水平和利率水平为（　　）。

A. 均衡收入为 1 000，利率为 10%　　B. 均衡收入为 904，利率为 13.2%

C. 均衡收入为 1 000，利率为 13.2%　　D. 均衡收入为 904，利率为 10%

66. 已知总供给曲线 AS 为 $Y=250$，总需求曲线 AD 为 $Y=300-25P$，如果总需求上升 10%，其他条件不变，新的供求均衡点的价格水平和收入水平为（　　）。

A. 价格水平 $P=2$，收入水平 $Y=250$
B. 价格水平 $P=3$，收入水平 $Y=275$
C. 价格水平 $P=3.2$，收入水平 $Y=250$
D. 价格水平 $P=1$，收入水平 $Y=275$

67. 已知总供给曲线 AS 为 $Y=250$，总需求曲线 AD 为 $Y=300-25P$，如果总供给上升 10%，其他条件不变，新的供求均衡点的价格水平和收入水平为（　　）。

A. 价格水平 $P=2$，收入水平 $Y=250$
B. 价格水平 $P=3$，收入水平 $Y=275$
C. 价格水平 $P=3.2$，收入水平 $Y=250$
D. 价格水平 $P=1$，收入水平 $Y=275$

68. 假定消费 $C=1\,000+0.75Y_d$，投资 $I=250-20r$，税收 $T=tY=0.2Y$，政府购买 $G=150$，名义货币供给 $M=600$，货币需求 $L=0.5Y-100r$，则（　　）。

A. 总需求函数是 $Y=\frac{240}{P}+2\,800$　　B. 总需求函数是 $Y=\frac{220}{P}+2\,800$
C. 总需求函数是 $Y=\frac{220}{P}+2\,800$　　D. 总需求函数是 $Y=\frac{240}{P}+2\,500$

69. 设经济的总供给函数为 $Y=2\,350+400P$，总需求函数为 $Y=2\,000+\frac{750}{P}$，总供给和总需求均衡时的收入和价格水平为（　　）。

A. 价格水平 $P=2$，收入 $Y=2\,750$　　B. 价格水平 $P=1$，收入 $Y=2\,750$
C. 价格水平 $P=2$，收入 $Y=2\,050$　　D. 价格水平 $P=1$，收入 $Y=2\,050$

70. 根据 IS—LM 模型，引起沿着总需求曲线向上移动的原因是（　　）。

A. 自发支出不变，名义货币供给不变，物价水平上升
B. 自发支出不变，名义货币供给不变，物价水平下降
C. 名义货币供给与物价水平不变，自发支出增加
D. 名义货币供给与物价水平不变，自发支出减少

三、多项选择题

1. 在短期内，一个国家或地区的经济增长主要取决于总需求的变化，总需求包括（　　）。

A. 投资需求　　B. 消费需求　　C. 政府需求　　D. 进出口需求

2. 总需求曲线向右上方移动的原因是（　　）。

A. 政府支出的减少　　B. 货币供给量的增加
C. 私人投资的减少　　D. 扩张性的财政政策

3. 下列表述正确的有（　　）。

A. 总需求曲线是反映总需求与利率之间关系的曲线
B. 总需求曲线上的点表明产品市场与货币市场同时达到均衡
C. 总需求曲线是表明总需求与价格水平之间关系的曲线

D. 在以价格为纵坐标、收入为横坐标的坐标系中，总需求曲线是向右下方倾斜的

4. 总需求曲线在其他条件不变时因（　　）而右移。

A. 名义货币供给量增加　　B. 政府支出减少

C. 价格水平上升　　D. 税收减少

5. 在经济萧条时期推行的扩张性的财政政策包括（　　）。

A. 增加政府支出　B. 减少政府支出　C. 减税　D. 增税

6. 西方宏观经济学假定宏观生产函数的性质有（　　）。

A. 总产量是经济中就业量的函数

B. 产量随总就业量的增加而增加

C. 在其他条件不变的情况下，随着总就业量的增加，总产量按递减的比率增加

D. 在其他条件不变的情况下，随着总就业量的增加，总产量按递增的比率增加

7. 长期总供给曲线表示（　　）。

A. 经济中的资源并没有得到充分利用

B. 经济已实现了充分就业

C. 经济中的产量水平处于潜在产量水平上

D. 价格对总供给没有影响

8. 下列变动中会引起物价水平上升和实际国民收入下降的是（　　）。

A. AD 曲线沿着给定的短期 AS 曲线向上移动

B. 短期 AS 曲线沿着给定的 AD 曲线向上移动

C. 长期 AS 曲线右移

D. 社会资源存量减少

9. 某种商品的供给曲线的移动是由于（　　）。

A. 政府向生产企业提供补贴　　B. 互补品价格的变化

C. 生产技术条件的变化　　D. 生产这种商品的成本的变化

10. 不符合凯恩斯主义总供给模型的假设条件的是（　　）。

A. 工人不存在货币幻觉　　B. 工人存在货币幻觉

C. 工资有完全的伸缩性　　D. 工资没有伸缩性

11. 在以价格为纵坐标、收入为横坐标的坐标系中，（　　）。

A. 水平的直线被称为长期总供给曲线

B. 水平的直线被称为凯恩斯主义总供给曲线

C. 垂直的线被称为长期总供给曲线

D. 向右上方倾斜的线被称为常规总供给曲线

12. 总供给曲线是根据（　　）推导而得到的。

A. 劳动需求函数　B. 劳动供给函数　C. 总量生产函数　D. IS—LM 模型

13. 用总需求—总供给模型可以直接决定（　　）。

A. 国民收入　B. 投资　C. 价格水平　D. 利率

14. 按照总需求—总供给模型，总需求增加会使国民收入增加，这种情形的总供给曲线应是（　　）。

A. 凯恩斯主义的总供给曲线　　B. 常规的总供给曲线

C. 长期总供给曲线　　　　　　　D. 向右下方倾斜的总供给曲线

四、判断题

1. 价格水平下降，引起国民收入增加，总需求曲线向右下方倾斜。（　　）
2. 利率效应是影响总需求的因素之一。（　　）
3. 由股票市场价格上升导致的财富的增加会引起经济沿着现存的总需求曲线移动。（　　）
4. 当名义货币供给不变时，价格水平的变动将引起总需求的变动。（　　）
5. 当价格水平发生变动时，*IS* 曲线和 *LM* 曲线的位置相应移动。（　　）
6. *IS* 曲线的利率弹性越大，*AD* 曲线就越陡峭。（　　）
7. 货币需求的利率弹性越大，*AD* 曲线就越陡峭。（　　）
8. 货币需求的收入弹性越大，*AD* 曲线就越平坦。（　　）
9. 财政政策通过对 *LM* 曲线位置的影响而影响 *AD* 曲线。（　　）
10. 货币政策通过对 *IS* 曲线位置的影响而影响 *AD* 曲线。（　　）
11. 当采用扩张性的经济政策时，对应每一价格水平的总需求水平都有提高。（　　）
12. 名义货币供给量的增加将引起总需求曲线同比例的移动。（　　）
13. 总供给曲线的垂直部分又可以称作非充分就业部分。（　　）
14. 长期总供给曲线即潜在产量线。（　　）
15. 短期总供给曲线即古典理论的总供给曲线。（　　）
16. 在常规总供给曲线上，总需求的变动会引起国民收入与价格水平反方向变动。（　　）
17. 总供给曲线的水平部分被称为生产能力充分利用阶段。（　　）
18. 1929 年大萧条时美国经济是在其供给曲线的水平部分运行的。（　　）
19. 当劳动的边际产品一定时，劳动需求是实际工资的减函数。（　　）
20. 总供给曲线的形状取决于当实际产出增加时总需求的变化。（　　）
21. 任何一种使短期总供给曲线向右移动的因素都会使长期总供给曲线向右移动。（　　）
22. 垂直的总供给曲线意味着长期而言经济能达到充分就业状态。（　　）
23. 其他条件不变，生产力的提高会使总供给曲线右移。（　　）
24. 生产可能性曲线向外移动会使总供给曲线向右移动。（　　）
25. 提高公司所得税会使总供给曲线向左移动。（　　）
26. 单位生产成本下降会使总供给曲线向左移动。（　　）
27. 总供给曲线同时反映了货币市场和产品市场的均衡状态。（　　）
28. 扩张总需求的价格效应最大，表明总供给曲线是长期总供给曲线。（　　）
29. 在总需求不变时，短期总供给的增加会使国民收入增加，价格水平下降。（　　）
30. 若扩张总需求的产出效应最大，则表明总供给曲线是水平的。（　　）

五、问答题

1. 说明总需求曲线为什么向右下方倾斜。

2. 说明简单凯恩斯模型、*IS*—*LM* 模型、*AD*—*AS* 模型三者之间的内在联系。

3. 试比较“古典”*AD*—*AS* 模型和修正的凯恩斯的 *AD*—*AS* 模型。

4. 说明长期总供给曲线的推导过程。

5. 解释图 15－6 中在 P_1 水平下经济为何不处于均衡状态。其向均衡的调整过程如何？

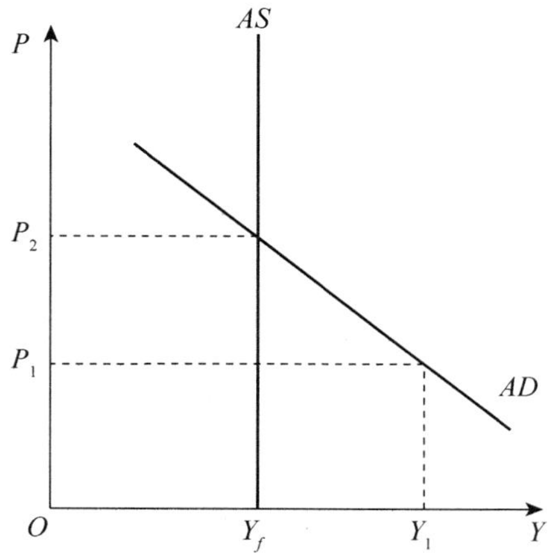

图 15－6

6. 比较在古典总供给曲线和凯恩斯主义总供给曲线模型中，货币供给量增加时，价格水平、总产出、名义 GNP、利率和就业量的变化情况。

7. 试导出凯恩斯模型的总需求曲线，并说明其政策含义。

8. 若经济初始在充分就业的均衡点 E_0 上，如图 15－7 所示，现在减少政府支出，回答以下问题：

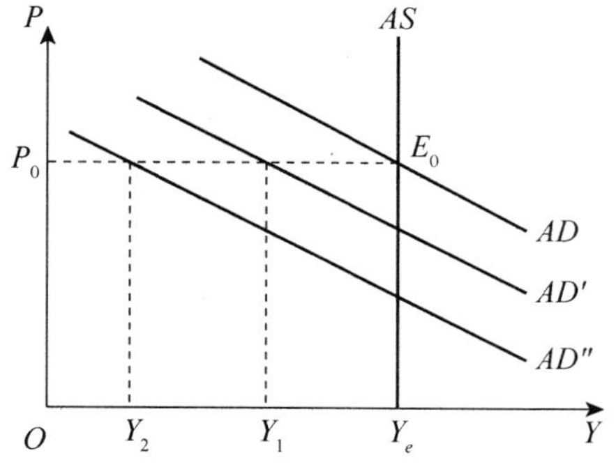

图 15－7

（1）政府支出减少造成的直接后果如何？

（2）分析由政府支出减少造成的人们关于价格水平的预期对总需求的影响过程。

（3）是否需要使用经济政策来纠正价格水平下降所产生的不稳定效果？

9. 凯恩斯学派关于劳动市场理论的主要观点是什么？

10. 根据 IS 曲线方程和 LM 曲线方程推导总需求函数，并说明函数中的参数对总需求函数的影响。

六、计算题

1. 经济的充分就业产出水平为 800，已知在 $P=1.25$ 时，$C=120+0.75Y_d$，$I=140-10r$，$T=80$，$G=100$，名义货币供给 $M=150$，货币需求 $L=0.25Y-8r$，试求：

（1）IS 方程和 LM 方程。

（2）价格水平作为内生变量时的总需求曲线。

2. 假定劳动需求 $N_d=175-12.5\dfrac{W}{P}$，劳动供给 $N_s=70+5W$，劳动者预期 $P=1$ 的价格水平会维持下去。如果经济开始时位于 1 000 美元的充分就业产出水平，价格水平为 1，名义工资为 6 美元，实际工资为 6 美元，就业量为 100 单位，试问：

（1）当政府支出扩大使总需求曲线右移，总产出增加，价格水平上升到 1.10 时，就业量、名义工资、实际工资有何变化？

（2）当工人要求增加 10%的名义工资（因为价格水平上升了 10%）使总供给曲线左移，总产量下降，价格水平上升到 1.15 时，就业量、名义工资、实际工资有何变化？

（3）什么是长期的实际产出、实际工资和就业量？

（4）为什么实际产出会超过 1 000 美元的充分就业产出水平？

第三部分　精编习题详解

一、名词解释

1. 总需求（aggregate demand，AD）：指整个经济社会在每一总价格水平上对产品和劳务的需求总量，总需求由消费需求、投资需求、政府需求和国外需求构成。

2. 总需求函数：以产量（国民收入）表示的需求总量和价格水平之间的关系。在以价格水平为纵坐标、需求总量为横坐标的坐标系中，总需求函数的几何表示被称为总需求曲线。

3. 财富效应：价格水平下降提高了经济中货币的真实价值，并使消费者感到更富有，这会鼓励人们支出更多，支出的增加意味着对产品和劳务的需求量增加。相反，价格水平上升，降低了货币的真实价格，并使消费者感觉变穷，减少消费者支出以及对产品和劳务的需求量。上述价格水平影响消费者以货币表示的财富的实际购买力，进而对消费产生影响的现象被称为财富效应，又被称为实际余额效应（real-balance effect）。

4. 利率效应（interest-rate effect）：价格总水平下降，人们交易中所需货币量减少，在货币供给不变的情况下，将导致利率下降，进而导致投资增多。反之，价格总水平上升，人们交易中所需货币量增多，在货币供给不变的情况下，将导致利率上升，进而导致投资减少。这种价格水平变动通过影响利率进而影响企业投资的现象被称为利率效应。

5. 潜在产量：指充分就业时的产量，也指资源得到充分利用时所能实现的最大产量。

6. 总供给（aggregate supply，*AS*）：是经济社会投入的基本资源所生产的总产量。

7. 总供给函数：以产量（国民收入）表示的供给总量和价格水平之间的关系。在以价格水平为纵坐标、总供给量为横坐标的坐标系中，总供给函数的几何表示被称为总供给曲线。

8. 总量生产函数：又称宏观生产函数，是指整个国民经济的生产函数，它表示总投入和总产出之间的关系。若社会主要使用劳动和资本两种生产要素，宏观生产函数为 $y=f(L, K)$，社会产出主要取决于就业量、资本存量和技术水平。

9. 古典总供给曲线：是一条位于经济的潜在产量或者充分就业产量水平上的垂直线。它是一种长期总供给曲线。在长期中，根据西方经济学理论，经济的就业水平并不随着价格的变动而变动，而是总处于充分就业的状态。其原因在于工资的充分弹性或劳动市场的充分竞争性。劳动市场的充分竞争性保证了劳动市场经常处于均衡位置即充分就业状态。政策含义是：增加需求的宏观经济政策并不能改变产量和增加就业，只能造成物价上涨，甚至通货膨胀。

10. 凯恩斯主义的总供给曲线：在经济未达到充分就业时，供给曲线是平行于总产量轴的一条水平线，当达到充分就业时，供给曲线是垂直于总产量轴的一条垂线，如图 15－8 所示。政策含义是：当经济未达到充分就业时，增加需求的宏观经济政策可以提高产量和就业水平，而价格水平不变；当经济达到充分就业时，增加需求的宏观经济政策并不能改变产量和增加就业，只能造成物价上涨，甚至通货膨胀。

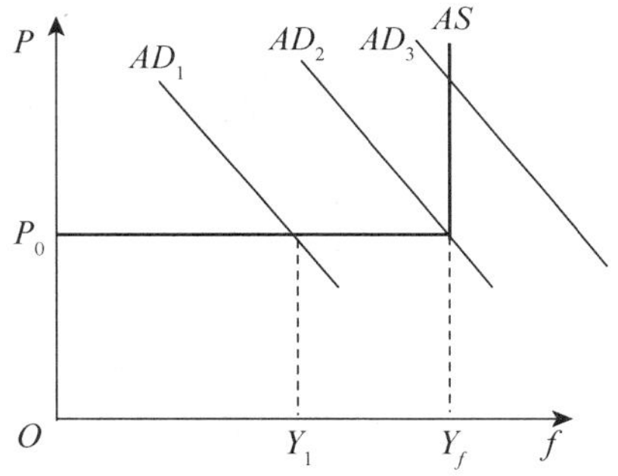

图 15－8　凯恩斯主义的总供给曲线（凯恩斯 *AD—AS* 模型）

11. *AD—AS* 模型：如图 15－9 所示，它是一个由向右下方倾斜的总需求曲线和一条由水平段、向右上方倾斜段和垂直段构成的总供给曲线所构成的模型。图中 *AD* 为总需求曲线，*FGMN* 为总供给曲线。此模型的含义是：在总供给曲线的水平段 *FG*，总需求曲线向右上方移动时，不会引起价格水平的提高，只是引起产量增加。在总供给曲线的向右上方倾斜段 *GM*，总需求曲线向右上方移动时，会引起国民收入和价格水平都提高；在总供给曲线的垂直段 *MN*，总需求曲线向右上方移动时，只能引起价格水平的提高，甚至通货膨胀，而不能引起实际产量的增加。*AD—AS* 模型不仅能解释由财政政策和货币政策组成的需求管理政策，而且可以从理论上说明旨在移动总供给曲线的所谓供给管理政策。

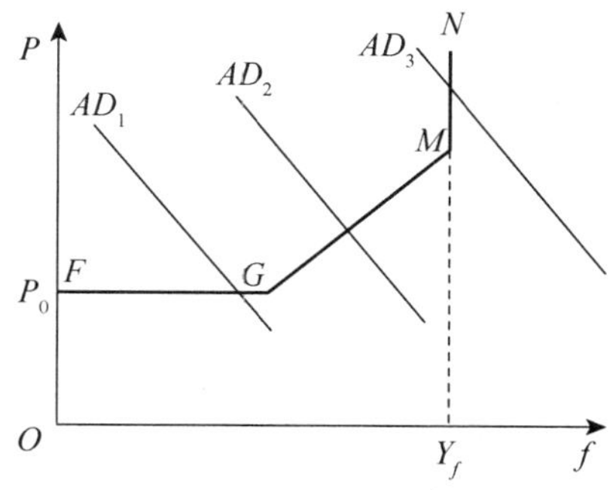

图 15－9　AD—AS 模型

12. 工资刚性：由于种种原因，货币工资不会轻易变动，特别是不会下降的现象。

13. 滞胀：又称为萧条膨胀或膨胀衰退，指经济生活中出现了生产停滞、失业增加和物价水平居高不下同时发生的现象，它是通货膨胀长期发展的结果。

二、单项选择题

1. D　2. D　3. D　4. C　5. B　6. C　7. A　8. A　9. A
10. B　11. C　12. D　13. B　14. A　15. A　16. A　17. A　18. B
19. D　20. B　21. D　22. A　23. B　24. C　25. A　26. A　27. D
28. D　29. D　30. B　31. A　32. C　33. C　34. C　35. D　36. A
37. C　38. D　39. C　40. B　41. B　42. C　43. A　44. A　45. C
46. A　47. A　48. A　49. D　50. D　51. C　52. B　53. D　54. B
55. C　56. B　57. C　58. B　59. A　60. C　61. C　62. D　63. C
64. B　65. B　66. C　67. D　68. A　69. B　70. A

三、多项选择题

1. ABCD　2. BD　3. BCD　4. AD　5. AC　6. ABC　7. BCD　8. BD
9. ACD　10. AC　11. BCD　12. ABC　13. AC　14. AB

四、判断题

1. √　2. √　3. ×　4. √　5. ×　6. ×　7. √　8. ×
9. ×　10. ×　11. √　12. ×　13. ×　14. √　15. ×　16. ×
17. ×　18. √　19. √　20. ×　21. ×　22. √　23. √　24. √
25. √　26. ×　27. ×　28. √　29. √　30. √

判断题详解

1. (√)，较低的价格水平使货币需求下降，实际货币供给相对增加，导致利率下降，进而较低的利率刺激投资，导致总需求增加，国民收入提高。

2. (√)，利率效应和实际余额效应都能影响总需求。

3. (×)，由股票市场价格上升导致的财富的增加会引起总需求曲线向右移动。

4. (√)，当名义货币供给不变时，价格水平的变动会引起货币市场的非均衡，从而影响投资，进而影响总需求。

5. (×)，价格变动不会引起 *IS* 曲线和 *LM* 曲线的移动。

6. (×)，*IS* 曲线的利率弹性越大，*AD* 曲线就越平坦。

7. (√)，货币需求的利率弹性越大，*IS* 曲线越陡峭，从而 *AD* 曲线越陡峭。

8. (×)，货币需求的收入弹性越大，*AD* 曲线就越陡峭。

9. (×)，财政政策通过对 *IS* 曲线位置的影响而影响 *AD* 曲线。

10. (×)，财政政策通过对 *IS* 曲线位置的影响而影响 *AD* 曲线。

11. (√)，当采用扩张性的经济政策时，*IS* 曲线向右移动，对应每一价格水平的总需求水平都有提高，因此总需求曲线也向右移动。

12. (×)，名义货币供给量的增加将引起总需求曲线非同比例的移动，货币政策效果受很多因素影响，具有很大的不确定性。

13. (×)，总供给曲线的垂直部分又可以称作充分就业部分。

14. (√)，长期总供给曲线是位于充分就业水平上的垂直线，即潜在产量线。

15. (×)，凯恩斯主义总供给曲线也主要反映短期现象，短期总供给曲线一般指具有正斜率的总供给曲线，古典理论的总供给曲线一般被称为长期总供给曲线。

16. (×)，当短期总供给曲线不变时，总需求的变动会引起国民收入与价格水平同方向变动。

17. (×)，总供给曲线的水平部分被称为非充分就业部分，即生产能力没有得到充分利用的部分。

18. (√)，1929 年大萧条的实质是供给大于需求、生产相对过剩、资源闲置，当局采取了增加需求的政策，既增加了产品和劳务产出，又使价格水平基本稳定，总供给曲线处于水平状态。

19. (√)，当劳动的边际产品一定时，劳动需求和实际工资呈反方向变动关系。

20. (×)，总供给曲线的形状取决于价格水平与产品和劳务产出的关系。

21. (×)，长期总供给曲线是位于潜在产量水平上的垂直线，无法向右移动。

22. (√)，垂直的总供给曲线意味着长期而言货币工资和价格水平有充分的时间进行调整，使得实际工资处于充分就业应有的水平。

23. (√)，生产力的提高在资源和价格既定的情况下会使产品和劳务产出增加，总供给曲线向右移动。

24. (√)，生产可能性曲线向外移动会使总供给增加。

25. (√)，提高公司所得税会使总供给减少。

26. (×)，单位生产成本下降会使总供给增加，因此总供给曲线向右移动。

27. (×)，总供给曲线反映了价格水平和产量水平的关系。总需求曲线同时反映了货币市场和产品市场的状态。

28. (√)，扩张总需求的价格效应最大，表明此时的总供给曲线为垂直线，即长期总供给曲线。

29.（√），短期总供给曲线向右上方倾斜，总需求曲线向右下方倾斜，短期总供给曲线向右移动会使国民收入增加，价格水平下降。

30.（√），若扩张总需求的产出效应最大，则表明总供给曲线是水平的，即凯恩斯主义总供给曲线。

五、问答题

1. **解答**：所谓总需求，是指整个经济社会在每一个价格水平下对产品和劳务的需求总量，它由消费需求、投资需求、政府需求和国外需求构成。在其他条件不变的情况下，当价格水平提高时，国民收入水平就下降；当价格水平下降时，国民收入水平就上升。总需求曲线向右下方倾斜的机制在于：

（1）财富效应：价格水平下降提高了经济中货币的真实价值，并使消费者感到更富有，这会鼓励人们支出更多，支出的增加意味着对产品和劳务的需求量更大。相反，价格水平上升，降低了货币的真实价格，并使消费者感觉变穷，减少消费者支出以及对产品和劳务的需求量。上述价格水平影响消费者以货币表示的财富的实际购买力，进而对消费产生影响的现象被称为财富效应，又被称为实际余额效应。

（2）利率效应：价格总水平下降，人们交易中所需货币量减少，在货币供给不变的情况下，将导致利率下降，进而导致投资增多。反之，价格总水平上升，人们交易中所需货币量增多，在货币供给不变的情况下，将导致利率上升，进而导致投资减少。这种价格水平变动通过影响利率进而影响企业投资的现象被称为利率效应。

（3）税收效应：价格总水平上升会导致人们名义收入增加，从而使税负增加，进而使消费和投资水平下降。

（4）进出口效应：物价总水平上升会使进口增加，出口减少，国内生产成本上升，从而导致国内投资水平下降。

2. **解答**：在不考虑国际经济作用的情况下：

（1）简单凯恩斯模型假设价格不变、利率不变，只研究产品市场，用乘数理论刻画财政政策效应，该模型对总产出决定和政策效应的分析实际上是总需求分析。

当把利率作为变量引入简单凯恩斯模型，就可以由简单凯恩斯模型推导出 *IS* 曲线（见图 15－10）。

（2）*IS—LM* 模型保持价格不变的假设，重点引入了货币因素，从而说明了利率变动对宏观经济的影响，既分析了产品市场，也分析了货币市场。该模型在利率可变的情况下分析总产出的决定，并分析了利率的决定。该模型可以分析财政政策效应、货币政策效应。但是，该模型仍然是总需求分析。

当把价格作为变量引入 *IS—LM* 模型，就可以由 *IS—LM* 模型推导出 *AD* 曲线（见图 15－11）。

（3）*AD—AS* 模型引入了劳动市场，从而分析总供给对宏观经济的影响，放弃了价格不变假设。该模型在价格可变的情况下不仅分析了总产出的决定，还分析了价格水平的决定；不仅进行了需求管理政策的产出效应分析，而且进行了总供给分析。

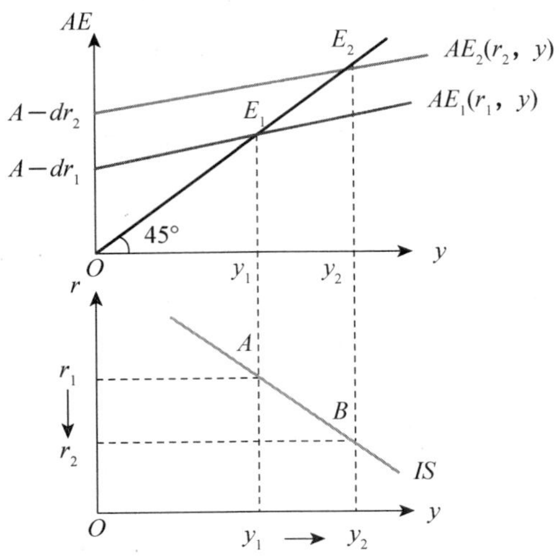

图 15-10

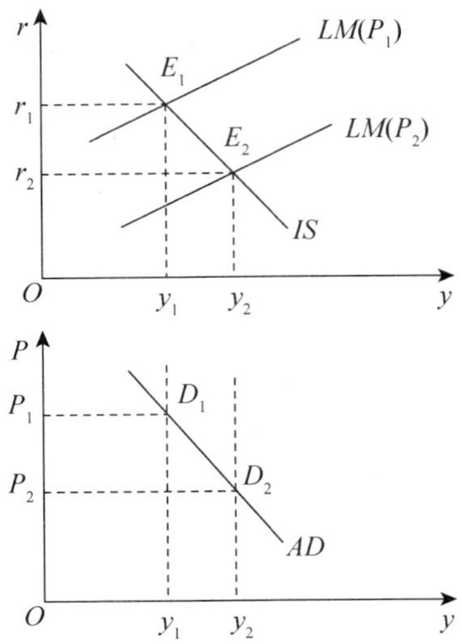

图 15-11

简单凯恩斯模型、*IS*—*LM* 模型、*AD*—*AS* 模型一脉相承，模型假设条件越来越宽松，模型越来越接近现实，模型解释力越来越强。

3. **解答：**（1）理论背景不同。“古典” *AD*—*AS* 模型提出的背景：古典理论坚持萨伊定律，供给能创造自己的需求，在资本主义经济中生产出来的商品能全部销售出去，不会有生产剩余，不会出现大量的失业，资本主义经济的正常状态是市场出清、充分就业。

凯恩斯的 *AD*—*AS* 模型提出的背景：凯恩斯经济学产生的背景是 1929—1933 年世界经济危机，其提出三个基本心理规律造成了社会的有效需求（总需求等于总供给时的需求）不足，必然会出现生产过剩和大量失业，资本主义经济的正常状态是低于充分就业，认为萨伊定律所说的状态只是一个特例，而不是一般状态。

（2）关于总供给曲线。两者都承认产量是就业量的函数，在劳动市场上劳动需求和劳动供给都是实际工资的函数。“古典” *AD*—*AS* 模型假定货币工资具有完全的伸缩性，得到的总供给曲线是一条在充分就业产量水平上的垂直线。而凯恩斯认为，货币工资具有下降的刚性，得到的总供给曲线是反 L 形的曲线。两者由于总供给曲线的假设不同而具有不同的形状。

（3）关于总需求曲线。在两个模型中，总需求曲线都是向右下方倾斜的，但两者的解释不同。古典模型的总需求以货币数量论为基础，只强调货币数量用来满足交易要求，与收入无关，即 $M=kY$，而凯恩斯的总需求是由消费需求与投资需求构成的，提出流动性偏好规律，强调货币需求由收入和利率决定，即 $L=L_1+L_2=L_1(Y)+L_2(r)$。

（4）关于经济政策思想。按照古典模型，总供给和总需求决定的均衡产量必然是充分就业的产量，国家不必干预和调节，资本主义经济有自动调节的能力，国家只需掌握好货币政策，防止通货膨胀。而修正的凯恩斯模型认为，总需求和总供给决定的均衡产量一般是低于充分就业水平的产量，需要国家采用扩张性的财政政策或货币政策实现充分就业；在达到充分就业后，社会总需求提高会引起通货膨胀，需要国家采取紧缩性的财政或货币政策进行压缩，消除通货膨胀。因此，在凯恩斯经济理论中，不论社会经济处在低于充分就业的状态，还是达到充分就业的状态，国家对经济生活的干预和调节都是必要的。

4. **解答：**一般价格水平影响总供给的过程可以表述如下：一般价格水平的变动影响实际工资（实际工资等于名义工资与一般价格水平之比），实际工资的变动影响劳动需求量和劳动供给量，进而影响实际就业量，最后，实际就业量的变动影响总供给量（若技术等其他条件不变，总供给量是就业量的增函数）。

垂直的长期总供给曲线根源于劳动市场完全竞争，货币工资自由地升降，劳动需求量正好等于劳动供给量，此时的实际工资为均衡实际工资，就业量为均衡就业量或充分就业量。与充分就业量相对应的收入为充分就业收入。由于名义工资能够随着价格水平的变动做相应的变动，使实际工资始终处于均衡实际工资水平即保持不变，从而实际就业量始终为充分就业量，实际收入始终为充分就业收入，故长期总供给曲线垂直。

5. **解答：**在 P_1 的价格水平下，总需求 Y_1 超过了总产出 Y_f，从而经济处于供不应求的状态，价格水平会上升。价格水平上升时，由于总供给曲线垂直，劳动市场上劳动的供需随着价格水平的变化而立即调整，从而不影响就业量和产出水平。在货币市场上，价格水平上升，实际货币供给下降，从而导致 *IS—LM* 模型中 *LM* 曲线向左上方移动，结果利率上升，总需求水平下降，一直调整到 Y_f，价格从 P_1 上升到 P_2，总供给等于总需求，达到均衡。

6. **解答：**在古典总供给曲线模型中，货币供给量增加会使价格水平上升，总产出不变，名义 GNP 增大，利率下降，就业量不变。

在凯恩斯主义总供给曲线模型中，货币供给量增加时，价格水平不变，总产出增大，名义 GNP 增大，利率下降，就业量扩大。

7. **解答：**凯恩斯模型的总需求曲线表示在满足产品市场的均衡条件和满足资本市场的均衡条件时价格和国民收入之间的关系。下面用收入—支出模型和 *IS—LM* 模型这两种方法来导出凯恩斯模型的总需求曲线。

（1）从收入—支出模型推导总需求曲线。在简单凯恩斯模型中，45°线是收支相抵线，$C+I$ 曲线是消费加投资曲线，即总支出曲线。根据反映价格水平的 $C+I$ 曲线同 45°线的交点，可以推导出总需求曲线（见图 15-12）。

在图 15-12 的上图中，有三个消费函数，即 C_a、C_b、C_c，消费函数的下标 a、b、c 表示三种价格水平。为简化分析，只假定消费支出随着价格水平的变化而变化，投资支出不受价格水平变动的影响，为一个常数。C_a、C_b、C_c 对应的价格水平分别为 P_1、P_2、P_3，且 $P_1>P_2>P_3$。

在图 15-12 中，当价格水平为 P_1 时，对应的总支出为 C_a+I，总支出曲线同 45°线的交点决定的收入或产量为 Y_1。继续下去，价格水平 P_2 和 P_3 对应的总支出分别为 C_b+I 和 C_c+I，同时它们与 45°线相交决定的收入或产量分别为 Y_2 和 Y_3。这反映了总支出和价格水平之间呈反方向变动关系的情况。

在图 15-12 的下图中，可以找到（Y_1，P_1）、（Y_2，P_2）、（Y_3，P_3）等点，连接这些点，就得到 *AD* 曲线，即总需求曲线。因此，总需求曲线是在满足简单凯恩斯模型的均衡条件（$I=S$ 或总支出等于总收入）下产量或收入和价格水平之间的关系。

（2）从 *IS—LM* 模型推导总需求曲线。在 *IS—LM* 模型中是在假设价格水平固定不

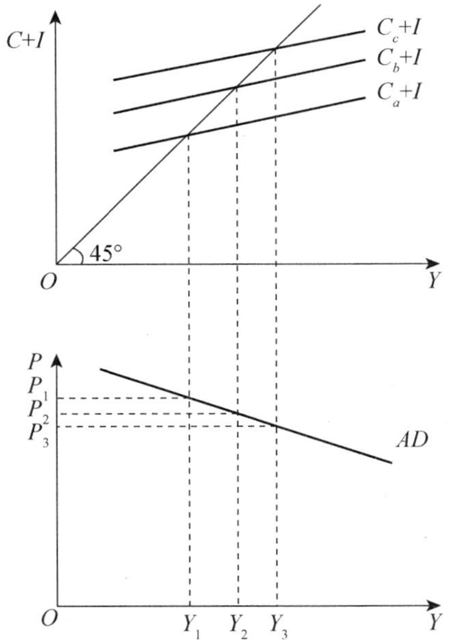

图 15-12　从收入—支出模型推导总需求曲线

变（价格水平为常数）、货币供给既定的条件下来讨论收入和利率的决定。这里去掉价格水平不变的假设，从 *IS* 曲线和 *LM* 曲线推导出总需求曲线（见图 15-13）。

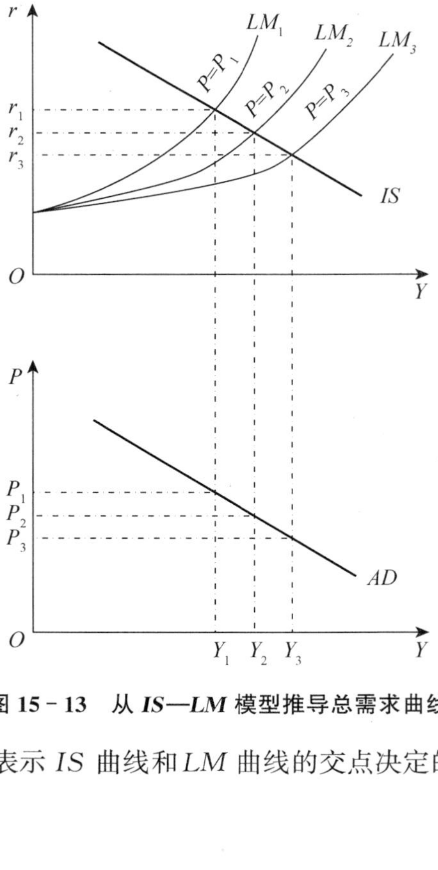

图 15-13　从 *IS—LM* 模型推导总需求曲线

在图 15-13 中，上图表示 *IS* 曲线和 *LM* 曲线的交点决定的均衡收入和利率水平，下图表示价格水平和需求总量之间的关系。图中，$P_1>P_2>P_3$。

在上图中，价格水平从 P_1 降到 P_2，再降到 P_3，LM 曲线从 LM_1 移动到 LM_2，再移动到 LM_3。相应地，IS 曲线与 LM 曲线的交点发生变动，利率从 r_1 降到 r_2，再降到 r_3，收入或产量从 Y_1 增加到 Y_2，再增加到 Y_3。这表示，价格水平下降导致利率降低，收入或产量增加。

在下图中，与价格水平 P_1、P_2 和 P_3 相对应的收入或产量分别为 Y_1、Y_2 和 Y_3，从而对应地可在下图中得到表示收入和价格水平的各组合点（Y_1，P_1）、（Y_2，P_2）、（Y_3，P_3），依此类推，可描出这些组合点的轨迹，得到 AD 曲线即总需求曲线。因此，总需求曲线是在满足产品市场均衡（$I=S$）和货币市场均衡（$M=L$）的条件下收入或产量和价格水平之间的关系。

综上所述，可以看出，通过收入—支出模型和 IS—LM 模型推导出的总需求曲线都是向右下方倾斜的曲线，或是一条具有负斜率的曲线。它表示社会的需求总量和价格水平之间呈反方向变动关系。即价格水平越高，需求总量就越小；价格水平越低，需求总量就越大。要想知道凯恩斯模型的总需求曲线（AD）的政策含义，就必须把它和凯恩斯模型的总供给曲线（AS）结合起来，从 AD—AS 模型中才能看到。按照修正的凯恩斯 AD—AS 模型，总供给和总需求决定的均衡产量一般低于充分就业的产量，如果国家采用扩张性的财政政策或货币政策（相当于使总需求曲线向右移动），不断提高社会总需求，经济就可以实现充分就业。在达到充分就业时，社会总需求继续提高就会引起价格水平上涨，出现通货膨胀，如果国家采用紧缩性的财政政策或货币政策（相当于使总需求曲线向左移动）来降低社会总需求，就可以消除通货膨胀。所以，在凯恩斯经济理论中，不管社会经济是处在低于充分就业的状态，还是达到充分就业状态，国家对经济生活的干预和调节都是必要的。

8. **解答：**（1）减少政府支出，总需求曲线 AD 向左移至 AD'，使总产出从 Y_e 下降到 Y_1；人们预期价格水平要下降。

（2）经济的价格水平在将来的一定时期就会下降，也就意味着将来人们可以以更低的价格购买产品和劳务。私人部门的消费和投资都会暂时推迟，总支出中的 $C+I$ 部分在现期就会减少。结果，人们对价格水平下降的预期又进一步使总产出从 Y_1 下降到 Y_2。

事实上，价格水平下降的预期不仅有可能推迟现期的消费，而且会改变私人部门投资的利率弹性。在普遍的价格水平下降预期中，私人部门投资的利率弹性会下降，即对应于一定量的利率下降，人们所愿意增加的投资额会减少。这样，总需求曲线不仅由于紧缩预期而向左移动，而且越来越陡峭。这就意味着，为使经济重新恢复到充分就业的均衡水平所需要的价格水平的下降幅度就更大。这又会进一步加剧人们的紧缩预期，经济便陷入持续的萧条。所以，我们只能说，从理论上说通过价格水平调整经济可以自动恢复均衡，但在现实中，由于预期的存在，经济却会持续陷入萧条。

（3）考虑到预期的影响，政府可以使用扩张性的经济政策（如扩大名义货币供给、减税等）使总需求曲线重新移回到 AD 的位置，经济的紧缩状况可以得到缓解，而且时间也可以缩短。

9. **解答：**（1）工资刚性是在供给方面对失业的一个基本解释。当价格水平较低时，实际工资较高，这样会形成劳动供给大于劳动需求。由于工资能上不能下，这种状况将持续下去。这就是失业产生的原因。(2) 在名义工资不降的情况下，价格提高可以使实际工资下降，刺激企业增加劳动需求。由于工人存在“货币工资幻觉”，实际工资下降可以被工人接受。因此，政府应该采取提高价格的政策，解决失业问题。

10. **解答：**(1) 总需求函数表示产品市场和货币市场同时达到均衡时的价格水平和国民收入之间的数量关系。因此，总需求函数可以通过代表产品市场均衡的 IS 曲线方程和代表货币市场均衡的 LM 曲线方程得到，其推导过程如下：

在两部门经济中，由 IS—LM 分析可知：

根据产品市场均衡条件，IS 曲线方程为：$S(Y)=I(r)$。

根据货币市场均衡条件，LM 曲线方程为：$\frac{M}{P}=L_1(Y)+L_2(r)$。

在上面两个方程中，如果把收入 Y 和利率 r 当作未知数，而把其他变量特别是 P 当作参数来对这两个方程联立求解，则所求得的 Y 的解式一般包含 P 这个变量。该式表示了不同价格水平（P）与不同的总需求量（Y）之间的函数关系，因此就是总需求函数。

当 $S=-C_0+(1-b)Y$，$I=I_0-dr$，$\frac{M}{P}=kY-hr$ 时，总需求函数的表达式为：

$$Y=\frac{(C_0+I_0)h}{h(1-b)+dk}+\frac{dM}{[h(1-b)+dk]P}$$

式中，C_0 表示自主消费，b 表示边际消费倾向，I_0 表示自主投资，d 表示投资的利率弹性，h 表示货币需求的利率弹性，k 表示货币需求的收入弹性，并且它们均为可估参数。

从 IS—LM 曲线方程推导出的总需求函数是价格水平的减函数，它表示社会的总需求量和价格水平之间的反方向变动关系。即价格水平越高，总需求量就越小；价格水平越低，总需求量就越大。

(2) 由总需求函数的表达式可知，参数 C_0、I_0 为自主变量，其变化仅影响总需求曲线的截距，使曲线发生平移，但斜率不变；参数 b、d、h、k 影响 IS 曲线与 LM 曲线的斜率，进而也影响总需求曲线的斜率和位移。

LM 曲线为：$r=\frac{k}{h}Y-\frac{M}{hP}$。在其他条件不变的情况下，货币需求的收入弹性 k 越大，货币需求的利率弹性 h 越小，LM 曲线就越陡峭，则 LM 曲线移动时收入变化就越大，从而 AD 曲线就越平坦。

IS 曲线为：$r=\frac{I_0+C_0}{d}-\frac{1-b}{d}Y$。在其他条件不变的情况下，边际消费倾向 b 越大，投资的利率弹性 d 越大，IS 曲线就越平坦，则 IS 曲线移动时收入变动就越大，从而 AD 曲线也越平坦。

六、计算题

1. **解答：**(1) IS 方程：$Y=C+I+G=120+0.75(Y-80)+140-10r+100$，整理得：$Y=1\,200-40r$。

LM 方程：$0.25Y-8r=\frac{150}{1.25}=120$，整理得：$Y=480+32r$。

（2）将 IS 方程和 LM 方程联立，得方程组：

$$\begin{cases} Y=1\ 200-40r \\ 0.25Y-8r=\dfrac{150}{P} \end{cases}$$

消去 r，得总需求曲线：$Y=\dfrac{1\ 600}{3}+\dfrac{1\ 000}{3P}$。

2. **解答：**（1）当价格上升时，在劳动市场上有：

$$\begin{cases} N=175-12.5\dfrac{W}{1.1} \\ N=70+5W \end{cases}$$

解得劳动市场实现均衡时：$W\approx6.42$；$N\approx102.08$。

这就是说，随着政府支出的增加，就业量从 100 单位增加到 102 单位，名义工资从 6 美元上升到 6.42 美元；实际工资从 6 美元下降到$\dfrac{6.42}{1.1}\approx5.84$ 美元。

（2）当工人要求增加 10%的名义工资时，在劳动市场上有：

$$\begin{cases} N=175-12.5\dfrac{W}{1.15} \\ N=70+5.0\dfrac{W}{1.1} \end{cases}$$

解得劳动市场实现均衡时：$W\approx6.81$，$N\approx101$。

这样均衡就业量从 102 单位下降到 101 单位；名义工资从 6.42 美元上升到 6.81 美元，实际工资从 5.84 美元上升到$\dfrac{6.81}{1.15}\approx5.92$ 美元。

（3）在充分就业的产出水平上，总产出为 1 000 美元，实际工资为 6 美元，均衡就业量为 100 单位。如果现期劳动市场上的实际工资水平低于 6 美元，实际就业需求超过 100 单位，工人都会要求更高的名义工资。最终，在长期，实际产出会回到 1 000 美元，就业量和实际工资也会分别恢复到 100 单位和 6 美元的水平。

（4）只要工人不预期原来的价格水平会有所提高，那么价格水平的上升就不会立即反映到名义工资的上升中，工人实际工资水平的下降就会促使工人多就业，使实际产出超过充分就业产出水平。

第十六章

失业与通货膨胀

第一部分　课后习题详解

1. 摩擦性失业与结构性失业相比，哪一种失业问题更严重？

解答：一般来说，结构性失业比摩擦性失业问题更严重。因为摩擦性失业是由于劳动市场运行机制不完善或者经济变动过程中的工作转换而产生的失业。摩擦性失业的失业者都可以胜任可能获得的工作，所以增强失业服务机构的作用、增加就业信息、协助劳动者迁移等都有助于减少摩擦性失业。而结构性失业是由经济结构变化、产业兴衰转移造成的失业，是劳动市场失衡造成的失业，一些部门需要劳动力，存在职位空缺，但失业者缺乏到这些部门和岗位就业的能力，而这种能力的培训需要一段较长的时间才能完成，所以结构性失业问题更严重。

2. 能否说有劳动能力的人都有工作才是充分就业？

解答：不能这么说。充分就业并不意味着100%的就业，即使经济能够提供足够的职位空缺，失业率也不会等于零，经济中仍然会存在摩擦性失业和结构性失业。凯恩斯认为，如果消除了非自愿失业，失业仅限于摩擦性失业和自愿失业，那么经济就实现了充分就业。另外一些经济学家还认为，如果职位空缺总额恰好等于寻找工作人员的总额，则经济社会也算实现了充分就业。所以充分就业不是指有劳动能力的人都有工作。

3. 什么是自然失业率？哪些因素影响自然失业率的高低？

解答：自然失业率就是指经济社会在正常情况下的失业率，它是劳动市场处于供求稳定状态时的失业率，也是充分就业情况下的失业率。这里的稳定状态是指既不会造成通货膨胀也不会导致通货紧缩的状态。

生产力的发展、技术进步以及制度因素是决定自然失业率及引起自然失业率变动的重要因素。具体包括：(1) 劳动者结构的变化。一般来说，青年与妇女的自然失业率高，这些人在劳动力总数中所占比例的上升会导致自然失业率上升。(2) 政府政策的影响。如失业救济制度使一些人宁可失业也不从事工资低、条件差的职业，增加了失业人数；最低工资法使企业尽量少雇用人，尤其是技术水平差的工人，同时也加强了用机器取代工人的趋势。(3) 技术进步因素。随着新技术、新设备投入使用，劳动生产率不断提高，资本的技术构成不断提高，必然要减少对劳动力的需求，出现较多失业；同时，技术进步使一些文化技术水平低的工人因不能适应新的工作而被淘汰。(4) 劳动市场的组织状况，如劳动力供求信息的完整性与迅速性，职业介绍与指导的完善与否，都会影响到自然失业率的变化。(5) 劳动市场或行业差别性的增大会提高自然失业率。厂商、行业和地区会兴起和衰落，而劳动者和厂商需要时间来与之相适应与配合，这些无疑会引起劳动者的大量流动，增大结构性失业。

4. 说明短期菲利普斯曲线与长期菲利普斯曲线的关系。

解答：短期菲利普斯曲线表示在预期的通货膨胀率保持不变时失业率和通货膨胀率之间存在的替换关系。其政策含义是：在短期中引起通货膨胀率上升的扩张性财政与货币政策是可以起到减少失业的作用的，换句话说，调节总需求的宏观经济政策在短期是有效的。

长期菲利普斯曲线是指从长期来看，工人将根据实际发生的情况不断调整自己对价格水平的预期，使工人预期的通货膨胀率与实际的通货膨胀率一致，这时工人会要求改变名义工资，以使实际工资不变，导致失业率与通货膨胀率不再存在替换关系。在长期，经济社会能够实现充分就业，经济社会的失业率将处在自然失业率的水平，长期菲利普斯曲线为垂直于潜在国民收入的一条垂线，其政策含义是：政府运用扩张性政策不但不能降低失业率，还会使通货膨胀率不断上升。

长期菲利普斯曲线是由短期菲利普斯曲线不断运动形成的，其原因如下：

货币主义者认为，在工资谈判中，工人们关心的是实际工资而不是货币工资。当通货膨胀率不太高、工人还没有形成新的通货膨胀预期的时候，失业率与通货膨胀率之间存在的替换关系就被称为短期菲利普斯曲线。随着时间的推移，工人发觉他们的实际工资随着物价的上涨而下降，就会要求雇主相应地增加货币工资，以补偿通货膨胀给自己造成的损失。由于工人不断地形成新的通货膨胀预期，使换取一定失业率的通货膨胀率越来越高，菲利普斯曲线不断向右上方移动，最终演变成垂直的菲利普斯曲线，这就是长期菲利普斯曲线。

5. 通货膨胀的成本有哪些？

解答：通货膨胀是一个受到密切和广泛关注的宏观经济问题，那么它的后果是什么呢？从理论的角度看，通货膨胀给整个经济施加了两种类型的成本：预期到的通货膨胀成本和未预期到的通货膨胀成本。下面分别予以介绍。

(1) 预期到的通货膨胀成本。

①菜单成本。

企业不经常改变价格是因为改变价格有成本。在高通货膨胀下，企业必须每天甚至更频繁地变动价格，以便与经济中所有其他价格保持一致。调整价格的成本被称为菜单成本(menu cost)。菜单成本包括决定新价格的成本、印刷新清单和目录的成本、把这些新价格表和目录送给中间商和顾客的成本、为新价格做广告的成本，甚至包括处理顾客对价格变动的恼怒的成本。

②鞋底成本。

当通货膨胀持续上升时，为了使财富保值增值，你要多次往返各金融机构，经常地去金融机构会使你的鞋底磨损得更快。当然，不能只从字面上理解这个术语。鞋底成本

（shoe-leather cost）主要指往返金融机构的路上所花的时间、出行支出，以及由此带来的不便与压力。通货膨胀的鞋底成本在经历超级通货膨胀的经济中很重要。

③税收扭曲。

在现实中，一个经济的税率不会对预期到的通货膨胀作出充分调整，这会对经济中的当事人产生一种成本。税收扭曲通货膨胀造成了通货膨胀税。当经济中出现通货膨胀时，受通货膨胀的影响，家庭和企业的交易额和名义货币收入增加，导致纳税人缴纳更多的比例税，或者使纳税所得自动地被划入较高的所得级别，形成档次爬升，从而按较高的适用税率纳税，这种由通货膨胀引起的隐蔽性的增税，被称为通货膨胀税，无形中增加了公众的税收负担。

④相对价格变动导致的资源配置不当。

在通常情况下，市场经济依靠相对价格来配置稀缺资源。消费者通过比较各种产品与劳务的质量和价格决定购买什么，以及购买多少。由于在同一市场竞争的企业并不总是同时改变价格，更高的通货膨胀会引起更高的相对价格的变动性。当通货膨胀扭曲了相对价格时，消费者的决策也被扭曲了，市场也就不能把资源配置到其最好的用途中。

⑤混乱与不方便。

货币是用以衡量经济交易的尺度。这种尺度的一致性使经济当事人能够轻易地比较产品和劳务的价格。通货膨胀使不同时期的货币有不同的真实价值，所以在存在通货膨胀的经济中计算企业的利润更复杂。因此，在某种程度上，通货膨胀使投资者不能区分成功与不成功的企业，这又抑制了金融市场把经济中的储蓄配置到不同类型投资中的作用。

（2）未预期到的通货膨胀成本。

上述说明的预期到的通货膨胀成本可能是巨大的，而意料之外的通货膨胀成本甚至可能更高。具体地说，未预期到的通货膨胀成本有以下几种。

①不确定性的增加。

对经济的当事人来说，未预期到的通货膨胀会导致许多不正确的、有代价的决策，包括储蓄、投资以及就业的劳动量等决策，这会导致经济效率降低。而且，大多数人不喜欢不确定性，因此，未预期到的通货膨胀波动往往会降低经济福利。

②不合意的财富的再分配。

未预期到的通货膨胀以一种既与才能无关又与需要无关的方式在经济中重新分配财富。其表现为：

首先，通货膨胀不利于靠固定的货币收入维持生活的人。最为明显的就是那些领取救济金、退休金的人，那些工薪阶层、公务员以及靠福利和其他转移支付维持生活的人，他们在相当长的时间内所获得的收入是不变的。特别是那些只获得少量救济金的老人，遇到这种经济灾难，更是苦不堪言，他们是通货膨胀的牺牲品。

其次，通货膨胀对储蓄者不利。随着价格的上涨，存款的实际价值或购买力就会降低，那些口袋中有闲置货币和在银行有存款的人就会受到沉重的打击。同样，像保险金、养老金以及其他价值固定的证券财产等，它们本来是为了防患未然和作为蓄资养老的，在通货膨胀中，其实际价值也会下降。

再次，通货膨胀还有导致债务人和债权人之间发生收入再分配的作用。具体地说，通货膨胀靠牺牲债权人的利益而使债务人获利。

最后，通货膨胀有利于政府而不利于公众。第一，一般政府是债务人而居民公众是债权人，于是通货膨胀将财富从居民手中转移到政府手中。第二，通货膨胀意味着隐形通货膨胀税增加。第三，通货膨胀是政府超额发行纸币造成的，通过发行货币，公众手中的货币贬值，国家则把大量财富转移到自己手中。

③相对价格变动性的增加。

面对预期到的通货膨胀，市场主体在签订契约时，可以采取一些技术措施来降低通货膨胀的影响。未预期到的通货膨胀有可能急剧增加相对价格的变动性，带来经济的低效率和资源的不当配置。超级通货膨胀可能会造成经济崩溃。超级通货膨胀会使正常的生产经营难以进行。在物价飞涨时，产品销售收入往往不足以补偿必要的原材料成本；同时，地区之间上涨幅度极不均衡也是必然现象，这就会造成原有商路的破坏、流通秩序的紊乱；迅速上涨的物价使债务的实际价值下降，如果利率的调整难以弥补由物价上涨造成的货币债权损失，正常的信用关系也会极度萎缩。超级通货膨胀只是投机盛行的温床，而投机则是经济的严重腐蚀剂。最严重的通货膨胀会危及货币流通本身：纸币流通制度不能维持，金银贵金属会重新成为流通、支付的手段，经济不发达地区则会迅速向经济的实物化倒退。

④成本推动的通货膨胀引致失业。

当成本推动的压力抬高物价水平时，既定的总需求只能在市场上支持一个较少的实际产出，所以，实际产出下降，失业率会上升。

总之，通货膨胀不管是否预期到，都会对经济社会产生很大的副作用，只有温和的需求拉动的通货膨胀才可以刺激、促进产出水平的提高。通货膨胀弊远远大于利。

6．说明需求拉动的通货膨胀。

解答：需求拉动的通货膨胀又称超额需求通货膨胀，是指总需求超过总供给所引起的一般价格水平的持续显著的上涨。这种通货膨胀被认为是“过多的货币追求过少的商品”。现用图 16－1 来说明需求拉动的通货膨胀。

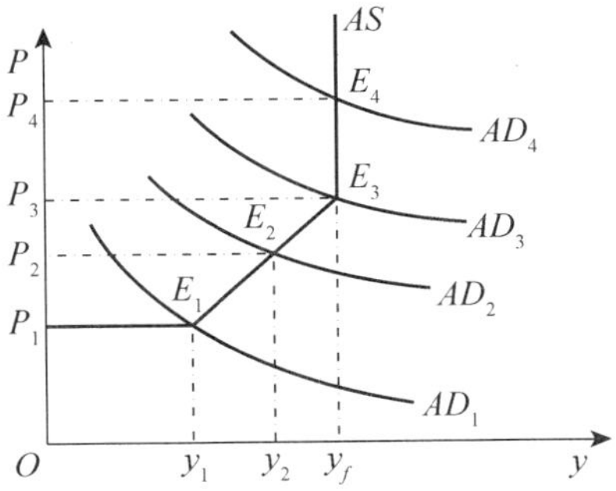

图 16－1　需求拉动的通货膨胀

在图 16－1 中，横轴 y 表示总产量（国民收入），纵轴 P 表示一般价格水平。AD 为总需求曲线，AS 为总供给曲线。总供给曲线 AS 起初呈水平状，这表示，当总产量较低时，总需求的增加不会引起价格水平的上涨。在总产量达到 y_1 以后，继续增加总供给，就会遇到生产过程中所谓的瓶颈现象，即由于劳动、原料、生产设备等的不足而使成本提高，从而引起价格水平的上涨。价格水平从 P_1 上涨到 P_2 和 P_3 的现象被称作瓶颈式的通货膨胀。在达到充分就业的产量 y_f 以后，如果总需求继续增加，总供给就不再增加，因而总供给曲线 AS 呈垂直状。这时总需求的增加只会引起价格水平的上涨。西方经济学家认为，不论总需求的过度增长是来自消费需求、投资需求，还是来自政府需求、国外需求，都会导致需求拉动的通货膨胀。需求方面的原因或冲击主要包括财政政策、货币政策、消费习惯的突然改变，国际市场的需求变动等。

7. 若某一经济的价格水平 1984 年为 107.9，1985 年为 111.5，1986 年为 114.5，问 1985 年和 1986 年的通货膨胀率各是多少？若人们对 1987 年的通货膨胀率预期是按前两年通货膨胀率的算术平均形成的，设 1987 年的利率为 6%，问该年的实际利率为多少？

解答：1985 年的通货膨胀率为

$$\pi_{1985}=\frac{P_{1985}-P_{1984}}{P_{1984}}\times 100\%=\frac{111.5-107.9}{107.9}\times 100\%=3.34\%$$

同理可得：$\pi_{1986}=\dfrac{114.5-111.5}{111.5}\times 100\%=2.69\%$。

1987 年的预期通货膨胀率为 $\pi^e_{1987}=\dfrac{\pi_{1985}+\pi_{1986}}{2}=\dfrac{3.34\%+2.69\%}{2}=3.015\%$，故

$$1987\text{ 年的实际利率}=\text{名义利率}-\text{预期通货膨胀率}=6\%-3.015\%=2.985\%$$

8. 设某经济某一时期有 1.75 亿成年人，其中 1.2 亿人有工作，0.1 亿人在寻找工作，0.45 亿人没工作但也没在找工作。试求：（1）劳动力人数；（2）劳动力参与率；（3）失业率。

解答：（1）劳动力人数＝就业人数＋失业人数＝1.2＋0.1＝1.3(亿)。

（2）劳动力参与率$=\dfrac{\text{劳动力人数}}{\text{可工作年龄人口数}}\times 100\%=\dfrac{1.3}{1.75}\times 100\%=74.3\%$。

（3）失业率$=\dfrac{\text{失业人数}}{\text{劳动力人数}}\times 100\%=\dfrac{0.1}{1.3}\times 100\%=7.69\%$。

9. 设一经济有以下菲利普斯曲线：

$$\pi=\pi_{-1}-0.5(u-0.06)$$

（1）该经济的自然失业率为多少？

（2）为使通货膨胀率减少 5 个百分点，必须有多少周期性失业？

解答：（1）由所给的菲利普斯曲线可知，当 $u-0.06=0$，即失业率为 6%时，经济达到充分就业状态，即经济的自然失业率为 6%。

（2）由所给的菲利普斯曲线，得

$$\pi-\pi_{-1}=-0.5(u-0.06) \qquad ①$$

使通货膨胀率减少 5 个百分点，即在式①中，令 $\pi-\pi_{-1}=-5\%=-0.05$，则式①变为

$$-0.05=-0.5(u-0.06)$$
$$u-0.06=10\%$$

所以，为使通货膨胀率减少 5 个百分点，必须有 10%的周期性失业。

10. 试说明菲利普斯曲线和总供给曲线的关系。

解答：总供给曲线揭示的是总产出和价格水平之间的关系。菲利普斯曲线揭示的是通货膨胀率与失业率之间的替换关系。菲利普斯曲线和总供给曲线虽然表面上所揭示的关系不同，但在本质上都表示同样的宏观经济思想，仅仅是同一枚硬币的两面。

在一定的条件下，可以从总供给曲线推导出菲利普斯曲线，也可以从菲利普斯曲线推导出总供给曲线。

在论述总供给曲线时，无论是古典总供给曲线、凯恩斯总供给曲线还是常规总供给曲线，都是以图形的方式来阐述的，并没有明确地写出或推导出总供给曲线的方程，利用菲利普斯曲线可以从代数上推导总供给曲线的方程。

附加预期的菲利普斯曲线方程为

$$\pi-\pi^{e}=-\varepsilon(\mu-\mu^{*})$$

用 $P-P_{-1}$ 代替 π，用 $P^{e}-P_{-1}$ 代替 π^{e}，这里 P 为当期价格水平，P_{-1} 为前一期价格水平，P^{e} 为预期价格水平，则上式变为：

$$P-P^{e}=-\varepsilon(\mu-\mu^{*})$$

而根据奥肯定律，有：

$$\frac{y-y_{f}}{y_{f}}=-\partial(\mu-\mu^{*})$$

将上式代入 $P-P^{e}=-\varepsilon(\mu-\mu^{*})$，替换（$\mu-\mu^{*}$），得 $P-P^{e}=\frac{\varepsilon}{\partial}\frac{y-y_{f}}{y_{f}}$，设 $\lambda=\frac{\partial y_{f}}{\varepsilon}$，则上式可写为 $y=y_{f}+\lambda(P-P^{e})$，此即为总供给方程。这一方程可以同时代表古典的、凯恩斯的和常规的总供给曲线，而三者的差别在于参数 λ 的取值及对 λ 的解释。具体来讲，当 $\lambda=0$ 时，总供给方程化为 $y=y_{f}$，此为古典的总供给方程；当 $\lambda=\infty$时，总供给方程化为 $P=P^{e}$，在 P^{e} 已知的情况下，这一方程即为凯恩斯总供给方程；在 λ 取有限正数的情况下，方程即为常规的总供给方程。

11. 设某一经济的菲利普斯曲线为：$\pi=\pi_{-1}-0.4(u-0.06)$。

（1）该经济的自然失业率是多少？

（2）画出该经济的短期和长期菲利普斯曲线。

解答：（1）自然失业率是指通货膨胀率与预期通货膨胀率一致时的失业率。在本题中，预期通货膨胀率为上一期的实际通货膨胀率，故在所给的菲利普斯曲线方程中，令 $\pi=\pi_{-1}$，得 $u=0.06$，因此，该经济的自然失业率为 6%。

（2）由所给方程知，该经济的短期菲利普斯曲线的斜率为 -0.4，且是一条经过点（$u=0.06$，$\pi=\pi_{-1}$）的直线，如图 16－2 所示。

在长期，预期通货膨胀率等于实际通货膨胀率，相应地，失业率为自然失业率，故长期菲利普斯曲线是一条位于自然失业率的垂直线。

12. 试根据常规的短期总供给曲线推导出菲利普斯曲线。

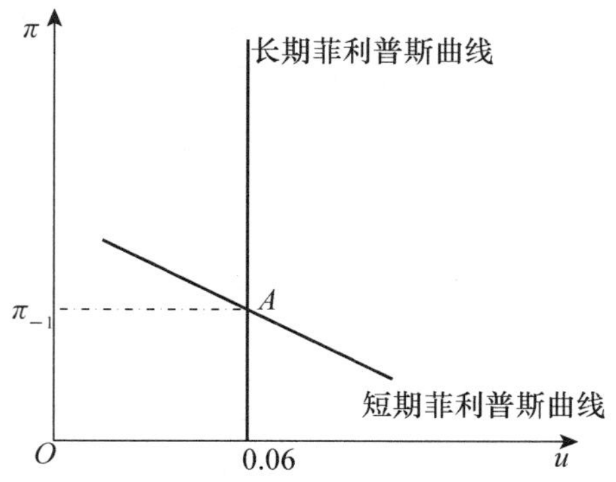

图 16－2　菲利普斯曲线

解答： 总供给曲线揭示的是总产出与价格水平之间的关系。菲利普斯曲线揭示的是通货膨胀率与失业率之间的替换关系。菲利普斯曲线和总供给曲线虽然表面上所揭示的关系不同，但在本质上都表示同样的宏观经济思想，仅仅是同一枚硬币的两面。通货膨胀率表示的是从一个时期到另一个时期价格水平变动的百分比，因而通货膨胀率和失业率的关系可以表示成价格水平和总产出的关系。

常规的短期总供给曲线揭示的是总产量与价格水平同方向变动的关系。故在简单的情况下，将总供给函数写为

$$p=p^{e}+\lambda(Y-\bar{Y}) \qquad ①$$

式中，p 和 p^{e} 分别为价格水平和预期价格水平的对数，Y 和 $\bar{Y}$ 分别为总产量和潜在产量，λ 为参数且 $\lambda\geqslant 0$。

式①两边减去上一期的价格水平 p_{-1}，有

$$p-p_{-1}=(p^{e}-p_{-1})+\lambda(Y-\bar{Y}) \qquad ②$$

在式②中，$p-p_{-1}$ 为通货膨胀率，记为 π，$p^{e}-p_{-1}$ 为预期通货膨胀率，记为 π^{e}，则式②为：

$$\pi=\pi^{e}+\lambda(Y-\bar{Y}) \qquad ③$$

而奥肯定律说明，总产量与失业率之间存在反向关系。具体地，由奥肯定律，有

$$\lambda(Y-\bar{Y})=-\beta(u-u_{n}) \qquad ④$$

式中，β 为常数且 $\beta>0$，u 为失业率，u_{n} 为自然失业率。将式④代入式③，得

$$\pi=\pi^{e}-\beta(u-u_{n}) \qquad ⑤$$

式⑤即为菲利普斯曲线。

13．说明菲利普斯曲线的政策含义。

解答： 1958 年由菲利普斯提出、由新古典综合派发展的菲利普斯曲线描述了失业率与通货膨胀率之间存在的反向的替换关系。这就为政府进行总需求管理提供了可选择的菜单，政府可以确定一个可容忍的失业率与通货膨胀率的组合区域，如果实际的失业率和通货膨胀率在这个区域内，政府可以不采取调节政策。但如果实际的失业率超出了可容忍的

区域，政府可以以提高通货膨胀率为代价来降低失业率。若通货膨胀率较高，政府可以以提高失业率为代价来降低通货膨胀率。

理性预期学派以理性预期为假设，人们预期的通货膨胀率与实际通货膨胀率迟早会一致，这时工人要求改变名义工资以使实际工资不变，最后会形成长期垂直的菲利普斯曲线，与自然失业率重合。长期菲利普斯曲线表明在长期不存在失业率与通货膨胀率之间的替换关系：长期来看，政府运用扩张性需求管理政策不但不能降低失业率，还会使通货膨胀率不断上升。

1968 年，货币主义以适应性预期为假设，提出短期失业率与通货膨胀率之间存在反向的替换关系，宏观经济政策有效。在长期会形成垂直的菲利普斯曲线，宏观经济政策无效。

14. 已知某国货币工资上升率 $\Delta W/W$ 与失业率 u 之间的菲利普斯曲线为：

$$\Delta W/W=a/u+b$$

今有 W 与 u 的关系资料如下表所示：

W	100	110	115.5
u	4%	4%	6.67%

求该国的菲利普斯曲线方程。

解答：根据已知条件得：$\begin{cases}\dfrac{110-100}{100}=\dfrac{a}{4\%}+b\\ \dfrac{115.5-110}{110}=\dfrac{a}{6.67\%}+b\end{cases}$

化简得：$\begin{cases}0.1=25a+b\\ 0.05=15a+b\end{cases}$

解得：$\begin{cases}a=0.005\\ b=-0.025\end{cases}$

该国的菲利普斯曲线方程为：

$$\frac{\Delta W}{W}=\frac{0.005}{u}-0.025$$

15. 货币数量论是如何解释通货膨胀的?

解答：货币数量论在解释通货膨胀方面的基本思想是，每一次通货膨胀背后都有货币供给的迅速增长。这一理论的出发点是交易方程：

$$MV=Py$$

式中，M 为货币供给量；V 为货币流通速度，它被定义为名义收入与货币量之比，即一定时期（如一年）平均一单位货币用于购买最终产品（产品与劳务）的次数；P 为价格水平；y 为实际收入水平。由于经济中对产品与劳务支出的货币额即为产品与劳务的总销售价值，因而方程的两边相等。

对 $MV=Py$ 取自然对数，再求关于时间 t 的微分，化简得：

$$\hat{p}=\hat{m}+\hat{v}-\hat{y}$$

式中，$\hat{p}$ 为通货膨胀率；$\hat{m}$ 为货币增长率；$\hat{y}$ 为产量增长率；$\hat{v}$ 为货币流通速度变化率。

根据方程 $\hat{p}=\hat{m}+\hat{v}-\hat{y}$，通货膨胀来源于三个方面，即货币流通速度、货币增长和产量增长。进一步地，假定货币流通速度不变，上式表明，通货膨胀率等于货币增长率减去产量增长率。同时，在长期内，实际产量的增长率是固定不变的。因此，上述方程意味着，在长期内，货币增长率的变化一对一地导致通货膨胀率的变化。

第二部分　精编习题

一、名词解释

1. 失业率
2. 自愿失业
3. 非自愿失业
4. 摩擦性失业
5. 结构性失业
6. 周期性失业
7. 自然失业率
8. 通货膨胀
9. 通货膨胀率
10. 通货膨胀税
11. 奥肯定律
12. 温和的通货膨胀
13. 奔腾的通货膨胀
14. 超级通货膨胀
15. 平衡的通货膨胀
16. 非平衡的通货膨胀
17. 未预期到的通货膨胀
18. 预期到的通货膨胀
19. 需求拉动的通货膨胀
20. 成本推动的通货膨胀
21. 结构性通货膨胀
22. 菲利普斯曲线
23. 长期菲利普斯曲线
24. 菜单成本
25. 鞋底成本
26. 牺牲率
27. 痛苦指数
28. 指数化政策
29. 自然失业

二、单项选择题

1. 失业率是指（　　）。

A. 失业人口与全部人口之比

B. 失业人口与全部就业人口之比

C. 失业人口与全部成年人口之比

D. 失业人口占就业人口与失业人口之和的百分比

2. 某人正在等待着某项工作，这种情况可归类于（　　）。

A. 就业　　B. 失业　　C. 非劳动力　　D. 就业不足

3. 周期性失业是指（　　）。

A. 经济中由于正常的劳动力流动而引起的失业

B. 由于总需求不足而引起的短期失业
C. 由于经济中一些难以克服的原因而引起的失业
D. 由于经济中一些制度上的原因而引起的失业
4. 由于经济衰退而形成的失业属于（　　）。
A. 摩擦性失业　　B. 结构性失业　　C. 周期性失业　　D. 自然失业
5. 下列人员中，不属于失业人员的是（　　）。
A. 调动工作的间歇在家休养者
B. 在校硕士研究生
C. 季节工
D. 对薪水不满意而待业在家的大学毕业生
6. 以下关于自然失业率的说法哪种是错误的?（　　）
A. 是经济社会在正常情况下的失业率
B. 等于 0
C. 大于 0
D. 是劳动市场处于供求稳定状态时的失业率
7. 某工人不愿意接受现行工资水平而形成的失业属于下列哪一类型?（　　）
A. 摩擦性失业　　B. 结构性失业　　C. 自愿失业　　D. 周期性失业
8. 一个经济体系中的失业是指（　　）。
A. 有工作能力的人没有工作
B. 实际工资超过劳动的边际产量
C. 自然失业率大于 10%
D. 达到就业年龄、具备工作能力的人正在寻找工作

9. 假设一国劳动市场初始的离职率为 0.01，失业人口就业率为 0.19，2017 年该国政府推出再就业项目，将失业人员的就业率提高到 0.24，请问，该政策对该国劳动市场的自然失业率会产生怎样的影响?（　　）

A. 自然失业率将保持不变　　B. 自然失业率将提高
C. 就业率将下降　　D. 自然失业率将下降
10. 工人所要求的实际工资超过了其边际生产率所造成的失业属于（　　）。
A. 摩擦性失业　　B. 结构性失业　　C. 自愿失业　　D. 技术性失业
11. 由经济中难以克服的客观原因引起的失业是（　　）。
A. 周期性失业　　B. 结构性失业　　C. 摩擦性失业　　D. 自然失业
12. 奥肯定律说明了（　　）。
A. 失业率和实际国民生产总值之间呈负相关关系
B. 失业率和实际国民生产总值之间呈正相关关系
C. 失业率和物价水平之间呈负相关关系
D. 失业率和物价水平之间呈正相关关系
13. 奥肯定律表明了失业率与实际国内生产总值增长率之间的关系是（　　）。
A. 同方向变动　　B. 反方向变动　　C. 不确定　　D. 无关
14. 工人为了寻找理想的工作所造成的失业是（　　）。

A. 季节性失业　　B. 摩擦性失业　　C. 结构性失业　　D. 周期性失业

15. 劳动力的供给和需求不匹配，既有找不到工作的劳动者，又有职位空缺的失业现象称为（　　）。

A. 季节性失业　　B. 摩擦性失业　　C. 结构性失业　　D. 周期性失业

16. 充分就业意味着（　　）。

A. 人人都有工作，没有失业者

B. 消灭了自然失业时的就业状态

C. 消灭了周期性失业时的就业状态

D. 消灭了摩擦性失业时的就业状态

17. 某个国家在充分就业情况下的产出是 5 000 亿美元，而自然失业率是 5%。假定现在的失业率是 8%，那么奥肯系数为 2 时，根据奥肯定律，该国目前的产出为（　　）。

A. 4 500 亿美元　　B. 4 900 亿美元

C. 4 800 亿美元　　D. 4 700 亿美元

18. 设原先的物价指数为 100，6 个月后物价指数为 102，则通货膨胀率为（　　）。

A. 2%　　B. 4%　　C. 5%　　D. 12%

19. 需求拉动的通货膨胀（　　）。

A. 通常用于描述某种供给因素所引起的价格波动

B. 通常用于描述某种总需求的增长所引起的价格波动

C. 表示经济制度已调整过的预期通货膨胀率

D. 以上均不是

20. 已知充分就业的国民收入是 10 000 亿美元，实际国民收入是 9 800 亿美元，边际消费倾向是 80%，在增加 100 亿美元的投资以后，经济将发生（　　）。

A. 需求拉动的通货膨胀　　B. 成本推动的通货膨胀

C. 结构性通货膨胀　　D. 需求不足的失业

21. 通货膨胀是（　　）。

A. 一般物价水平普遍、持续的上涨

B. 货币发行量超过流通中的黄金量

C. 货币发行量超过流通中的商品的价值量

D. 以上都不是

22. 以下可以称为温和的通货膨胀的情况是（　　）。

A. 通货膨胀率在 10%以上，并且有加剧的趋势

B. 通货膨胀率以每年 10%的速度匀速增长

C. 在数年之内，通货膨胀率一直保持在 2%～3%的水平

D. 通货膨胀率每年在 50%以上

23. 经济中存在着通货膨胀的压力，由于政府实施了严格的价格管制而使物价没有上升，此时（　　）。

A. 不存在通货膨胀　　B. 存在着温和的通货膨胀

C. 存在着超级通货膨胀　　D. 存在着隐蔽的通货膨胀

24. 下列表述中，正确的是（　　）。

A. 非平衡的通货膨胀对经济的影响很小
B. 在通货膨胀不可预期的情况下，通货膨胀对经济影响很小
C. 在通货膨胀不能预期的情况下，通货膨胀一般有利于雇主而不利于工人
D. 隐蔽的通货膨胀对经济没有影响
25. 由于工资提高而引起的通货膨胀是（　　）。
A. 需求拉动的通货膨胀
B. 成本推动的通货膨胀
C. 需求拉动和成本推动的通货膨胀
D. 结构性通货膨胀
26. 在下列通货膨胀的原因中，最可能引起成本推动的通货膨胀的是（　　）。
A. 银行贷款的扩张　　B. 预算赤字
C. 进口商品价格的上涨　　D. 政府购买大增
27. 成本推动的通货膨胀（　　）。
A. 通常用于描述某种由供给因素引起的价格波动
B. 通常用于描述某种由总需求的增长引起的价格波动
C. 表示经济制度已调整过的预期通货膨胀率
D. 以上都不是
28. 工会垄断力量要求提高工资，导致雇主提高商品售价，最终引发整个社会物价水平的上涨，这就是（　　）。
A. 需求拉动的通货膨胀　　B. 成本推动的通货膨胀
C. 结构性通货膨胀　　D. 利润推动的通货膨胀
29. 奔腾的通货膨胀，其通货膨胀率为（　　）。
A. 10%以内　　B. 10%以上和 100%以内
C. 100%以上　　D. 1 000%以上
30. 今年的物价指数为 144，去年的物价指数为 120，通货膨胀率为（　　）。
A. 10%　　B. 20%　　C. 24%　　D. 264%
31. 需求拉动的通货膨胀产生的原因是（　　）。
A. 原材料价格的过度上升　　B. 消费的过度增长
C. 工资的过度增长　　D. 利润的过度增加
32. 结构性通货膨胀是指（　　）。
A. 不同部门或产业不同的劳动生产率所引起的价格上涨
B. 由过多的政府支出引起的价格上涨
C. 由超额的总需求引起的价格上涨
D. 由商品价格上涨而不是实际交易量的增加引起的销售额的增加
33. 未预期到的通货膨胀会使财富发生如下转移（　　）。
A. 从年轻一代到上一代　　B. 从穷人到富人
C. 从债权人到债务人　　D. 以上都不对
34. “滞胀”是指（　　）。
A. 产出和一般物价水平的同时上涨

B. 产出和一般物价水平的同时下降

C. 一般物价水平上升，同时实际产出和就业下降

D. 一般物价水平下降，同时实际产出和就业增加

35. 通货膨胀会使得下列哪个群体受益？（　　）

A. 债权人　　B. 债务人　　C. 工资收入者　　D. 退休人员

36. 通货膨胀的收入分配效应指（　　）。

A. 社会财富随着物价变动发生相对转移

B. 收入普遍上升

C. 收入普遍下降

D. 债权人收入上升

37. 萨缪尔森基于 1900—1960 年美国的数据得出的菲利普斯曲线揭示了失业率与通货膨胀率之间的替换关系，并且给出了社会可接受的程度范围。当失业率高于 4%即高于社会可接受的程度时，政府应采取（　　）宏观经济政策。

A. 紧缩性　　B. 扩张性　　C. 不干预　　D. 三者都不是

38. 抑制需求拉动的通货膨胀，可选择的方案是（　　）。

A. 控制货币供应量　　B. 降低工资

C. 制止企业垄断行为　　D. 减税

39. 关于治理通货膨胀的对策，不可以采取（　　）。

A. 冻结工资水平　　B. 增税

C. 降低法定准备率　　D. 增加产品有效供给

40. 若发生通货膨胀，则总产出（　　）。

A. 增加　　B. 减少　　C. 不变　　D. 不确定

41. 以下哪种现象不伴随通货紧缩发生？（　　）

A. 有效需求不足　　B. 经济衰退　　C. 失业率下降　　D. 物价下跌

42. 经济相对萎缩时期物价总水平在较长时间内持续下降、货币不断升值的经济现象是（　　）。

A. 通货膨胀　　B. 经济衰退　　C. 通货紧缩　　D. 经济繁荣

43. 短期菲利普斯曲线说明（　　）。

A. 通货膨胀导致失业

B. 通货膨胀是由行业工会引起的

C. 通货膨胀率与失业率之间负相关

D. 通货膨胀率与失业率之间正相关

44. 长期菲利普斯曲线说明（　　）。

A. 政府需求管理政策无效　　B. 政府需求管理政策有效

C. 经济主体存在货币幻觉　　D. 自然失业率可以变动

45. 按照（　　）的观点，通货膨胀率和失业率之间的替换关系是不存在的。

A. 菲利普斯　　B. 货币主义　　C. 供给学派　　D. 理性预期学派

46. 通货膨胀率怎样才能迅速下降？（　　）

A. 一次严重但短暂的经济衰退　　B. 一次轻微而短暂的经济衰退

C. 一次大的经济复苏　　D. 以上都不对

47. 菲利普斯曲线是一条描述（　　）。

A. 失业与就业之间关系的曲线

B. 工资与就业之间关系的曲线

C. 工资与利润之间关系的曲线

D. 失业率与通货膨胀率之间替换关系的曲线

48. 一般来说，常规菲利普斯曲线是一条（　　）。

A. 向右上方倾斜的曲线　　B. 向右下方倾斜的曲线

C. 水平线　　D. 垂线

49. 常规菲利普斯曲线的基本含义是（　　）。

A. 失业率和通货膨胀率同时上升　　B. 失业率和通货膨胀率同时下降

C. 失业率上升，通货膨胀率下降　　D. 失业率与通货膨胀率无关

50. 根据新古典综合派菲利普斯曲线，降低通货膨胀率的办法是（　　）。

A. 减少货币供给量　　B. 降低失业率

C. 提高失业率　　D. 增加工资

51. 关于菲利普斯曲线的形状，货币主义认为（　　）。

A. 向右下方倾斜

B. 是一条水平线

C. 是一条垂直线

D. 短期内向下倾斜，长期内为一条垂直线

52. 根据菲利普斯的研究，在英国，失业率下降，则工资增长率（　　）。

A. 提高　　B. 下降　　C. 不变　　D. 不确定

三、多项选择题

1. 下列属于自然失业的有（　　）。

A. 结构性失业　　B. 季节性失业

C. 摩擦性失业　　D. 周期性失业

2. 按失业产生的原因，我们可将失业分为（　　）。

A. 摩擦性失业　　B. 结构性失业

C. 周期性失业　　D. 季节性失业

3. 失业对经济的影响主要反映为（　　）。

A. 浪费劳动力资源　　B. 减少国内生产总值

C. 影响社会安定团结　　D. 影响社会福利

4. 主要用于应付需求拉动的通货膨胀的方法是（　　）。

A. 人力政策　　B. 收入政策　　C. 财政政策　　D. 货币政策

5. 抑制通货膨胀的政策有（　　）。

A. 控制工资与物价　　B. 道德劝说

C. 改变预期　　D. 收入再分配

6. 通货膨胀的成因有（　　）。

A. 需求拉动　　B. 成本推动　　C. 供求混合推动　　D. 结构性原因

7. 通货膨胀的经济效应包括（　　）。

A. 再分配效应　　B. 产出效应　　C. 替代效应　　D. 收入效应

8. 成本推动的通货膨胀的起因有（　　）。

A. 天灾导致农业歉收　　B. 行业工会加薪要求

C. 油价上涨　　D. 部分商品垄断高价

9. 下列因素中，可能造成需求拉动的通货膨胀的有（　　）。

A. 过度扩张性的财政政策　　B. 过度扩张性的货币政策

C. 消费习惯的突然改变　　D. 农业的歉收

10. 按照价格上涨幅度加以区分，通货膨胀包括（　　）。

A. 温和的通货膨胀　　B. 奔腾的通货膨胀

C. 预期到的通货膨胀　　D. 超级通货膨胀

11. 通货膨胀按照对不同商品的价格影响的大小，可以分为（　　）。

A. 平衡的通货膨胀　　B. 非平衡的通货膨胀

C. 预期到的通货膨胀　　D. 未预期到的通货膨胀

12. 属于预期到的通货膨胀的成本是（　　）。

A. 菜单成本　　B. 鞋底成本

C. 税收扭曲　　D. 相对价格变动导致的资源配置不当

13. 在以下情况中，哪些不是通货膨胀？（　　）

A. 物价总水平上升持续一个星期后又下降了

B. 物价总水平上升而且持续一年

C. 一种物品或几种物品的价格水平上升且持续了一年

D. 物价总水平下降而且持续了一年

14. 下列引起通货膨胀的原因中，哪些可能是引起成本推动的通货膨胀的原因？（　　）

A. 银行贷款的扩张　　B. 工资上涨

C. 世界性商品价格上涨　　D. 投资率下降

15. 常规菲利普斯曲线表明（　　）。

A. 失业率与通货膨胀率之间存在负相关关系

B. 失业率越高，通货膨胀率越高

C. 失业率与通货膨胀率无关

D. 失业率越高，通货膨胀率越低

16. 常规菲利普斯曲线的特征有（　　）。

A. 菲利普斯曲线斜率为负

B. 菲利普斯曲线是一条直线

C. 菲利普斯曲线与横轴相交的失业率为正值

D. 菲利普斯曲线一般不是一条直线

17. 最初的菲利普斯曲线是用来表示（　　）二者之间替换关系的曲线。

A. 货币工资增长率　　B. 通货膨胀率

C. 失业率　　　　D. 经济周期

四、判断题

1. 失业率是指没有工作又正在寻找工作的人在总人口中所占的比例。（　）

2. 自然失业率是指经济社会在正常情况下的失业率，它是劳动市场处于供求稳定状态时的失业率，这里的稳定被认为是既不会造成通货膨胀也不会导致通货紧缩的状态。（　）

3. 奥肯定律的内容是，失业率每高于自然失业率 2 个百分点，实际 GDP 将低于潜在 GDP 1 个百分点。（　）

4. 摩擦性失业是指劳动力的供给与需求不匹配所造成的失业，其特点是既有失业，又有职位空缺。（　）

5. 在一个国家里，自然失业率是一个固定不变的数。（　）

6. 只要存在失业工人，就不可能有工作空位。（　）

7. “通货膨胀随时随地都是一种货币现象”是凯恩斯学派的观点。（　）

8. 在任何经济中，只要存在通货膨胀压力，就会表现为物价水平的上升。（　）

9. 如果通货膨胀率相当稳定，而且人们可以完全预期，那么通货膨胀对经济的影响就很小。（　）

10. 需求拉动的通货膨胀理论认为价格上涨的原因是不断追逐利润的垄断厂商们对价格拥有决定权。（　）

11. 当经济发生通货膨胀时，大家均受其害。（　）

12. 当发生通货膨胀时，退休金领取者、借款人和工资领取者是仅有的受害人。（　）

13. 结构性通货膨胀理论认为在没有需求拉动和成本推动的情况下，只是由于经济结构因素的变动，也会出现一般价格水平的持续上涨。（　）

14. 在通货膨胀时期，企业进行商业活动，要负担相对更多的税。（　）

15. 需求拉动的通货膨胀和成本推动的通货膨胀都会造成货币工资和物价的上涨、经济增长。（　）

16. 高价格就是高通货膨胀。（　）

17. 成本推动的通货膨胀是指在没有超额需求的情况下由于供给方面成本的提高而引起的一般价格水平持续和显著的上涨。（　）

18. 通货膨胀似乎有一种惯性，产生这种现象的原因在于，如果经济中大多数人都预期到同样的通货膨胀率，那么这种通货膨胀预期就会变成经济运行的现实。（　）

19. 无论通货膨胀的原因如何，只要通货膨胀开始，需求拉动和成本推动过程几乎都发挥着作用，即使导致通货膨胀的初始原因消失了，通货膨胀也可以自行持续下去。（　）

20. 通货膨胀可以从不同角度进行分类，既可按照价格上升的速度进行分类，又可按照对价格影响的差别进行分类，还可按照人们的预料程度进行分类。（　）

21. 通货膨胀的成本包括预期到的成本和未预期到的成本。（　）

22. 平衡的通货膨胀即每种商品的价格都按相同比例上升。非平衡的通货膨胀即各种商品价格上升的比例并不完全相同。 （ ）

23. 对通货膨胀的预期会加剧实际的通货膨胀。 （ ）

24. 在通货膨胀不能预期的情况下，通货膨胀将影响收入分配及经济活动。 （ ）

25. 无论是根据消费价格指数，还是根据生产者价格指数、国内生产总值折算指数所计算出来的通货膨胀率都应完全一致。 （ ）

26. 菲利普斯曲线表明，当失业率较低时，货币工资增长率也较低；反之，当失业率较高时，货币工资增长率也较高。 （ ）

27. 菲利普斯曲线的左移使得一个社会能够通过货币政策和财政政策的运用为改进在通货膨胀率和失业率之间进行的相机抉择提供更大的决策空间。 （ ）

28. 在以失业率为横坐标、通货膨胀率为纵坐标的坐标系中，长期菲利普斯曲线是一条位于自然失业率水平上的垂直线。 （ ）

29. 货币学派认为，长期看来，通货膨胀率和失业率之间存在替换关系，政府可以通过货币政策降低失业率。 （ ）

30. 弗里德曼认为，从长期看，通货膨胀率和失业率之间不存在一种替换关系。 （ ）

31. 菲利普斯曲线最初反映的是失业率与通货膨胀率之间的关系。现代的菲利普斯曲线主要反映的是失业率与工资上涨率之间的关系。 （ ）

五、问答题

1. 自然失业与有效需求不足型失业的区别是什么？

2. 失业可以分为多少种类？

3. 试说明失业对社会的影响，并联系我国实际情况阐述相应的反失业政策。

4. 经济中达到一般均衡是否意味着充分就业？为什么追求高就业目标会导致通货膨胀？

5. 通货膨胀有哪几种类型？

6. 如何运用需求管理理论解决通货膨胀问题？

7. 如何运用供给管理理论解决通货膨胀问题？

8. 为什么发生超级通货膨胀时，人们宁愿坐出租车而不愿坐公交车？

9. 在一国发生严重通货紧缩的情况下，该国居民的边际消费倾向的变动特征如何？为什么？

10. 通货膨胀对名义利率和实际利率有何影响？

11. 写出价格调整方程，并指出其政策含义。

12. 试分析通货紧缩对经济的影响。

六、计算题

若 1950 年价格水平为 54，1960 年为 69，1970 年为 92，1980 年为 178，试问 20 世纪

50年代、60年代和70年代的通货膨胀率各为多少？

第三部分　精编习题详解

一、名词解释

1. 失业率：指劳动力中没有工作而又在寻找工作的人所占的比例，失业率的波动反映了就业的波动情况。

2. 自愿失业：指工人不愿意接受现行工资水平而形成的失业。

3. 非自愿失业：指愿意接受现行工资但仍找不到工作的失业。

4. 摩擦性失业：指在生产过程中由于难以避免的转业等原因而造成的短期、局部性失业。

5. 结构性失业：指劳动力的供给和需求不匹配所造成的失业，其特点是既有失业，又有职位空缺，失业者或者没有合适的技能，或者居住地点不当，因此无法填补现有的职位。

6. 周期性失业：指当经济处于经济周期中的衰退或萧条时期时，因需求下降而造成的失业，这种失业是由整个经济的支出和产出下降造成的。

7. 自然失业率：指经济社会在正常情况下的失业率，它是劳动市场处于供求稳定状态时的失业率，这里的稳定状态被认为是既不会造成通货膨胀也不会导致通货紧缩的状态。

8. 通货膨胀：指一般物价水平普遍而持续的上升。当一个经济中的大多数产品和劳务的价格连续在一段时间内普遍上涨时，宏观经济学就称这个经济经历着通货膨胀。

9. 通货膨胀率：指从一个时期到另一个时期价格水平变动的百分比。

10. 通货膨胀税：指在经济出现通货膨胀时，受通货膨胀的影响，家庭和企业的交易额和名义货币收入增加，导致纳税人缴纳更多的比例税，或者应纳税所得自动地被划入较高的所得级别，形成档次爬升，从而按较高的适用税率纳税。这种由通货膨胀引起的隐蔽性的增税，被称为通货膨胀税。

11. 奥肯定律：失业率每高于自然失业率1个百分点，实际GDP将低于潜在GDP 2个百分点，反映经济增长与失业率呈反方向变动的关系。

12. 温和的通货膨胀：指每年物价水平上升的比例在10%以内。

13. 奔腾的通货膨胀：指年通货膨胀率在10%～100%之间。

14. 超级通货膨胀：指年通货膨胀率在100%以上。这种通货膨胀使经济处于失控状态，往往发生在战乱或大的政治动荡之后。

15. 平衡的通货膨胀：指每种商品的价格都按相同比例上升。

16. 非平衡的通货膨胀：指各种商品价格上升的比例并不完全相同。

17. 未预期到的通货膨胀：指价格上升的速度超出人们的预料，或者人们根本没有想到价格会上涨。

18. 预期到的通货膨胀：指物价有规律的变动，又被称为惯性的通货膨胀。

19. 需求拉动的通货膨胀：又称超额需求通货膨胀，是指总需求超过总供给所引起的一般价格水平的持续显著的上涨。

20. 成本推动的通货膨胀：又称成本通货膨胀或供给通货膨胀，是指在没有超额需求的情况下由于供给方面成本的提高而引起的一般价格水平持续和显著的上涨。

21. 结构性通货膨胀：指在没有需求拉动和成本推动的情况下，只是由于经济结构因素的变动而出现的一般价格水平的持续上涨。

22. 菲利普斯曲线：表示失业率和通货膨胀率之间反向替换关系的曲线。

23. 长期菲利普斯曲线：理性预期学派认为，在长期中，工人将根据实际发生的情况不断调整自己的预期，从长期来看预期的通货膨胀率与实际通货膨胀率迟早会一致，经济社会的失业率将处在自然失业率水平，失业率与通货膨胀率之间不存在替换关系。长期菲利普斯曲线是一条处于自然失业率水平的垂直线。

24. 菜单成本：调整价格的成本被称为菜单成本。菜单成本包括决定新价格的成本、印刷新清单和目录的成本、把这些新价格表和目录送给中间商和顾客的成本、为新价格做广告的成本，甚至包括处理顾客对价格变动的恼怒的成本。

25. 鞋底成本：当通货膨胀率持续上升时，为了使财富保值增值，你要多次往返各金融机构，经常地去金融机构会使你的鞋底磨损得更快。当然，不能只从字面上理解这个术语。鞋底成本主要指往返金融机构的路上所花的时间和汽油钱，以及由此必须牺牲的时间与便利等。

26. 牺牲率：指使通货膨胀率降低一个百分点而必须放弃的一年实际 GDP 的百分比。

27. 痛苦指数：等于失业率加通货膨胀率。

28. 指数化政策：指把工资和薪金、储蓄和债券的本金与利息、租金、养老金、保险金以及各种社会福利津贴等名义变量同价格指数紧密联系起来，使各种名义变量能按照价格指数的变动而随时得到调整，以抵消物价波动对各种实际收入和市场主体造成的影响的政策。

29. 自然失业：由经济中难以克服的客观原因引起的失业，包括摩擦性失业、结构性失业、季节性失业、古典失业等。

二、单项选择题

1. D　2. B　3. B　4. C　5. B　6. B　7. C　8. D　9. D
10. C　11. D　12. A　13. B　14. B　15. C　16. C　17. D　18. A
19. B　20. A　21. A　22. C　23. D　24. C　25. B　26. C　27. A
28. B　29. B　30. B　31. B　32. A　33. C　34. C　35. B　36. A
37. B　38. A　39. C　40. D　41. C　42. C　43. C　44. A　45. D
46. A　47. D　48. B　49. C　50. C　51. D　52. A

三、多项选择题

1. ABC　2. ABCD　3. ABCD　4. CD　5. ABC　6. ABCD　7. AB　8. ABCD

9. ABC 10. ABD 11. AB 12. ABCD 13. ACD 14. BC 15. AD 16. ACD 17. AC

四、判断题

1. ×	2. √	3. ×	4. ×	5. ×	6. ×	7. ×	8. ×
9. √	10. ×	11. ×	12. ×	13. √	14. √	15. ×	16. ×
17. √	18. √	19. √	20. √	21. √	22. √	23. √	24. √
25. ×	26. ×	27. √	28. √	29. ×	30. √	31. ×	

判断题详解

1. (×),失业率是劳动力人口中没有工作而又在寻找工作的人所占的比例。

2. (√)。

3. (×),奥肯定律的内容是,失业率每高于自然失业率 1 个百分点,实际 GDP 将低于潜在 GDP 2 个百分点。

4. (×),结构性失业是指劳动力的供给与需求不匹配所造成的失业,其特点是既有失业,又有职位空缺。摩擦性失业是指在生产过程中由于难以避免的摩擦而造成的短期、局部性失业。

5. (×),自然失业率是指经济社会在正常情况下的失业率,它是劳动市场处于供求稳定状态时的失业率,这里的稳定状态被认为是既不会造成通货膨胀也不会导致通货紧缩的状态。自然失业率不是一个固定不变的值。

6. (×),当经济中出现结构性失业时,就会出现既有职位空缺又有失业的情况。

7. (×),此论述是货币主义学派的观点。

8. (×),在计划经济中,如果存在通货膨胀的压力,可能表现为物资的短缺,但物价由政府控制,不可以随意上涨。

9. (√),如果通货膨胀率可以完全预期,那么通货膨胀对经济的影响就很小。

10. (×),需求拉动的通货膨胀是指总需求超过总供给所引起的一般价格水平的持续显著的上涨。而不断追逐利润的垄断厂商们对价格拥有决定权,按照成本加利润方式进行定价可能会导致成本推动的通货膨胀。

11. (×),由于通货膨胀的再分配效应,经济发生通货膨胀对靠固定的货币收入维持生活的人不利,但对靠变动收入维持生活的人影响较小;通货膨胀对储蓄者不利,对债权人不利,但对债务人有利。

12. (×),当发生通货膨胀时,对靠固定的货币收入维持生活的人、储蓄者、债权人、工薪阶层和退休人员等都不利。

13. (√),结构性通货膨胀理论把通货膨胀的起因归结为经济结构本身所具有的特点。

14. (√),一般来说政府所得税是累进的,所以在通货膨胀期间,人们的税负会增加。

15. (×),需求拉动的通货膨胀可能导致货币工资和物价的上涨、经济增长,但成本推动的通货膨胀可能导致货币工资和物价的上涨、经济衰退。

16. （×），通货膨胀是指物价水平普遍而持续的上升，它衡量的是物价水平的增长率，而不是物价水平本身。

17. （√）。

18. （√），在大多数情况下通货膨胀似乎有一种惯性，如果经济有了 8%的通货膨胀率，那么这 8%的通货膨胀率会有不断持续下去的趋势，这种情况被称为通货膨胀螺旋。

19. （√），由于预期的作用，无论通货膨胀的原因如何，只要通货膨胀开始，需求拉动和成本推动过程几乎都发挥着作用，即使导致通货膨胀的初始原因消失了，通货膨胀也可以自行持续下去。

20. （√），通货膨胀可以按多种方式来分类。按照价格上升的速度可以分为温和的通货膨胀、奔腾的通货膨胀和超级通货膨胀，按照人们的预料程度可以分为预期到的和未预期到的通货膨胀，按照对价格影响的差别可以分为平衡的和非平衡的通货膨胀。

21. （√）。

22. （√），这是按照通货膨胀对价格影响的差别来进行分类的，可以分为平衡的和非平衡的通货膨胀。

23. （√），如果通货膨胀可预期，工人会要求按照物价的上涨速度提高其货币工资率，消费者将取款抢购货物，生产者将提高相对价格以跟上预期的价格上涨。这样做的结果是将加剧实际通货膨胀。

24. （√），根据通货膨胀的再分配效应，在通货膨胀不能预期的情况下，通货膨胀会影响到收入分配和社会经济活动。

25. （×），不同的价格指数所衡量的价格对象不同，计算出来的结果也会有所不同。

26. （×），菲利普斯曲线表明，当失业率较低时，货币工资增长率较高；反之，当失业率较高时，货币工资增长率较低。

27. （√），向右下方倾斜的短期菲利普斯曲线的政策含义就是，在短期中引起通货膨胀率上升的扩张性财政与货币政策可以起到减少失业的作用。短期菲利普斯曲线左移说明通货膨胀率和失业率都已经下降，有利于政府进行相机抉择。

28. （√），垂直于自然失业率水平的长期菲利普斯曲线表明，在长期中，不存在失业率和通货膨胀率的替换关系。

29. （×），货币学派的观点是，在长期，通货膨胀率和失业率之间不存在替换关系。货币政策不能降低失业率，只影响价格。

30. （√），弗里德曼认为，长期菲利普斯曲线是一条垂直线，表明失业率与通货膨胀率之间不存在替换关系。而且，在长期中，经济社会能够实现充分就业，经济社会的失业率将处在自然失业率的水平。

31. （×），菲利普斯曲线最初反映的是失业率与工资上涨率之间的关系。现代的菲利普斯曲线主要反映的是失业率与通货膨胀率之间的关系。

五、问答题

1. **解答：**（1）含义不同：自然失业是指由于经济中某些难以避免的原因而引起的失

业，这种失业是必然存在的。自然失业可以分为以下几种：摩擦性失业、结构性失业、季节性失业和古典失业（由于工资刚性，工资只上升不下降所造成的失业）。

有效需求不足型失业也叫周期性失业，是因为总需求不足一般都出现在经济的萧条时期，是周期性出现的。凯恩斯认为这种失业是非自愿的。根据凯恩斯的分析，就业水平取决于国民收入水平，而国民收入又取决于总需求。

（2）成因不同：自然失业是由于经济中某些难以避免的客观原因而引起的失业。紧缩性缺口被用来说明有效需求不足型失业。紧缩性缺口是指实际总需求小于充分就业的总需求的差额。凯恩斯认为失业的原因是总需求不足，即有效需求不足，总需求与总供给均衡时决定的均衡国民收入小于充分就业时的均衡国民收入。而需求不足则是源于三大心理规律的作用：边际消费倾向递减规律导致消费不足；资本边际效率递减规律造成投资需求不足；流动性偏好规律使利率的下降有一个最低限度，无法拉开利润率与利率之间的差距以便刺激投资。

（3）失业人口＝自然失业＋有效需求不足型失业。消灭了有效需求不足型失业（周期性失业），则失业人口基本都为自然失业。有人认为，消灭了周期性失业，仅存在自然失业的状态为充分就业状态。

（4）对策不同：自然失业基本很难消失，一般不用干预。有效需求不足型失业可以通过政府扩张的需求管理政策解决。

2. **解答：** 失业是指有劳动能力的人找不到工作的状态。失业者指一定年龄范围内、有工作能力、愿意工作而没有工作并积极寻找工作的人。由此可见，失业必须具备三个条件：有劳动能力、有就业愿望、正在寻找工作的人。失业可以分三大对照组：周期性失业与自然失业；自愿失业与非自愿失业；公开失业与非公开失业。

（1）周期性失业与自然失业。

周期性失业是指当经济处于经济周期中的衰退或萧条时期时，因需求下降而造成的失业，这种失业是由整个经济的支出和产出下降造成的。

自然失业指由经济中难以克服的客观原因引起的失业，包括摩擦性失业、结构性失业、季节性失业、古典失业。摩擦性失业是指在生产过程中由于难以避免的转业等原因而造成的短期、局部性失业。结构性失业是指劳动力的供给和需求不匹配所造成的失业，其特点是既有失业，又有职位空缺，失业者或者没有合适的技能，或者居住地点不当，因此无法填补现有的职位空缺。季节性失业是指某些行业如农业、建筑业、旅游业等的经营活动因季节的变动所引起的失业。古典失业是指由工资刚性引起的失业。

（2）自愿失业与非自愿失业。

自愿失业是指工人不愿接受现行工资水平而形成的失业。非自愿失业是指愿意接受现行工资水平但仍找不到工作的失业。

（3）公开失业与非公开失业。

公开失业被定义为零工时、零收入。

对于非公开失业，克里希纳（R. Krishna）提出了四种计量标准：在时间标准上，劳动者在一年中劳动的天数或时数低于充分就业的天数或时数；在收入标准上，劳动者在一年中获得的收入低于某种必要的最低额；在意愿标准上，劳动者目前工作的时间小于他愿意工作的时间；在生产率标准上，劳动者从目前就业中撤出来而不减少产出，即 $MP_L=$

0。总之，如果符合这四种标准中的任何一种，这个劳动者就可以被视为处于非公开失业状态。

另外有人提出，有些人因无工可做而选择非就业的活动的隐蔽性失业和提前退休也属于非公开失业状态。

3. **解答**：失业造成的影响主要包括社会影响和经济影响。

（1）失业的社会影响主要表现在以下几个方面：①失业威胁着作为社会单位和经济单位的家庭的稳定。失业意味着没有收入或者收入遭受损失，家庭的生活质量将大大下降。②失业造成的生存压力常常导致犯罪率上升，对公共安全和社会稳定造成危害。③失业者的自尊和自信受到严重打击，导致个人社会关系恶化。失业常常与吸毒、高离婚率联系在一起。④失业加大了贫富差距，社会两极分化严重。⑤失业造成了严重的人力资本流失。⑥失业的经济影响主要是机会成本概念上的，是指失业造成的实际产出相对潜在 GDP 的减少，是社会资源没有得到充分利用的表现。根据奥肯定律，实际失业率每高于自然失业率 1 个百分点，实际 GDP 将低于潜在 GDP 2 个百分点。

（2）政府应该对不同的失业种类采取不同的政策。主要包括：

①摩擦性失业。中国的摩擦性失业主要是由劳动市场的不完善造成的，因此要大力完善劳动市场，包括建设规范的就业中介服务机构，及时发布就业供需信息，加强网络就业信息系统的建设等。

②结构性失业。我国的结构性失业主要表现在两个方面：首先，经济快速发展状态下的产业结构调整，一方面使部分衰落的行业存在过度的劳动供给，而另一方面使部分新兴行业劳动力相对短缺。这就要求加强人力资本投资，积极举办职业培训、再就业培训等，帮助公众转变和提高技能。其次，中国地区经济发展的不平衡造成了劳动力地区结构的不平衡。户籍制度、社会保障制度等二元化体系成为阻碍劳动力正常流动的主要障碍。因此要改革我国的户籍制度，解决劳动者流动引发的居住、受教育等一系列相关问题；同时要完善我国的社会保障制度。最后，要完善劳动市场，加强信息平台建设，实现供求平衡。

③周期性失业。政府要通过需求管理使经济尽量保持平稳，减少波动。当有效需求不足时，政府应通过削减税收、降低税率、增加支出或多管齐下来刺激需求。

④对于个别行业由于工资过高而造成的古典失业，要适当降低工资率。

⑤实行城乡共同就业计划。就业场所并不是完全在城市，对于我国来说，发展小城镇和农村经济，使农民就近就业也很重要。

4. **解答**：一般均衡表示各种市场供求均衡的状态，其实现的国民收入不同于收入—支出模型、*IS*—*LM* 模型、*AD*—*AS* 模型计算出的均衡国民收入。经济中达到一般均衡意味着充分就业。充分就业表现为以下几种状态：第一，经济中的一切生产要素都有机会以自己愿意接受的报酬参加生产；第二，这个时候不存在周期性失业，但允许自然失业的存在；第三，经济中劳动的供给与需求达到平衡，劳动市场上的空缺职位等于寻找工作的人数。这三种状态都预示着经济处于充分就业。

短期菲利普斯曲线表明，失业率与通货膨胀率之间存在着此消彼长的替换关系，失业率高，则通货膨胀率低；失业率低，则通货膨胀率高。这意味着，政策制定者可以选择不同的失业率和通货膨胀率的组合。当政府追求高的就业目标，希望实现低失业率时，根据菲利普斯曲线，决策者可以采取扩张性政策，这将导致通货膨胀率提高。

5. **解答**：（1）通货膨胀是指产品和劳务的价格总水平持续明显上涨的过程。其衡量指标有消费价格指数（CPI）、生产者价格指数（PPI）、GDP 折算指数（GDP deflator）。

（2）按照不同的标准，通货膨胀可以分为不同的类型。

①按照通货膨胀的程度划分，通货膨胀可以分为以下三种类型：

a. 温和的通货膨胀。这是指一般物价水平缓慢持续地上升，指每年物价上升的比例在 10%以内。这种通货膨胀程度最轻，一般认为它不会对社会经济生活产生较大的不利影响，人们对未来货币的购买力还有足够的信心，甚至有些人还认为这种缓慢而逐步上升的价格对经济和收入的增长有积极的刺激作用。

b. 奔腾的通货膨胀。这是指每年物价上升的比例为 10%～100%。这时一般物价水平急速上涨，货币流通速度提高而货币购买力下降，由于预期的作用，通货膨胀会越来越严重，会使人们对货币失去信任，给整个社会经济生活带来不良后果。

c. 超级通货膨胀。这是指每年物价上升的比例在 100%以上。它是指一般物价水平失去控制，加速直线上升，其上涨幅度超过 3 位数。该种通货膨胀对整个社会经济所产生的影响是灾难性的，它会导致货币制度瓦解，资源配置恶化，整个国民经济趋于崩溃。

②按照对价格影响的差别划分，通货膨胀可以分为以下两种类型：

a. 平衡的通货膨胀，即每种商品的价格都按相同比例上升。

b. 非平衡的通货膨胀，即每种商品的价格上升比例不完全相同。

③按照通货膨胀是否被预期到划分，通货膨胀可以分为以下两种类型：

a. 预期到的通货膨胀。它是指货币当局有意识地公开宣布货币的增长率，使经济主体据此预测未来的通货膨胀趋势，或各经济主体自行推测未来的通货膨胀趋势，从而相机抉择，保护自身利益免遭通货膨胀的影响。

b. 未预期到的通货膨胀。它是指货币当局采取隐蔽形式增加货币供应，使价格上升速度超出人们的预期，或者人们根本没有想到价格会上升。

④按照市场机制的作用划分，通货膨胀可以分为以下两种类型：

a. 公开型通货膨胀，也称开放型通货膨胀。它是指在市场经济和自由价格制度下一般物价水平公开、持续上涨。物价水平的上升幅度可以较准确地反映供求状况。

b. 隐蔽型通货膨胀，也称抑制型通货膨胀。它是指在计划经济和价格管理下，通货膨胀不表现在价格总水平的上涨上。表面看，物价稳定，货币也稳定，但实际上商品短缺，是隐蔽的物价上涨。

⑤按照通货膨胀的成因划分，通货膨胀可以分为以下四种类型：

a. 需求拉动的通货膨胀。它是指经济运行过程中社会总需求（包括投资需求、消费需求、政府需求）的增长超过了按现行价格可得到的产品和劳务总供给的增长而引起货币贬值，物价总水平上涨。需求拉动的通货膨胀的第一推动力直接来源于货币因素，货币的过量发行导致总需求膨胀，从而引发通货膨胀。

b. 成本推动的通货膨胀。它是指由上游产品成本和工资率的过度上升引起的通货膨胀。应当注意，并不是说任何工资率的上升都会导致通货膨胀。货币工资率的上升会引起通货膨胀是有条件的，这个条件是：只有货币工资率的增长超过边际劳动生产率的增长，通货膨胀才会发生。

c. 结构性通货膨胀。它是指生产结构的变化导致总供求失衡或者导致部分供求关系失衡而引发的通货膨胀。由于结构失衡而引发通货膨胀，其传导机制是价格刚性机制和价格攀比机制。

d. 供求混合型通货膨胀。在现实经济生活中，纯粹定义上的需求拉动的通货膨胀、成本推动的通货膨胀、结构性通货膨胀都不可能持续地进行，最终会演化为复杂的混合型通货膨胀。供求混合型通货膨胀是其主要表现形式。从其运动特征看，有螺旋型和直线型两种。

6. **解答：** 需求管理是指国家运用财政、货币等政策调节社会总需求，使之和总供给相适应，实现充分就业和经济增长目标的政策措施。按照凯恩斯的收入均衡分析和有效需求原理，真正的通货膨胀只有在达到充分就业以后，总需求超过总供给时才能产生。要消除通货膨胀，国家要采取紧缩性政策，压缩总需求。

①紧缩性财政政策。财政政策包括税收和支出两方面，紧缩性财政政策就是增加税收、减少支出的政策。

根据凯恩斯主义的观点，增加税收能够压缩社会总需求。例如，提高个人所得税的税率，可以减少消费需求；提高公司所得税的税率，可以减少投资需求。减少政府支出也能够压缩社会总需求。削减政府的购买，可以压缩政府需求；削减政府的转移支付，一方面减少了政府开支，另一方面也减少了居民的可支配收入，即减少了消费需求。

这些措施都使社会总需求减少，从而会消除通货膨胀缺口，阻止一般物价水平的上涨。实行紧缩性财政政策，财政收入会大于财政支出而出现财政盈余，财政盈余应该冻结起来备用，如果花出去，会扩大总需求，同紧缩性财政政策相矛盾。

②紧缩性货币政策。通货膨胀表现为货币供应量增长过快，货币贬值，一般物价水平上涨。要消除通货膨胀，必须实行紧缩性货币政策，中央银行应采取措施减少银行准备金（或称储备金），从而减少银行货币供应量和提高利率，压缩信贷规模和数量，压低收入水平、投资水平和物价水平。主要有以下三项措施：

第一，公开市场业务。中央银行在公开市场出售债券，购买政府债券的人用商业银行的支票来支付所购买的债券，中央银行根据支票向商业银行提款，这就减少了商业银行的准备金；同时，由于中央银行在公开市场上抛售债券会降低债券价格，实际上就是提高了利率。

第二，提高贴现率。提高贴现率是提高中央银行对商业银行的贷款利率。在中央银行提高贴现率、减少贴现数量时，商业银行的准备金就会减少，同时也会引起商业银行相应地提高贷款利率。

第三，提高法定准备率。中央银行提高法定准备率（或储备率），会使商业银行准备金不足，因而不得不收回部分贷款，被收回的贷款不得不用活期存款来偿付，这就减少了货币供应量。

货币学派认为通货膨胀是一种纯粹的货币现象，要控制通货膨胀、实现经济稳定，最根本的措施就是控制货币供应增长率，使之与经济增长率一致。货币学派提出单一规则的货币政策，即中央银行把货币供应增长率保持在某一水平（如3%～5%的增长速度）上。这时，在市场上价格机制充分发挥作用，由利率、工资率、价格等自动调节来实现经济的稳定发展。

7. **解答**：西方经济学家从 20 世纪 70 年代以来，重视与强调社会总供给对宏观经济的影响，提出了供给管理政策。在一些西方经济学家看来，从长期看，发展生产、增加有效供给也是控制物价上涨和反通货膨胀的对策。供给管理政策包括收入政策、收入指数化政策、人力政策和经济增长政策。

①收入政策，又称工资—物价管制政策，主要内容有：

第一，规定工资和物价增长的标准，即确定一个工资和物价增长的客观标准，并将课税作为手段来实施与推行，对遵守者可有减税奖励，对违犯者要有增税惩罚。

第二，公布工资—物价指导线。政府通过强制的说服或施加压力，使企业和工会自愿限制工资与物价的增长幅度。

第三，实行工资—物价管制。在通货膨胀比较严重时，政府宣布在一定时期对工资和物价实行强制性的冻结。

收入政策的理论基础是微观市场结构理论。这种理论认为，不完全竞争市场的存在使得生产要素市场的工资刚性和产品市场的价格刚性推动着工资与物价交替上升，导致结构性通货膨胀。然而，从西方各国的实际看，收入政策的实施遇到了许多难以克服的困难。

②收入指数化政策。收入指数化的主要内容是：把工资和薪金、储蓄和债券的本金与利息、租金、养老金、保险金以及各种社会福利津贴等名义收入同生活费用指数紧密联系起来，名义收入同消费价格指数直接挂钩，即对各种名义收入实行指数化，使其能按照价格指数的变动而随时得到调整，以抵消物价波动对各种实际收入的影响。

③人力政策。这是 20 世纪 60 年代美国经济学家舒尔茨等提出的，又称就业政策，目的在于改善劳动市场结构，减少失业。

人力政策的主要内容有：增加对国民的教育和技术上的投资，增加教育经费和制定开发人才的战略，建立一套科学的、高效的人才建设的模式和策略，建立相应的人才培养、开发与智力投资的计划和规定。

④经济增长政策。从长远看，决定社会总供给的最重要因素是经济潜力或生产能力。因此，提高和增强经济潜力或生产能力的经济增长政策，就成为供给管理政策的重要组成部分。经济增长政策的主要内容有：

第一，劳动力数量和质量。经济增长中劳动力的增加对经济增长有重大推动作用。增加劳动力数量的途径有提高人口出生率、鼓励与吸引移民等。相对于劳动力数量而言，提高劳动力质量尤为重要，主要办法是增加人力资本的投资。

第二，资本积累。资本不断增加可以提高劳动力的资本装备率，发展资本与技术密集型产业，迅速提高劳动生产率。储蓄是资本积累的主要来源，应通过各种办法和途径鼓励储蓄。

第三，技术进步。在现代经济增长中，技术进步起着越来越大的作用。促进技术进步的政策措施有：国家对全国的科技发展进行规划与协调，对重点科技项目国家直接投资，采取鼓励科技发展的措施，加强科技人才培养等。

第四，计划与平衡增长战略。现代经济商品化、社会化要求协调各产业部门之间的关系。第二次世界大战后，许多发达国家都采取了不同形式的经济计划来协调各产业部门顺利发展、平衡增长。各国都制定了经济增长的短期、中期与长期计划，并通过各种经济政策来实现，这些计划被称为政策性计划。其中我国的中长期计划是比较典型和成功的。

8. **解答：**一般来说，坐公交车比较费时，坐出租车比较省时。当超级通货膨胀发生时，相对价格水平每分每秒都在上升，货币流通速度极大地加快。人们手中的货币像烫手的山芋，必须越快越好地把它使用出去，否则它会很快地贬值。人们坐公共汽车所节省的钱，也许比坐公共汽车所耗费的时间里发生的货币贬值造成的损失要少得多，而坐出租车虽多费钱，但可以抵消货币贬值带来的损失。这样，从机会成本角度考虑，人们就宁愿坐出租车而不愿坐费时的公交车。

9. **解答：**在一国发生严重通货紧缩的情况下，该国居民的边际消费倾向减小，分析如下：

边际消费倾向是指增加的 1 单位收入中用于增加消费部分的比率，用公式表达即为 $MPC=\frac{\Delta C}{\Delta Y}$。随着收入的增加，消费也增加，但增加的幅度越来越小，即边际消费倾向是递减的。

在一国发生严重通货紧缩的情况下，居民的名义货币收入没有变，但实际货币收入因为物价的下跌而升高，所以相当于居民的可支配收入上升了，根据边际消费倾向递减规律，收入的增加会导致边际消费倾向的下降。

10. **解答：**(1) 名义利率是指因贷款所产生的以货币支付来衡量的利率，实际利率是指以产品和劳务来衡量的贷款的报酬或成本。

名义利率＝实际利率＋预期的通货膨胀率。预期的通货膨胀率与名义利率之间存在一种正向关系，它们一起上升，这种关系被称为费雪关系。

费雪认为在经济的长期均衡中实际利率大致维持一个固定的水平，它取决于经济中的一些实物因素，主要是资本生产率。这样，在长期，实际利率近似为一个恒定水平，人们按照实际的通货膨胀率不断调整预期的通货膨胀率，名义利率水平又随着预期通货膨胀率的调整而变化。在短期，国家很可能在制度上不允许银行对银行存款支付高利息，名义利率不能对通货膨胀作出完全调整，这样实际利率水平就不再恒定。

(2) 实际利率＝名义利率－预期的通货膨胀率。有时实际利率可能会非常高，如 1980 年以来美国的情况；实际利率也可能为负值，如一些发生剧烈通货膨胀的国家。

11. **解答：**价格调整方程是一种把短期波动和长期稳定结合起来考虑价格水平如何从某一水平过渡到另一水平的理论模型。价格调整方程由菲利普斯曲线引申出来，用它可考察通货膨胀、通货膨胀压力和价格预期之间的关系，其公式为：

$$\pi_t=f\cdot\frac{Y_{t-1}-Y^*}{Y^*}$$

式中，π_t 为通货膨胀率，$\pi_t=\frac{P_t-P_{t-1}}{P_{t-1}}$，$Y^*$ 为潜在的 GDP 水平，Y_{t-1} 为上年 GDP；f 是常数。把$\frac{Y_{t-1}-Y^*}{Y^*}$定义为上一年的通货膨胀压力，价格调整方程就意味着本年的通货膨胀等于上一年的通货膨胀压力乘上一个常数 f。进一步，当上年总需求决定的实际产出高于潜在 GDP 时，本年价格水平就会上升，通货膨胀率为正；当上年总需求决定的实际产出低于潜在 GDP 时，本年价格水平就会下降，通货膨胀率为负。

把人们对通货膨胀的预期 π_t^e 加入价格调整方程中，可得：

$$\pi_t = \pi_t^e + f \cdot \frac{Y_{t-1} - Y^*}{Y^*}$$

如果通货膨胀率常年稳定，就可将上年的通货膨胀率 π_{t-1} 作为 π_t^e，也就是：

$$\pi_t = \pi_{t-1} + f \cdot \frac{Y_{t-1} - Y^*}{Y^*}$$

该价格调整方程的含义是：（1）只要使上一年总需求决定的实际产出小于潜在 GDP，即让经济出现衰退，就可以降低通货膨胀率。（2）通货膨胀率的大小直接取决于总需求决定的实际 GDP 与潜在 GDP 缺口的大小。（3）如果总需求决定的实际产量一直高于潜在 GDP，则通货膨胀就会无止境地继续下去，且逐年递增，不断加剧。

12. **解答：**（1）通货紧缩是指由于企业债务负担加重、货币供给锐减或银行信贷收缩等而造成投资需求突然下降或泡沫破灭，以及由于居民财富萎缩而造成消费需求突然剧减等，从而使总需求下降，出现供给大于需求，物价持续下降的现象。衡量通货紧缩的指标有：消费价格指数、生产者价格指数、GDP 折算指数。

（2）通货紧缩对经济增长的消极影响。

通货紧缩对社会经济的破坏作用在资本主义经济危机时期得到了充分的暴露。在资本主义经济周期的危机和萧条时期，货币奇缺，商品物资大量过剩，银行、企业连锁倒闭，物价直线下降，失业率持续上升，整个社会经济陷入巨大的灾难之中。因此，通货紧缩对经济增长的威胁作用具体表现在以下几个方面：

①价格总水平持续下降意味着购买力不断提高，消费者会推迟购买，以等待将来更低价格的出现，从而在储蓄增加的同时，个人消费相应减少，使社会总需求受到抑制；另外，由于需求抑制导致商业活动相应萎缩，进而影响就业增长，形成工资下降的压力等，经济会因此陷入通货紧缩的螺旋之中，最终可能导致衰退或萧条。

②通货紧缩使投资项目的吸引力下降，因为持续的物价下降意味着实际利率的上升，使投资成本变得昂贵；并且通货紧缩下社会总供给大于总需求的环境也使投资前景变得黯淡，企业、个人和国家的投资减少必将导致经济增长下降，最终导致衰退。

③通货紧缩还可能引发银行危机。第一，通货紧缩使实际利率上升，从而增加债务人的负担，债务人因经营困难而不能按时还贷，导致银行不良资产比率上升。第二，通货紧缩会降低资产抵押和担保的价值，银行被迫要求客户尽快偿还贷款，这将会导致资产价格的进一步下跌，贷款者的净资产进一步减少，使破产的财富效应趋强。第三，如果预期通货紧缩还将持续，在任何名义利率下，借款者都不会愿意借款，而如果预期资产和商品价格会下降，则银行在任何名义利率下都不会借贷，这两方面的共同作用将导致信贷供给和需求的萎缩。

④从政策制定者的角度看，与温和的通货膨胀相比，通货紧缩会给政策带来更大的潜在风险，因为通货紧缩严重制约了货币政策的实施，使货币政策失去了灵活性。因此人们对经济前景的预期黯淡，信心降低，有可能推动经济进一步下滑，不利于启动回升。

（3）通货紧缩对经济的积极影响。

普遍、持续的物价下降意味着单位货币购买力的不断提升，这对每一个持币待购的消费者来说都是有利的。尽管这种利益分配并不公正，它会使富者越富，但是，它并不会给贫者带来损失，持币者只是按货币持有量的多少而有不同的受益程度。因此，伴随经济增长率上升的长期轻度通货紧缩，由于对消费者有利而等同于对全体社会成员有利，从而能使社会经济在安定的环境中以一个恰当的速度健康成长。通货紧缩对经济是否有积极的影响，取决于通货紧缩的形成机制。一般来说，下述情况的通货紧缩是有利于经济的健康成长的：

①在价格自由浮动的市场竞争中，企业为占领和扩大市场份额而采用降价促销战略。市场价格战的必然结果是所有企业的利润空间都缩小，企业为求得生存和发展，不得不努力提高经营管理水平，不断降低成本和提高劳动生产率，进而推动经济的健康发展。因此，只要不是恶性的和破坏性的价格战争，由此产生的通货紧缩显然有利于经济增长。

②因技术进步、设备更新和有机构成提高而形成的劳动生产率提高与单位产品成本下降是商品价格持续下降的原动力，充分显示了科学技术是经济发展第一推动力的功能作用。例如，随着信息技术和网络经济的发展，市场交易环节的减少和交易成本的不断降低提供了价格下降的巨大空间，由此而形成的通货紧缩显然是经济健康发展的标志。

③在全球经济一体化发展的背景下，一个经济开放型国家不可避免地要遭受到国际市场低价商品的冲击，由此而形成的国内市场的通货紧缩在短期内会对本国经济的发展造成较大困难，但它能迫使本国企业加快技术进步，降低成本，提高劳动生产率。因此，从长期来看，这种通货紧缩有利于本国的经济进步，有利于提升本国的国际竞争力，进而促进世界范围内经济的发展。

六、计算题

解答：设 20 世纪 50 年代、60 年代和 70 年代的通货膨胀率分别为 π_{50}、π_{60} 和 π_{70}，则有

$$\pi_{50}=(P_{1960}-P_{1950})/P_{1950}\times100\%=(69-54)/54\times100\%\approx27.8\%$$

同理可得：

$$\pi_{60}=(92-69)/69\times100\%\approx33.3\%$$
$$\pi_{70}=(178-92)/92\times100\%\approx93.5\%$$

20 世纪 50 年代的通货膨胀率是 27.8%，60 年代的通货膨胀率是 33.3%，70 年代的通货膨胀率是 93.5%。

第十七章

宏观经济政策

第一部分　课后习题详解

1. 什么是自动稳定器？是否税率越高，税收作为自动稳定器的作用越大？

解答： 自动稳定器亦称内在稳定器，是指经济系统本身存在的一种会减少各种干扰对国民收入的冲击的机制，它能够在经济繁荣时期自动抑制通货膨胀，在经济衰退时期自动减轻萧条，无须政府采取任何行动。自动稳定器的制度包括政府所得税制度、政府转移支付制度、农产品价格维持制度等。

就税收制度而言，在经济繁荣时期，随着收入的增多，边际税率越高，上缴的税收就越多，税收增加的数量等于边际税率乘以国民收入，导致可支配收入的增加小于国民收入的增加，进而对消费起到抑制作用，再通过乘数作用使国民收入增速下降，税收能够在经济繁荣时期自动抑制通货膨胀；在经济衰退时期，随着收入的下降，纳税时按照相对低的税率缴税，导致税收减少幅度大于收入下降幅度，造成个人可支配收入比国民收入下降得慢，这可以被看做相对地增加了劳动者的收入，进而增加了消费和总需求，促进了经济增长，所以在经济衰退时期税收能够自动减轻经济萧条。

三部门经济中支出乘数值与两部门经济中支出乘数值的差额决定了税收制度的自动稳定程度，其差额越大，自动稳定作用就越大，这是因为在边际消费倾向一定的条件下，三部门经济中支出乘数越小，说明边际税率越高，从而自动稳定量就越大。这一点可以从三部门经济的支出乘数公式$\frac{1}{1-\beta(1-t)}$中得出。边际税率 t 越大，支出乘数就越小，从而边际税率变动稳定经济的作用就越大。举例来说，假设边际消费倾向为 0.8，当边际税率为 0.1 时，增加 1 美元投资会使总需求增加 $1\times\frac{1}{1-0.8\times(1-0.1)}=3.57$ 美元，当边际税率增至 0.25 时，增加 1 美元投资只会使总需求增加 $1\times\frac{1}{1-0.8\times(1-0.25)}=2.5$ 美元，可见，边际税率越高，自发投资冲击带来的总需求波动越小，说明自动稳定器的作用越大。

2. 平衡预算的财政思想和功能财政思想有何区别？

解答： 平衡预算的财政思想主要分为年度平衡预算、周期平衡预算和充分就业平衡预算三种。年度平衡预算要求每个财政年度的收支平衡。这是在 20 世纪 30 年代大危机以前普遍采用的政策原则。周期平衡预算是指政府在一个经济周期中保持平衡。在经济衰退时实行扩张性政策，有意安排预算赤字，在繁荣时期实行紧缩性政策，有意安排预算盈余，用繁荣时的盈余弥补衰退时的赤字，使整个经济周期的盈余和赤字相抵而实现预算平衡。这种思想在理论上似乎非常完美，但实行起来非常困难。这是因为在一个预算周期内，很难准确估计繁荣与衰退的时间和程度，两者更不会完全相等，因此连预算都难以事先确定，从而周期预算平衡也就难以实现。充分就业平衡预算是指政府应当使支出保持在充分就业条件下所能达到的净税收水平。

功能财政思想强调，政府在财政方面的积极政策主要是为了实现无通货膨胀的充分就业水平。当实现这一目标时，预算可以是盈余，也可以是赤字。功能财政思想是凯恩斯主义者的财政思想。他们认为不能机械地用财政预算收支平衡的观点来对待预算赤字和预算盈余，而应根据反经济周期的需要来利用预算赤字和预算盈余。当国民收入低于充分就业的收入水平时，政府有义务实行扩张性的财政政策，增加支出或减少税收，以实现充分就业。如果起初存在财政盈余，政府有责任减少盈余甚至不惜出现赤字，坚定地实行扩张性政策。反之亦然。总之，功能财政思想认为，政府为了实现充分就业和消除通货膨胀，需要赤字就赤字，需要盈余就盈余，而不应为了实现财政收支平衡来妨碍政府财政政策的正确制定和实行。

显然，平衡预算的财政思想强调的是财政收支平衡，以此作为预算目标或者说政策的目的，而功能财政思想强调，财政预算的平衡、盈余或赤字都只是手段，目标是追求无通货膨胀的充分就业和经济的稳定增长。

3. 政府发行的公债卖给中央银行和卖给商业银行或者其他私人机构对货币供给量变动会产生什么不同的影响？

解答： 政府发行的公债卖给中央银行，这实际上就是让中央银行增加货币发行，增加基础货币，货币供给量会按照货币乘数数倍地增加，这是政府的货币筹资，其结果往往是形成通货膨胀，这是国家征收的通货膨胀税；而政府发行的公债卖给商业银行或者其他私人机构，不过是购买力向政府部门转移，不会增加基础货币，不会直接引起通货膨胀，这是政府的债务筹资。

4. 什么是货币创造乘数？其大小主要和哪些变量有关？

解答： 一单位高能货币能带来若干倍货币供给，这若干倍即货币创造乘数，也就是货币供给的扩张倍数。如果用 H、C_u、RR 和 ER 分别代表高能货币、非银行部门持有的通货、法定准备金和超额准备金，用 M 和 D 分别代表货币供给量和活期存款，则

$$H=C_u+RR+ER$$
$$M=C_u+D$$

即有 $\frac{M}{H}=\frac{C_u+D}{C_u+RR+ER}$，再把该式的分子和分母都除以 D，则得：

$$\text{货币乘数}=\frac{M}{H}=\frac{C_u/D+1}{C_u/D+RR/D+ER/D}=\frac{1+r_c}{r_d+r_e+r_c}$$

式中，C_u/D 即 r_c 是现金—存款比率，RR/D 即 r_d 是法定准备率，ER/D 即 r_e 是超额准备率。从上式可见，现金—存款比率、法定准备率和超额准备率越大，货币乘数就越小。

5. 在要不要干预经济的问题上，西方经济学家有哪两种不同意见？

解答：（1）不要干预思想。

在要不要采用政策来稳定经济的问题上，一些经济学家认为，经济波动的根源是外生因素的干扰，社会经济本身会适应这些干扰，市场会对经济环境的变化提供良好的解决办法。比方说，外生的冲击（如技术变革、战争、自然灾害等）造成了失业，只要想工作的人肯降低工资和非货币报酬要求，就总会找到工作，因而失业不会成为问题。政府不用对此进行干预，干预也无能为力。另一些经济学家（如新古典宏观经济学家）也相信市场会对经济变动迅速作出反应，政府干预政策不但在很大程度上无效，反而能带来一些坏处。理由主要有：

一是经济变动有很大的不确定性，而人们的预测能力很有限，这给制定政策带来了难度。

二是政策的时滞。这是指政策从认识到决策，再到实施和产生效果，要有一个时间过程。这种时滞分为内在时滞和外在时滞。内在时滞指从经济中产生了不稳定到决策者制定出适当政策并付诸实施之间的时间间隔，包括认识时滞、决策时滞和实施时滞。外在时滞指从经济政策实施到对经济发生作用并达到预期目标所需要的时间过程。由于政策实施后首先要影响中间变量，再由中间变量影响到目标变量，因而需要一个时间过程。例如，减税政策实施后首先要影响到可支配收入（中间变量），然后才能影响到消费和投资，进而影响到国民收入（目标变量）。通常说财政政策内在时滞较长，尤其是决策时滞较长，而货币政策内在时滞较短，但其外在时滞较长，因为从变动货币供应量到影响利率，再到影响投资和国民收入，需要较长时间。不管如何，财政政策和货币政策都有时滞。在此过程中，经济可能发生了与预期目标不同的变化，这就会影响经济政策效果。

三是公众对政策的反应。例如，政府制定增加货币供给的政策时，并没有考虑到具有理性预期的当事人能够利用有关货币政策规则的知识很快形成关于未来价格和其他经济变量的正确预期并采取相应的对策（如事先就要求提高工资、利率等）。如果公众（经济当事人）采取这种具有理性预期的对策，那么增加货币供给的政策就会变得无效。对于财政政策，根据巴罗-李嘉图等价定理，政府借债只是公民纳税被推迟而已，故不会刺激消费。因此政府通过发行公债搞赤字财政的政策是无效的。

基于以上种种理由，这些经济学家不主张对经济波动作人为干预，相信市场本身会对经济的变动作出自动调整。

（2）需要干预的经济思想。

凯恩斯主义者则坚持稳定经济的政策是必要的、有效的。他们认为，经济在遭受来自需求或供给方的冲击后会衰退，工资和价格并不能迅速调整到市场出清状态。如果衰退引起了大规模失业，则由于种种原因（例如工资合同未到期）企业并不能立刻降低工资，因而工人并不会很快重新就业。工资和价格即使会调整，这种调整也只能缓慢进行。要让经济调整到实际产量等于正常产量的状态需要一个很长的过程，甚至可能要几年的时间。在这个过程中，经济处于非均衡状态，会出现经济萧条和失业局面，给社会带来长期的痛苦。政府采取稳定的政策，即刺激需求的财政政策或货币政策，就会较快恢复经济。可见，这样的政策是必要的和有效的。

这种要不要采取稳定经济的政策的讨论还会长期进行下去，但实际上各国政府在经济发生较大的波动时都是采取政策来进行调节的。

6. 在按什么规则调节经济的问题上，西方经济学家有哪些不同意见？

解答：如果认为政府应该对经济运行作一定的政策干预或调节，那么要按什么样的规则进行干预？就货币政策而言，经济学家提出过如下几种不同的政策规则：

第一种是稳定比率货币供给量增长的规则。这就是货币主义代表人物弗里德曼提出的所谓“单一规则”。他提出，在没有通货膨胀的情况下，按平均国民收入增长率加上人口增长率来规定并宣布一个长期不变的货币增长率，是货币政策唯一的最好选择，此外就不要再作其他政策调节了。据说这样的货币政策能给经济提供一个稳定的环境，可防止货币本身成为经济波动的根源。

第二种是以名义 GDP 为目标变量的政策规则。根据此规则，央行宣布一个名义 GDP 的年增长率目标，若名义 GDP 上升到此目标以上，就降低货币增长率以抑制总需求；若名义 GDP 低于此目标，就提高货币增长率以刺激总需求。据称这种规则会比上述单一规则更能维持产出的稳定。

第三种是以一定的名义通货膨胀率为目标变量的政策规则。根据此规则，央行公开宣布一个较低的通货膨胀率，然后根据实际通货膨胀率对此目标通货膨胀率的偏离程度调整货币供给，即实际通货膨胀率高于目标通货膨胀率时就降低货币增长率以抑制总需求，反之则提高货币增长率以刺激总需求。据称这一规则具有容易操作且容易公之于众的优点。

第四种是以一定的真实利率（“真实”的联邦基金利率）作为操作变量的政策规则，这就是泰勒规则。泰勒认为，在各种影响物价水平和产出增长率的因素中，真实利率是唯一能与物价和产出增长率保持长期稳定关系的变量。因此，货币政策要能真正调节物价（从而通货膨胀率）和产出增长率（从而失业率），货币当局就应把调节真实的名义利率作为主要操作方式。若实际通货膨胀率和失业率偏离目标值，就应当调整名义利率，以抑制通货膨胀或降低失业率。

对比上述四种规则不难发现，第一种规则即“单一规则”实际上属于不主张政府干预的经济自由主义，因为按此规则，政府除按一定比率增加货币供给量外，其余都不用调节，市场本身会对经济波动作出调整。其余三种规则都属于主张国家对经济波动进行干预的思潮，且本质上也都是“相机抉择”的权衡性政策思想。它们都主张在经济波动时要用货币政策对经济进行干预。第二种和第三种规则的目标变量分别是 GDP 和通货膨胀率，操作变量都是货币供给量。第四种规则的目标变量是通货膨胀率和失业率（实际也是 GDP 增长率），操作变量是利率。可见，这三种政策规则的区别只是在政策目标变量和操作变量的选择上。

7. 凯恩斯主流经济学家的收入政策和人力政策主张，同供给学派的供给政策主张的出发点和侧重点有何区别？

解答：凯恩斯主流经济学家的收入政策和人力政策是在推行货币政策和财政政策等宏观经济政策的同时，配合实行收入政策和人力政策。

收入政策提出的出发点是成本推动的通货膨胀，是用来限制垄断企业和工会对物价和工资的操纵的一种重要政策，即实行以管制工资—物价为主要内容的政策，侧重点是工资和物价，核心是收入，所以称收入政策。一般说来，收入政策包括如下不同措施：（1）工资—物价指导线，即由政府当局根据长期劳动生产率增长趋势来确定工资和物价的增长标准，要求企业和工会通过双方协商，自愿把工资和物价的增长率限制在全社会劳动生产率平均增长幅度以内。（2）对某种具体的较快上涨的工资或者物价形势，由政府进行“权威性”劝说或者施加压力来扭转局势。（3）实行工资—物价的硬性管制，即由政府颁布法令对工资和物价实施管制，甚至暂时加以冻结。（4）以税收为基础的收入政策，即政府以税收作为惩罚或者奖励的手段来限制工资增长。如果工资增长率保持在政府规定的界限以下，则以减少个人和公司所得税作为奖励；如果工资增长率超过政府规定的界限，则以增加所得税作为惩罚。

人力政策提出的出发点是克服失业和通货膨胀进退两难的困境。这种政策通常包括以下措施：发展多吸收劳动力的服务部门；由政府直接雇用私人企业不愿招雇的工人和非熟练工人，让他们从事社会有益事业，并使这些处境不利的工人通过有用经验的传授和劳动习惯的养成而能够干那些正规的永久性的工作；加强劳动力的重新培训；指导和协助失业人员寻找工作，以增加就业机会；增大劳工在地区或者职业方面的流动性等。

供给管理政策提出的出发点是滞胀，主张的侧重点是强调激励的作用，认为激励意味着对工作、储蓄、投资和企业家才能给予足够的报酬，而凯恩斯主义的需求管理政策使政府支出日益增加，为了弥补财政赤字，只能依靠增加税收和发行货币，结果严重挫伤工作、储蓄和投资的积极性，造成供给不足，从而使失业和通货膨胀同时出现。

为了增强激励，供给学派提出了一套供给管理的政策思想，其核心是减税，特别是要降低高边际税率（增加的税收在增加的收入中的比例），因为高边际税率是妨碍工作、储蓄、投资和创新积极性及提高劳动生产率的罪魁祸首。降低了税收，就会提高资产报酬率，鼓励储蓄和投资，提高劳动生产率，降低产品成本，缓和通货膨胀，并导致消费、产出和就业增加。

在供给政策方面，除了减税政策这一主要思想以外，供给学派还提出了以下主张：

（1）减少政府开支，削减福利支出。这不但可平衡财政收支，还可提高私人投资能力，增加供给。供给学派认为，创造就业主要靠私人投资，不能靠公共部门扩张和增加财政支出，财政扩张只会挤出私人部门增长带来的就业。（2）货币供给的稳定、适度和可测，使货币供给量增长和长期经济增长相适应。（3）减少国家对经济的干预和控制，充分发挥企业家的积极性，更多依靠市场力量调节经济。

8. 假定现金—存款比率 $r_c=\dfrac{C_u}{D}=0.38$，准备率（包括法定的和超额的）$r=0.18$，试问货币创造乘数为多少？若增加基础货币 100 亿美元，则货币供给变动多少？

解答：货币创造乘数为 $k_m=\dfrac{1+r_c}{r_c+r}=\dfrac{1.38}{0.38+0.18}=2.46$。

若增加基础货币 100 亿美元，则货币供给增加 $\Delta M=100\times 2.46=246$（亿美元）。

9. 假定法定准备率是 0.12，没有超额准备金，对现金的需求是 1 000 亿美元。

（1）假定总准备金是 400 亿美元，货币供给是多少？

（2）若中央银行把准备率提高到0.2，则货币供给变动多少？（假定总准备金仍是400亿美元。）

（3）中央银行买进10亿美元政府债券（存款准备率仍是0.12），货币供给变动多少？

解答：（1）在本题中，没有考虑现金—存款比率问题，因此，货币乘数是准备率的倒数。于是，货币供给 $M=1\,000+400/0.12=4\,333.33$ 亿美元。

（2）若法定准备率提高到0.2，则存款变为 $400/0.2=2\,000$ 亿美元，现金仍是1 000亿美元，因此货币供给为 $1\,000+2\,000=3\,000$ 亿美元，货币供给减少了1 333.33亿美元。

（3）中央银行买进10亿美元政府债券，即基础货币增加10亿美元，则货币供给增加 $\Delta M=10\times\frac{1}{0.12}=83.33$ 亿美元。

10. 什么是充分就业预算盈余？它与实际的预算盈余有何区别？

解答：充分就业预算盈余指既定的政府预算在充分就业的国民收入水平即潜在的国民收入水平上所产生的政府预算盈余。

充分就业预算盈余为 $BS^*=ty^*-G-TR$，y^* 指充分就业的国民收入。实际预算盈余为 $BS=ty-G-TR$，y 指实际国民收入。充分就业预算盈余与实际预算盈余的差额为 $BS^*-BS=t(y^*-y)$。

若实际国民收入大于充分就业的国民收入，则充分就业预算盈余小于实际预算盈余；若实际国民收入小于充分就业的国民收入，则充分就业预算盈余大于实际预算盈余；若实际国民收入等于潜在的国民收入，则充分就业预算盈余等于实际预算盈余。

11. 充分就业预算盈余概念提出的背景和意义是什么？

解答：实际预算盈余 $BS=ty-G-TR$。从公式可以看出，实际预算盈余不仅与财政政策（税收、政府购买、政府转移支付）有关，还受国民收入的影响。为了剔除国民收入对实际预算盈余的影响，经济学家提出了充分就业预算盈余（$BS^*=ty^*-G-TR$）这个概念。提出充分就业预算盈余有以下意义：

第一，把收入水平固定在充分就业水平上，消除经济中收入水平周期性波动对预算状况的影响，从而能更准确地反映财政政策对预算状况的影响，并为判断财政政策是扩张性的还是紧缩性的提供较为准确的依据。若充分就业预算盈余增加了或赤字减少了，财政政策就是紧缩性的，反之，则财政政策是扩张性的。

第二，使政策制定者充分注重充分就业问题，以充分就业为目标确定预算规模从而确定财政政策。因此，这一概念得到较为广泛的运用。

12. 什么是债务—收入比率？这一比率的波动受哪些因素制约？

解答：一国债务与GDP之比被称为债务—收入比率。这一比率的变动主要取决于公债的实际利率、实际GDP的增长率和非利息预算盈余的状况。在非利息预算盈余不变时，公债利率越高，产出增长率越低，债务—收入比率就越有可能上升。如果非利息预算能不断有盈余，实际利率有所下降，实际GDP不断有所增长，则债务—收入比率会逐步下降。

13. 设某国的法定准备率是10%，超额准备率是2.5%，试求：（1）实际准备率；（2）只与法定准备率相关的理论货币乘数；（3）既与法定准备率相关又与超额准备率相关的实际货币乘数。

解答：（1）实际准备率＝法定准备率＋超额准备率＝10%＋2.5%＝12.5%。

（2）只与法定准备率相关的理论货币乘数 $k=\frac{1}{10\%}=10$。

（3）既与法定准备率相关又与超额准备率相关的实际货币乘数 $=\frac{1}{12.5\%}=8$。

14. 为什么货币乘数会随市场利率水平上升而变大，随贴现率提高而变小？

解答： 若只考虑影响货币乘数的法定准备金和超额准备金这两个因素，货币乘数 k 是法定准备率 r_d 和超额准备率 r_e 之和的倒数，即：$k=\frac{1}{r_d+r_e}$ 。一般说来，市场贷款利率（用 r 表示）越高，银行越不愿多留超额准备金，因为准备金不能生利。因此，市场利率上升，超额准备率下降从而实际准备率会下降，货币乘数就会变大。

再贴现率或者说贴现率提高，表示商业银行向中央银行借款的成本上升，这会促使商业银行自己多留准备金，从而会提高实际准备率。可见，当贴现率提高时，货币乘数就会变小。

15. 为什么在严重的衰退中，货币供给变化不能带来投资水平的提高？

解答： 在经济衰退时期，实行扩张性的货币政策效果不明显。那时候，厂商对经济前景普遍悲观，即使中央银行松动银根、降低利率，投资者也不肯增加贷款而从事投资活动，银行为安全起见，也不肯轻易贷款。特别是由于存在着流动偏好陷阱，不论银根如何松动，利率都不会降低。这样，货币政策作为反衰退的政策，其效果就相当微弱。

16. 假设某经济的货币市场上有货币供给 $M_s=11\,000$，货币交易需求函数为：

$$M_t=0.25y$$

货币投机需求函数为：

$$M_{sp}=\frac{10\,000}{r-2}-1\,000，2<r\leqslant 12$$

（1）试求 $y=40\,000$ 时的货币需求函数。

（2）$r=6$ 和 $r=12$ 是否为均衡利率？

（3）如果不是，利率将如何调整？

（4）当收入为多少时，$r=6$ 和 $r=12$ 成为均衡利率？

解答：（1）货币需求＝货币交易需求＋货币投机需求，即

$$M_d=M_t+M_{sp}=0.25y+\frac{10\,000}{r-2}-1\,000$$

当 $y=40\,000$ 时，货币需求 $M_d=0.25\times 40\,000+\frac{10\,000}{r-2}-1\,000=9\,000+\frac{10\,000}{r-2}$，$2<r\leqslant 12$。

（2）当 $y=40\,000$，$r=6$ 时，货币需求 $M_d=9\,000+\frac{10\,000}{r-2}=11\,500>$ 货币供给 $M_s=11\,000$，所以 $r=6$ 不是均衡利率；当 $y=40\,000$，$r=12$ 时，货币需求 $M_d=9\,000+\frac{10\,000}{r-2}=10\,000<$ 货币供给 $M_s=11\,000$，所以 $r=12$ 不是均衡利率。

（3）当 $r=6$ 时，货币需求＞货币供给，利率应该上升。

当 $r=12$ 时，货币需求<货币供给，利率应该下降。

（4）当 $r=6$ 时，$0.25y+\frac{10\,000}{6-2}-1\,000=11\,000$，解得 $y=38\,000$。

当 $r=12$ 时，$0.25y+\frac{10\,000}{12-2}-1\,000=11\,000$，解得 $y=44\,000$。

17. 货币政策存在哪些局限性？

解答： 第一，在通货膨胀时期实行紧缩性的货币政策可能效果比较显著，但在经济衰退时期，实行扩张性的货币政策效果就不明显。在经济衰退时期，厂商对经济前景普遍悲观，即使中央银行松动银根、降低利率，投资者也不肯增加贷款而从事投资活动，银行为安全起见，也不肯轻易贷款。特别是由于存在着流动偏好陷阱，不论银根如何松动，利率都不会降低。这样，货币政策作为反衰退的政策，其效果就相当微弱。

进一步说，即使从反通货膨胀的角度看，货币政策的作用也主要针对需求拉动的通货膨胀，而对成本推动的通货膨胀，货币政策效果就很小。因为物价的上升若是由工资上涨幅度超过劳动生产率上升幅度引起的，或者是由垄断厂商为获取高额利润引起的，则中央银行想通过控制货币供给来抑制通货膨胀就比较困难。

第二，从货币市场均衡的情况看，增加或减少货币供给要影响利率，必须以货币流通速度不变为前提。如果这一前提并不存在，货币供给变动对经济的影响就要打折扣。在经济繁荣时期，中央银行为抑制通货膨胀需要紧缩货币供给，或者说放慢货币供给的增长率，然而，那时公众一般会增加支出，而且物价上升快时，公众不愿持有货币，而希望尽快花出去，从而货币流通速度会加快，在一定时期内本来的 1 元也许可完成 2 元交易的任务，这无异于在流通领域增加了 1 倍货币供给量。这时候，即使中央银行把货币供给减少一半，也无法把通货膨胀率降下来。反过来说，在经济衰退时期，货币流通速度下降，这时中央银行增加货币供给对经济的影响也就可能被货币流通速度下降所抵消。可见，若货币流通速度加快或放慢，那么，用变动货币供给量的办法来影响利率、投资和国民收入的货币政策效果就会受到影响或打折扣。

第三，货币政策的外部时滞也会影响政策效果。中央银行变动货币供给量，要通过影响利率来影响投资，然后再影响就业和国民收入，因而，货币政策的作用要经过相当长一段时间才会充分得到发挥。尤其是，市场利率变动以后，投资规模并不会很快发生相应的变动。利率下降以后，厂商扩大生产规模需要一个过程，利率上升以后，厂商缩小生产规模更不是一件容易的事，已经在建的工程难以停建，已经雇用的员工要解雇也不是轻而易举的事。总之，货币政策即使在开始采用时不用花很长时间，执行后到产生效果也有一个相当长的过程，在此过程中，经济情况有可能发生与人们原先预料的相反的变化。比方说，经济衰退时中央银行扩大货币供给，但未等这一政策效果完全发挥出来经济就已转入繁荣，物价已开始较快地上升，则原来的扩张性货币政策就不是反衰退，而是对加剧通货膨胀起了火上浇油的作用。

第四，在开放经济中，货币政策的效果还要因为资金在国际上流动而受到影响，例如，一国实行紧缩性货币政策时，利率上升，国外资金会流入，若汇率浮动，则本币会升值，出口会受抑制，进口会受刺激，从而使本国总需求比在封闭经济情况下有更大的下降；若实行固定汇率，则中央银行为使本币不升值，势必抛出本币，按固定汇率收购外币，于是货币市场上本国货币供给增加，使原先实行的紧缩性货币政策效果大打折扣。

货币政策在实践中存在的问题远不止这些，但仅从这些方面看，货币政策作为平抑经济波动的手段，作用也是有限的。

18. 为什么政府在考虑对财政政策和货币政策的混合使用时不仅要看当时的经济形势，还要考虑政治上的需要？

解答：即使政策正确而适时，好的政策也需要政府官员来执行，但政府官员有可能由于利己的政治考虑而不予执行。在西方，政府官员最关心其能否在竞选中取胜，因此，政府官员对经济政策的执行往往以是否有利于竞选取胜，而不以是否对人民真正有利为前提。这样，在他当选以后的一段时期，由于照顾党派或与己有关的利益，他可以容忍对经济表现不利的政策，从而导致经济发展迟缓，因为他可以把责任推给上一届的当权者。然而，当他快要面临连任竞选时，他就必须迅速执行有利于经济的政策，使经济呈现出蓬勃发展的面貌。如此循环交替，会形成下降和上升的周期。所以考虑对财政政策和货币政策的混合使用时不仅要看当时的经济形势，还要考虑政治上的需要。

19. 什么是泰勒规则？

解答：泰勒规则是美国斯坦福大学经济学教授约翰·泰勒于 1993 年根据美国的实际经济数据而提出的针对通货膨胀率和产出增长率来调节利率的货币政策规则。

泰勒研究发现，真实利率是唯一能与物价和产出增长率保持长期稳定关系的变量，因此要使货币政策能真正调节物价（从而通货膨胀率）和产出增长率（从而失业率），货币当局就应把调节真实的名义利率作为主要操作方式，泰勒规则就是一种描述短期利率如何针对通货膨胀率和产出增长率变化调整的准则。

泰勒提出，央行的货币政策应遵循以下规则：

$$i=i^{*}+a(p-p^{*})-b(u-u^{*})$$

式中，p 和 p^{*} 分别是实际通货膨胀率和目标通货膨胀率，u 和 u^{*} 分别是实际失业率和自然失业率，i 和 i^{*} 分别是名义利率和名义目标利率，a 和 b 是正的系数，表示央行对通货膨胀和失业的关心程度。泰勒认为，没有必要刻板地执行这个规则，但这个规则确实提供了一个货币政策思路。

20. 在公众与政府对货币政策的博弈中，为什么建立对规则的信任比具体规则本身更为重要？

解答：按照西方学者的说法，货币政策可以被看成是政府（中央银行）与工会之间的一场博弈。政府为了达到低通货膨胀的目标，需要影响工人的工资协议，而这又取决于工会组织如何预期并作出相应的反应。这场博弈的规则是，工会组织以一致要求增加货币工资作为第一步，工会须在增加货币工资还是不增加货币工资之间作出选择。政府接着走第二步：如果政府可以自由运用相机抉择权，它可以在提高货币增长率和不提高货币增长率之间作出选择。于是，这场博弈存在四种可能的结果（见图 17－1）。

（1）货币政策的博弈模型说明。

根据教材微观部分所介绍的博弈论的基本知识我们知道，这里所给出的模型与囚徒困境的结构是一样的。于是，容易理解，从工会和政府共同的观点看，最好的选择显然是工会不要求增加货币工资，政府不增发货币，即不提高货币增长率。但是从博弈双方自身的

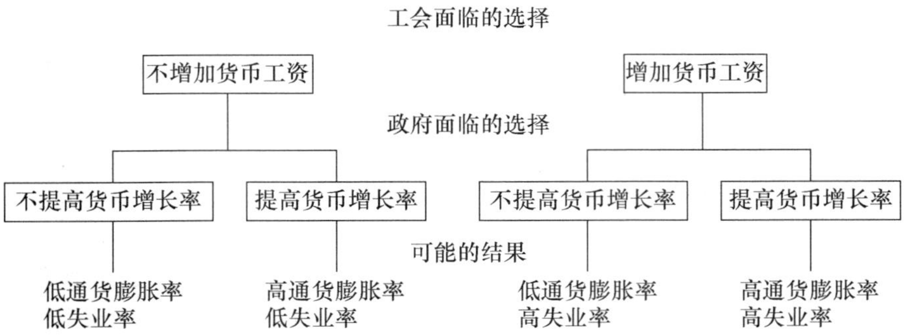

图 17－1　货币政策的博弈

利益看，无论对方选择什么策略，采取“增”这一策略总是最好的选择。然而，一旦博弈双方从各自的利益出发都选择“增”策略，工会和政府都会面对“更坏”的结果：双方所获得的支付都比它们同时选择“不增”策略时的支付要低。在单期静态博弈的情况下，这一模型的解，即策略组合（增，增）便构成纳什均衡。这一简单的博弈论模型刻画了政府（中央银行）和工会在宏观经济政策方面的复杂关系。

（2）时间不一致性。

假定在工资谈判前，政府公布紧缩性的货币政策，希望它有助于节制工资上升。如果政府坚持这样做，那么，对工会来说最有利的选择是不要求与预期通货膨胀一致的工资上涨。这样将产生理想的结果：低通货膨胀率，低失业率。若工会坚持要求增加工资，而政府仍坚持紧缩性货币政策，失业率就会提高。

然而，工会还能设想出这样的问题：一旦不要求工资上涨的工资协议定下来，政府还会把不提高货币增长率作为最好的政策吗？答案往往是否定的。

实际的情况是，出于政治考虑，政府常常倾向于采取以高通货膨胀率换取低失业率的政策。这就出现了这样一种可能性：如果工会同意不增加货币工资，政府很可能想抓住这个机会来减少失业。由于工资已经被钉住，更快的货币增长至少在短期内有利于创造就业机会，结果，工人遭受实际工资下降的损失。

另一种情况是，假定工会签订了增加货币工资的合同，政府决策者面临的选择则是：或者坚持紧缩性货币政策，让失业率上升；或者放弃紧缩性政策，以减少失业。在这种情况下，工会便会预期政府很可能放弃原来的紧缩性政策，而选择目前看来更好的政策：加快货币扩张，以降低失业率，一项起初适合于今天的政策，随着时间的推移，就可能不再适合于明天，这就发生了时间不一致性。借助于时间不一致性这一概念可知，政府最初的低通货膨胀政策因时间不一致性而受挫，如果工会意识到这一点，并预期货币将会更快地增长，那么，签订增加货币工资的合同总会使其处境好一些，若真如预期的那样，中央银行放弃了紧缩性政策，其结果则很可能是高通货膨胀率，而就业却不会增加。由此看来，如果政府可以根据情况的变化自由选择某个时期的政策，即使是最好的政策也存在着通货膨胀的倾向。政策的时间不一致性告诉人们，如果没有硬性规定要求政府必须执行其原来的计划，政府就有权选择目前看来更好的政策。问题在于，如果经济主体（在这里是工会）意识到这种情况，他们就会预测政策的变化并采取相应的行动，以阻止决策者所设想的目的的实现。

因此，赢得信誉的可靠办法就是：借助于人人都相信决策者必须遵从有约束力的规则来消除决策者改变政策的可能性。在“时间不一致性”概念被提出之前，赞成规则的人倾向于非干预主义，他们认为反通货膨胀政策是无效的，甚至是有害的。时间不一致性的概念不仅使宏观经济政策争论的焦点转移到了积极干预政策是否有效的问题上，而且启示人们，建立对规则的信任比具体的规则本身更为重要。

第二部分 精编习题

一、名词解释

1. 财政政策
2. 货币政策
3. 充分就业
4. 存款准备金
5. 挤出效应
6. 法定准备率
7. 财政政策和货币政策的混合使用
8. 自动稳定器
9. 斟酌使用的财政政策
10. 功能财政
11. 货币创造乘数
12. 基础货币
13. 再贴现率
14. 公开市场业务
15. 年度平衡预算
16. 周期平衡预算
17. 周期性失业
18. 自然失业率
19. 补偿性财政政策
20. 挤入效应
21. 巴罗-李嘉图等价定理
22. 政策时滞
23. 古典主义极端
24. 收入政策
25. 人力政策
26. 时间不一致性

二、单项选择题

1. 下列哪一项不是宏观经济政策的主要目标之一？（　　）

A. 政府预算盈余　　B. 充分就业

C. 价格稳定　　D. 经济持续增长和国际收支平衡

2. 根据凯恩斯功能财政的思想，财政政策的首要目标是（　　）。

A. 实现财政收支平衡

B. 尽量增加政府税收

C. 实现无通货膨胀的充分就业

D. 合理安排政府支出，使之效益最大

3. 其他条件不变，增加自主性净税收会引起（　　）。

A. 国民收入增加　　B. 国民收入减少

C. 国民收入不变　　D. 以上几种情况都可能发生

4. 如果政府支出增加与政府转移支付减少相同，收入水平会（　　）。

A. 不变　B. 增加　C. 减少　D. 不相关

5. 当经济中存在失业时，应该采取的财政政策措施为（　）。

A. 增加政府支出　B. 提高个人所得税

C. 提高公司所得税　D. 增加货币发行量

6. 实行紧缩性财政政策会产生（　）。

A. 预算赤字　B. 预算盈余　C. 物价上涨　D. 失业减少

7. 弥补赤字的途径有（　）。

A. 借债和出售政府资产　B. 增加转移支付

C. 货币升值　D. 促进经济增长

8. 政府的财政收入政策通过哪一个因素对国民收入产生影响？（　）

A. 转移支付　B. 政府购买　C. 消费支出　D. 利率

9. 下面哪项财政政策工具能够在经济中存在失业时增加就业？（　）

A. 增加政府购买　B. 增加货币供给

C. 提高个人所得税　D. 提高税率水平

10. 如果所得税税率既定不变，政府预算为平衡性的，那么增加自主性投资在其他条件不变时会提高均衡的收入水平，并且使政府预算（　）。

A. 保持平衡　B. 有盈余

C. 出现赤字　D. 以上三种情况都有可能

11. 政府转移支付包含（　）。

A. 公务员工资　B. 贫困救济和各种补贴等方面的支出

C. 军费开支　D. 对产品和劳务的购买

12. 财政部向（　）出售政府债券时，基础货币会增加。

A. 居民　B. 企业　C. 商业银行　D. 中央银行

13. 假定政府财政政策不变，国民收入水平的提高可能导致（　）。

A. 政府支出增加　B. 政府税收增加

C. 政府税收减少　D. 政府财政赤字增加

14. 扩张性财政政策对经济的影响是（　）。

A. 缓和了经济萧条但增加了政府债务

B. 缓和了经济萧条也减轻了政府债务

C. 加剧了通货膨胀但减轻了政府债务

D. 缓和了通货膨胀但增加了政府债务

15. “挤出效应”发生于（　）。

A. 货币供给减少使利率提高，挤出了对利率敏感的私人部门支出

B. 私人部门增税，减少了私人部门的可支配收入和支出

C. 政府支出增加，提高了利率，挤出了对利率敏感的私人部门支出

D. 政府支出减少，引起消费支出下降

16. 税收的减少将（　）。

A. 使计划支出曲线向上移动并使 *IS* 曲线向左移动

B. 使计划支出曲线向上移动并使 *IS* 曲线向右移动

C. 使计划支出曲线向下移动并使 IS 曲线向左移动

D. 使计划支出曲线向下移动并使 IS 曲线向右移动

17. 如果政府增加个人所得税的量与政府支出相等，其影响可能是（　　）。

A. 总支出的净下降　　B. 总支出不改变

C. 总支出的净增加　　D. 平衡预算乘数的增大

18. 经济过热时，应采取的财政政策是（　　）。

A. 减少政府支出　　B. 增加财政支出

C. 扩大财政赤字　　D. 减少税收

19. 在政府的财政政策中，属于内在自动稳定器的是（　　）。

A. 政府公共工程支出　　B. 税收

C. 货币供给　　D. 政府购买

20. 如果经济低于充分就业水平，价格水平固定，（　　）能使经济更接近于充分就业。

A. 政府支出的削减或税收的增加　　B. 政府支出或税收的削减

C. 政府支出或税收的增加　　D. 政府支出的增加或税收的削减

21. 内在稳定器的功能（　　）。

A. 旨在减少周期性的波动　　B. 旨在稳定收入，刺激价格波动

C. 足够保持经济的充分稳定　　D. 推迟了经济的衰退

22. 如果目前存在通货膨胀缺口，应采取的财政政策是（　　）。

A. 增加税收　　B. 减少税收

C. 增加政府支出　　D. 增加政府转移支付

23. 若实行削减个人所得税税率和增加实际国防开支的政策，在短期内将导致（　　）。

A. 总供给减少，物价上涨　　B. 增加总需求从而增加国民收入

C. 总需求减少从而减少国民收入　　D. 因政策相互矛盾而使结果不确定

24. 较小的边际消费倾向导致（　　）。

A. 较陡的计划支出曲线　　B. 较小的政府购买乘数

C. 较平的 IS 曲线　　D. 以上都对

25. 下列哪种财政政策对私人投资的挤出效应最小？（　　）

A. 减税　　B. 增加政府支出

C. 投资补贴　　D. 多发货币

26. 挤出效应越接近 100%，财政支出政策（　　）。

A. 使支出乘数的作用受到微弱的限制　　B. 使支出乘数的作用不受影响

C. 越有效　　D. 越无效

27. 在凯恩斯极端情况下，（　　）曲线水平，（　　）政策完全有效。

A. LM，财政　　B. LM，货币　　C. IS，财政　　D. IS，货币

28. 政府购买支出增加使 IS 曲线右移 $k_G \cdot \Delta G$（k_G 是政府购买乘数），若要均衡收入变动接近于 IS 曲线的移动量，则必须是（　　）。

A. LM 曲线平坦而 IS 曲线陡峭　　B. LM 曲线垂直而 IS 曲线陡峭

C. LM 曲线和 IS 曲线一样平坦　　D. LM 曲线陡峭而 IS 曲线平坦

29. 下列哪种情况中的挤出效应可能很大？（　　）

A. 货币需求对利率敏感，私人部门支出对利率不敏感

B. 货币需求对利率敏感，私人部门支出对利率也敏感

C. 货币需求对利率不敏感，私人部门支出对利率不敏感

D. 货币需求对利率不敏感，私人部门支出对利率敏感

30. 下列哪一项不是中央银行的职能？（　　）

A. 发行货币　　B. 向银行提供贷款

C. 向企业提供贷款　　D. 主持全国各银行的清算

31. 如果银行想把存款中的10%作为准备金，居民户和企业想把存款中的20%作为通货持有，那么货币乘数就是（　　）。

A. 2.8　　B. 3　　C. 4　　D. 10

32. 商业银行之所以会有超额准备金，是因为（　　）。

A. 吸收的存款太多　　B. 未找到那么多合适的贷款对象

C. 向中央银行申请的贴现太多　　D. 以上几种情况都有可能

33. 下列哪一项是商业银行的负债？（　　）

A. 库存现金　　B. 贷款　　C. 证券　　D. 活期存款

34. 中央银行有多种职能，只有（　　）不是其职能。

A. 制定货币政策　　B. 为商业银行保存准备金

C. 发行货币　　D. 为政府赚钱

35. 假如商业银行没有保留超额准备金，中央银行在公开市场上卖出政府债券，将使商业银行的准备金（　　）。

A. 变得不足　　B. 增加一倍　　C. 变得过剩　　D. 维持在原有水平

36. 当法定准备率为20%，商业银行最初所吸收的存款为3 000货币单位时，银行所能创造的货币总量为（　　）。

A. 20 000货币单位　　B. 80 000货币单位

C. 15 000货币单位　　D. 60 000货币单位

37. 如果法定准备率为20%，那么简单的货币乘数就是（　　）。

A. 1　　B. 2　　C. 4　　D. 5

38. 如果所有的银行都持有百分之百的准备金，那么简单的货币乘数就是（　　）。

A. 0　　B. 1　　C. 10　　D. 无限大

39. 下列哪一项业务属于商业银行的中介业务？（　　）

A. 接受储蓄存款　　B. 给电视机厂放一笔贷款

C. 接受储蓄存款和定期存款　　D. 以上都不是

40. 货币乘数是（　　）的增加量与导致其增加的初始新存款之比。

A. 货币供给　　B. 未结清的贷款总量

C. 银行的资产　　D. 准备金

41. 法定准备率越高，（　　）。

A. 银行越愿意贷款　　B. 货币供给量越大

C. 越可能引发通货膨胀　　D. 商业银行存款创造越困难

42. 目前中央银行控制货币供给的最重要的工具是（　　）。

A. 法定准备率　B. 再贴现率　C. 公开市场业务　D. 道义劝告

43. 中央银行在公开的证券市场上买入政府债券会使货币供给量（　　）。

A. 增加　B. 减少　C. 不变　D. 难以确定

44. 中央银行在公开市场上买进政府债券的结果将是（　　）。

A. 银行存款减少　　B. 市场利率上升

C. 公众手里的货币增加　　D. 以上都不是

45. 再贴现是指（　　）。

A. 商业银行之间的借款　　B. 商业银行给厂商的贷款

C. 中央银行给商业银行的贷款　　D. 商业银行给居民户的贷款

46. 贴现率是（　　）。

A. 银行对其最有信誉的客户所收取的贷款利率

B. 当中央银行向商业银行贷款时，中央银行所收取的利率

C. 中央银行对商业银行的存款支付的利率

D. 银行为其定期存款支付的利率

47. 公开市场业务是指（　　）。

A. 商业银行的信贷活动

B. 商业银行在公开市场上买进或卖出政府债券

C. 中央银行增加或减少对商业银行的贷款

D. 中央银行在金融市场上买进或卖出政府债券

48. 紧缩性货币政策的运用会导致（　　）。

A. 减少货币供给量，降低利率　　B. 增加货币供给量，提高利率

C. 减少货币供给量，提高利率　　D. 增加货币供给量，降低利率

49. 在哪种情况下，中央银行应该停止实行收缩货币的政策？（　　）

A. 国民收入处于均衡状态　　B. 经济出现衰退的迹象

C. 经济出现过热的迹象　　D. 利率已下降到较低的水平

50. 货币供给的变动如果对均衡收入有更大的影响，是因为（　　）。

A. 私人部门的支出对利率更敏感　　B. 私人部门的支出对利率不敏感

C. 支出乘数较小　　D. 货币需求对利率更敏感

51. 商业银行的准备金如低于法定准备金，它将（　　）。

A. 发行股票以筹措资金　　B. 增加贷款以增加资产

C. 提高利率以吸引存款　　D. 收回部分贷款

52. 在以下哪种情况下货币供给增加？（　　）

A. 政府购买增加

B. 美联储从公众那里购买财政部的债券

C. 市民购买通用公司发行的债券

D. IBM 公司向公众出售股票，用其收入建立一个新工厂

53. 货币供给增加使 LM 曲线右移 $\Delta m \cdot \frac{1}{k}$，若要均衡收入变动接近于 LM 曲线的移

动量，则必须是（　　）。

A. *LM* 曲线陡峭，*IS* 曲线也陡峭　　B. *LM* 曲线和 *IS* 曲线一样平坦

C. *LM* 曲线陡峭而 *IS* 曲线平坦　　D. *LM* 曲线平坦而 *IS* 曲线陡峭

54. 在下列哪种情况下增加货币供给不会影响均衡收入？（　　）

A. *LM* 曲线陡峭而 *IS* 曲线平坦　　B. *LM* 曲线垂直而 *IS* 曲线陡峭

C. *LM* 曲线平坦而 *IS* 曲线垂直　　D. *LM* 曲线和 *IS* 曲线一样平坦

55. 在 *LM* 曲线和 *IS* 曲线非极端的情况下，若 *LM* 曲线不变，*IS* 曲线的弹性大，则（　　）。

A. 财政政策的效果好　　B. 货币政策的效果好

C. 财政政策和货币政策的效果一样好　　D. 无法确定

56. 在 *LM* 曲线和 *IS* 曲线非极端的情况下，若 *IS* 曲线不变，*LM* 曲线的弹性大，则（　　）。

A. 财政政策的效果好　　B. 货币政策的效果好

C. 财政政策和货币政策的效果一样好　　D. 无法确定

57. 在古典情况下，（　　）曲线垂直，（　　）政策完全有效。

A. *LM*，财政　　B. *LM*，货币　　C. *IS*，财政　　D. *IS*，货币

58. 如果投资对利率变得很敏感，那么（　　）。

A. *IS* 曲线将变得更陡峭　　B. *LM* 曲线将变得更陡峭

C. *IS* 曲线将变得更平坦　　D. *LM* 曲线将变得更平坦

59. 如果货币需求对利率的变化相对较为敏感，则（　　）。

A. *IS* 曲线将相对较为平坦，货币政策的变化将对实际收入有较大影响

B. *IS* 曲线将相对较为陡峭，货币政策的变化将对实际收入有较小影响

C. *LM* 曲线将相对较为陡峭，财政政策的变化将对实际收入有较小影响

D. *LM* 曲线将相对较为平坦，财政政策的变化将对实际收入有较大影响

60. 有助于流通中货币量增加的政策是（　　）。

A. 扩张性财政政策　　B. 扩张性货币政策

C. 紧缩性财政政策　　D. 紧缩性货币政策

61. 假设价格水平不变，下列哪一项正确描述了货币政策影响产出的所有步骤？（　　）

A. 货币供给增加使得利率上升，投资增加，从而总支出和产出增加

B. 货币供给增加使得利率下降，投资减少，从而总支出和产出减少

C. 货币供给增加使得利率下降，投资增加，从而总支出和产出增加

D. 货币供给增加使得利率下降，投资增加，从而总支出和产出减少

62. 中央银行降低再贴现率，会使银行准备金（　　）。

A. 增加　　B. 减少

C. 不变　　D. 以上几种情况都有可能

63. 中央银行在公开市场卖出政府债券是试图（　　）。

A. 收集一笔资金帮助政府弥补财政赤字

B. 减少商业银行在中央银行的存款

C. 减少流通中的基础货币以紧缩货币供给

D. 通过买卖债券获取差价利益

64. 市场利率提高，银行的准备金会（　　）。

A. 增加　　　　B. 减少

C. 不变　　　　D. 以上几种情况都有可能

65. 如果中央银行采取扩张性的货币政策，可以（　　）。

A. 在公开市场买入债券，以减少商业银行的准备金，促使利率上升

B. 在公开市场卖出债券，以增加商业银行的准备金，促使利率下跌

C. 在公开市场买入债券，以增加商业银行的准备金，促使利率下跌

D. 在公开市场卖出债券，以减少商业银行的准备金，促使利率上升

66. 如果中央银行认为通货膨胀压力太大，其紧缩政策为（　　）。

A. 在公开市场出售政府债券　　　　B. 迫使财政部购买更多的政府债券

C. 在公开市场购买政府债券　　　　D. 降低法定准备率

67. 假定 *IS* 曲线和 *LM* 曲线的交点所表示的均衡的国民收入低于充分就业的国民收入，根据 *IS*—*LM* 模型，如果不让利率上升，政府应该（　　）。

A. 增加投资　　　　B. 在增加投资的同时增加货币供给

C. 减少货币供给量　　　　D. 在减少投资的同时减少货币供给

68. 在 *IS*—*LM* 模型中，*IS* 曲线和 *LM* 曲线的位置（　　）。

A. 在价格水平确定后才能确定

B. 仅由货币和财政当局确定

C. 总能确保经济处在充分就业的均衡上

D. 以上均不对

69. 已知某经济社会中消费函数 $C=200+0.5Y$，投资函数 $I=150-100r$，货币需求 $L=0.25Y-200r+50$，货币供给 $M_s=200$，则均衡国民收入和利率水平分别为（　　）。

A. 均衡国民收入 $Y=680$，利率 $r=0.1$

B. 均衡国民收入 $Y=720$，利率 $r=0.15$

C. 均衡国民收入 $Y=680$，利率 $r=0.15$

D. 均衡国民收入 $Y=720$，利率 $r=0.1$

70. 已知某经济社会中消费函数 $C=200+0.5(Y-T)$，投资函数 $I=150-100r$，货币需求 $L=0.25Y-200r+50$，货币供给 $M_s=200$，政府购买 $G=50$，税收 $T=50$，则均衡国民收入和利率水平分别为（　　）。

A. 均衡国民收入 $Y=680$，利率 $r=0.1$

B. 均衡国民收入 $Y=720$，利率 $r=0.15$

C. 均衡国民收入 $Y=680$，利率 $r=0.15$

D. 均衡国民收入 $Y=720$，利率 $r=0.1$

71. 当经济衰退但又不十分严重的时候，可以（　　）。

A. 采取扩张性财政政策和紧缩性货币政策组合

B. 采取扩张性货币政策和紧缩性财政政策组合

C. 采取紧缩性财政政策和紧缩性货币政策组合

D. 只采取紧缩性货币政策

72. 政府收入中最主要的部分是（　　）。

A. 税收　　B. 举债　　C. 发行国库券　　D. 公债

73. 收入政策的目的在于（　　）。

A. 降低一般价格水平上升的速度　　B. 实现充分就业

C. 实现经济增长　　D. 增加人们的收入

74. 面对经济停滞，政府应该（　　）。

A. 扩大支出、减税，以及/或实施从紧的货币政策

B. 削减支出和税收，以及/或实施从宽的货币政策

C. 扩大支出、减税，以及/或实施从宽的货币政策

D. 上述答案都不对

三、多项选择题

1. 宏观经济政策的目标是（　　）。

A. 充分就业　　B. 物价稳定

C. 经济增长　　D. 国际收支平衡

2. 属于内在稳定器的项目有（　　）。

A. 政府购买　　B. 税收

C. 政府转移支付　　D. 政府公共支出

3. 政府支出增加 100 元将（　　）。

A. 使计划支出曲线向上移动 100 元

B. 使 LM 曲线随之移动

C. 使 IS 曲线向右移动 $100\times\frac{1}{1-MPC}$元

D. 不会移动 LM 曲线

4. 在凯恩斯区域内（　　）。

A. 货币政策有效　　B. 财政政策有效

C. 货币政策无效　　D. 财政政策无效

5. 扩张性财政政策的一般效应是（　　）。

A. 消费需求增加　　B. 投资需求增加

C. 总需求增加　　D. 政府支出增加

6. 以下哪些是政府管理经济的工具？（　　）

A. 税收　　B. 直接支出

C. 转移支付　　D. 国债

7. 在经济萧条时，政府应该（　　）。

A. 扩大对产品和劳务的购买　　B. 增加转移支付

C. 增加税收　　D. 增加投资津贴

8. 税收的基本特征是（　　）。

A. 自愿性　　B. 强制性　　C. 无偿性　　D. 固定性

9. 根据课税对象，税收可以分成（　　）。

A. 比例税　　B. 财产税　　C. 所得税　　D. 流转税

10. 自动稳定器（　　）。

A. 又称内在稳定器

B. 指经济系统本身存在的一种会减少各种干扰对国民收入的冲击的机制

C. 在经济繁荣时自动抑制通货膨胀，在经济衰退时自动减轻萧条

D. 需要政府采取行动

11. 若要财政政策的效果明显，需要（　　）。

A. *IS* 曲线的斜率绝对值大　　B. *IS* 曲线的斜率绝对值小

C. *LM* 曲线的斜率大　　D. *LM* 曲线的斜率小

12. 挤出效应（　　）。

A. 是私人部门增税，减少了私人部门的可支配收入和支出

B. 是政府支出增加所引起的私人消费或投资降低

C. *IS* 曲线越平坦，挤出效应越大

D. *LM* 曲线越平坦，挤出效应越大

13. 以下何种情况会引起收入水平的上升？（　　）

A. 增加净税收　　B. 减少自主性税收

C. 增加自主性转移支付　　D. 增加自主性支出

14. 货币乘数的大小与多个变量有关，这些变量是（　　）。

A. 法定准备率　　B. 现金—存款比率

C. 超额准备率　　D. 市场利率

15. 中央银行可通过（　　）变动货币供给。

A. 变动法定准备率以变动货币乘数

B. 变动再贴现率以变动基础货币

C. 公开市场业务以变动基础货币

D. 降低利率

16. 在其他条件相同的情况下，以下哪几项属于扩张性货币政策？（　　）

A. 降低贴现率　　B. 央行出售政府债券

C. 增加货币发行　　D. 降低法定准备率

17. 在古典区域内（　　）。

A. 货币政策有效　　B. 财政政策有效

C. 货币政策无效　　D. 财政政策无效

18. 在经济萧条时期，政府实施货币政策时应（　　）。

A. 由中央银行在公开市场卖出政府债券

B. 由中央银行在公开市场买进政府债券

C. 提高再贴现率

D. 降低再贴现率

19. 假如中央银行在公开市场上大量购买政府债券，会出现哪种情况？（　　）

A. 利率下降　　B. 利率上升
C. 收入增加　　D. 投资增加
20. 中央银行采取（　　）。
A. 降低再贴现率的政策表示货币当局扩大货币供给
B. 降低再贴现率的政策表示货币当局减少货币供给
C. 提高再贴现率的政策表示货币当局扩大货币供给
D. 提高再贴现率的政策表示货币当局减少货币供给
21. 若要货币政策的效果明显，需要（　　）。
A. IS 曲线的斜率绝对值大　　B. IS 曲线的斜率绝对值小
C. LM 曲线的斜率大　　D. LM 曲线的斜率小
22. 经济中存在失业时，应采取的政策措施是（　　）。
A. 增加政府支出　　B. 降低个人所得税
C. 增加货币发行量　　D. 降低公司所得税
23. 在经济过热时，政府应该（　　）。
A. 减少政府财政支出　　B. 增加财政支出
C. 增加税收　　D. 减少货币供给量
24. 以下属于扩张性经济政策的有（　　）。
A. 减税　　B. 增加货币供给量
C. 增加转移支付　　D. 增加政府购买
25. 财政政策和货币政策都是通过影响以下哪些因素进而影响总需求的？（　　）
A. 利率　　B. 消费　　C. 投资　　D. 价格
26. 以下混合政策效应正确的有（　　）。
A. 扩张性财政政策和紧缩性货币政策使利率下降
B. 紧缩性财政政策和紧缩性货币政策使产出减少
C. 紧缩性财政政策和扩张性货币政策使利率上升
D. 扩张性财政政策和扩张性货币政策使产出增加

四、判断题

1. 宏观经济政策的目标之一是使失业率降到自然失业率之下。（　　）
2. 内在稳定器有助于缓和经济的波动。（　　）
3. 假如挤出效应等于 100%，财政支出政策十分有效。（　　）
4. 只要挤出效应小于 100%，政府支出的增加就能刺激国民收入的增加。（　　）
5. 比例税制对经济也会起到内在稳定器的作用。（　　）
6. 按照年度平衡预算的观点，在经济萧条时为了年度预算平衡，政府必须降低税率。（　　）
7. 失业保险制度对国民收入水平变动能起到自动稳定的作用。（　　）
8. 如果消费者能根据收入变化及时地调整他们的消费水平，那么对经济就起到内在稳定的作用。（　　）

9. IS 曲线为一条水平线时，扩张性货币政策不会引起利率上升，只会使实际国民收入增加。（　　）

10. IS 曲线越平坦，LM 曲线越陡峭，财政政策效果就越大。（　　）

11. 由于政策时滞的存在，人们怀疑相机抉择的财政政策的效果。（　　）

12. 累进的个人所得税可以发挥财政政策“内在稳定器”的功能。（　　）

13. 财政政策可以直接影响需求，货币政策则是间接影响需求。（　　）

14. 增加税收和增加政府支出都属于扩张性的财政政策。（　　）

15. 在总需求量不足时，政府可采取扩张性的财政政策来抑制衰退。（　　）

16. 如果经济处于充分就业状态，则增加政府支出完全不会挤占私人投资和消费支出。（　　）

17. IS 曲线越平坦，扩张性财政政策的效果就越小。（　　）

18. 在总支出水平不足时，政府应提高转移支付水平，以增加社会总需求。（　　）

19. 政府税收不具有自动稳定经济的作用。（　　）

20. 在经济繁荣时，政府转移支付的自动变化具有自动稳定经济的作用。（　　）

21. 增加政府支出属于扩张性的货币政策。（　　）

22. 中央银行购买政府债券将引起货币供给量的减少。（　　）

23. 紧缩性货币政策有效与否主要取决于这一政策是否减少总支出。（　　）

24. 大众持有现金的偏好增强，货币创造乘数会下降。（　　）

25. 中央银行规定的法定准备率越高，存款创造乘数也就越大。（　　）

26. 提高贴现率可以刺激商业银行增加贷款。（　　）

27. 如果中央银行希望降低利率，那么它可以在公开市场上出售政府证券。（　　）

28. 大多数经济学家认为，扩张性的货币政策使得利率下降，国民收入上升。（　　）

29. 当 LM 曲线为一条水平线时，扩张性财政政策没有挤出效应，财政政策对实际国民收入的影响最大。（　　）

30. 在 LM 曲线不变时，IS 曲线的斜率的绝对值越大，则财政政策效果越大。（　　）

31. 平衡预算财政思想认为，为实现充分就业和消除通货膨胀，需要赤字就赤字，需要盈余就盈余。（　　）

32. 充分就业意味着失业率为零。（　　）

33. 自动稳定器不能完全抵消经济的不稳定性。（　　）

34. 政府转移支付增加一美元对总需求的影响总是与政府支出增加一美元相同。（　　）

35. 当要减少货币供给量时，中央银行应降低再贴现率。（　　）

36. 当经济衰退时，一国货币当局应提高再贴现率，在公开市场上买进政府债券，降低法定准备率。（　　）

37. 货币创造乘数和法定准备率之间具有反向的关系。（　　）

38. 货币政策工具主要有再贴现率政策、公开市场业务和道义劝告。（　　）

39. 凯恩斯学派认为，要对付经济萧条，宏观财政政策比宏观货币政策更有效。（　　）

40. 如果利率水平处在流动性陷阱区域，则货币政策是无效的。（ ）
41. 中央银行能够控制商业银行准备金而不是活期存款规模。（ ）
42. 中央银行的主要职能之一是控制国家的货币供给。（ ）
43. 改变商业银行的活期存款准备率是中央银行最常使用的货币政策工具。（ ）
44. 在古典主义极端情况下，财政政策完全无效，而货币政策则有效果。（ ）
45. 财政政策和货币政策混合使用的政策效应是不确定的。（ ）

五、问答题

1. 宏观经济政策的目标有哪些？

2. 财政政策的工具有哪些？

3. 哪些因素影响财政政策的挤出效应？

4. 政府购买和政府转移支付这两项中哪一项对总需求变动影响更大？朝什么方向变动？

5. 在什么条件下，财政政策将会失效？在什么条件下，财政政策最有效？

6. *IS* 曲线和 *LM* 曲线的斜率对财政政策效果有何影响？

7. 如果经济衰退，政府打算用一种会促进长期经济增长的方法来刺激产出，那么政府更喜欢用什么政策工具来刺激经济？

8. 中央银行的货币政策工具主要有哪些？如何运用？

9. 什么是公开市场业务？这一货币政策工具有哪些优点？中央银行运用公开市场业务调节货币供应量的具体过程是什么？

10. *IS* 曲线和 *LM* 曲线的斜率对货币政策效果有何影响？

11. 如何运用财政政策和货币政策的搭配来解决滞胀问题？

12. 试说明货币幻觉对消费支出的可能影响。

13. 什么是动态不一致？简述在货币政策的制定过程中遵循单一规则的重要性。

14. 为什么财政政策和货币政策可以用来调节经济？

15. 什么是斟酌使用的财政政策和货币政策？

16. 假定经济起初处于充分就业状态，现在政府要改变总需求构成，增加私人投资而减少消费支出，但不改变总需求水平，试问应当实行一种什么样的混合政策？请用 *IS*—*LM* 图形表示这一政策建议。

17. 假定政府要削减税收，试用 *IS*—*LM* 模型表示以下两种情况下减税的影响：(1) 用适应性货币政策保持利率不变；(2) 货币存量不变。说明这两种情况下减税的经济后果有什么区别。

18. 假定政府考虑用两种紧缩政策：一是取消投资津贴；二是增加所得税。用 *IS*—*LM* 曲线和投资需求曲线表示这两种政策对收入、利率和投资的影响。

19. 用 *IS*—*LM* 模型说明为什么凯恩斯主义强调财政政策的作用而货币主义学派强调货币政策的作用。

六、计算题

1. 假设 LM 方程为 $y=500+25r$（货币需求为 $L=0.20y-5r$，货币供给为 100）。

（1）计算：1）IS 方程为 $y=950-50r$（消费 $c=40+0.8y_d$，投资 $i=140-10r$，税收 $t=50$，政府支出 $g=50$）时的均衡收入、利率和投资；2）IS 方程为 $y=800-25r$（消费 $c=40+0.8y_d$，投资 $i=110-5r$，税收 $t=50$，政府支出 $g=50$）时的均衡收入、利率和投资。

（2）政府支出从 50 增加到 80 时，情况 1）和情况 2）中的均衡收入和利率各为多少？

（3）说明政府支出从 50 增加到 80 时，为什么情况 1）和情况 2）中收入的增加有所不同。

2. 假设货币需求为 $L=0.20y$，货币供给量为 200，$c=90+0.8y_d$，$t=50$，$i=140-5r$，$g=50$。

（1）导出 IS 和 LM 方程，求均衡收入、利率和投资。

（2）若其他情况不变，g 增加 20 亿美元，均衡收入、利率和投资各为多少？

（3）是否存在挤出效应？

（4）用草图表示上述情况。

3. 假设货币需求为 $L=0.20y-10r$，货币供给为 200 亿美元，$c=60$ 亿美元$+0.8y_d$，$t=100$ 亿美元，$i=150$ 亿美元，$g=100$ 亿美元。

（1）求 IS 和 LM 方程。

（2）求均衡收入、利率和投资。

（3）政府支出从 100 亿美元增加到 120 亿美元时，均衡收入、利率和投资有何变化？

（4）是否存在挤出效应？

（5）用草图表示上述情况。

4. 某两部门经济中，假定货币需求为 $L=0.20y$，货币供给为 200 亿美元，消费为 $c=100$ 亿美元$+0.8y$，投资为 $i=140$ 亿美元$-5r$。

（1）根据这些数据求 IS 和 LM 曲线的方程，画出 IS 和 LM 曲线。

（2）若货币供给从 200 亿美元增加到 220 亿美元，LM 曲线如何移动？均衡收入、利率、消费和投资各为多少？

（3）为什么均衡收入增加量等于 LM 曲线移动量？

5. 某两部门经济中，假定货币需求为 $L=0.2y-4r$，货币供给为 200 亿美元，消费为 $c=100$ 亿美元$+0.8y$，投资为 $i=150$ 亿美元。

（1）求 IS 和 LM 方程，画出图形。

（2）求均衡收入、利率、消费和投资。

（3）若货币供给增加 20 亿美元，而货币需求不变，收入、利率、投资和消费有什么变化？

（4）为什么货币供给增加后收入不变而利率下降？

6. 假设一经济中有如下关系：$c=100+0.8y_d$，$i=50$，$g=200$，$tr=62.5$，$t=0.25$（边际税率）。

（1）求均衡收入。

（2）求预算盈余 BS。

（3）若投资增加到 $i=100$，预算盈余有何变化？为什么会发生这一变化？

（4）若充分就业收入 $y^*=1\ 200$，当投资分别为 50 和 100 时，充分就业预算盈余 BS^* 为多少？

（5）若 $i=50$，政府购买 $g=250$，而充分就业收入仍为 1 200，试问充分就业预算盈余为多少？

（6）以本题为例说明为什么要用 BS^* 而不用 BS 去衡量财政政策的方向。

7. 假定某国政府当前预算赤字为 75 亿元，边际消费倾向 $b=0.8$，边际税率 $t=0.25$，如果政府为降低通货膨胀率要减少支出 200 亿元，试问支出的这种变化最终能否消灭赤字？

第三部分　精编习题详解

一、名词解释

1. 财政政策：政府变动税收和支出以便影响总需求进而影响就业和国民收入的政策。

2. 货币政策：中央银行通过银行体系变动货币供给量来调节利率进而影响投资和整个经济以达到一定经济目标的行为。

3. 充分就业：指一切生产要素（包含劳动）都有机会以自己愿意接受的报酬参加生产的状态。

4. 存款准备金：商业银行经常保留的供支付存款提取用的一定金额。

5. 挤出效应：指政府支出增加所引起的私人消费或投资降低的效果。

6. 法定准备率：中央银行规定商业银行的准备金在存款中应当占的比率。

7. 财政政策和货币政策的混合使用：为实现收入与利率的不同组合，将扩张性或紧缩性的财政政策与扩张性或紧缩性的货币政策搭配使用，共有四种组合，这些组合为财政政策和货币政策的混合使用。

8. 自动稳定器：亦称内在稳定器，是指经济系统本身存在的一种会减少各种干扰对国民收入的冲击的机制，能够在经济繁荣时期自动抑制通货膨胀，在经济衰退时期自动减轻萧条，无须政府采取任何行动。具有这种功能的制度主要是税收、政府转移支付和农产品价格维持制度。

9. 斟酌使用的财政政策：西方经济学者认为，为确保经济稳定，政府要审时度势，主动采取一些财政措施，变动支出水平或税收以稳定总需求水平，使之接近物价稳定的充分就业水平，这就是斟酌使用的或权衡性的财政政策。

10. 功能财政：根据权衡性财政政策，政府在财政方面的积极政策主要是为了实现无通货膨胀的充分就业水平。当实现这一目标时，预算可以是盈余，也可以是赤字，而不应为了实现财政收支平衡妨碍政府财政政策的正确制定和执行。这样的财政为功能财政。

11. 货币创造乘数：中央银行新增一笔原始货币供给将使活期存款总和（亦即货币供

给量）增加的倍数被称为货币创造乘数。货币创造乘数$=\frac{1+r_c}{r_d+r_e+r_c}$，其中 r_d 是法定准备率，r_e 是超额准备率，r_c 是现金—存款比率。

12. 基础货币：存款扩张的基础是商业银行的准备金总额（包括法定的和超额的）加上非银行部门持有的通货，可被称为基础货币或货币基础。由于它会派生出货币，因此是一种高能的或者说活动力强大的货币，故又称高能货币或强力货币。

13. 再贴现率：中央银行对商业银行及其他金融机构放款的利率。

14. 公开市场业务：指中央银行在金融市场上公开买卖政府债券以控制货币供给和利率的政府行为。

15. 年度平衡预算：每个财政年度预算的收支平衡。

16. 周期平衡预算：指政府在一个经济周期中保持收支平衡。

17. 周期性失业：指当经济处于经济周期中的衰退或萧条时期时因需求下降而造成的失业。

18. 自然失业率：指在没有货币因素干扰的情况下，让劳动市场和产品市场的供求力量自发发生作用时，总需求和总供给处于均衡状态的失业率。

19. 补偿性财政政策：交替使用的扩张性和紧缩性财政政策。

20. 挤入效应：（1）政府在基础设施领域的投资会使投资环境得到明显的改善，从而降低私人投资的成本，这样即便是在收益既定的情况下，也会增加企业的利润，从而刺激私人投资的积极性，提高私人部门的投资水平；（2）政府的投资又会增加与之相关联行业的需求，为这些行业提供新的投资机会，从而增加这些领域的私人投资。由于上述两种作用分别依靠成本和行业来传导，所以被称为间接挤入效应。

21. 巴罗-李嘉图等价定理：新古典主义经济学家 R. 巴罗根据当年（1817 年）大卫·李嘉图的一个猜测，认为在某些条件下，政府无论用债券还是税收筹资，其对经济的影响是等价的或相同的。因为人们会认识到政府还债还是要用增加税收来解决，因此他们会把相当于未来增加税收的一部分财富储蓄起来。尽管李嘉图自己并不认为上述猜测在现实中行得通，但巴罗认为，按理性行事的人们确实是如此行事的，就是政府还债的更高赋税可能部分会落到后代人身上，而人们都是关心后代的，因此还是会增加储蓄给后代以应付还债。这就是所谓的巴罗-李嘉图等价定理。根据这一定理，政府借债只是公民纳税被推迟而已，故不会刺激消费。因此政府用发行公债搞赤字财政的政策是无效的。

22. 政策时滞：这是指政策从认识到决策，再到实施和产生效果，要有一个时间过程。这种时滞分为内在时滞和外在时滞。内在时滞指从经济中出现了不稳定到决策者制定出适当政策并付诸实施之间的时间间隔，包括认识时滞（指经济中发生了变动，对这种变动情况的资料作收集、分析、加工、整理、评价等所需的时间）、决策时滞（主要指政策制定者作决策所需要的立法程序的时间）和实施时滞（指从作出决策到付诸实施所需要的时间，也称行动时滞）。外在时滞指从经济政策实施到对经济发生作用并达到预期目标所需要的时间过程。由于政策实施后首先要影响中间变量，再由中间变量影响到目标变量，因而需要一个时间过程。例如，减税政策实施后首先要影响到可支配收入（中间变量），然后才能影响到消费和投资，进而影响到国民收入（目标变量）。通常说财政政策内在时滞较长，尤其是决策时滞较长，而货币政策内在时滞较短，但其外在时滞较长，因为从变动货币供应量到影响利率，再到影响投资和国民收入需要较长时间。不管如何，财政政策和货币政策都有时滞。在此过程中，经济可能发生了与预期目标不同的变化，这就会影响经济政策效果。

23. 古典主义极端：指古典主义的一种极端情况。IS 曲线越平坦，或 LM 曲线越陡峭，则财政政策效果越小，货币政策效果越大。如果出现一种 LM 曲线为垂直线而 IS 曲线为水平线的情况，则财政政策将完全无效，而货币政策将完全有效。这种情况被称为古典主义极端。

24. 收入政策：又称工资—物价管制政策，为了限制物价和工资的上涨率，以降低通货膨胀率，政府制定的一套由价格决定者（劳资双方）共同遵守的关于物价和工资的行为准则，由于调控的中心是工资率，所以一般被称为收入政策。收入政策主要针对成本推动的通货膨胀。收入政策可以采取以下三种形式：①以指导性为主的限制。②以税收为手段的限制。如果工资和物价增长率保持在政府规定的幅度之内，就以减税作为奖励；否则，就以增税作为惩罚。③强制性限制，即政府颁布法令对工资和物价实行管制，甚至暂时加以冻结。收入政策也存在缺陷：①如果是指导性政策或税收政策，其效果如何取决于劳资双方与政府能否通力合作。②强制性收入政策会妨碍市场机制对资源的有效配置。③如果在实施价格管制的同时没有采取相应的紧缩需求的措施，公开的通货膨胀就会转变为隐蔽的，一旦重新放开价格，通货膨胀就会以更大的力量爆发出来。

25. 人力政策：由 20 世纪 60 年代美国经济学家舒尔茨等人提出，又称就业政策，目的在于改善劳动市场结构，减少失业。人力政策的主要内容有：增加对国民的教育和技术上的投资，增加教育经费和制定开发人才的战略，建立一套科学的、高效的人才建设的模式和策略，建立相应的人才培养、开发与智力投资的计划和规定。

26. 时间不一致性：一项起初适合于今天的政策，随着时间的推移，就可能不再适合于明天。

二、单项选择题

1. A	2. C	3. B	4. B	5. A	6. B	7. A	8. C	9. A
10. B	11. B	12. D	13. B	14. A	15. C	16. B	17. C	18. A
19. B	20. D	21. A	22. A	23. B	24. B	25. C	26. D	27. A
28. A	29. D	30. C	31. C	32. D	33. D	34. D	35. A	36. C
37. D	38. B	39. D	40. A	41. D	42. C	43. A	44. C	45. C
46. B	47. D	48. C	49. B	50. A	51. D	52. B	53. C	54. C
55. B	56. A	57. B	58. C	59. D	60. B	61. C	62. A	63. C
64. B	65. C	66. A	67. B	68. A	69. A	70. B	71. A	72. A
73. A	74. C							

三、多项选择题

1. ABCD　2. BC　3. ACD　4. BC　5. ABC　6. ABCD　7. ABD　8. BCD

9. BCD　10. ABC　11. AD　12. BC　13. BCD　14. ABC　15. ABC　16. ACD　17. AD　18. BD　19. ACD　20. AD　21. BC　22. ABCD　23. ACD　24. ABCD　25. ABC　26. BD

四、判断题

1. ×	2. √	3. ×	4. √	5. √	6. ×	7. √	8. ×
9. √	10. ×	11. √	12. √	13. √	14. ×	15. √	16. ×
17. √	18. √	19. ×	20. √	21. ×	22. ×	23. √	24. √
25. ×	26. ×	27. ×	28. √	29. √	30. √	31. ×	32. ×
33. √	34. ×	35. ×	36. ×	37. √	38. ×	39. √	40. √
41. ×	42. √	43. ×	44. √	45. √			

判断题详解

1.（×），宏观经济政策的目标之一是使失业率保持在自然失业率水平，即充分就业状态。

2.（√），内在稳定器能够在经济过热时起到自动抑制通货膨胀、在经济萧条时起到刺激经济逐步复苏的作用。

3.（×），挤出效应等于100%，则财政支出政策完全无效。

4.（√），挤出效应小于100%，说明挤出不完全，国民收入就会有一定程度的增加。

5.（√），当经济高涨时，人们的收入随之增加，按照比例税上缴的税收就会增加，在一定程度上降低了收入增加的幅度，避免消费增加过快引起国民收入的快速增加。

6.（×），萧条时政府的转移支付增加，为取得预算平衡应该提高税率。

7.（√），失业保险保障金在经济繁荣时支出减少，在经济萧条时支出增加，可以基本保持失业者收入稳定，避免消费的大幅度降低严重减少国民收入。

8.（×），内在稳定器是反向调整，而消费水平与收入通常是正相关的，所以此判断不正确。

9.（√），*IS* 曲线越平坦，货币政策效果就越大，当 *IS* 曲线水平时，货币政策效果最佳，移动 *LM* 曲线只会使国民收入增加而利率不变。

10.（×），*IS* 曲线越陡峭，*LM* 曲线越平坦，财政政策效果就越大。

11.（√），政策的时滞会使政策效果显现延迟。

12.（√），国民收入增加时累进的个人所得税可以抑制收入的过快增加，发挥内在稳定器的功能。

13.（√），财政政策是直接发挥作用的，而货币政策要通过利率这个中间变量来发挥作用。

14.（×），增加税收属于紧缩性的财政政策。

15.（√），总需求不足抑制产出，而扩张性的财政政策起到刺激经济发展的作用。

16.（×），挤出效应存在与否并不取决于是否充分就业。

17. （√），LM 曲线固定，IS 曲线越平坦，扩张性的财政政策使 IS 曲线向右移动所带来的国民产出的增加就越小，即财政政策的效果就越小。

18. （√），总支出不足即总需求不足，政府提高转移支付可提高可支配收入，进而增加社会总需求。

19. （×），税收在经济繁荣时自动增加，在经济衰退时自动减少，所以具有自动稳定经济的作用。

20. （√），在经济繁荣时，政府转移支付自动减少，抑制经济过热，起到自动稳定经济的作用。

21. （×），增加政府支出属于扩张性的财政政策。

22. （×），中央银行购买政府债券时将货币支付出去，将引起货币供给量的增加。

23. （√），减少支出就会引起产出的减少，起到抑制经济过热发展的作用。

24. （√），现金流出货币创造体系越多，创造出的货币额度就会越低，货币创造乘数也就越小。

25. （×），货币创造乘数是法定准备率的倒数，法定准备率越高，货币创造乘数就越小。

26. （×），提高贴现率可以抑制商业银行增加贷款。

27. （×），中央银行希望降低利率，应该在公开市场上买进政府债券。

28. （√），扩张性的货币政策增加货币发行量，降低利率，促进投资增加，从而使得国民收入上升。

29. （√），LM 曲线越平坦，财政政策效果就越大，当 LM 曲线水平时，财政政策效果最佳，对国民收入的影响最大。

30. （√），财政政策使 IS 曲线发生移动，当 LM 曲线不变时，IS 曲线越陡峭，国民收入的变化量就越接近 IS 曲线的平移距离，所以财政政策效果就越大。

31. （×），平衡预算财政思想是保持财政收支平衡，原题是功能财政思想。

32. （×），充分就业是失业率处于自然失业率水平时的就业状态。

33. （√），自动稳定器只能在一定程度上减轻经济波动带来的影响。

34. （×），效果不同，政府支出增加直接使总需求增加，而政府转移支付是间接使总需求增加，政府支出对经济的影响力度比政府转移支付大。

35. （×），当要减少货币供给量时，中央银行应该提高再贴现率。

36. （×），当经济衰退时，一国货币当局应该降低再贴现率。

37. （√），货币创造乘数是法定准备率的倒数。

38. （×），货币政策工具主要有再贴现率政策、公开市场业务和法定准备率政策，此三者被称为中央银行的三大货币政策。

39. （√），财政政策是直接起作用，货币政策要通过中间变量利率来实现效果，是间接起作用，特别是货币政策实施时产生的流动性陷阱现象，使货币政策不能通过影响利率来影响投资。

40. （√），在流动性陷阱区域，人们不管有多少货币，都愿意保留在手中，使货币政策不能通过影响利率来影响投资，所以增加货币发行量的货币政策是无效的。

41. （×），中央银行可以通过改变法定准备率等手段控制商业银行的活期存款规模。

42. (√)，中央银行是发行的银行。

43. (×)，公开市场业务是中央银行最常使用的货币政策工具。

44. (√)，在古典主义极端情况下，LM 曲线是垂直的，此时财政政策完全无效，而货币政策效果最佳。

45. (√)，财政政策和货币政策的影响大小不同时，混合使用的政策效应就是不确定的。

五、问答题

1. **解答：**宏观经济政策的目标有充分就业、价格稳定、经济持续均衡增长和国际收支平衡、资源节约与环境保护、人的幸福与全面发展。

2. **解答：**财政政策的工具包括政府收入和支出两个方面，其中政府支出包括政府购买和政府转移支付，而政府收入则包含税收和公债两个部分。

政府购买是指政府对产品和劳务的购买，如购买军需品、购买机关办公用品、发放政府雇员报酬、实施公共项目工程所需的支出等都属于政府购买。政府购买是一种实质性支出，有着产品和劳务的实际交易，因而直接形成社会需求和购买力，是国民收入的一个组成部分。因此，政府购买规模直接关系到社会总需求的增减，是决定国民收入大小的重要因素之一。

政府转移支付是指政府在社会福利保险、贫困救济和补助等方面的支出。这是一种货币性支出，政府在付出这些货币时并无相应的产品和劳务的交换发生，是一种不以取得生产出来的产品和劳务作为报偿的支出，因此，政府转移支付不能算作国民收入的组成部分。它所做的仅仅是通过政府将收入在不同社会成员之间进行转移和重新分配，全社会的总收入并没有变动。政府转移支付也是一项重要的财政政策工具，它能够通过转移支付乘数作用于国民收入。一般来讲，在总支出不足时，失业会增加，这时政府应增加社会福利费用，提高转移支付水平，从而增加人们的可支配收入和消费水平，促进经济增长。

税收是政府收入中最主要的部分，它是国家为了实现其职能，按照法律预先规定的标准，强制地、无偿地取得财政收入的一种手段，因此税收具有强制性、无偿性、固定性三个基本特征。正因为如此，税收可作为实行财政政策的有力手段之一。税收依据不同标准可以作不同的分类。根据课税对象，税收可分为三类：财产税、所得税和流转税。根据收入中被扣除的比例，税收可以分为累退税、累进税和比例税。税收作为政府取得收入的一种手段，既是西方国家财政收入的主要来源，也是国家实施财政政策的一个重要手段。税收的变动对国民收入的变动具有倍增作用。由于税收乘数有两种，一种表示税率的变动对总收入的影响，另一种表示税收绝对量的变动对总收入的影响，因此税收作为政策工具，当被用来调节社会总需求时，既可以通过改变税率来实现，也可以通过变动税收总量来实现。因此，在需求不足时可采取减税措施来抑制经济衰退，在需求过旺时可采取增税措施来抑制通货膨胀。

当政府税收不足以弥补政府支出时，政府就会发行公债，使公债成为政府财政收入的又一组成部分。公债是政府对公众的债务，或公众对政府的债权。它不同于税收，是政府运用信用形式筹集财政资金的特殊形式，包括中央政府的债务和地方政府的债务。政府公债的发行，一方面能增加财政收入，影响财政收支，属于财政政策；另一方面又能对包括货币市场和资本市场在内的金融市场的扩张和紧缩起重要作用，影响货币的供求，从而调节社会的总需求水平。因此，公债也是政府实施宏观调控的经济政策工具。

3. **解答：** 影响财政政策挤出效应的因素有：

（1）支出乘数的大小。乘数越大，政府支出所引起的产出增加固然越多，但利率提高使投资减少所引起的国民收入减少也越多，即挤出效应越大。

（2）货币需求对产出变动的敏感程度，即货币需求函数（$L=ky-hr$）中 k 的大小。k 越大，政府支出增加引起的一定量产出增加所导致的货币需求（交易需求）增加就越多，从而使利率上升得也越多，进而挤出效应也就越大。

（3）货币需求对利率变动的敏感程度。即货币需求函数中 h 的大小，也就是货币需求的利率系数的大小。这一系数越小，说明货币需求稍有变动，就会引起利率的大幅度变动，因此，政府支出增加引起货币需求增加所导致的利率上升就越多，对投资的“挤占”也就越多。相反，k 越大，则挤出效应就越小。

（4）投资需求对利率变动的敏感程度，即投资的利率系数的大小。投资的利率系数越大，则一定量利率水平的变动对投资水平的影响就越大，因而挤出效应就越大；反之，则挤出效应就越小。

在凯恩斯主义极端情况下，货币需求的利率系数无限大，而投资需求的利率系数等于零，因此，政府支出的挤出效应为零，财政政策效果极大。反之，在古典主义极端情况下，货币需求的利率系数为零，而投资需求的利率系数极大，因此，挤出效应是完全的。

4. **解答：** 政府购买是指由政府及其职能部门直接用于购买产品和劳务的支出，它是用于维持国家机器运转的开支和其他行政事业开支，在形式上是以政府为购买主体直接与产品和劳务相交换。政府转移支付则是政府为实现其对社会经济生活的调控职能，转移给各受益主体并由他们最终实现的支出。这是一种单方面的无偿支付，政府不能从中获得相等代价的补偿，只是充当中介人，在私人部门之间进行资源的再分配。这类支出主要包括社会保障支出、财政补贴支出、债务利息支出等。

当然是政府购买对总需求的变动影响较大。从乘数来看，政府转移支付乘数为$\frac{b}{1-b}$，而政府购买乘数为$\frac{1}{1-b}$，其中，b 是边际消费倾向 MPC，其大于 0 而小于 1，因此政府购买乘数较大。就等量的政府购买和政府转移支付而言，政府购买对经济的影响比政府转移支付对经济的影响大。另一种解释就是，政府购买是直接的支出，支出多少就增加多少社会需求，是一种确定的经济拉动力。而政府转移支付被转移给其他对象（个人、企业或团体），接受转移支付的人员和组织不一定把所有接受的转移支付都消费掉，或消费比例较低，因此转移支付对经济的拉动力是相对弱的、不确定的。

无论是政府购买还是政府转移支付，其变动对总需求、经济增长的影响都是同向的。

5. **解答：** 财政政策的有效性同 LM 曲线的斜率有关。如果 LM 曲线是一条垂直线，即货币需求对利率变动的敏感性为零，IS 曲线的移动将不会对均衡产出水平发生影响。在这种情况下，财政政策是无效的。如果 LM 曲线是一条水平线，即货币需求对利率变动的敏感性无穷大，IS 曲线的移动将不会导致利率的变化。在这种情况下，乘数等于其可能达到的最大值。换言之，财政政策能最充分地发挥其效用。总之，对应于给定的 *IS* 曲线，*LM* 曲线越陡峭，即货币需求的利率弹性越小，财政政策的有效性就越小；反之亦然。

6. **解答：**在 *LM* 曲线的斜率不变时，*IS* 曲线斜率的绝对值越大，即 *IS* 曲线越陡峭，则移动 *IS* 曲线时收入变化就越大，即财政政策效果就越大（见图 17－2）；反之，*IS* 曲线越平坦，则移动 *IS* 曲线时收入变化就越小，即财政政策效果就越小（见图 17－3）。

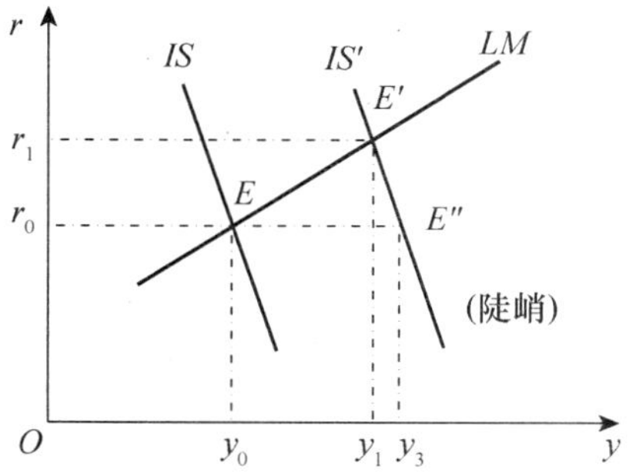

图 17－2　政策效果大

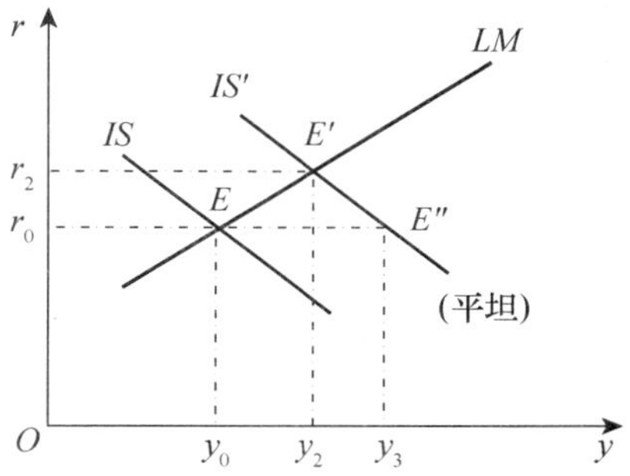

图 17－3　政策效果小

在 *IS* 曲线的斜率不变时，财政政策效果又随着 *LM* 曲线斜率的不同而不同。*LM* 曲线的斜率越大，即 *LM* 曲线越陡峭，则移动 *IS* 曲线时收入变动就越小，即财政政策效果就越小；反之，*LM* 曲线越平坦，则财政政策效果就越大（见图 17－4）。

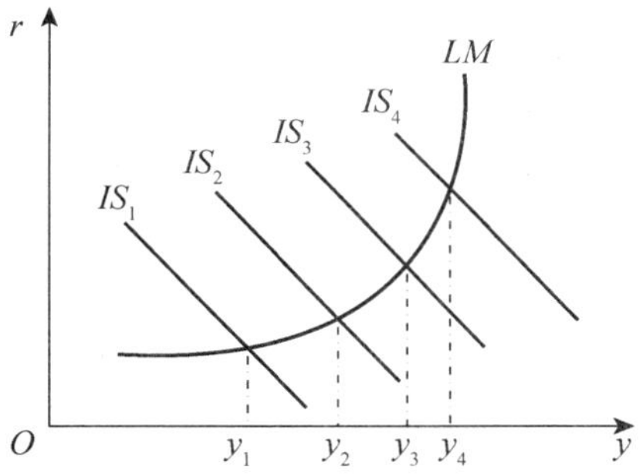

图 17－4

当 *IS* 曲线垂直，*LM* 曲线呈水平状时，则货币政策完全无效，而财政政策效果会很大，如图 17－5 所示。

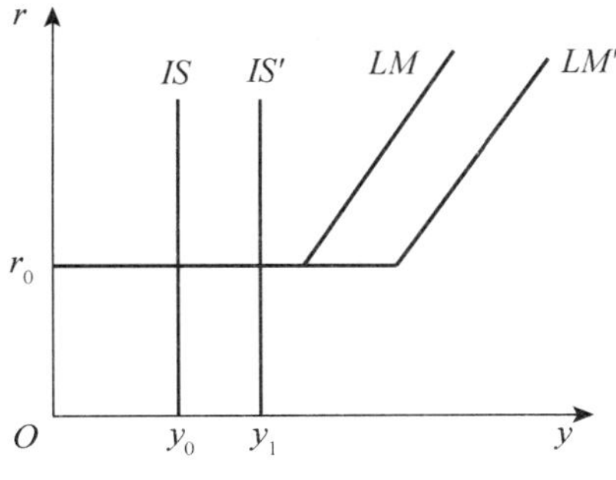

图 17－5

7. **解答**：如果经济衰退，政府打算用一种会促进长期经济增长的方法来刺激产出，也许政府更喜欢用投资税优惠这样的减税措施。这种措施比扩张货币、降低利率的刺激投资的办法可能好一些，因为扩张货币容易造成通货膨胀，而通货膨胀不利于经济稳定与增长。削减个人所得税可刺激消费并促进投资，但这种促进作用比较有限。增加政府支出会刺激产出，但可能出现挤出效应。相比之下，投资税优惠可能是政府更喜欢采用的措施。

8. **解答**：中央银行的货币政策工具主要有再贴现率政策、公开市场业务、法定准备率。当经济衰退时，政府应通过在金融市场上买进有价证券、降低贴现率和准备率以增加货币供给。反之，当出现通货膨胀时，政府应在金融市场上卖出有价证券、提高贴现率和准备率以减少货币供给量来抑制总需求。

9. **解答**：公开市场业务指中央银行在金融市场上公开买卖政府债券以控制货币供给和利率的政府行为。公开市场业务的优点：(1) 中央银行可及时地按照一定规模买卖政府证券，比较易于准确地控制银行体系的准备金。(2) 公开市场业务比较灵活。中央银行随时改变货币供给变动的方向，变买进为卖出证券，立即就有可能使增加货币供给变为减少货币供给。(3) 对货币供给的影响可以比较准确地预测出来。

中央银行运用公开市场业务调节货币供应量的具体过程：中央银行如果想扩大货币的供应，将在公开市场上买进有价证券。当中央银行在公开市场上从公众那里购买政府债券时，它是用中央银行的支票支付的。出售政府债券的公众将得到的中央银行的支票存入自己的开户银行，公众在银行的存款增加，这是新增的原始存款。这相当于基础货币增加。该银行可以就此增加对公众的贷款，从而使货币创造的乘数过程继续进行下去。如果央行想减少货币供应，则可以出售政府债券，回笼货币。

10. **解答**：货币政策效果是指中央银行变动货币供给量对总需求从而对国民收入和就业的影响。货币政策效果的大小主要取决于以下两点：第一，增加货币供给一定数量会使利率下降多少；第二，利率下降时会在多大程度上刺激投资。从第一点看，如果货币需求对利率变动很敏感，即货币需求的利率系数 h 很大，则 LM 曲线较平坦，那么这时增加一定数量的货币供给只会使利率稍有下降，在其他条件不变的情况下，私人部门的投资增加得就较少，从而货币政策效果就比较小；从第二点看，如果投资对利率变动很敏感，即 IS 曲线较平坦，那么利率下降时投资就会大幅度增加，从而货币政策效果就比较大。

在 LM 曲线的斜率不变时，IS 曲线越平坦，LM 曲线移动对国民收入变动的影响就越大，货币政策的效果就越大；反之，IS 曲线越陡峭，LM 曲线移动对国民收入变动的影响就越小，货币政策的效果就越小（见图 17－6）。

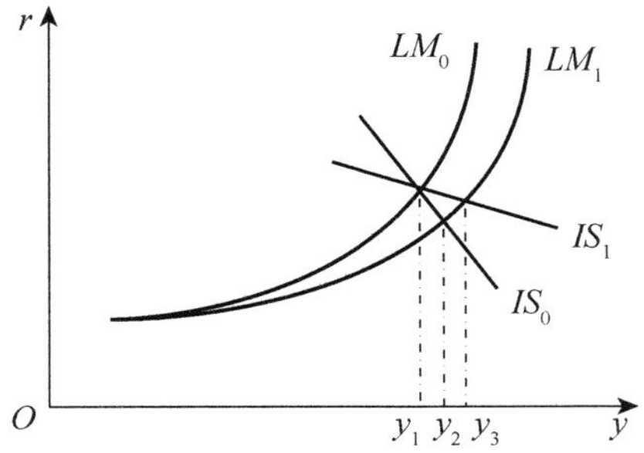

图 17－6

当 IS 曲线垂直时，LM 曲线移动对国民收入没有影响，货币政策完全没有效果，如图 17-7 所示。

IS 曲线斜率不变，LM 曲线陡峭，货币政策效果显著；LM 曲线平坦，货币政策效果不显著；LM 曲线越陡峭，货币政策效果就越大（见图 17-8）。

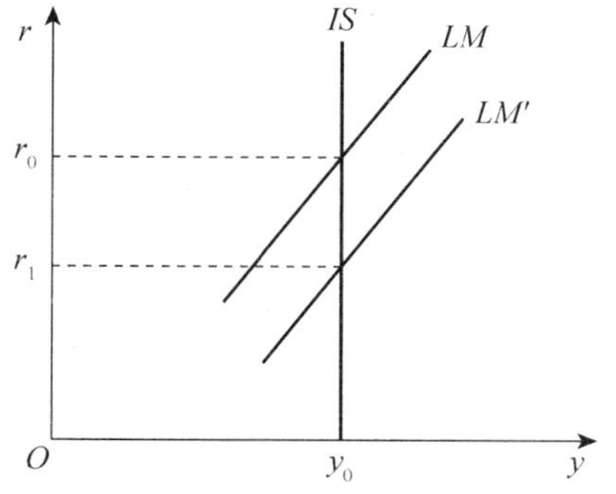

图 17-7

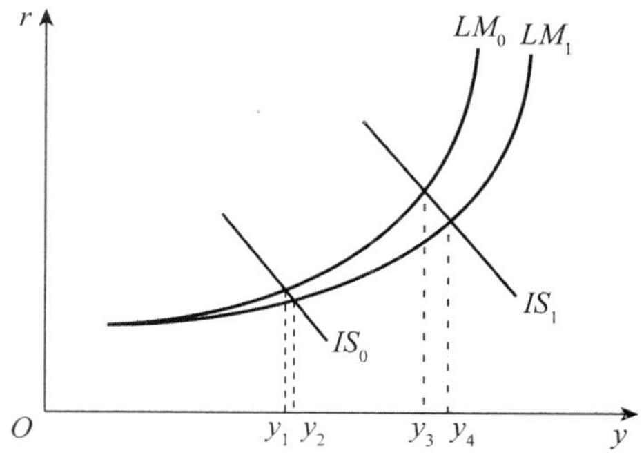

图 17-8

11. **解答：**（1）滞胀是指经济生活中出现了生产停滞、失业增加和物价水平居高不下同时存在的现象，它是通货膨胀长期发展的结果。以弗里德曼为代表的货币主义者直接批判凯恩斯主义的通货膨胀政策，认为滞胀是长期实施膨胀性经济政策的必然结果，以增加有效需求的办法来刺激经济，实质上是过度发行货币，经济中的自然失业率是无法通过发行货币来消除的。

（2）财政政策是指政府变动税收和支出以便影响总需求进而影响就业和国民收入的政策。变动税收是指改变税率和税率结构。变动政府支出是指改变政府对产品与劳务的购买支出以及转移支付。货币政策是指政府通过中央银行变动货币供给量，影响利率和国民收入的政策措施。货币政策的工具有公开市场业务、再贴现率、法定准备率以及道义劝告等。这些货币政策工具作用的直接目标是通过控制商业银行的存款准备金，影响利率与国民收入，从而最终实现稳定国民经济的目标。

（3）当经济出现滞胀时，可采取扩张性财政政策和紧缩性货币政策。用扩张性财政政策拉动总需求，促进经济增长，用紧缩性货币政策控制通货膨胀。这种政策组合的目标是在控制通货膨胀的同时，保持适度的经济增长。但扩张性财政政策也可能推高物价，紧缩性货币政策也会抑制经济增长，要合理设计两种政策的实施工具、实施时间和组合力度。

按照 $AD—AS$ 模型，滞胀主要由总供给减少、总供给曲线向左上移动造成，按照此分析框架，财政政策和货币政策的发力端应该是总供给，应进行供给侧结构性改革，支持教育、科技、人才发展，优化产业政策、就业政策、进口替代政策、区域发展政策，形成大众创业、万众创新的气象，使供给提质增效。

按照凯恩斯主义的观点，经济衰退与通货膨胀不会并存，滞胀不会出现。滞胀的出现动摇了凯恩斯主义主流宏观经济学的地位，西方出现了供给学派、货币主义学派、理性预期学派等学派，各个学派依据自身理论和经济问题，有针对性地提出了各自的理论，各说各的理，没有医治滞胀的万能药方。

12. **解答：** 货币幻觉亦称货币“错觉”，指人们忽视货币收入的真实购买力，而只注重名义价值的一种心理错觉。某些资产阶级经济学家认为，工人极易陷入货币幻觉，即容易发觉货币工资增加与减少的变化，而较难察觉物价水平的升降变化。

假定价格水平和现期货币收入以相同的比例提高，结果实际收入不变。就消费支出而言，货币幻觉可能有以下两种表现形式：

（1）如果只看到了名义收入的增加，而没有看到价格水平的上升，消费者就会认为自己的实际收入增加了，由于 MPC 递减，相对于储蓄，实际消费支出的占比可能下降。

（2）如果只看到了价格水平的上升，消费者就会认为自己的实际收入减少了，由于 MPC 递减，相对于储蓄，实际消费支出的占比可能增加。

13. **解答：**（1）动态不一致是指一项起初适合于今天的政策，随着时间的推移，就可能不再适合于明天。货币政策的动态不一致性，又称货币政策时间上的不连贯性，是指一个货币政策在制定时对政府而言是最优的，但在执行阶段往往不是最优的，当私人部门相信政府会实施这一政策时，政府就会没有积极性去真正实施这一政策，即政策制定者最终没有兑现自己的承诺。

（2）动态不一致性产生的原因是政府目标多样化，政府往往面临通货膨胀率目标和失业率目标之间的两难选择。根据菲利普斯曲线，失业率与未预期到的通货膨胀率之间在短期内存在此消彼长的关系，当政府宣布要降低通货膨胀率而公众又相信政府会将通货膨胀率降下来的时候，较低的通货膨胀预期就会反映到工资和物价合同中，使物价和通货膨胀率相应地下降，这就是通货膨胀的自我实现原理。但这时政府又会反悔，转而采取扩张性的货币政策，引起未预期到的通货膨胀，从而刺激经济增长，同时降低失业率。

当政府更关心失业问题时，它往往会牺牲降低通货膨胀率的目标而采取扩张性的货币政策来增加就业，从而违背其最初的降低通货膨胀率的承诺。由于货币政策的动态不一致性，政府有违背降低通货膨胀的承诺而实行扩张性货币政策的潜在动机。未预期到的通货膨胀会降低公众的实际收入，理性的公众因为了解货币政策的动态不一致性，对政府降低通货膨胀的信任总是有限的。在公众不信任的情况下，通货膨胀预期降不下来，政府的机会主义行为不能增加就业，反而会使通货膨胀率进一步升高。

由此可见，政府要想实现其承诺可信，只通过口头承诺是建立不起货币政策的信誉的，最有效的方法是通过设计出捆住政府进行货币扩张的“手脚”的规则——单一货币规则，来克服货币政策的动态不一致性，即让货币政策在时间上有连贯性，最终使货币政策制定者获得信誉。

14. **解答：** 财政政策是政府变动税收和支出以便影响总需求进而影响就业和国民收入的政策；货币政策是政府当局即中央银行通过银行体系变动货币供给量来调节总需求的政策。

财政政策是政府为促进就业水平提高、减轻经济波动、防止通货膨胀和实现经济稳定增长而对政府支出、税收和借债水平所进行的选择，或政府对政府收入和支出水平所作出的决策。财政政策主要是通过变动政府支出、改变政府转移支付、变动税收和公债这些政策工具，通过乘数，作用于国民收入，进而达到调节宏观经济运行的目的。当经济衰退时，政府应通过削减税收、降低税率、增加支出或多种措施刺激总需求，从而在需求不足时使需求增加，这样国民收入和就业就可以增加了。反之，当出现通货膨胀时，政府可以通过增加税收或削减开支或多种措施抑制总需求。

货币政策是政府通过改变流通中的货币数量来影响利率水平，进而影响投资，最终达到调节产出目标的政策。中央银行的货币政策工具主要有再贴现率政策、公开市场业务和变动法定准备率。当经济衰退时，政府应通过在金融市场上买进有价证券、降低贴现率和准备率以增加货币供给，使利率下降、信贷可得性提高，进而增加投资和消费，从而在需求不足时使需求增加，这样国民收入和就业就可以增加了。反之，当出现通货膨胀时，政府应在金融市场上卖出有价证券，提高贴现率和准备率以减少货币供给量从而抑制总需求。

15. **解答：**西方经济学者认为，为确保经济稳定，政府要审时度势，根据对经济形势的判断，逆经济风向行事，主动采取一些措施稳定总需求水平。在经济萧条时，政府要采取扩张性的财政政策，降低税率、增加政府转移支付、扩大政府支出，以刺激总需求，降低失业率；在经济过热时，政府要采取紧缩性的财政政策，提高税率、减少政府转移支付、降低政府支出，以抑制总需求的增加，进而遏制通货膨胀。这就是斟酌使用的财政政策。

同理，在货币政策方面，西方经济学者认为斟酌使用的货币政策也要逆经济风向行事。当总支出不足、失业持续增加时，中央银行要实行扩张性的货币政策，即提高货币供给量，降低利率，从而刺激总需求，以缓解衰退和失业问题；在总支出过多、价格水平持续上涨时，中央银行就要采取紧缩性的货币政策，即削减货币供给量，提高利率，从而降低总需求水平，以解决通货膨胀问题。这就是斟酌使用的货币政策。

16. **解答：**如果政府要改变总需求构成，增加私人投资而减少消费支出，但不改变总需求水平，则应当实行扩大货币供给和增加税收的混合政策。扩大货币供给可使 LM 曲线右移，导致利率 r 下降，刺激私人部门的投资支出。税收增加时，人们的可支配收入会减少，从而消费支出相应减少，这使 IS 曲线左移。如图 17－9 所示，y_0 为充分就业时的国民收入，政府增加货币供给使 LM 移至 LM'，利率由 r_1 降至 r_2，与此同时，政府采用紧缩性财政政策使 IS 左移至 IS'，这样国民收入维持在充分就业水平 y_0，而私人投资增加了，消费支出减少了。

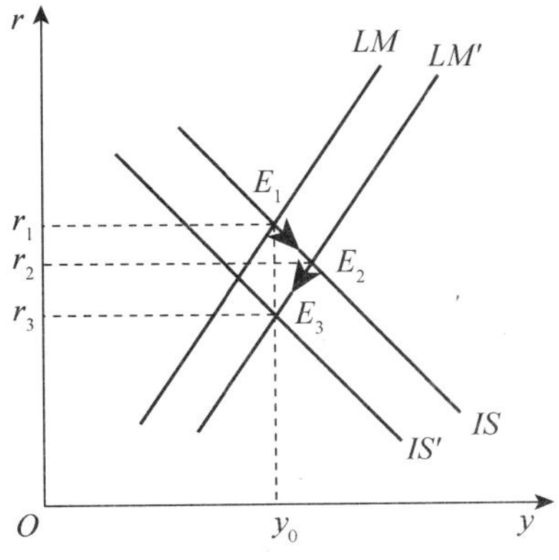

图 17－9

17. **解答：**（1）如图 17－10 所示，政府减税会使 IS 曲线向右上方移动至 IS'曲线处，

这使得利率上升至 r_1，国民收入增加至 y_1，为了使利率维持在 r_0 水平，政府应采取扩张性货币政策使 LM 曲线右移至 LM' 曲线处，从而利率仍旧为 r_0，国民收入增至 y_2，均衡点为 LM' 曲线与 IS' 曲线的交点 E_2。

（2）货币存量不变，表示 LM 曲线不变，这些减税使 IS 曲线向右移至 IS' 曲线处的效果是利率上升至 r_1，国民收入增至 y_1，均衡点为 LM 与 IS' 曲线的交点 E_3。

两种情况下减税的经济后果显然有所区别，在（1）的情况下，在减税的同时由于采取了扩张性的货币政策，这使得利率不变，国民收入增至 y_2，而在（2）的情况下，在减税的同时保持货币存量不变，这使得利率上升，从而会使私人部门的投资被挤出一部分，因此，国民收入虽然也增加了，但只增至 y_1（$y_1 < y_2$）。

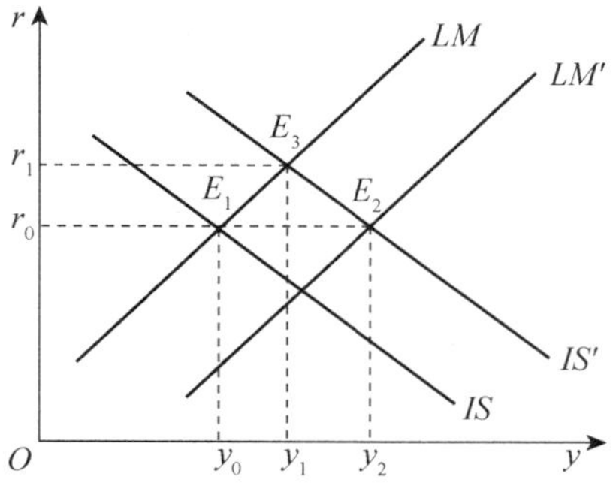

图 17－10

18. **解答：**取消投资津贴和增加所得税虽然都属于紧缩性财政政策，都会使 IS 曲线向左下方移动，从而使利率和收入下降，但对投资的影响不一样，因而在 IS—LM 图形上的表现也不相同，现在分别加以说明。

（1）取消投资津贴。取消投资津贴等于提高了投资成本，其直接影响是降低投资需求，使投资需求曲线左移，在图 17－11（a）中，投资需求曲线从 I^0 左移到 I^1。如果利率不变，则投资量要减少 I_1I_0，即从 I_0 减少到 I_1，然而投资减少后，国民收入要相应减少，IS 曲线要左移，在货币市场均衡保持不变（即 LM 曲线不动）的条件下，利率必然下降（因为收入减少后货币的交易需求必然减少，在货币供给不变时，利率必然下降），利率下降又会增加投资，使取消投资津贴以后的投资减少量达不到 I_1I_0。在图 17－11（b）中，设 IS 曲线因投资需求下降而从 IS_0 左移到 IS_1，结果使收入从 y_0 降到 y_1，利率从 r_0 降到 r_1，在图 17－11（a）中，当利率降为 r_1 时，实际的投资就不是下降到 I_1，而是下降到 I_1'，因此少降低 I_1I_1' 的数额。

（2）增加所得税。增加所得税会降低人们可支配收入的水平，从而减少消费支出，这同样会使 IS 曲线左移。假定左移情况也是图 17－11（b）中的 IS_0 曲线移动到 IS_1 曲线处，则收入和利率分别从 y_0 和 r_0 降到 y_1 和 r_1，由于增加所得税并不会直接降低投资需求，因而投资需求曲线仍为 I^0，但是由于利率从 r_0 降到 r_1，因而投资得到刺激，投资量从 I_0 增加到 I_0'，这就是说，增加所得税虽然使消费、收入和利率都下降了，但投资增加了。

19. **解答：**按西方经济学家的观点，由于货币的投机需求与利率呈反方向关系，因而 LM 曲线向右上方倾斜，但当利率上升到相当高度时，保留闲置货币而产生的利息损失将

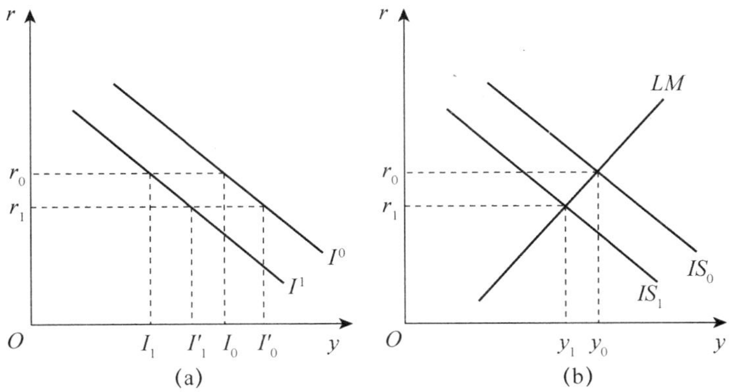

图 17-11

变得很大，而利率进一步上升引起的资本损失风险将变得很小，这就使货币的投机需求完全消失。这是因为，利率很高意味着债券价格很低。当债券价格低到正常水平以下时，买进债券不会再使本金遭受债券价格下跌的损失，因而手中任何闲置货币都可用来购买债券，人们不愿再让货币保留在手中，即货币的投机需求完全消失，货币需求全由交易动机产生，因而货币需求曲线从而 *LM* 曲线就表现为垂直线形状。这时变动预算收支的财政政策不可能影响产出和收入。实行增加政府支出的政策完全无效，因为支出增加时，货币需求增加会导致利率大幅度上升（因为货币需求的利率弹性极小，几近于零），从而导致极大的挤出效应，因而使得增加政府支出的财政政策效果极小。相反，变动货币供给量的货币政策则对国民收入有很大作用。这是因为，当人们只有交易需求而没有投机需求时，如果政府采用扩张性的货币政策，这些增加的货币将全部被用来购买债券，人们不愿为投机而持有货币，这样，增加货币供给就会导致债券价格大幅度上升，即利率大幅度下降，使投资和收入大幅度增加，因而货币政策很有效。所以古典主义者强调货币政策的作用而否定财政政策的作用。

为什么凯恩斯主义强调财政政策呢？因为凯恩斯认为，当利率降到很低的水平时，持有货币的利息损失很小，可是如果将货币用于购买债券，由于债券价格异常高（利率极低表示债券价格极高），因而只会下跌而不会上升，从而使购买债券的货币资本损失的风险变得很大。这时，人们即使有闲置货币，也不肯去购买债券，这就是说，货币的投机需求变得很大甚至无限大，经济陷入所谓“流动性陷阱”（又称凯恩斯陷阱）状态，这时的货币需求曲线从而 *LM* 曲线呈水平状。如果政府增加支出，则 *IS* 曲线右移，货币需求增加，并不会引起利率上升而发生挤出效应，于是财政政策极有效。相反，这时如果政府增加货币供给量，则不可能使利率进一步下降，因为人们再不肯用多余的货币购买债券而宁愿将货币持有在手中，因此债券价格不会上升，即利率不会下降。既然如此，想通过增加货币供给使利率下降并增加投资和国民收入就是不可能的，货币政策无效。因此凯恩斯主义强调财政政策而不是货币政策的作用。

六、计算题

1. **解答：**（1）1）由 *IS* 方程、*LM* 方程得 *IS—LM* 模型方程组：

$$\begin{cases} y=500+25r \\ y=950-50r \end{cases}$$

解得：$r=6$，$y=500+25\times6=650$，$i=140-10\times6=80$。

2）由 *IS* 方程、*LM* 方程得 *IS*—*LM* 模型方程组：

$$\begin{cases} y=500+25r \\ y=800-25r \end{cases}$$

解得：$r=6$，$y=500+25\times6=650$，$i=110-5\times6=80$。

（2）1）$\Delta g=80-50=30$，$\Delta y=\dfrac{1}{1-\beta}\cdot\Delta g=\dfrac{1}{1-0.8}\times30=150$，所以 *IS* 方程为：

$$y=950+150-50r=1\,100-50r$$

LM 方程为：

$$y=500+25r$$

由 *IS* 方程、*LM* 方程得 *IS*—*LM* 模型方程组：

$$\begin{cases} y=500+25r \\ y=1\,100-50r \end{cases}$$

解得：$r=8$，$y=500+25\times8=700$。

2）*IS* 方程为：$y=800+150-25r=950-25r$，*LM* 方程为：$y=500+25r$。

由 *IS* 方程、*LM* 方程得 *IS*—*LM* 模型方程组：

$$\begin{cases} y=500+25r \\ y=950-25r \end{cases}$$

解得：$r=9$，$y=500+25\times9=725$。

（3）因为在 *LM* 曲线斜率一定的情况下，财政政策效果受 *IS* 曲线斜率的影响。情况 2）中的 *IS* 曲线比情况 1）中的 *IS* 曲线陡峭。在情况 1）中，*IS* 曲线比较平坦，投资需求对利率变动比较敏感，挤出效应较大，从而国民收入水平提高较少。在情况 2）中，*IS* 曲线比较陡峭，投资需求对利率变动较不敏感，挤出效应较小，从而国民收入水平提高较多。

2. **解答：**（1）求 *IS* 方程：

$$s=y_d-c=y_d-90-0.8y_d=-90+0.2y_d=-90+0.2(y-50)$$

由 $i=s+(t-g)$ 得：

$$140-5r=-90+0.2(y-50)+(50-50)$$

解得 *IS* 方程为：$y=1\,200-25r$。

求 *LM* 方程，令 $M=L$ 得：

$$200=0.20y$$

解得 *LM* 方程为：$y=1\,000$。

由 IS 方程、LM 方程得 IS—LM 模型方程组：

$$\begin{cases} y=1\,200-25r \\ y=1\,000 \end{cases}$$

解得：$r=8$，$y=1\,000$，$i=140-5\times8=100$。

(2) $\Delta g=20$，$\Delta y=20\times\dfrac{1}{1-0.8}=100$，所以 IS 方程为 $y=1\,200+100-25r=1\,300-25r$，$LM$ 方程不变，还是 $y=1\,000$。

由 IS 方程、LM 方程得 IS—LM 模型方程组：

$$\begin{cases} y=1\,300-25r \\ y=1\,000 \end{cases}$$

解得：$r=12$，$y=1\,000$，$i=140-5\times12=80$，$\Delta i=80-100=-20$。

(3) 存在完全挤出效应。政府购买增加 20，投资减少 20，政府购买增加并没有带来国民收入增加。

(4) 如图 17－12 所示。

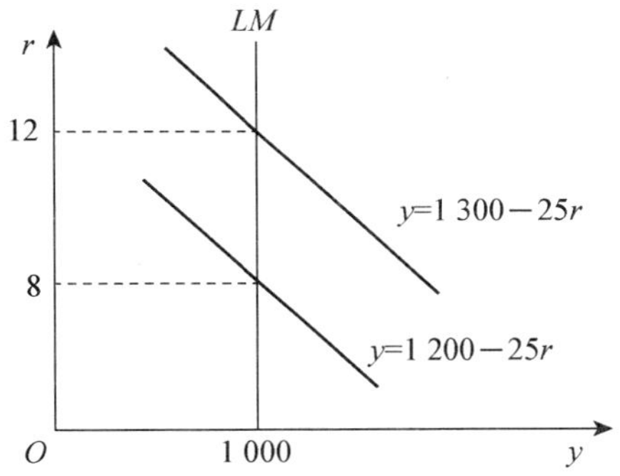

图 17－12

3. **解答：**(1) 求 IS 方程：

由 $y=c+i+g=60+0.8(y-100)+150+100$，整理得 IS 方程：$y=1\,150$。

求 LM 方程：

令 $L=M$ 得 $0.20y-10r=200$，整理得 LM 方程：$y=1\,000+50r$。

(2) 由 IS 方程、LM 方程得 IS—LM 模型方程组：

$$\begin{cases} y=1\,150 \\ y=1\,000+50r \end{cases}$$

解得：$r=3$，$y=1\,150$，$i=150$。

(3) $\Delta g=20$，$\Delta y=\dfrac{1}{1-0.8}\times20=100$，所以，$IS$ 曲线方程为：$y=1\,150+100=1\,250$，LM 方程为：$y=1\,000+50r$。

由 IS 方程、LM 方程得 IS—LM 方程组：

$$\begin{cases} y=1\,250 \\ y=1\,000+50r \end{cases}$$

解得：$r=5$，$y=1\,250$，$i=150$。

（4）不存在挤出效应。政府购买增加并没有导致企业投资减少。

（5）如图 17 - 13 所示。

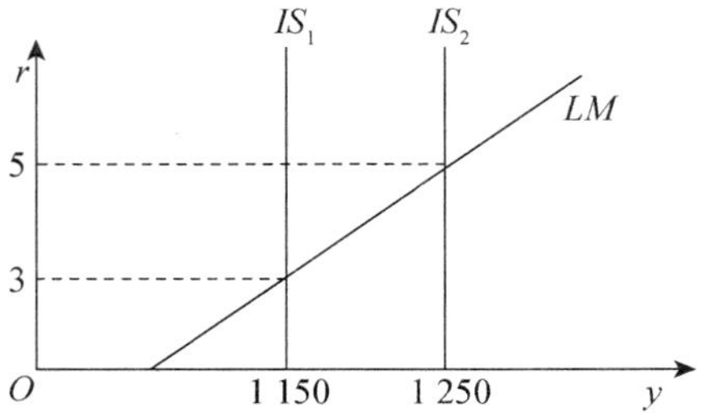

图 17 - 13

4. **解答：**（1）求 IS 方程：

由 $c=100+0.8y$ 得 $s=y-c=-100+0.2y$，由 $i=s$ 得 IS 方程为：$-100+0.2y=140-5r$，即 $y=1\,200-25r$。

求 LM 方程：

当货币供给为 200 亿美元时 LM 方程为：$200=0.20y$，即 $y=1\,000$。

IS 和 LM 曲线如图 17 - 14 所示。

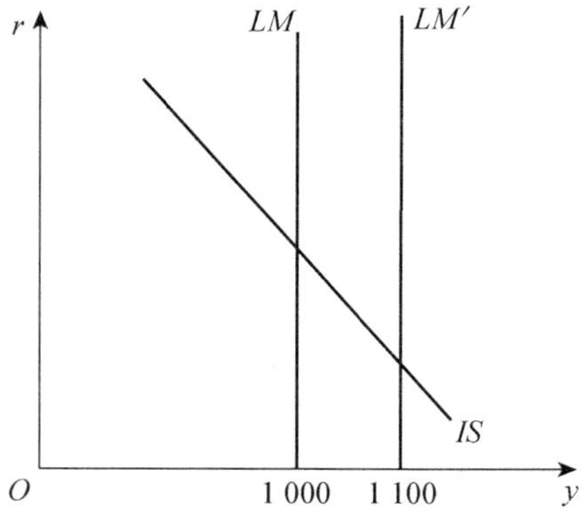

图 17 - 14

（2）当货币供给为 220 美元时，LM 方程为：$220=0.20y$，即 $y=1\,100$。

LM 曲线向右平行移动 100 单位。

由 IS 方程、LM 方程得 IS—LM 模型方程组：

$$\begin{cases} y=1\,200-25r \\ y=1\,100 \end{cases}$$

解得：$r=4$，$y=1\,100$，$c=100+0.8\times1\,100=980$，$i=140-5\times4=120$。

（3）因为 LM 曲线是垂直的，即货币需求的利率系数为零，说明人们不愿为投资需求而持有货币，收入水平会提高到正好将所增加的货币额全部吸收到交易需求中，所以均衡收入增加量等于 LM 曲线移动量。

5. **解答**：(1) 求 IS 方程：

由 $i=s$ 得 IS 方程为 $150=-100+0.2y$，即 $y=1\,250$。

求 LM 方程：

令 $L=M$ 得 $200=0.2y-4r$，解得 LM_1 方程为 $y=1\,000+20r$。

IS 和 LM 曲线如图 17－15 所示。

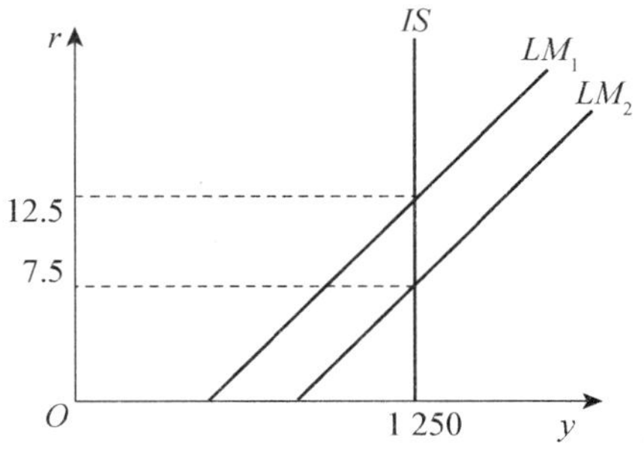

图 17－15

(2) 由 IS 方程、LM 方程得 IS—LM 模型方程组：

$$\begin{cases} y=1\,250 \\ y=1\,000+20r \end{cases}$$

解得：$r=12.5$，$y=1\,250$，$c=100+0.8\times1\,250=1\,100$，$i=150$。

(3) 当货币供给为 220 美元时，LM 方程为：$220=0.2y-4r$，即 LM_2 方程为 $y=1\,100+20r$。

由 IS 方程、LM 方程得 IS—LM 模型方程组：

$$\begin{cases} y=1\,250 \\ y=1\,100+20r \end{cases}$$

解得：$r=7.5$，$y=1\,100+20\times7.5=1\,250$，$c=100+0.8\times1\,250=1\,100$，$i=150$。

(4) 因为 IS 曲线是垂直的，即投资的利率敏感系数为零，所以当货币供给增加后利率下降时，投资不受影响，均衡收入保持不变。

6. **解答**：(1) $y=c+i+g=100+0.8\times(y-0.25y+62.5)+50+200$，解得：$y=1\,000$。

(2) $BS=ty-tr-g=0.25\times1\,000-62.5-200=-12.5$。

(3) 当投资增加到 100 时，$y=c+i+g=100+0.8\times(y-0.25y+62.5)+100+200$，解得：$y=1\,125$，$BS=ty-tr-g=0.25\times1\,125-62.5-200=18.75$。

由于投资增加，从而国民收入增加，税收增加，所以预算盈余改善。

(4) 当投资为 50 时，$BS^*=t(y^*-y)+BS=0.25\times(1\,200-1\,000)-12.5=37.5$。

当投资为 100 时，$BS^*=t(y^*-y)+BS=0.25\times(1\,200-1\,125)+18.75=37.5$。

(5) 当投资为 50，政府购买为 250 时，有

$$y=c+i+g=100+0.8\times(y-0.25y+62.5)+50+250$$

解得均衡收入：$y=1\ 125$。

$$BS=ty-tr-g=0.25\times1\ 125-62.5-250=-31.25$$
$$BS^{*}=t(y^{*}-y)+BS=0.25\times(1\ 200-1\ 125)-31.25=-12.5$$

（6）用 BS^{*} 而不用 BS 去衡量财政政策的方向是因为：把收入固定在充分就业水平上，消除经济中收入水平周期性波动对预算状况的影响［如（2）、（3）中随着投资的不同，实际预算亦不同］，能准确反映财政政策对预算状况的影响，并为判断财政政策是扩张性的还是紧缩性的提供一个较为准确的依据。若充分就业预算盈余增加或赤字减少，财政政策就是紧缩性的；反之，财政政策就是扩张性的。在（5）中，原先的充分就业预算盈余变为充分就业预算赤字，可见，政府实施的是扩张性的财政政策。

7. **解答**：财政支出减少后均衡收入变化：

$$\Delta y=\Delta g\times k_g=-200\times\frac{1}{1-0.8\times(1-0.25)}=-500(\text{亿元})$$
$$BS=-75+0.25\times(-500)-(-200)=0$$

可见，政府支出减少刚好消灭了赤字，预算达到平衡。

第十八章

蒙代尔–弗莱明模型

第一部分　课后习题详解

1. 均衡汇率是如何决定的？影响汇率变化的因素有哪些？

解答：（1）汇率也像商品的价格一样，是由外汇的供给和对外汇的需求这两个方面相互作用共同决定的。均衡汇率处于外汇供给曲线和需求曲线的交点。

（2）如果外汇的供求发生变化，则均衡汇率就会发生变化，并按照新的供求关系达到新的均衡。从一般意义上说，影响外汇需求曲线移动的因素和影响外汇供给曲线移动的因素都是影响汇率变化的因素。在现实中，经常提到的影响汇率变化的因素主要有进出口、投资或借贷、外汇投机等。

2. 说明固定汇率制的运行。

解答：在固定汇率制下，一国中央银行随时准备按事先承诺的价格从事本币与外币的买卖。以美国为例，假定美联储宣布，它把汇率固定在 1 美元兑换 100 日元，为了有效实行这种政策，美联储要有美元储备和日元储备。

一般来说，固定汇率制的运行是会影响一国货币供给的。仍以美国为例，假定美联储宣布将把汇率固定在 1 美元兑换 100 日元，但由于某种原因，外汇市场均衡汇率是 1 美元兑换 150 日元。在这种情况下，市场上的套利者发现有获利机会：他们可以在外汇市场上用 2 美元购买 300 日元，然后将 300 日元卖给美联储，从中获利 1 美元。当美联储从套利者手中购买这些日元时，向他们支付的美元自动地增加了美国的货币供给。货币供给以这种方式继续增加，直到均衡汇率降到美联储所宣布的水平。

如果外汇市场均衡汇率为 1 美元兑换 50 日元，则市场的套利者通过用 1 美元向美联储购买 100 日元，然后在外汇市场上以 2 美元卖出这些日元而获利。而当美联储卖出这些日元时，它所得到的 1 美元就自动地减少了美国的货币供给。货币供给以这种方式继续减少，直到均衡汇率上升到美联储所宣布的水平。

3. 假设一国的出口方程为 $X=A-my$。当 m 变大时，经济的 IS 曲线将发生什么变化？当 A 增加时，IS 曲线又将发生什么变化？

解答：由所给条件，有如下开放经济下的产品市场均衡模型：

$$y=c+i+g+(X-M) \quad ①$$
$$c=\alpha+\beta y \quad ②$$
$$i=e-dr \quad ③$$
$$g=g_0 \quad ④$$
$$X=A-my \quad ⑤$$
$$M=M_0 \quad ⑥$$

将式②至式⑥分别代入式①，经整理有

$$r=\frac{\alpha+e+g_0+A-M_0}{d}-\frac{1-\beta+m}{d}y \quad ⑦$$

式⑦即为开放经济下的 IS 曲线的代数方程。式⑦表示均衡产出 y 与利率 r 呈线性关系，式⑦等号右边的第一项为直线的截距项，等号右边第二项中的 $-\frac{1-\beta+m}{d}$ 为直线的斜率项。

据此可知，m 变大会使 IS 曲线变得更陡峭，而 A 增加会使 IS 曲线向右平行移动。

4. 结合（教材）第十三章的有关内容推导开放经济条件下政府购买乘数的表达式。

解答： 考虑如下开放经济的宏观经济模型：

$$y=c+i+g+x-m$$
$$c=a+by$$
$$m=m_0+\beta y$$

式中，i、g、x、m_0 为常数，b 为边际消费倾向，β 为边际进口倾向，则

$$y=\frac{1}{1+\beta-b}(a-m_0+i+g+x)$$

所以得

$$k_g=\frac{\mathrm{d}y}{\mathrm{d}g}=\frac{1}{1+\beta-b}$$

上式即为政府购买乘数的表达式。

5. 资本完全流动的含义是什么？在小国和大国模型中，资本完全流动带来的结果有什么不同？

解答： 资本完全流动是指一国居民可以完全进出世界金融市场，该国政府不阻止国际借贷。这意味着，该国在世界金融市场上想借入或借出多少就可以借入或借出多少。

小国模型中的"小国"是指该国只是世界市场的一小部分，从而其本身对世界利率的影响微不足道。在小国模型中，资本完全流动带来的结果是，该国的利率必定等于世界利率，即等于世界金融市场上的利率。

大国模型中的"大国"则是指该国经济对世界经济有不可忽视的重要影响，特别是该国经济足以影响世界金融市场。

对于大国模型，资本完全流动带来的结果是，该国的利率通常不由世界利率决定。其原因在于该国大到足以影响世界金融市场。该国给国外的贷款越多，世界经济中贷款的供

给就越多，从而全世界的利率就会越低。反之，该国从国外借贷越多，世界利率就会越高。

6. 在资本完全流动的小国开放经济中，为什么国内利率水平与国际利率水平总能保持一致？

解答：在开放宏观经济学中，小国是指所考察的经济只是世界市场的一小部分，其本身对世界某些方面特别是金融市场的影响微不足道。资本完全流动是指该国居民可以完全进入世界金融市场。特别是，该国政府不阻止国际借贷。

在资本完全流动的小国开放经济中，该国的利率 r 必定等于世界利率 r_w，即 $r=r_w$。原因如下：该国居民不会以任何高于 r_w 的利率借贷，因为他们总可以以 r_w 的利率从国外得到贷款。同样，该国居民也不必以低于 r_w 的利率放贷，因为他们总可以通过向国外放贷而获得 r_w 的收益率。

7. 用蒙代尔-弗莱明模型考察固定汇率制下紧缩性货币政策的影响。

解答：假定在固定汇率制下运行的一国中央银行试图减少货币供给。根据蒙代尔-弗莱明模型，这种政策的初始影响是使 LM^* 曲线向左移动，提高了汇率，如图 18－1 所示。

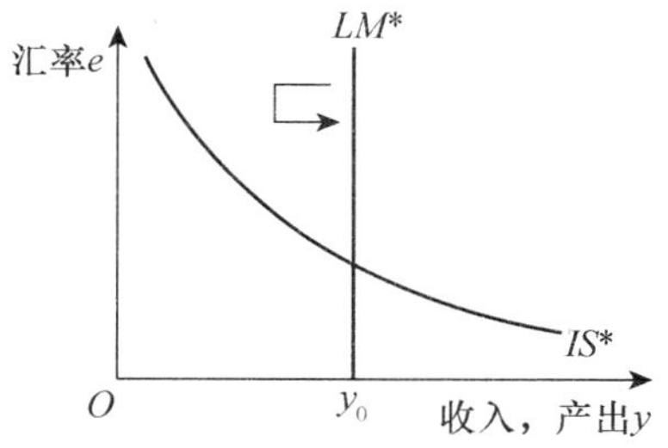

图 18－1

但是，由于该国中央银行承诺按固定汇率交易本国与外国的通货，根据固定汇率的运行机制，套利者对汇率上升作出的反应是向中央银行购买本国通货，这导致本国货币供给增加，进而使 LM^* 曲线向右移动，直到恢复到其初始的位置。根据模型，在固定汇率制下货币政策通常不能够影响产出，从而是无效的。

8. 用蒙代尔-弗莱明模型考察浮动汇率制下紧缩性财政政策的影响。

解答：假定一国政府采用紧缩性财政政策抑制国内支出，在理论上，这种政策可以使 IS^* 曲线向左移动，如图 18－2 所示。

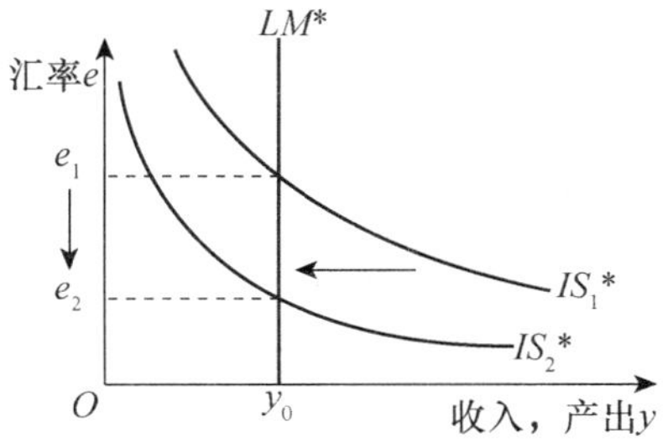

图 18－2

在浮动汇率制下，汇率由市场供求力量决定，允许汇率对经济状况的变动作出反应，自由地变动。根据蒙代尔-弗莱明模型，在 IS^* 曲线向左移动后，汇率下降，而收入水平保持不变。这意味着，在蒙代尔-弗莱明模型中，紧缩性财政政策在浮动汇率制下对产出或收入不产生影响，因而是无效的。

9. 浮动汇率制与固定汇率制的优点是什么？

解答：浮动汇率制的优点：(1) 消除汇率风险，有利于国际贸易和国际投资。(2) 为汇率预测提供"名义锚"，使外汇投机带有稳定性。(3) 作为外部约束，可防止不当竞争对世界经济的危害。(4) 有利于抑制国内通货膨胀，使货币政策摆脱政治压力。

固定汇率制的优点：(1) 汇率自发地持续微调，反映国际交往的真实情况。(2) 外部均衡可自动实现，不引起国内经济波动。(3) 阻止通货膨胀跨国传播，保持本国货币政策的自主性。(4) 自动调节短期资金移动，防范投机冲击。

10. 在不考虑资本流动、汇率变动和政府收支的情况下，某经济社会的宏观经济模型为

$$y=C+I+X-M$$
$$C=40+0.8y$$
$$I=50$$
$$X=100$$
$$M=0.2y+30$$

充分就业的产出水平为 $y_f=500$，试求：

(1) 产品市场均衡时的产出水平和贸易收支。

(2) 使贸易收支均衡的产出水平。

(3) 实现充分就业时的贸易收支。

解答：(1) 将有关函数及数值代入 $y=C+I+X-M$，有：

$$y=40+0.8y+50+100-(0.2y+30)$$

解得均衡产出水平为 $y=400$。这时的贸易收支 $X-M=-10$。

(2) 为使贸易收支均衡，要求 $NX=X-M=0$，即

$$100=0.2y+30$$

解得：$y=\frac{100-30}{0.2}=350$。

(3) 实现充分就业时的贸易收支 $X-M=100-(0.2y+30)=100-0.2\times500-30=-30$。

第二部分　精编习题

一、名词解释

1. 汇率
2. 汇率直接标价法
3. 汇率间接标价法
4. 固定汇率制
5. 浮动汇率制
6. 自由浮动汇率

7. 管理浮动汇率　　8. 实际汇率
9. 名义汇率　　10. 贸易顺差
11. 贸易逆差　　12. 净出口
13. 国际金融三元悖论

二、单项选择题

1. 蒙代尔-弗莱明模型与 *IS*—*LM* 模型的区别是（　　）。
A. *IS*—*LM* 模型强调了产品市场与货币市场之间的相互作用
B. *IS*—*LM* 模型假定物价水平是固定的
C. 蒙代尔-弗莱明模型说明是什么因素引起总产出的短期波动
D. 蒙代尔-弗莱明模型研究开放经济；*IS*—*LM* 模型研究封闭经济

2. 若人民币兑美元的直接标价为 1 美元＝8 元，则人民币兑美元的间接标价数值为（　　）。
A. 8　　B. 8.27　　C. 0.125　　D. 0.121
E. 8.3

3. 若我国人民币升值，会发生的情况是（　　）。
A. 进口趋于增加　　B. 出口趋于增加
C. 边际进口倾向趋于下降　　D. 政府预算赤字趋于下降

4. 在汇率稳定的情况下，如果 1 欧元等于 35 泰铢，1 泰铢等于 4 日元，那么 1 欧元等于多少日元？（　　）
A. 39　　B. 140　　C. 31　　D. 8.75

5. 在开放经济条件下，决定国内国民收入水平的总需求是（　　）。
A. 国内总需求　　B. 国内支出
C. 对国内劳务的总需求　　D. 对国内产品和劳务的总需求

6. 在开放经济条件下，国内总需求的增加将引起的变化是（　　）。
A. 国民收入增加，贸易收支状况恶化
B. 国民收入增加，贸易收支状况不变
C. 国民收入增加，贸易收支状况改善
D. 国民收入减少，贸易收支状况改善

7. 在开放经济条件下，出口的增加将引起的变化是（　　）。
A. 国民收入增加，贸易收支状况改善
B. 国民收入增加，贸易收支状况不变
C. 国民收入增加，贸易收支状况恶化
D. 国民收入减少，贸易收支状况改善

8. 如果瑞士法郎与美元的比价由 4 瑞士法郎兑换 1 美元变为 3 瑞士法郎兑换 1 美元，则瑞士法郎的价格大约（　　）。
A. 由 25 美分升至 33 美分，相对瑞士法郎美元升值
B. 由 33 美分降至 25 美分，相对瑞士法郎美元贬值

C. 由 25 美分升至 33 美分，相对瑞士法郎美元贬值

D. 由 33 美分降至 25 美分，相对瑞士法郎美元升值

9. 以外币表示的美元价格大幅度下降对美国的进出口产生的影响是（　　）。

A. 增加美国的进出口　　B. 增加出口但减少进口

C. 减少出口但增加进口　　D. 减少美国的进出口

E. 不会对美国的进出口产生影响

10. 如果一国使其本币贬值，则其结果是（　　）。

A. 无论是从外国人的角度看，还是从本国人的角度看，进出口商品都变得便宜了

B. 无论是从外国人的角度看，还是从本国人的角度看，进出口商品都变得昂贵了

C. 从本国居民的角度看，其进口品更加便宜；从外国居民的角度看，其出口品更加昂贵

D. 从本国居民的角度看，其进口品更加昂贵；从外国居民的角度看，其出口品更加便宜

三、多项选择题

1. 蒙代尔–弗莱明模型与 IS—LM 模型的共同点是（　　）。

A. 都强调了产品市场与货币市场之间的相互作用

B. 都假定物价水平是固定的

C. 都说明是什么因素引起总产出的短期波动

D. 都假设开放经济

2. 蒙代尔–弗莱明模型研究的经济体是（　　）。

A. 封闭经济　　B. 开放经济

C. 小国　　D. 大国

3. 小型开放经济是指（　　）。

A. “小型”是指所考察的经济只是世界市场的一小部分，从而其本身对世界的影响微不足道

B. “资本完全流动”是指该国居民可以完全进入世界金融市场，特别是，该国政府并不阻止国际借贷

C. 劳动力完全流动

D. 所考察的经济只是世界市场的一小部分，本国货币政策对世界资本市场有一定影响

4. 各国参与国际贸易的可能原因有（　　）。

A. 取得规模经济收益　　B. 获得更多的生活资料

C. 满足不同居民的偏好　　D. 节约本国资源

5. 假定日元对美元的汇率下跌，则下列情况正确的有（　　）。

A. 现在需要更多的美元来兑换等量日元

B. 其他条件不变，美国人可能会购买更少的日本商品和服务

C. 其他条件不变，日本人可能会购买更多的美国商品和服务

D. 相对于日元，美元贬值了

6. 如果英镑相对于墨西哥比索升值了，则说明（　　）。

A. 对于英镑而言，墨西哥比索增加了

B. 在其他条件不变的情况下，墨西哥的英国商品的价格上升了

C. 对于墨西哥比索而言，英镑增加了

D. 对于墨西哥比索而言，英镑减少了

四、判断题

1. 如果人们得到了某种外币的直接标价，只要取其“倒数”，即用 1 除以这个标价，就会马上得到该外币的间接标价，反之亦然。（　　）

2. 实际汇率是指两个国家通货的相对价格。（　　）

3. 由于每个国家通货的实际购买力都与各个国家的价格因素不相关，所以名义汇率并没有考虑到两个国家价格水平的情况。（　　）

4. 如果实际汇率高，外国产品就相对便宜，而国内产品就相对昂贵。（　　）

5. 如果实际汇率低，国内产品就相对昂贵，而外国产品就相对便宜。（　　）

6. 假设实际汇率较低，在这种情况下，由于国内产品相对便宜，所以这时外国人想购买该国的许多产品，而国内居民减少购买进口产品，这导致该国的净进口增加。（　　）

7. 若实际汇率较高，在这种情况下，由于国内产品相对于外国产品昂贵，外国人将减少购买该国的产品，而国内居民想购买较多的进口产品。因此，该国的净出口将增加。（　　）

8. 按照间接汇率标价法，一国净出口反向地取决于实际汇率。（　　）

9. 当收入提高时，该国消费者用于购买本国产品和进口产品的支出都会减少。一般认为，出口不直接受一国实际收入的影响。因此，一国净出口反向地取决于一国的实际收入。（　　）

10. 蒙代尔–弗莱明模型说明了在固定汇率制下，财政政策不影响总收入，但货币政策能够影响总收入。（　　）

11. 蒙代尔–弗莱明模型说明了在浮动汇率制下，财政政策影响总收入，但货币政策不影响总收入。（　　）

12. 本国货币升值时，本国的进口增加，出口减少。（　　）

五、问答题

1. 试述人民币的贬值对我国国际收支的影响。

2. 利用购买力平价（PPP）计算汇率的依据是什么？该方法有什么局限性？

3. 简述国际收支平衡曲线的主要内容。

六、计算题

1. 假定汇率固定，1 英镑的价格为 1.56 美元，1 欧元的价格为 1.2 美元，问：

（1）英镑兑欧元的价格是多少？

（2）若 1 英镑的市场价格为 1.5 欧元，英镑持有者如何从套汇中获利？

2. 某人打算以不超过 7 500 美元的价格买一辆小轿车，现在商店的报价为 3 500 英镑，问：

（1）若汇率是 1 英镑＝2.2 美元，双方能否成交？

（2）汇率为多少时他才能买到小轿车？

3. 假设美元兑人民币的汇率为 1 美元兑换 8.30 元人民币。

（1）用美元表示的人民币汇率是多少？

（2）售价 1 245 元人民币的一台电视机的美元价格是多少？

（3）售价 800 美元的一台电脑的人民币价格是多少？

4. 设某国宏观经济由下述方程描述：$C=28+0.8Y_D$，$I=I_0=40$，$G=\overline{G}=26$，$T=25+0.2Y$，$X=\overline{X}=20$，$M=M_0+mY=2+0.1Y$。

试求该国的均衡产出与贸易赤字或盈余（单位：亿元人民币）。

5. 设一国的经济由下述方程描述：

$$Y=C+I+G+NX$$
$$C=80+0.6Y$$
$$I=350-1\,900r+0.1Y$$
$$M/P=\frac{1}{6}Y-1\,000r$$
$$NX=500-0.1Y-100(eP/P_w)$$
$$eP/P_w=0.8+5r$$

其中 $G=750$，$M=600$，$P_w=1$。

（1）推导总需求曲线的代数表达式。

（2）若本国价格水平 $P=1$，求均衡时的 Y、r、C 和 NX 的数值。

6. 设一个经济由下述关系描述：

$$Y=C+I+G+NX$$
$$Y=5\,000$$
$$G=1\,000$$
$$T=1\,000$$
$$C=250+0.75(Y-T)$$
$$I=1\,000-50r$$
$$NX=500-500e$$
$$r=r^*=5$$

求该经济的储蓄、投资、贸易余额以及均衡汇率。

第三部分　精编习题详解

一、名词解释

1. 汇率：是一个国家的货币折算成另一个国家的货币的比率，它表示的是两个国家货币之间的互换关系。

2. 汇率直接标价法：是用一单位的外国货币作为标准，折算为一定数额的本国货币来表示的汇率。用这种标价法，一单位外币折算的本国货币量减少，表示外国货币贬值或本国货币升值。

3. 汇率间接标价法：是用一单位的本国货币作为标准，折算为一定数额的外国货币来表示的汇率。用这种标价法，一单位本国货币折算的外国货币量增加，表示本国货币升值或外国货币贬值；反之，一单位本国货币折算的外国货币量减少，表示本国货币贬值或外国货币升值。

4. 固定汇率制：指一国货币同他国货币的汇率基本固定，其波动限于一定的幅度之内。

5. 浮动汇率制：指一国不规定本国货币与他国货币的官方汇率，听任汇率由外汇市场的供求关系自发地决定。浮动汇率制又分为自由浮动与管理浮动。

6. 自由浮动汇率：指中央银行对外汇市场不采取任何干预措施，汇率完全由外汇市场的供求力量自发地决定。

7. 管理浮动汇率：指实行浮动汇率制的国家对外汇市场进行各种形式的干预活动，主要是根据外汇市场的供求情况售出或购入外汇，以通过对外汇供求的影响来影响汇率。

8. 实际汇率：是交换两国所生产产品的比率，它表示为名义汇率乘以两国价格水平的比率。

$$\text{实际汇率}\ \varepsilon=\text{名义汇率}\times\text{物价水平比率}=\frac{\text{名义汇率}\times\text{国内产品的价格}}{\text{国外产品的价格}}=e\times\frac{P}{P_f}$$

9. 名义汇率：是用一国通货交换另一国通货的比率。

10. 贸易顺差：当一国出口额大于进口额，即该国净出口为正时，该国存在贸易顺差。

11. 贸易逆差：当一国出口额小于进口额，即该国净出口为负时，该国存在贸易逆差。

12. 净出口：出口额与进口额的差额。

13. 国际金融三元悖论：是指一国在固定汇率、独立货币政策和资本完全流动三个目标上只能实现其中的两个目标，而不可能同时实现三个目标，又称“不可能的三位一体”。其理论依据是蒙代尔-弗莱明模型。

二、单项选择题

1. D 2. C 3. A 4. B 5. D 6. A 7. A 8. C 9. B 10. D

三、多项选择题

1. ABC 2. BC 3. AB 4. ABCD 5. ABCD 6. ABD

四、判断题

1. √ 2. × 3. × 4. √ 5. × 6. × 7. × 8. √ 9. × 10. × 11. × 12. √

判断题详解

1. (√)。

2. (×)，名义汇率是指两个国家通货的相对价格。

3. (×)，由于每个国家通货的实际购买力都与各个国家的价格因素相关，所以名义汇率并没有考虑到两个国家价格水平的情况。

4. (√)。

5. (×)，如果实际汇率低，外国产品就相对昂贵，而国内产品就相对便宜。

6. (×)，假设实际汇率较低，在这种情况下，由于国内产品相对便宜，所以这时外国人想购买该国的许多产品，而国内居民减少购买进口产品，这导致该国的净出口增加。

7. (×)，若实际汇率较高，在这种情况下，由于国内产品相对于外国产品昂贵，外国人将减少购买该国的产品，而国内居民想购买较多的进口产品。因此，该国的净出口将减少。

8. (√)，按照间接汇率标价法，一国净出口反向地取决于实际汇率。本币升值，则表示为汇率上升，出口减少，进口增加。

9. (×)，当收入提高时，该国消费者用于购买本国产品和进口产品的支出都会增加。一般认为，出口不直接受一国实际收入的影响。因此，一国净出口反向地取决于一国的实际收入。

10. (×)，蒙代尔-弗莱明模型说明了在浮动汇率制下，财政政策不影响总收入，但货币政策能够影响总收入。

11. (×)，蒙代尔-弗莱明模型说明了在固定汇率制下，财政政策影响总收入，但货币政策不影响总收入。

12. (√)，本国货币升值时，本国商品相对于外国商品贵了，本国的进口增加，出口减少。

五、问答题

1. **解答**：一国货币汇率的变动对其国际收支的影响是多方面的。汇率的升值与贬值是一个问题的两个方面，它们方向相反，作用也正好相反。现以汇率贬值为例，从一般理论到实际情况，分析人民币汇率的变动对我国国际收支的影响。

（1）人民币贬值对贸易收支的影响。一国汇率变化对其国际收支的一个最为直接也最为重要的影响是对贸易收支的影响。这一影响一般表现为，在满足马歇尔-勒纳条件并且存在闲置资源的情况下，一国货币贬值能够促进本国商品的出口，并能自动抑制外国商品的进口，从而能够起到改善本国贸易收支差额的作用。

对出口而言，人民币贬值后，一方面，等值人民币的出口商品在国际市场上能够比贬值前折合更少的外币，使我国商品在国际市场上的销售价格下降，竞争力增强，出口扩大；另一方面，如果我国出口商品在国际市场上的外币价格保持不变，则人民币贬值会使等值外币收入兑换比贬值前更多的人民币收入，使我国出口商的出口利润增加，从而使其出口积极性提高，出口生产扩大。

对进口而言，其作用与出口正好相反。人民币贬值后，一方面，以外币计价的进口商品在我国销售时能够折合的人民币价格比贬值前提高了，导致我国进口商成本增加、利润减少，从而引起进口数量相应减少；另一方面，如果维持原有的人民币售价，则需要压低进口品的外币价格，这势必会招致国外出口商的反对，从而降低我国进口商的积极性，减少进口。因此，本币贬值会自动地抑制商品的进口，并促使部分对进口品的需求转向本国的进口替代品。

从人民币贬值的实际效果来看，通常贬值能够对我国的贸易收支起到一定的推动作用。这主要是由贬值之后出口品（主要是中低档劳动密集型商品）的增长引起的。但由于我国对进口品的需求弹性较低，并且受到结构性因素的制约，进口需求减少对于贸易收支的改善作用并不明显。

（2）人民币贬值对非贸易收支的影响。货币贬值对一国经常账户也可能起到改善作用。因为一方面，贬值之后，外国货币的购买力相对提高，贬值国的国内服务变得相对低廉，因而增加了一国旅游和无形贸易对外国居民的吸引力，促进了本国对外非贸易收入的增加；另一方面，贬值后，国外的旅游和其他劳务开支对本国居民的吸引力相对减弱，从而抑制了本国对外的非贸易支出。但是，贬值对一国的单方面转移收支却可能因为贬值而产生不利影响。以外国侨民赡家汇款收入为例，贬值后，一单位外币所能换到的人民币增加，对侨民而言，以人民币表示的一定量的赡家费用就只需要用较少的外币来支付，这就意味着我国的外币侨汇数量将会下降。

（3）人民币贬值对国际资本流动的影响。人民币贬值后，一单位外币可以折合更多的人民币，一般而言，这会促使外国资本流入增加，国内资本流出减少，使我国资本账户得到改善。但是贬值对我国资本账户收支的具体影响还应取决于人们对人民币走势的预期。如果人民币贬值后，人们认为贬值的幅度还不够，汇率的进一步贬值将不可避免，即贬值引起了进一步的贬值预期，那么人们会将资本从我国转移到其他国家，以避免损失；如果人们认为贬值已使得人民币汇率处于均衡水平，那些原先因人民币定值过高而外逃的资金就会流回我国；如果人们认为贬值已经过头，即人民币价格已低于正常的均衡水平，其后必然出现向上反弹，那么就会将资金从其他国家调拨到我国，以从中谋利。

（4）人民币贬值对外汇储备的影响。当今，大多数国家采用了多元化的外汇储备管理办法。由于储备货币的多元化，汇率变化对外汇储备的影响也复杂化了。本国货币对某一货币的贬值究竟会在多大程度上对本国的外汇储备产生影响，需要从多方面加以分析：①要明确一国外汇储备的币种结构；②要计算各储备货币的升贬值幅度；③根据外汇储备构成中不同币种的权重，结合各货币的升贬值幅度，衡量出一定时期内储备币种汇率变化对一国外汇储备的综合影响；④要考虑储备货币中软硬币的利率差异，与汇率涨跌相比较，从而得出一定时期内不同货币汇率变化及利率变化对一国外汇储备总体影响的分析结论。

2. **解答：**（1）利用购买力平价计算汇率的依据。

购买力平价理论的基本思想是：人们之所以需要外国货币，是因为它在该国国内具有对一般商品的购买力。同样，外国人之所以需要本国货币，是因为它在本国具有购买力。因此，本国货币和外国货币的平价主要取决于两国货币购买力的比较。

购买力平价成立的前提是一价定律，即同一商品在不同国家的价格是相同的。当两国间的商品价格存在差异时，套购者就会根据贱买贵卖的原则，在价格低的国家大量采购这种商品，然后在价格高的国家市场上抛售，以获得套购利润。随着套购活动的进行，需求与供给趋于平衡，价格差异逐渐缩小，直至该同质、同类商品具有等值的价格。也就是说，同一可贸易商品以不同货币表示的价格经过均衡汇率的折算，在数值上相等。

购买力平价存在两种形式：①绝对购买力平价，即两国的货币兑换比率等于两国价格水平的比率，它说明了某一时点上汇率决定的基础。②相对购买力平价，指两国货币兑换比率的变动等于两国价格水平变动的比率，它说明了某一段时间里汇率变化的原因。

（2）利用购买力平价计算汇率的局限性。

利用购买力平价计算汇率有其合理性，依据在于：首先，购买力平价理论指出一国物价上涨、纸币对内贬值在短期内并不一定会引起纸币对外贬值，但在长期中，纸币对内贬值必然引起纸币对外贬值，从而较令人满意地解释了长期中汇率变动的原因。其次，购买力平价理论在物价剧烈波动、通货膨胀严重时期具有较大的意义。最后，购买力平价理论有可能在两国贸易关系新建或恢复时提供一个均衡汇率的基础。

但该方法也存在着一定的缺陷，具体表现如下：

①用购买力平价计算出的汇率最多只能被看作是汇率的长期均衡值，购买力平价理论在短期内是失效的。在实践中有很多原因使实际汇率偏离购买力平价，这些原因主要有：首先是市场障碍的影响。运输成本、关税、配额、外汇管制和其他形式的贸易限制会使购买力平价产生严重偏差；同时，国内市场中的市场障碍还会使市场价格不能反映市场供求关系。价格同市场的脱离使货币的购买力难以真实地体现。其次是国际收支中非贸易项目对购买力平价造成的影响。购买力平价理论反映的是产品和劳务的相对价格对汇率的决定作用，但国际收支中的资本项目、利润和利息及单方面转移等非贸易项目的变化同样会影响外汇市场的供求关系，从而使购买力平价出现偏差。只将产品和劳务的价格作为汇率决定的主要因素，缺乏对外汇投机和资本流动的系统分析，是购买力平价理论的一个严重缺

陷。最后，心理预期及政府在外汇市场的干预等因素也会造成汇率的波动及购买力平价的偏差。

②计算购买力平价时，在基期选择、编制各国物价指数的方法和范围方面也存在着技术性困难。卡塞尔指出，不是以前任何一个时期都可以被选作基期，基期只能是汇率等于绝对购买力平价的时期。如果基期选择不当，报告期均衡汇率的计算就会发生系统偏差；而实际中很难确定这样一个时期。即使基期选择正确，从统计学角度看，购买力平价理论的实际运用也存在难以解决的技术问题——选择两国的价格指数。根据经济管理的目的，各国编制了多种价格指数，如批发物价指数、消费价格指数、贸易品物价指数等，在计算相对购买力平价时，选择不同的价格指数计算出来的结果往往存在很大差异。

3. **解答：**国际收支平衡曲线即 BP 曲线是用来表示当国际收支处于平衡状态（即 $BP=0$）时收入与利率之间关系的曲线，或者是表示收入与汇率之间关系的曲线。不管是表示收入与利率之间的关系，还是表示收入与汇率之间的关系，它们并无本质区别，它们本质上都是用来说明国际收支平衡或不平衡的。不同之处仅仅是技术层面的，是形式上的。如果表示的是收入与利率之间的关系，那么汇率就会在背后起作用；如果表示的是收入与汇率之间的关系，那么利率就会隐退到背后起作用。国际收支平衡曲线一般向右上方倾斜。当资本具有完全的流动性，即资本对利率的国际差无限敏感时，BP 曲线就变成水平线。

六、计算题

1. **解答：**（1）$\dfrac{英镑}{欧元}=\dfrac{1.56}{1.2}=1.3$，所以，1 英镑=1.3 欧元。

（2）在市场上，将 1 英镑兑换为 1.5 欧元，将 1.5 欧元兑换为 1.5×1.2=1.8（美元），用 1.8 美元与政府换 1.15 英镑，在交易中获利 0.15 英镑，或用 1.56 美元与政府换 1 英镑，在交易中获利 0.24 美元。

2. **解答：**（1）商店报价折算成美元为 7 700 美元，双方不能成交。

（2）汇率在至多为 1 英镑$=\dfrac{7\,500}{3\,500}=2.14$ 美元时，他才能买到小轿车。

3. **解答：**（1）用美元表示的人民币汇率是 1/8.30=0.12。

（2）该电视机的美元价格为 1 245/8.30=150（美元）。

（3）该电脑的人民币价格为 800×8.30=6 640（元）。

4. **解答：**收入恒等式为：$Y=C+I+G+X-M$，而 $C=28+0.8Y_D=28+0.8(Y-T)=28+0.8(Y-25-0.2Y)=8+0.64Y$，代入收入恒等式有：

$$Y=8+0.64Y+40+26+20-2-0.1Y$$

所以 $Y=200$（亿元）。

此时，$M=2+0.1Y=2+0.1\times200=22$（亿元）。

$X-M=20-22=-2$（亿元），即贸易赤字为 2 亿元。

5. **解答：**（1）由 $Y=C+I+G+NX$ 得：

$$Y=80+0.6Y+350-1\,900r+0.1Y+750+500-0.1Y-100(0.8+5r)$$
$$Y=1\,600-2\,400r+0.6Y$$
$$0.4Y=1\,600-2\,400r$$

IS 曲线的方程为：$Y=4\,000-6\,000r$。

由货币市场的均衡条件得 LM 曲线的方程为：$\frac{1}{6}Y-1\,000r=\frac{600}{P}$。

将 LM 的方程代入 IS 的方程（或者删除 r），得总需求曲线的方程为：$Y=2\,000+\frac{1\,800}{P}$。

（2）若 $P=1$，则：

$$Y=2\,000+\frac{1\,800}{P}=3\,800$$

把 $Y=3\,800$ 代入 LM 曲线方程得：$r=\frac{1}{30}\approx 3.33\%$。

$$C=80+0.6\times 3\,800=2\,360$$
$$eP/P_w=0.8+5r=0.8+5\times\frac{1}{30}\approx 0.967$$
$$NX=500-0.1\times 3\,800-100\times 0.967=23.3$$

6. **解答：**消费：$C=250+0.75\times(5\,000-1\,000)=3\,250$。
个人储蓄：$S_{个人}=Y-T-C=5\,000-1\,000-3\,250=750$。
政府储蓄：$S_{政府}=T-G=0$。
储蓄：$S=S_{个人}+S_{政府}=750+0=750$。

投资：$I=1\,000-50\times 5=750$。
均衡汇率可以通过下式求出：

$$5\,000=3\,250+750+1\,000+500-500e$$

解得：$e=1$。
贸易余额：$NX=500-500\times 1=0$。

第十九章

经济增长

第一部分　课后习题详解

1. 说明经济增长与经济发展的关系。

解答： 经济增长是指一个经济的产量的增加，经济发展不仅包括经济增长，而且包括国民的生活质量以及整个社会经济结构和制度结构的总体进步。经济发展是反映一个经济社会总体发展水平的综合性概念。虽然高数值的增长率是经济发展的目标之一，但是，由于经济发展问题的复杂性，单纯的高增长率并不能代表经济发展的最优状态。

经济增长是经济发展的必要条件，但是经济增长不是经济发展的充分条件，存在有增长而无发展的情况。如伴随经济增长出现的失业和两极分化的无情增长、资源枯竭和环境污染的无未来增长、非民主和专制的无声增长、只注重物质追求而忽略精神生活的无传统文化的增长。

2. 经济增长的源泉是什么？

解答： 经济增长的源泉可以通过增长核算方法来认识，增长核算方法把产出的增长分为两个不同的来源：生产要素的增加和技术进步。当生产要素只包括资本和劳动时，则增长核算方法把产出的增长分解为资本增加、劳动增加和技术进步三个来源。另外，制度对生产效率的提高也有很大的作用和影响。

3. 什么是新古典增长模型的基本公式？它有什么含义？

解答： 新古典增长模型的基本公式为 $\Delta k=sy-(n+\delta)k$，这一关系式表明，人均资本的增加等于人均储蓄 sy 减去 $(n+\delta)k$ 项，其中 $(n+\delta)k$ 项可以这样理解：一方面，劳动力的增长率为 n，一定量的人均储蓄必须用于装备新工人，每个工人占有的资本为 k，这一用途的储蓄为 nk；另一方面，一定量的人均储蓄必须用于替换折旧资本，这一用途的储蓄为 δk，总计为 $(n+\delta)k$ 的人均储蓄被称为资本的广化，人均储蓄超过 $(n+\delta)k$ 的部分则导致了人均资本 k 的上升，这被称为资本的深化。因此，这一公式可写为资本深化＝人均储蓄－资本广化。新古典增长模型也具有明显的政策含义，即实现人均产出量增加有三种途径：（1）在人均资本占有量既定的条件下提高技术水平，从而增加总产出；（2）提高储蓄率，使得人均资本量增加；（3）降低人口出生率。

4. 在新古典增长模型中，储蓄率的变动对经济有哪些影响？

解答： 在新古典增长模型中，储蓄率的变动比方说储蓄率上升，会导致人均资本上升，而人均收入是人均资本的增函数，因而储蓄率上升会增加人均产量，直至经济达到新的均衡状态为止。

5. 在新古典增长模型中，人口增长对经济有哪些影响？

解答：（1）人口增长率的上升降低了人均资本的稳态水平，进而降低了人均产量的稳态水平。（2）人口增长率的上升提高了总产量的稳态增长率，因为在新的稳态点上，$k=K/N$ 和 $y=Y/N$ 固定，产量增长率仍然等于人口增长率，又因为人口增长率上升，所以稳态时的总产量也上升了。

6. 推导某一时期总产量、人均产量和人口这三者的增长率之间的关系。

解答： $y=\frac{Y}{N}$ 两边同时取对数得：$\ln y=\ln Y-\ln N$。两边同时对 t 求导：$\frac{\mathrm{d}y/\mathrm{d}t}{y}=\frac{\mathrm{d}Y/\mathrm{d}t}{Y}-\frac{\mathrm{d}N/\mathrm{d}t}{N}$，即有 $g_y=g_Y-g_N$，其中 g_y 为人均产量的增长率，g_Y 为总产量的增长率，g_N 为人口增长率。上式说明，人均产量的增长率可以表示为总产量的增长率与人口增长率之差。

7. M国的人均收入数据如下表所示：

年份	人均收入（美元）
1870	2 525
1929	7 100
1950	11 720
2004	36 880

计算该国1870—1929年人均收入的年均增长率和1950—2004年人均收入的年均增长率。

解答：（1）求1870—1929年人均收入的年均增长率：

$$n=1\,929-1\,870=59$$

$$g=\left(\frac{y_{t+n}}{y_t}\right)^{\frac{1}{n}}-1=\left(\frac{7\,100}{2\,525}\right)^{\frac{1}{59}}-1\approx1.017\,68-1=1.768\%$$

（2）求1950—2004年人均收入的年均增长率：

$$n=2\,004-1\,950=54$$

$$g=\left(\frac{y_{t+n}}{y_t}\right)^{\frac{1}{n}}-1=\left(\frac{36\,880}{11\,720}\right)^{\frac{1}{54}}-1\approx1.021\,46-1=2.146\%$$

8. 在新古典增长模型中，人均生产函数为：

$$y=f(k)=2k-0.5k^2$$

人均储蓄率为0.3，人口增长率为0.03，求：

（1）使经济均衡增长的 k 值。

（2）与黄金律相对应的人均资本量。

解答：(1) 经济均衡增长时，$sf(k)=nk$，将 $s=0.3$，$n=0.03$ 代入得：

$$0.3(2k-0.5k^2)=0.03k$$

解得 $k=3.8$。

(2) 本题中没有折旧，所以按照资本的黄金律水平的要求，对每个人的资本量的选择应使得资本的边际产品等于劳动的增长率，即 $f'(k)=n$，于是有 $2-k=0.03$，解得 $k=1.97$。

9. 设一个经济的人均生产函数为 $y=\sqrt{k}$。如果储蓄率为 28%，人口增长率为 1%，技术进步速度为 2%，折旧率为 4%，那么，该经济的稳态产出为多少？如果储蓄率下降到 10%，而人口增长率上升到 4%，这时该经济的稳态产出为多少？

解答：考虑到技术进步时稳态条件为 $sy=(n+g+\delta)k$，根据题意有：

$$28\%\sqrt{k}=(1\%+2\%+4\%)k$$

解得 $k=16$，从而 $y=4$。

当储蓄率下降到 10%，而人口增长率上升到 4%时，有：

$$10\%\sqrt{k}=(4\%+2\%+4\%)k$$

解得 $k=1$，从而 $y=1$。

10. 已知资本增长率 $g_k=2\%$，劳动增长率 $g_l=0.8\%$，产出增长率 $g_y=3.1\%$，资本的国民收入份额 $\alpha=0.25$，在这些条件下，技术进步对经济增长的贡献为多少？

解答：由题意，资本的国民收入份额 $\alpha=0.25$，则劳动的国民收入份额 $\beta=1-\alpha=1-0.25=0.75$。

根据经济增长理论，资本和劳动这两种要素的增加取得的综合增长率为：

$$\alpha\times g_k+\beta\times g_l=0.25\times 2\%+0.75\times 0.8\%=1.1\%$$

实际的产出增长率已知为 3.1%，两者的差额即为由于要素生产率的提高而取得的增长率，即因技术进步提高了要素生产率而对经济增长所作的贡献。因此，在本题中，技术进步对经济增长的贡献为 2%。

11. 设一个经济中的总量生产函数为：

$$Y_t=A_tf(N_t,K_t)$$

式中，Y_t、N_t 和 K_t 分别为 t 时期的总产量、劳动投入量和资本投入量；A_t 为 t 时期的技术状况。试推导经济增长的分解式，并加以解释。

解答：分解式为：

$$G_Y=G_A+\alpha G_N+\beta G_K \qquad (*)$$

推导过程如下：

已知总量生产函数为：

$$Y_t=A_tf(N_t,K_t) \qquad ①$$

对式①求全导数，可得：

$$\frac{\mathrm{d}Y_t}{\mathrm{d}t}=\frac{\mathrm{d}A_t}{\mathrm{d}t}f(N_t, K_t)+A_t\frac{\partial f}{\partial N_t}\times\frac{\mathrm{d}N_t}{\mathrm{d}t}+A_t\frac{\partial f}{\partial K_t}\times\frac{\mathrm{d}K_t}{\mathrm{d}t}$$

在上式两端同除以 Y_t，并且定义参数 $\alpha=\frac{\partial Y_t}{\partial N_t}\times\frac{N_t}{Y_t}$ 为劳动的产出弹性，参数 $\beta=\frac{\partial Y_t}{\partial K_t}\times\frac{K_t}{Y_t}$ 为资本的产出弹性，则有：

$$\frac{\mathrm{d}Y_t/\mathrm{d}t}{Y_t}=\frac{\mathrm{d}A_t/\mathrm{d}t}{A_t}+\alpha\frac{\mathrm{d}N_t/\mathrm{d}t}{N_t}+\beta\frac{\mathrm{d}K_t/\mathrm{d}t}{K_t} \quad ②$$

式②就是增长率的分解式，它的左端表示产出的增长率，右端第一项为技术增长率，第二、第三项分别为参数与劳动投入量的增长率、资本投入量的增长率的乘积。在实际应用中，由于原始资料中的 Y、N、K 均是离散的数据，所以，在时间间隔 Δt 较小时，可以用差分方程来近似代替式②，即：

$$\frac{\Delta Y_t/\Delta t}{Y_t}=\frac{\Delta A_t/\Delta t}{A_t}+\alpha\frac{\Delta N_t/\Delta t}{N_t}+\beta\frac{\Delta K_t/\Delta t}{K_t} \quad ③$$

为了使方程的形式更加简练，可记：

$$G_Y=\frac{\Delta Y_t/\Delta t}{Y_t} \qquad G_A=\frac{\Delta A_t/\Delta t}{A_t} \qquad G_N=\frac{\Delta N_t/\Delta t}{N_t} \qquad G_K=\frac{\Delta K_t/\Delta t}{K_t}$$

则式③可化为式（*）$G_Y=G_A+\alpha G_N+\beta G_K$，即增长率的分解式。

上式的意义是：产出的增长率是由资本和劳动的增长率以及技术进步带来的。由于 G_Y、G_N、G_K 的数据可以从对历史资料的分析中得到，在用适当的方法估计参数 α 和 β 之后，便可以把技术增长率作为“余值”计算出来，即有：

$$G_A=G_Y-\alpha G_N-\beta G_K$$

此外，从分解式（*）可以看到，当参数都小于 1 时，要想提高产出增长率，技术水平的提高最为有效，这也为教育投资的政策提供了理论依据。

12. 在新古典增长模型中，总量生产函数为：

$$Y=F(K, L)=K^{1/3}L^{2/3}$$

(1) 求稳态时的人均资本量和人均产量。

(2) 用这一模型解释“为什么我们如此富裕，而他们那么贫穷”。

(3) 求出与黄金律相对应的储蓄率。

解答：(1) 总量生产函数为：

$$Y=F(K, L)=K^{1/3}L^{2/3}$$

$$y=\frac{Y}{L}=\frac{K^{1/3}L^{2/3}}{L}=\left(\frac{K}{L}\right)^{1/3}=k^{1/3}$$

稳态条件为 $sy=nk$，即 $sk^{1/3}=nk$，则：

$$k^{2/3}=\frac{s}{n}$$

解得 $k^*=\left(\frac{s}{n}\right)^{3/2}$。

$$y^*=(k^*)^{1/3}=\left(\frac{s}{n}\right)^{1/2}$$

（2）s 上升，y 上升；n 增加，y 减少。

世界上很多富裕国家储蓄率高，人口增长率低，所以人均资本多，人均产出高，表现为越来越富裕的良性循环。而一些贫穷国家正相反，储蓄率低，人口增长率高，人均资本少，人均产出低，表现为越来越贫穷的恶性循环，现在穷是因为过去穷，从而将来富裕也很困难。

（3）因为 $f'(k)=n$，所以$\frac{1}{3}k^{-2/3}=n$，代入 y^* 得：

$$k^{1/3}=\left(\frac{s}{\frac{1}{3}k^{-2/3}}\right)^{1/2}\Rightarrow s=k^{2/3}\left(\frac{1}{3}k^{-2/3}\right)\Rightarrow s=\frac{1}{3}$$

13. 设在新古典增长模型的框架下，生产函数为：

$$Y=F(K,L)=\sqrt{KL}$$

（1）求人均生产函数 $y=f(k)$。

（2）若不存在技术进步，求稳态下人均资本量、人均产量和人均消费量。

解答：（1）人均生产函数的表达式为 $Y=f(k)$，从而得出：

$$y=\frac{Y}{L}=\sqrt{\frac{KL}{L^2}}=\sqrt{\frac{K}{L}}=\sqrt{k}$$

（2）设人口增长率为 n，储蓄率为 s，折旧率为 δ，人均消费为 c，则由稳态条件 $sy=(n+\delta)k$ 有：

$$s\sqrt{k}=(n+\delta)k$$

$$k^*=\left(\frac{s}{n+\delta}\right)^2,\quad y^*=\frac{s}{n+\delta}$$

$$c^*=(1-s)y^*=\frac{(1-s)s}{n+\delta}$$

14. 在新古典增长模型中，已知生产函数为 $y=2k-0.5k^2$，y 为人均产量，k 为人均资本，储蓄率 $s=0.1$，人口增长率 $n=0.05$，资本折旧率 $\delta=0.05$。试求：

（1）稳态时的人均资本和人均产量。

（2）稳态时的人均储蓄和人均消费。

解答：（1）新古典增长模型的稳态条件为：

$$sy=(n+\delta)k$$

将有关关系式及变量数值代入上式，得：

$$0.1(2k-0.5k^2)=(0.05+0.05)k$$
$$0.1k(2-0.5k)=0.1k$$
$$2-0.5k=1$$
$$k=2$$

将 $k=2$ 代入生产函数，得相应的人均产量为：

$$y=2\times2-0.5\times2^2=4-\frac{1}{2}\times4=2$$

（2）相应地，人均储蓄为：

$$sy=0.1\times2=0.2$$

人均消费为：

$$c=(1-s)y=(1-0.1)\times2=1.8$$

15. 一个开始时处于新古典增长模型描述的稳态的经济遭遇了一场强烈的地震，地震摧毁了该经济一半的资本存量。利用新古典增长模型的图形说明该经济如何随时间的推移而变化。

解答：图 19－1 显示了新古典增长模型的均衡条件。$y=f(k)$ 曲线表示作为人均资本的函数的人均产量。投资（储蓄）函数 $sy=sf(k)$ 与 $(n+\delta)k$ 相交。在交点上，经济处于稳态。

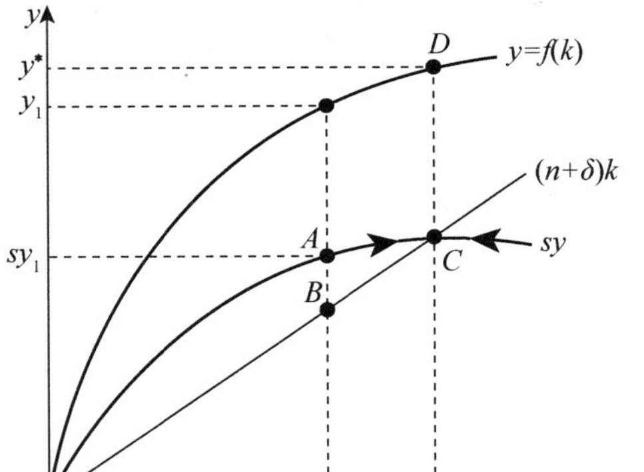

图 19－1

假定在地震之前经济处于稳态均衡，地震对人们的储蓄行为没有影响。如果地震摧毁了一半的资本存量，但损失的劳动力不到 1/2，那么资本—劳动比由 k^* 下降到 k_1，且资本的平均产出从 y^* 下降到 y_1。现在，$sy_1>(n+\delta)k_1$，人均资本小于稳态水平，资本存量和人均产出水平将增加，直到再次达到 k^* 的稳态水平。如果资本存量和劳动力同比例损失，那么人均资本不变，稳态将维持，不会发生变化。

如果该地震的严重程度对人们的储蓄行为有所影响，那么储蓄函数 $sy=sf(k)$ 将向上或向下移动，这取决于储蓄率（s）是上升（人们储蓄更多，那么进行重建的投资将更多）还是下降（人们储蓄少了，因为他们认为生命很短，可以支撑得下去）。

第二部分　精编习题

一、名词解释

1. 经济增长
2. 经济发展
3. 新古典增长模型
4. 资本深化
5. 资本广化
6. 索洛剩余
7. 资本的黄金律水平
8. 人力资本

二、单项选择题

1. 经济增长的最佳定义是（　　）。
A. 投资和消费量的增加
B. 因要素供给增加或生产率提高使潜在的国民收入有所提高
C. 名义国民收入在现有水平上有所提高
D. 人均货币收入的增加
2. 经济增长的标志是（　　）。
A. 人民生活水平的不断提高　　B. 先进技术的广泛应用
C. 社会生产能力的不断提高　　D. 城市化速度加快
3. 为提高经济增长率，最佳措施是（　　）。
A. 加强政府的宏观调控
B. 刺激消费
C. 增加工作时间
D. 推广基础科学及应用科学的研究成果
4. 经济增长若用生产可能性曲线描述，在图形上应该表现为（　　）。
A. 生产可能性曲线内的某一点向曲线上移动
B. 生产可能性曲线向外移动
C. 生产可能性曲线外的某一点向曲线上移动
D. 生产可能性曲线上某一点沿曲线移动
5. 下列选项中，提高增长率的最好方法是（　　）。
A. 发现新的自然资源　　B. 提高人口增长率
C. 新技术发明　　D. 增加出口
6. 引起经济长期增长的关键因素是（　　）。
A. 提高本国的生产能力

B. 增加总需求，扩大市场
C. 以通货膨胀为代价换取高经济增长率
D. 增加进口
7. 根据新古典模型，人口增长率的提高快于储蓄率的提高将（　　）。
A. 提高每个工人资本的稳态水平
B. 降低每个工人资本的稳态水平
C. 对每个工人资本的稳态水平没有影响
D. 无法确定
8. 在生产函数 $F=AL^{a}K^{(1-a)}$ 中，全要素生产率是指（　　）。
A. a　　B. A　　C. L　　D. K
9. 下列选项中，属于资本深化的是（　　）。
A. 人口增加3%，资本存量增加3%
B. 人口增加3%，资本存量增加5%
C. 人口增加3%，资本存量增加1%
D. 人口增加3%，资本存量没有增加
10. 经济增长的黄金律指（　　）。
A. 产出增长率等于储蓄率
B. 资本的边际产品等于劳动的增长率加上折旧率
C. 储蓄率等于人口增长率
D. 产出增长率等于技术变化率
11. 下列选项中，（　　）不是发展中国家经济发展的主要障碍。
A. 人口增长　　B. 国际债务
C. 工业基础差　　D. 跨国公司的存在
12. 我们通常用（　　）来研究人民生活水平的变化。
A. 实际国内生产总值　　B. 名义国内生产总值
C. 人均实际储蓄额　　D. 人均实际国内生产总值
13. 投资的重要性在于（　　）。
A. 投资可以为新增劳动力提供机器设备，使其进行生产
B. 投资可以直接提高生产技术水平
C. 投资是导致经济增长的唯一因素
D. 投资一定可以使现有劳动力的生产率提高
14. 如果在某一时期内国民收入增加，则净投资肯定（　　）。
A. 大于总投资　　B. 持续减少　　C. 大于零　　D. 小于零
15. 在新古典经济增长模型中，均衡点是指（　　）。
A. 净投资等于零
B. 产量正好用来满足新增加的人口对资本的需求
C. 储蓄率等于折旧率
D. 整个社会的积累正好用于装备新增加的人口对资本的需求
16. 下列选项中，哪一项是新古典经济增长模型所包含的内容？（　　）

A. 均衡的增长率取决于有效需求的大小
B. 降低储蓄率，可以实现充分就业的均衡增长
C. 经济增长率等于自然失业率是经济稳态
D. 从长期看，由于市场的作用，经济总会趋向稳态
17. 所谓资本形成是指（　　）。
A. 总投资增加　　B. 净投资增加
C. 重置投资增加　　D. 存货的投资增加
18. 如果某一时期 GDP 不断上升，那么（　　）。
A. 净投资大于零　　B. 重置投资小于零
C. 总投资小于零　　D. 以上都不对

三、多项选择题

1. 下面关于经济增长的说法，正确的有（　　）。
A. 经济增长是一种长期的经济趋势
B. 一般采用 GDP 来衡量经济增长
C. 经济增长也可以定义为人均实际 GDP 的增长
D. 经济增长着重研究总供给在长期中的变动
2. 影响潜在国民收入的主要因素是（　　）。
A. 社会获得更多的经济资源
B. 社会发现了更有效地利用现有资源的方法
C. 实施正确的宏观经济政策
D. 市场环境得以完善
3. 经济增长的根本原因是（　　）。
A. 制度　　B. 劳动工具　　C. 文化　　D. 资本
4. 新古典增长模型预言，（　　）。
A. 如果两个国家的储蓄率相同，初始人均资本较低的那个国家将具有较高的经济增长
B. 如果两个国家的初始人均资本相同，投资率高的那个国家将具有较高的经济增长
C. 如果一个国家提高投资水平，那么，它的收入增长率也将提高
D. 如果两个国家的储蓄率相同，初始人均资本较高的那个国家将具有较高的经济增长
5. 关于经济增长率，下列描述正确的是（　　）。
A. 两个变量之积的增长率等于两个变量的增长率之和
B. 两个变量之积的增长率等于两个变量的增长率之积
C. 两个变量之商的增长率等于两个变量的增长率之差
D. 两个变量之商的增长率等于两个变量的增长率之商
6. 在没有技术进步的新古典增长模型中，（　　）。
A. 人均资本的稳态增长率为零

B. 人均产量的稳态增长率为零

C. 总资本的稳态增长率为零

D. 总产出的稳态增长率为零

7. 在具有技术进步的新古典增长模型中，(　　)。

A. 按有效劳动平均的资本的稳态增长率为零

B. 人均资本的总产出的稳态增长率为零

C. 人均资本的稳态增长率为零

D. 按有效劳动平均的产量的稳态增长率为零

8. 丹尼森分析指出，要素生产率主要取决于（　　)。

A. 资源配置状况　　B. 规模经济状况

C. 技术知识　　D. 管理知识

9. 对于新古典增长模型 $\Delta k=sf(k)-(n+g+\delta)k$，要想提高一个国家的劳动生产率，从而提高生活水平，可采用的办法有（　　)。

A. 可以使用新技术，在一定 k 值下提高劳动生产率，从而提高整个 $f(k)$ 曲线

B. 可以提高 $sf(k)$ 曲线，这意味着增加积累或储蓄

C. 可以压低 $(n+g+\delta)k$ 线，这意味着控制人口增长率

D. 可以使 $(n+g+\delta)k$ 线的斜率变大，提高人口增长率

10. 按照新古典增长模型，经济增长的均衡点是指（　　)。

A. 实际经济增长率等于零

B. 人口增长率等于零

C. 资本深化等于零

D. 整个社会的积累正好用于装备新增加的人口

11. 投资（资本品）之所以重要，是因为（　　)。

A. 投资可以给新进入劳动力队伍的人提供设备，使他们可以进行生产

B. 投资可以为现有工人提供更多的机器设备，从而提高他们的生产率

C. 投资可以为新技术提供装备

D. 投资的增加一定会导致消费支出的持续增加

12. 在 20 世纪 80 年代后的新增长理论中，技术进步是（　　)。

A. 引起经济增长的主要因素

B. 经济增长的外生变量

C. 经济增长的内生变量

D. 引起经济增长的次要因素

13. 如果某地区居民突然间变得非常节俭，从较长期来看，下列说法中正确的是（　　)。

A. 人均生活水平将提高　　B. 人均资本占有将增加

C. 人均产出将增加　　D. 总资本存量将增加

14. 下列政府活动中，会使经济增长长期有效的措施是（　　)。

A. 计划生育政策　　B. 货币政策

C. 教育和科研政策　　D. 财政政策

15. 以下说法正确的是（　　）。

A. 技术进步将提高人民的长期生活水平

B. 人口增长率的降低将提高人民的长期生活水平

C. 在经济运行达到稳定状态后，资本存量不变

D. 在经济运行达到稳定状态后，资本存量仍将不断增长

16. 当经济处于衰退状态时，将会出现的经济现象是（　　）。

A. 消费增长放慢　　B. 产量扩大

C. 失业增加　　D. 投资减少

17. 在新古典模型中，其他条件不变，人口增长率的上升将（　　）。

A. 提高每个工人资本的稳态水平

B. 降低每个工人资本的稳态水平

C. 使资本深化小于零

D. 使资本深化大于零

18. 与新古典增长模型相比，作为新经济增长理论的内生经济增长理论新在（　　）。

A. 将技术进步作为内生变量

B. 规模报酬递增

C. 富国经济增长快于穷国

D. 富国经济增长慢于穷国

四、判断题

1. 经济增长是指一个经济体产量的增加，其中产量既可以表示为经济的总产量，也可以表示为人均产量。（　　）

2. 经济增长的程度可以用增长率来描述。（　　）

3. 在新古典增长模型中，储蓄率的上升可以提高稳态增长率和提高收入的稳态水平。（　　）

4. 在新古典增长模型中，人口增长率的上升提高了总产量的稳态增长率。（　　）

5. 资本的黄金律水平是指使稳态人均消费量达到最大化的资本量。其条件是资本的边际产品等于劳动的增长率加上折旧率。（　　）

6. 内生增长理论试图把在新古典增长模型中作为外生变量的技术进步变量由外生变量变为内生变量。（　　）

7. 产出增长率主要取决于人口增长率和技术变化率等。（　　）

8. 经济增长的目标可以沿着一条笔直的道路实现。（　　）

9. 经济增长主要与经济中生产潜力的增长及生产能力得到利用的程度有关系。（　　）

10. 刺激总需求不能促进一个国家的长期经济发展。（　　）

11. 要实现劳动力的充分就业，国民收入的增长率必须大于劳动力的增长率。（　　）

12. 社会所能达到的最大经济增长率即潜在 GDP 增长率。（　　）

13. 储蓄率不能影响经济增长，经济增长由劳动投入的增长和技术进步决定。（　　）

14. 储蓄率的变化对消费的影响是不确定的。（ ）

15. 资本自身的积累可以长期维持人均产出的增长。（ ）

16. 使经济摆脱缓慢增长的状态并使国内生产总值大大提高的唯一途径就是鼓励投资。（ ）

17. 全要素生产率就是劳动生产率。（ ）

18. 在其他条件不变的情况下，若工人使用更好的机械设备和接受培训，那么单位投入的产出将增加。（ ）

19. 经济增长在图形上表现为生产可能性边界向外移动。（ ）

20. 在一个充分就业、不断增长的经济体系中，如果储蓄水平不断增长，那么投资水平必须不断增长才能保持充分就业水平。（ ）

21. 在索洛模型中，人口增长加快使人均产出的增长率短期内上升，长期内一直上升。（ ）

22. 在索洛模型中，人口增长加快提高了总产出的稳态增长率。（ ）

23. 索洛模型把一个社会的人均储蓄分为资本深化和资本广化两个部分。（ ）

24. 衡量经济增长的指标应排除价格水平波动的影响。（ ）

25. 通常把经济增长规定为总需求的增加。（ ）

26. 人均生产函数说明资本积累率提高会加快经济增长。（ ）

27. 工人提前退休将降低平均劳动生产率。（ ）

28. 在其他条件相同的情况下，较高的平均储蓄倾向导致较高的增长率。（ ）

29. 在其他条件既定的情况下，资本积累水平提高将导致较高的工资率和较低的利润率。（ ）

30. 教育制度改革的成功将提高平均劳动生产率。（ ）

31. 新工人加入就业队伍将提高平均劳动生产率。（ ）

32. 在萧条时期的失业率提高将降低未来的平均劳动生产率。（ ）

33. 由失业率的下降和设备利用率的提高带来的国内生产总值的增长，从严格意义上说也是经济增长。（ ）

34. 新古典经济增长模型假定只有两种投入要素——资本和劳动，且两者不可以相互替代。（ ）

35. 人均 GDP 的持续增长主要是因为生产率的提高而不是劳动力的增加。（ ）

36. 只有当人口增长快于 GDP 的增长时，才能达到人均 GDP 的增长。（ ）

37. 在新古典经济增长模型中，单位劳动力的产出是资本深化和资本广化两者之和。（ ）

38. 如果一个经济的人均资本多于黄金律所要求的数量，则现期储蓄增加可使人均资本下降。（ ）

39. 提出经济增长极限论的经济学家仅根据现已探明的资源存量及预期消耗来判断某些资源将被耗尽。（ ）

40. 一般总产出的高增长率比人均产出的高增长率更为可取。（ ）

41. 一般在经济繁荣时期，总需求大于总供给，经济中存在通货膨胀，政府通过紧缩性的财政政策来压抑总需求，可以实现物价稳定。（ ）

42. 根据新古典经济增长模型，劳动、资本的增长或技术水平的提高都可以带来经济增长。（　　）

43. 在经济衰退时期，人们的可支配收入中消费的比例将减小。（　　）

五、问答题

1. 经济中潜在产量呈上升趋势的原因是什么？

2. 发展中国家为什么必须控制人口增长？

3. 为什么新经济增长理论被称为内生增长理论？

4. 丹尼森如何对经济增长因素进行分析？

5*. 简述库兹涅茨归纳的影响经济增长的几种因素。

6*. 熊彼特如何用创新理论解释经济周期？

7*. 评述哈罗德模型的基本观点。

8*. 根据现代国民收入理论，假如其他条件不变，储蓄的变化将对国民收入产生什么影响？根据现代经济增长理论（哈罗德-多马模型），假如其他条件不变，储蓄率的变化将对国民收入增长率产生什么影响？这两个结论有矛盾吗？如何解释这个“矛盾”？

9*. 简要回答哈罗德-多马模型与凯恩斯经济学说的异同。

10*. 哈罗德模型中存在哪些难以解决的问题？新古典模型是如何解决哈罗德模型中存在的问题的？

11*. 为什么说哈罗德-多马模型的均衡条件类似于刀刃上的平衡？

12*. 乘数—加速数模型的基本思想是什么？它是如何解释经济周期的？

13*. 从产生原因的角度指出经济周期理论包括哪几种。

14*. 简述新剑桥经济增长模型。

15*. 乘数原理和加速原理的联系与区别是什么？

16*. 简述库兹涅茨的收入分配的倒U形假说。

17*. 按照乘数—加速数模型，经济波动为什么有下限和上限？

18*. 为什么乘数和加速数的作用意味着经济更大的不确定性？

六、计算题

1. 假定某经济的边际消费倾向为0.75，加速数为2，每年自发投资为900亿元，2000年国民收入水平为6 000亿元，比上一年增加400亿元，求2001年和2002年的总投资及国民收入。

2*. 已知根据哈罗德-多马模型，有保证的增长率 $G_w=\frac{s}{v}$，经济社会的平均储蓄倾向 s 为0.12，资本—产出比 v 等于3，求有保证的增长率。

3*. 已知哈罗德-多马模型的 $G=\frac{s}{v}$，平均储蓄倾向为0.2，经济增长速度为每年4%，求均衡的资本—产出比。

4*．已知资本—产出比为 4，假设某国某年的国民收入为 1 000 亿元，消费为 800 亿元，按照哈罗德增长模型，要使该年的储蓄全部转化为投资，第二年的增长率应该为多少？

第三部分　精编习题详解

一、名词解释

1. 经济增长：指一国在一定时期内实际产量的增加，即按不变价格水平所测定的产量的增加。通常以国内生产总值（或人均国内生产总值）的增加来测度，国内生产总值的增长描述了一国整体生产能力的增加，人均国内生产总值的增长则表示人民物质生活水平的改善。

2. 经济发展：不仅包括经济增长，而且包括伴随经济增长而出现的国民生活质量、整个社会经济结构和制度结构的总体进步。

3. 新古典增长模型：由美国经济学家索洛提出。模型假设：社会经济只有两个部门，储蓄等于投资，社会储蓄是储蓄率与收入的乘积；劳动力以一个不变的比率增长；产出（y）仅是人均资本（k）的函数；生产的规模报酬不变并且不存在技术进步。其基本公式是：$\Delta k=sy-(n+\delta)k$，其中 Δk 是人均资本存量的增加，s 是储蓄率，y 是人均产量（人均收入），n 是劳动力的增长率，δ 是折旧率，k 是人均资本。该公式表明资本深化（人均资本的增加量）＝人均储蓄－资本广化（一部分储蓄用于装备新劳动力，另一部分储蓄用来折旧）。经济稳定增长的条件是人均资本增量 $\Delta k=0$。若 $\Delta k<0$，则说明人均储蓄不足以满足新增劳动力所需的人均资本，生产收缩；若 $\Delta k>0$，则人均资本减少，人均产出下降。Δk 趋于零，经济实现稳定增长。这就是新古典增长模型。

4. 资本深化（capital deepening）：指以超过劳动力增长的速度积累资本，是人均资本量的增加。在经济发展过程中，人口以一定的比率增长，一般资本积累的速度更快，这种变化的结果是人均占有资本量增加，即资本—劳动比上升。资本广化与资本深化一般是同时进行的，难分彼此。

5. 资本广化（capital widening）：是指为全部人口包括新增人口提供稳态的资本量。这要求 $sf(k)=(n+\delta)k$，即储蓄要满足折旧和人口增加对资本的需求。

6. 索洛剩余（Solow residual）：又称索洛残差，是指不能为投入要素变化所解释的经济增长率。具体而言，索洛剩余是指在剥离资本和劳动对经济增长的贡献后的剩余部分。一般认为剩余部分是技术进步对经济增长的贡献。在发达国家，制度比较稳定，除去资本和劳动贡献后确实主要是技术进步对经济增长的贡献；而在发展中国家，很大一部分国家正在经历制度变革，显然制度进步会对经济增长有重大的促进作用，这样计算出来的“索洛剩余”不但包括了技术进步对经济增长的贡献，也包括了经济制度的改变对经济的贡献。索洛剩余用公式可以表示为：$\frac{\Delta A}{A}=\frac{\Delta Y}{Y}-s_K\frac{\Delta K}{K}-s_L\frac{\Delta L}{L}$。其中，$\frac{\Delta A}{A}$ 为索洛剩余，$\frac{\Delta Y}{Y}$ 为总产出的增长率，$\frac{\Delta K}{K}$、$\frac{\Delta L}{L}$ 分别为资本和劳动的增长率，s_K、s_L 分别为资本和劳动在总产出中的份额。

7. 资本的黄金律水平：经济学家费尔普斯运用新古典增长模型分析得出，若使稳态人均消费达到最大，稳态人均资本量的选择应使资本的边际产品等于劳动的增长率加上折旧率，此时的人均资本量即为资本的黄金律水平。

8. 人力资本：是体现在个人身上的获取收入的潜在能力的价值，包括天生的能力和才华以及通过后天教育、训练获得的技能。它主要是指为了提高劳动者的文化技术水平和劳动素质而投到劳动者身上的投资，是无形资本，它与物质资本（有形资本）共同构成了经济增长因素。人力资本在经济增长中的作用越来越重要，其自身不仅能形成递增的收益，还能使相关的劳动和资本也产生递增的收益，从而使得整个经济的边际收益是递增的。

二、单项选择题

1. B　2. C　3. D　4. B　5. C　6. A　7. B　8. B　9. B
10. B　11. D　12. D　13. A　14. C　15. D　16. D　17. B　18. A

三、多项选择题

1. ABCD　2. AB　3. AC　4. ABC　5. AC　6. AB　7. AD　8. ABCD
9. ABC　10. CD　11. ABC　12. AC　13. BCD　14. AC　15. ABD　16. ACD
17. BC　18. ABC

四、判断题

1. √　2. √　3. ×　4. √　5. √　6. √　7. √　8. ×
9. √　10. √　11. ×　12. √　13. ×　14. √　15. ×　16. ×
17. ×　18. √　19. √　20. √　21. ×　22. √　23. √　24. √
25. ×　26. ×　27. ×　28. √　29. √　30. √　31. ×　32. √
33. ×　34. ×　35. √　36. ×　37. ×　38. ×　39. √　40. ×
41. √　42. √　43. ×

判断题详解

1. （√），经济增长是指一个经济体产量的增加，其中产量既可以表示为经济的总产量，也可以表示为人均产量。经济增长状况一般表现为经济增长率的波动。

2. （√）。

3. （×），在新古典增长模型中，储蓄率的上升不能影响到稳态增长率，但确实能提高收入的稳态水平。

4. （√）。

5. （√）。

6. （√）。

7. （√）。

8. （×），经济增长的目标围绕着潜在国民收入曲折上升。

9. （√），经济增长主要与经济中生产潜力的增长及生产能力得到利用的程度有关系。需求和宏观经济政策只能影响短期经济波动。

10. （√），刺激总需求不能促进一个国家的长期经济发展。长期经济发展主要由技术和资源存量决定。

11. （×），要实现劳动力的充分就业，国民收入的增长率接近劳动力的增长率即可，不要求国民收入的增长率必须大于劳动力的增长率。

12. （√）。

13. （×），储蓄率提高可以增加投资总量，促进经济增长，经济增长主要由劳动投入的增长和技术进步决定。

14. （√），储蓄率的变化对消费的影响是不确定的。消费可能由于储蓄增加而减少，也可能由于储蓄率提高、投资增加、产出增加而增加。

15. （×），资本自身的积累不一定能长期维持人均产出的增长。就资本自身的积累而言，若技术始终不变，可能带来资本的边际产量下降，影响人均产出的增长。

16. （×），使经济摆脱缓慢增长的状态并使国内生产总值大大提高的途径除了鼓励投资外，资源配置和创新活动也十分重要。

17. （×），全要素生产率是生产要素效率提高对经济增长作出的贡献率；劳动生产率是劳动的产出与投入比。

18. （√）。

19. （√）。

20. （√），在一个充分就业、不断增长的经济体系中，如果储蓄水平不断增长，那么投资水平必须不断增长才能保持充分就业水平。否则储蓄增加，消费需求下降，从而使就业水平降低。

21. （×），在索洛模型中，人口增长加快使人均产出的增长率短期内下降，长期内不变。

22. （√），在索洛模型中，人口增长加快提高了总产出的稳态增长率。长期总产出的稳态增长率等于人口增长率。

23. （√），索洛模型把一个社会的人均储蓄（储蓄转化为投资）分为资本深化和资本广化两个部分。

24. （√）。

25. （×），通常把经济增长规定为总供给的增加。

26. （×），人均生产函数说明资本积累率提高不一定会促进经济增长。因为资本存在边际生产力递减规律，资本积累和投资增长不一定会实现经济的长期增长。

27. （×），工人提前退休将提高平均劳动生产率。因为老年人虽然经验丰富，但是体力、精力和接受新事物、新知识的能力比年轻人低，提前退休把机会让给年轻人，可以提高平均劳动生产率。

28.（√）。

29.（√），在其他条件既定的情况下，资本积累水平提高将导致利润率下降，而资本积累水平提高造成人均资本提高，可以提高人均产出，进而提高工资率。

30.（√），教育制度改革的成功将提高人力资本投资效率和平均劳动生产率。

31.（×），新工人的劳动熟练程度、劳动技能和劳动经验低于劳动力平均水平，因此新工人加入就业队伍将降低平均劳动生产率。

32.（√），萧条时期的失业率会提高，失业人员再就业后劳动熟练程度、劳动技能会降低，劳动经验会减少，从而将降低平均劳动生产率。

33.（×），由失业率的下降和设备利用率的提高带来的国内生产总值的增长，从严格意义上说不是经济增长。经济增长从严格意义上说是潜在国民收入的变动。

34.（×），新古典经济增长模型假定只有两种投入要素——资本和劳动，且两者可以相互替代。

35.（√）。

36.（×），当人口增长快于 GDP 的增长时，人均 GDP 下降。

37.（×），在新古典经济增长模型中，人均储蓄是资本深化和资本广化两者之和。

38.（×），如果一个经济的人均资本多于黄金律所要求的数量，则现期储蓄增加可使人均消费下降、人均资本增加。

39.（√）。

40.（×），社会的发展应该以人的幸福和全面可持续发展为第一要务，人均产出的高增长率比一般总产出的高增长率更为可取。

41.（√）。

42.（√）。

43.（×），在经济衰退时期，按照边际消费倾向递减规律，人们的可支配收入中消费的比例将增大。

五、问答题

1. **解答：**（1）经济中可获得的自然资源增多。（2）人力资源增多。（3）先进生产工具和新工厂增加。（4）土地得到改良以利于种植。（5）发明和采用了新产品与新生产方法。（6）知识存量增加等。

2. **解答：**人口增长过快一直是困扰落后国家经济发展的难题。新古典经济增长模型对此弊端进行了分析。在图 19－2 中，经济最初位于 A 点所示的稳态。现在假定人口增长率从 n 提高到 n'，则图中的 $(n+\delta)k$ 线便移动到 $(n'+\delta)k$ 线，这时，新的稳态为 A'点。比较 A'点与 A 点可知，人口增长率的提高降低了人均资本的稳态水平（从原来的 k_A 减少到 k'），进而降低了人均产量的稳态水平。这是从新古典增长模型得出的一个重要结论，两个有着相同储蓄率的国家仅仅由于其中一个国家比另一个国家的人口增长率高，就可以有非常不同的人均收入水平。根据上述分析，人口增长率高的国家将会有低的稳态的人均资本量，进而有低的人均收入，实际考察各国数据可以发现，人口增长率高的国家往往有低的人均收入水平，这与新古典增长模型的上述结论是吻合的。

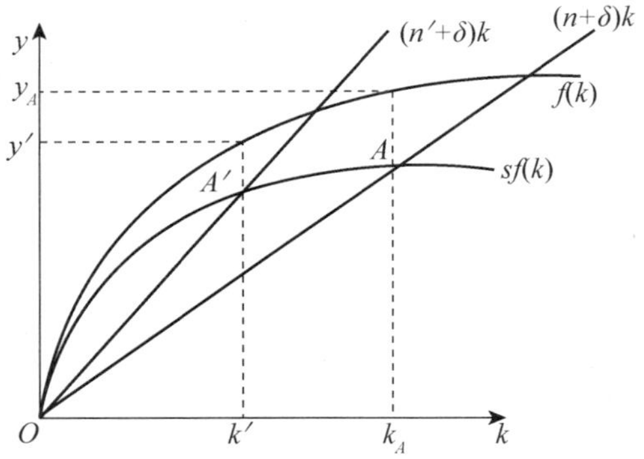

图 19-2

由于人口增长过快，资本积累、人力资本投资、市场需求及生态环境等一系列问题都难以解决。为了打破“贫穷—多生—贫穷”的怪圈，必须控制人口增长。

3. **解答：**新经济增长理论是相对于传统的新古典增长理论而言的，新古典增长理论把推动经济增长的诸因素如储蓄率、人口增长率和技术进步等都看作是外生的，即看作是增长模型以外的一些因素，而新经济增长理论试图把储蓄率、人口增长率和技术进步这些重要参数作为内生变量予以考虑，从模型内部来说明经济增长。如罗默认为，企业增加投资的行为提高了知识水平，会使物质资本和劳动等其他投入也具有收益递增的特点；卢卡斯认为，经济持续增长是人力资本不断积累的结果；还有些经济学家强调，生产过程也是“干中学”的过程，这一过程会使劳动力和固定资产的效率在生产过程中不断提高。凡此种种都表明，技术进步是经济系统的内生变量。

4. **解答：**（1）丹尼森把经济增长因素分为两大类：生产要素投入量和生产要素生产率。关于生产要素投入量，丹尼森认为产量是劳动、资本和土地投入的结果，其中土地可以被看成是不变的，其他两个则是可变的。关于生产要素生产率，丹尼森把它看成是产量与投入量之比，即单位投入量的产出量。生产要素生产率主要取决于资源配置状况、规模经济和知识进展。具体而言，丹尼森把影响经济增长的因素归结为六个：①劳动；②资本存量的规模；③资源配置状况；④规模经济；⑤知识进展；⑥其他影响单位投入产量的因素。

（2）丹尼森进行经济增长因素分析的目的，就是通过量的测定，把产量增长率按照各个增长因素所作的贡献分配到各个增长因素上去，分配的结果用来比较长期经济增长中各个因素的相对重要性。

（3）丹尼森的结论是，知识进展是发达资本主义国家最重要的增长因素。丹尼森所说的知识进展包括的范围很广，包括技术知识、管理知识的进步和由于采用新的知识而产生的结构和设备的更有效的设计，还包括从国内的和国外的有组织的研究、个别研究人员和发明家或者简单的观察和经验中得来的知识。丹尼森所谓的技术知识是关于物品的具体性质和如何具体地制造、组合以及使用它们的知识。他认为，技术进步对经济增长的贡献是明显的，但是只把生产率的增长看成大部分是采用新的技术知识的结果则是错误的。他强调管理知识的重要性。管理知识是广义的管理技术和企业组织方面的知识。在丹尼森看来，管理和组织知识方面的进步更可能降低生产成本，增加国民收入，因此它对国民收入的贡献比改善产品物理特性的影响更大。总之，丹尼森认为，技术知识和管理知识进步的重要性是相同的，不能只重视前者而忽视后者。

5*．**解答**：库兹涅茨对影响经济增长的因素的归纳如下：

（1）知识存量的增加。库兹涅茨认为，随着社会的发展和进步，人类社会的技术知识和社会知识的存量迅速增加，在一些中介因素的作用下，这种存量被利用，知识最终变为现实的生产力，成为经济增长和经济结构变化的源泉。

（2）劳动生产率的提高。库兹涅茨对劳动投入和资本投入对经济增长的贡献进行了长期分析，得出的结论是：现代经济增长的主要原因是劳动生产率的提高。

（3）结构方面的变化。库兹涅茨认为，发达的资本主义国家在它们增长的历史过程中经济结构转变迅速。库兹涅茨把知识力量因素和生产因素与结构因素联系起来，以强调结构因素对经济增长的重要影响。

6*．**解答**：熊彼特创新理论认为，企业家是企业的灵魂，而创新则是企业家的基本职能，创新对企业有着重要的作用。创新可以建立新的生产函数，重新组织生产要素。创新包括：（1）引进新的产品。（2）开辟新的市场。（3）采用新的生产工艺。（4）使用新材料和新能源。（5）采用新的企业管理制度等。周期性的波动是这种创新的结果。

熊彼特认为，经济周期是创新所导致的旧均衡的破坏和新均衡的建立过程，即创造性破坏过程。创新为创新的企业家带来超额利润，吸引其他企业仿效，形成第一次“创新浪潮”。这一浪潮导致创新者和仿效者扩大生产规模，增加投资，最终导致经济繁荣。随着新技术的普及，超额利润变小，投资需求减少，经济收缩，导致衰退。在第一次“创新浪潮”中，创新导致投资和信用需求增加，导致消费需求增加，促使资本物品生产部门和消费物品生产部门扩张，从而引起物价普遍上升，投资机会增加，出现了投机和投资失误现象。这形成了第二次浪潮。在第二次浪潮中许多投资机会并不是创新（技术进步）直接引起的，错误的投资或过度投资会导致供过于求，经济从衰退走向萧条。萧条后供需走向平衡，新的创新引起经济再次繁荣，经济进入下一个周期。大的创新导致长周期，小的创新导致小周期。

熊彼特对朱格拉周期、基钦周期和康德拉季耶夫周期进行了综合分析，认为每个长周期包括 6 个中周期，每个中周期包括 3 个短周期。短周期约为 40 个月，中周期为 9～10 年，长周期为 48～60 年。他以重大的创新为标志，划分了三个长周期：从 18 世纪 80 年代到 1842 年的“产业革命时期”、1842—1897 年的“蒸汽和钢铁时期”、1897 年以后的“电气、化学和汽车时期”。

7*．**解答**：（1）哈罗德模型的理论基础和分析方法。哈罗德模型是在凯恩斯的有效需求理论基础上发展而来的。哈罗德模型采用长期化和动态化的分析方法。长期化是把人口、资本和技术等因素看作变量，动态化是指把经济活动看作时间上有连续性的活动。重点研究充分就业下经济稳定增长的条件。

（2）哈罗德模型的基本假设前提是：a. 全社会只生产一种产品。b. 储蓄倾向不变，储蓄由收入水平决定。c. 社会生产中只有劳动和资本两种要素，两种要素的比例不变。d. 技术水平不变，资本—产出比不变。e. 资本和劳动的边际生产率递减。

（3）哈罗德模型的基本公式包括以下几个变量：资本—产出比，用 v 表示；储蓄率，用 s 表示；有保证的增长率，用 G_w 表示；实际增长率，用 G 表示；自然增长率，用 G_n

表示。基本公式为 $G=s/v$。

（4）哈罗德模型主要有三个理论观点：

①经济稳定增长的条件是 $G_w=G=G_n$。②经济短期波动的原因是 G_w 和 G 不一致，包括实际增长率低于有保证的增长率和实际增长率高于有保证的增长率两种情况。③经济长期波动的原因是 G_w 和 G_n 不一致，包括有保证的增长率高于自然增长率和有保证的增长率低于自然增长率两种情况（具体解释可以参考第 11 题的解答）。

（5）简要结论。在长期内，实现最理想的经济均衡增长的条件是 $G=G_w=G_n$。但是 G、G_w、G_n 都是由各自不同的因素决定的，实现长期经济均衡增长是非常困难的。而当三者不一致时，社会经济就会出现一种波动，这种波动不但不能自我纠正，还会产生更大的偏离。

8*. **解答：**（1）根据现代国民收入理论（凯恩斯的国民收入决定理论），在其他条件不变的情况下，如果储蓄增加，则居民用于消费的支出将减少，从而一国经济的总需求将减少，一国经济将出现有效需求不足，一国经济中的总产出也将减少。因此，储蓄的增加将导致国民收入的减少。

（2）根据现代经济增长理论（哈罗德-多马模型），一国经济的增长率为 $G=\frac{\Delta Y}{Y}=\frac{s}{v}$，其中 G 表示一国国民收入的增长率（$\Delta Y/Y$），s 表示储蓄率（S/Y），v 表示边际资本—产出比（$\Delta K/\Delta Y$）。从哈罗德-多马模型可见，储蓄率的提高将提高一国国民收入的增长率，储蓄率的降低将降低一国国民收入的增长率。

（3）以上两个结论看似矛盾，其实并不矛盾。（1）和（2）中两个理论分析储蓄对国民收入的影响的时间长短不同：现代国民收入理论主要是从短期来考虑一国储蓄水平对一国国民收入的影响。在短期内，储蓄水平的提高将会造成消费水平的降低、总需求的不足、一国国民收入水平的下降。但是在长期内，一国较高的储蓄水平会增加一国经济中的资本存量，从而提高经济的长期增长率。而现代经济增长理论（哈罗德-多马模型）主要是从较长的时期内考虑了储蓄对一国资本存量的影响以及对一国国民收入的长期影响。因此，从不同的时间范围来理解以上两个结论，两者其实并不矛盾。

9*. **解答：**（1）相同点：哈罗德-多马模型与凯恩斯经济学说都是建立在 $I=S$ 这一前提假设之下的，即只有当投资等于储蓄或者说储蓄全部用于投资时，经济活动才能达到均衡状态。因此，从某种程度上说哈罗德-多马模型是以凯恩斯的有效需求理论为基础的。

哈罗德-多马模型可作如下转化：

由于 $s=\frac{S}{Y}$，$v=\frac{\Delta K}{\Delta Y}=\frac{I}{\Delta Y}$，因而把这两个式子代入 $G=\frac{\Delta Y}{Y}=\frac{s}{v}$ 得：

$$\frac{\Delta Y}{Y}=\frac{S/Y}{I/\Delta Y}$$

$$\frac{\Delta Y}{Y}\cdot\frac{I}{\Delta Y}=\frac{S}{Y}$$

$$\frac{I}{Y}=\frac{S}{Y}$$

$$I=S$$

（2）不同点：凯恩斯采用的是短期的静态的分析方法，哈罗德采用的是长期的动态的分析方法。哈罗德认为经济增长问题实质上是讨论经济社会潜在生产能力的长期变化趋势。

10*．**解答：**哈罗德模型中存在两大难以解决的问题：（1）“存在性问题”。模型中充分就业的长期均衡增长要求 $G=G_w=G_n$，由于储蓄率、资本—产出比和人口增长率都是彼此独立决定的，所以只有在十分巧合的情况下，三者才会相等。因此均衡具有“刀锋”性质。（2）“稳定性问题”。实际增长和有保证的增长时时发生偏离，而这种偏离不仅不能自身矫正，而且会走向更大的偏离。

新古典增长模型改变了哈罗德模型中资本和劳动不能替代的固定比例关系，认为这一比例可变，因而资本—产出比也是可变的。这样当有保证的增长率与劳动力的自然增长率不相符时，市场机制就会自动调节人均资本拥有量，重新实现均衡。于是一种稳定的均衡增长关系就建立起来了，解决了哈罗德模型中的存在性问题与稳定性问题。

11*．**解答：**（1）哈罗德-多马模型是英国经济学家哈罗德和美国经济学家多马于1948年分别提出的关于经济增长的分析模型的统称。该模型主要研究在保持充分就业的条件下，储蓄和投资的增长与收入增长之间的关系。

假设前提包括：①全社会只生产一种产品。②储蓄 S 是国民收入 Y 的函数，即 $S=sY$（s 代表储蓄在国民收入中所占的份额）。③生产过程中只使用劳动 L 和资本 K 两种生产要素。④不存在技术进步，也不存在资本折旧问题。⑤劳动力按照一个固定不变的比率增长。⑥生产规模报酬不变。⑦不存在货币部门，且价格水平不变。

哈罗德模型的基本方程为：$G=\frac{\Delta Y}{Y}=\frac{s}{v}$，式中 G 表示国民收入增长率 $\Delta Y/Y$，s 表示储蓄率 S/Y，v 表示边际资本—产出比 $\Delta K/\Delta Y$（假定边际资本—产出比等于资本—产出比 K/Y），且 $v=I/\Delta Y$。方程表明，要实现均衡的经济增长，国民收入增长率就必须等于社会储蓄倾向与资本—产出比二者之比。

多马模型的基本方程为：$G=\Delta I/I=s\cdot\delta$，式中 $\Delta I/I$ 为投资增长率，即为哈罗德模型中的经济增长率；δ 表示资本生产率 $\Delta Y/I$，即哈罗德模型中 v 的倒数。多马模型与哈罗德模型的区别在于多马是用资本生产率表示资本—产出比，且用 G 表示投资增长率。二者的公式尽管表达内容各异，但实际上是一回事，可以用一个统一的公式表达为：

$$G=\frac{s}{v}=s\cdot\delta$$

哈罗德-多马模型以凯恩斯理论为基础——以凯恩斯理论中关于储蓄—投资分析的理论为基础，即经济增长的均衡能否实现，取决于储蓄率和资本—产出比的高低，并且要求社会上每一时期的储蓄额都必须等于和全部转化为投资。这样，为实现一定的经济增长率，可以采取不同的方法。例如，既可以提高或降低资本—产出比，也可以提高储蓄率与增加投资等。

哈罗德-多马模型在西方经济学关于经济增长的模型分析中有着特别重要的影响，是新古典学派、新剑桥学派分析经济增长模型的出发点。但这一模型忽视了投资预期这一经济增长的重要影响因素，因而不能解决经济中因投资预期未实现而导致的问题。

（2）为了解释均衡增长的存在性和稳定性，哈罗德提出有保证的增长率、实际增长率和自然增长率三种不同的经济增长率概念。

①有保证的增长率（G_w），也被称为均衡增长率，是指在储蓄率 s 和资本—产出比 v 既定的条件下，为使储蓄全部转化为投资所需要的产出增长率。G_w 是由储蓄率和厂商合意的资本—产出比决定的。

②实际增长率 G，是指实际上实现了的产出增长率，它取决于有效需求的大小即资本—产出比下的社会实际储蓄率。

③自然增长率 G_n，是指长期中人口增长和技术进步等因素变化后所能达到的最大增长率，它是由劳动力和技术水平决定的。

（3）由于实际增长是许多因素作用的结果，因此人们没有理由期望经济活动在实际中长期持久地按照有保证的增长率增长下去；同时，还应该考虑就业水平这一因素，说明实际增长率与劳动力增长率二者之间的关系。要实现劳动力的充分就业，国民收入的增长率必须等于劳动力的增长率。简言之，按照哈罗德的说法，首先，国民收入要实现均衡增长，就必须满足 $G_w=G$。其次，要实现充分就业的均衡增长，就必须满足 $G=G_n$。

如果 $G>G_w$，说明社会总需求超过厂商合意的生产能力，这时，厂商将增加投资，投资的增加在乘数的作用下使实际增长率更高，显得资本存量更不足，因此，其结果是需求膨胀，引起经济累积性持续扩张。

如果 $G<G_w$，说明社会总需求不足，厂商拥有的资本过剩，这时，厂商将削减投资，由于乘数的作用，实际增长率更低，显得资本更过剩，结果是收入下降，经济持续收缩。

如果 $G_w>G_n$，说明储蓄和投资的增长率超过了人口增长和技术条件所能允许的程度，增长受劳动力不足和技术条件的限制，出现资本闲置，因此，厂商将削减投资，引起经济长期停滞。

如果 $G_w<G_n$，说明储蓄和投资的增长率未达到人口增长和技术条件所需要的水平，因劳动力过多而使工资低廉，因此，刺激经济形成长期高涨。

因此，只有在 $G=G_w$ 的情况下，经济才能均衡增长，否则将出现短期内经济收缩与扩张的波动。只有当 $G_w=G_n$ 时，才能在既定的技术水平下实现充分就业，否则将使经济增长处于长期的失业或通货膨胀状态。当 $G_w=G=G_n$ 时，可实现充分就业的均衡增长，这是一种最理想的经济增长状态。

在现实经济活动中，$G_w=G=G_n$ 这种情况是有可能出现的，因此哈罗德认为，充分就业均衡增长的可能性是存在的。但由于储蓄比例、实际资本—产出比和劳动力增长率分别是由各不相同的若干因素独立地决定的，因此，除非巧合，否则这种充分就业的均衡增长是不会出现的，经济很难按照均衡增长路径增长。哈罗德-多马模型的均衡条件类似于刀刃上的平衡。

12*. **解答：**乘数—加速数模型的基本思想是：外部因素使投资增加，并通过乘数的作用，使国民收入成倍增加。人们会购买更多商品，整个社会商品销量增加。这又通过加速数的作用使投资进一步增加，国民收入也再一次增加。如此循环，经济将处于扩张阶段。然而，社会资源是有限的，当经济达到顶峰，社会资源全部被利用，产出不能再增加时，销量也不再扩大，根据加速原理，投资将变为零，国民收入下降，销量进一步下降，反过来又使投资进一步收缩，国民收入持续减少。这样经济将处于衰退阶段，衰退一直持续到经济周期谷底。这时，由于在衰退期进行负投资，生产设备逐年减少，仍在营业的一部分企业感到有必要更新设备。这样，随着企业投资的增加，产出又开始增加，通过乘数—加速数模型的作用，又一次使经济进入扩张阶段，于是，一轮新的经济周期又开始了。

13*. **解答：**从产生原因的角度，经济周期理论包括以下几种：

（1）消费不足论。该理论指出经济周期是由国民收入分配不平等所导致的穷人购买力不足和富人储蓄过度造成的。

（2）投资过度理论。该理论是用生产资料的投资过多来解释经济周期的理论。投资过多引起资本品过剩，进而造成经济波动。

（3）货币信用过度理论。以弗里德曼为代表的货币主义（或货币学派）将经济周期归因于银行体系货币和信贷的扩张与收缩。该理论认为货币是影响总需求的最基本的因素。

（4）创新理论。该理论是由熊彼特提出的用技术创新来解释经济周期的理论，属于外生经济周期理论。

（5）心理周期理论。这种理论强调心理预期的乐观和悲观的交替引起经济周期的繁荣和萧条的交替。

（6）太阳黑子理论。这种理论用太阳黑子来解释经济周期。这种理论认为，太阳黑子的活动对农业生产影响很大，而农业生产的状况又会影响工业及整个经济。太阳黑子的周期性决定了经济的周期性。

（7）政治周期理论。代表人物是诺德豪斯。该理论将经济波动归因为政治家为重新当选而对财政政策和货币政策的操纵。

（8）乘数—加速数理论。代表人物是萨缪尔森。该理论说明乘数和加速数的相互作用导致总需求发生有规律的周期波动。

（9）实际经济周期理论。代表人物是普雷斯科特。该理论认为，经济周期主要是由总供给实际因素冲击所造成的，某一部门的创新或技术的变动所带来的影响会在经济中传播，进而引起经济的波动。

14*. **解答：**新剑桥经济增长模型是由英国的琼·罗宾逊、卡尔多和意大利的帕森奈蒂提出来的。

新剑桥经济增长模型的基本公式为：

$$G=\frac{s_\pi\times\frac{\pi}{Y}+s_w\times\frac{w}{Y}}{V}$$

式中，G 为经济增长率，V 为资本—产出比，Y 为国民收入，π 为资本所有者的收入，w 为劳动所有者的收入，s_π 和 s_w 分别为资本所有者和劳动所有者的平均储蓄倾向。从公式中可以看出，分子部分为储蓄率。在 V 和 s_π、s_w 一定时，经济增长率取决于储蓄率，而储蓄率又取决于利润收入和工资收入分别占国民收入的比例。如果 $s_\pi>s_w$，那么 π/Y 越大，即利润收入在国民收入中的份额越大，储蓄率就越大，经济增长率就越高；若 $s_\pi<s_w$，则在国民收入分配过程中，劳动所有者所占份额越多，就越会增加社会储蓄，促进投资和经济增长。

新剑桥经济增长模型是把分配理论和经济增长理论紧密结合在一起的动态分析方式，旨在说明加速经济增长要调节收入分配。

15*. **解答：**乘数原理和加速原理从不同角度说明投资与收入、消费之间的相互作用。将两者结合起来，才能全面地、准确地考察收入、消费与投资三者之间的关系，并从中找出经济依靠自身的因素发生周期性波动的原因。

乘数原理和加速原理不同的是，投资的乘数作用是投资的变动导致收入的数倍变动，而投资的加速作用则是收入或消费需求的变动导致投资的数倍变动。

另外，二者发挥作用的条件也是不同的。乘数原理发挥作用的条件是资源闲置，加速原理发挥作用的条件是不存在过剩的生产能力。

16*. **解答：**倒 U 形假说，又称库兹涅茨曲线。库兹涅茨认为在经济未充分发展的阶段，收入分配将随同经济发展而趋于不平等；其后，经历收入分配暂时无大变化的时期；到达经济充分发展的阶段，收入分配将趋于平等。如果用横轴表示经济发展的某些指标（通常为人均产值），用纵轴表示收入分配不平等程度指标，则这一假说揭示的关系呈倒 U 形，因而被命名为倒 U 形假说。

库兹涅茨对收入分配不平等的长期趋势的假设为：收入差距在前工业文明向工业文明过渡的经济增长早期阶段迅速扩大，之后短暂地稳定，在增长的后期阶段逐渐缩小。

倒 U 形假说背后的决定因素是人们普遍关心和探讨的问题。

库兹涅茨认为使分配不平等的力量包括：(1) 储蓄集中于高收入者手里；(2) 增长与工业化和城市化变动同步，而工业中的收入不平等高于传统农业中的不平等；(3) 工业化中的集中性趋势也会造成很大的不平等；(4) 政府对工业的援助导致城乡的不平等。

减少不平等的力量有：(1) 国家通过立法等手段，如救济法、累进税、财产税等，可以在一定程度上缓解不平等；(2) 技术创新会导致产业或企业发展的兴衰变化，原有利益分配格局发生变化，从而会缓解收入分配不平等；(3) 人口变动，如人们会从低收入部门向高收入部门转移，导致收入差别减小，这种劳动力流动具有“搅拌”作用，缓解收入分配不公；(4) 对发展中国家，很多人设想所谓的“滴漏效应”，即在经济增长过程中，分配的利益会自上而下地产生滴漏，导致收入分配的差距收缩。

库兹涅茨倒 U 形假说的提出是基于发达国家的经验的，对发展中国家的适用性值得研究，发展中国家可以制定适宜的制度，克服发达国家曾经出现的历史现象，实现包容性增长。

17*. **解答：**经济波动的上限是指收入或产量无法突破的一条界线，即生产可能性边界，它取决于社会资源的利用程度和技术水平。在既定的技术条件下，如果一切可以被利用的资源都被充分利用，经济扩张就达到了极限，这时的产量或者收入就是经济波动的上限。经济波动的下限是指产量或收入无法再下降的界限，它取决于总投资的特点和加速作用。总投资的量最少为零，这就构成了衰退的下限。同时，加速原理是在没有生产能力剩余的情况下起作用的，如果企业有过剩的生产能力，加速原理就不起作用了。当没有生产能力剩余时，自发消费通过加速作用引起投资增加，然后投资增加又通过乘数作用引起国民收入增加，经济再次进入上升通道。

18*. **解答：**乘数原理指的是投资的变动导致收入的数倍变动，而加速数的作用则是指消费和收入的变动所导致的投资的数倍变动。这意味着投资的微小变动通过乘数和加速数的双重作用将导致国民收入同方向上的较大变动。反之亦然，投资的较小收缩会导致国民收入相应的较大收缩。同理，消费和国民收入的微小变动通过乘数和加速数的双重作用将导致投资同方向上的较大变动。因此，乘数和加速数双重作用的彼此加强，使得经济呈现出更大的不确定性。

六、计算题

1. **解答**：乘数—加速数模型的基本方程为

$$\begin{cases} Y_t = C_t + I_t \\ C_t = b \cdot Y_{t-1} \\ I_t = I_0 + v \cdot (C_t - C_{t-1}) \end{cases}$$

由题意及已知条件，1999 年的国民收入水平为

$$Y_{99} = Y_{00} - \Delta Y_{00} = 6\,000 - 400 = 5\,600\text{(亿元)}$$

于是，可知 2000 年与 2001 年的消费分别为

$$C_{00} = b \cdot Y_{99} = 0.75 \times 5\,600 = 4\,200\text{(亿元)}$$
$$C_{01} = b \cdot Y_{00} = 0.75 \times 6\,000 = 4\,500\text{(亿元)}$$

这样，2001 年的投资为

$$I_{01} = I_0 + v \cdot (C_{01} - C_{00}) = 900 + 2 \times (4\,500 - 4\,200) = 1\,500\text{(亿元)}$$

2001 年的国民收入水平为

$$Y_{01} = C_{01} + I_{01} = 4\,500 + 1\,500 = 6\,000\text{(亿元)}$$

同理，2002 年的消费为

$$C_{02} = b \cdot Y_{01} = 0.75 \times 6\,000 = 4\,500\text{(亿元)}$$

这样，2002 年的投资为

$$I_{02} = I_0 + v \cdot (C_{02} - C_{01}) = 900 + 2 \times (4\,500 - 4\,500) = 900\text{(亿元)}$$

2002 年的国民收入水平为

$$Y_{02} = C_{02} + I_{02} = 4\,500 + 900 = 5\,400\text{(亿元)}$$

2*. **解答**：有保证的增长率等于社会平均储蓄倾向与企业家意愿的资本—产出比的比率，即

$$G_w = \frac{s}{v} = \frac{0.12}{3} = 0.04 = 4\%$$

3*. **解答**：由于经济增长速度 $G = \frac{s}{v}$，所以，资本—产出比 $v = \frac{s}{G} = \frac{0.2}{0.04} = 5$。

4*. **解答**：已知 $Y = 1\,000$ 亿元，$C = 800$ 亿元，因此 $S = 1\,000 - 800 = 200$（亿元），储蓄率 $s = S/Y = 200/1\,000 = 20\%$。

为了使该年 200 亿元的储蓄全部转化为投资，第二年有保证的增长率 G_w 应为：$G_w =$

20%/4=5%。此时，如果第二年的增长率达到 5%，则

$$Y_2 = 1\,000 \times (1+5\%) = 1\,050(\text{亿元})$$
$$\Delta Y = Y_2 - Y_1 = 50(\text{亿元})$$

由于 $v=4$，因此投资 $I=\Delta Y \times v = 50 \times 4 = 200$（亿元），即该年 200 亿元的储蓄正好在第二年全部转化为投资，经济实现了均衡增长。

第二十章

宏观经济学的微观基础

第一部分　课后习题详解

1. 假设甲、乙两个消费者按照费雪的跨期消费模型进行消费决策。甲在两期各收入 1 000 元，乙在第一期的收入为 0，第二期的收入为 2 100 元，储蓄或者借贷的利率均为 r。

(1) 如果两人在每一期都消费 1 000 元，利率为多少？

(2) 如果利率上升，甲在两期的消费会发生什么变化？利率上升后，他的消费状况是变好还是变坏？

(3) 如果利率上升，乙在两期的消费会发生什么变化？利率上升后，他的消费状况是变好还是变坏？

解答：(1) 甲在两期各收入 1 000 元，在每一期都消费 1 000 元，每期消费等于每期收入。

可以用乙的实际选择预算约束来解出利率：

$$1\,000+1\,000(1+r)=2\,100$$
$$r=10\%$$

乙在第一期借了 1 000 元用于消费，而在第二期用 1 100 元的收入偿还第一期 1 100 元的贷款本息，剩余 1 000 元用于第二期的消费。

(2) 利率上升导致甲第一期的消费减少，第二期的消费增加。这是由于替代效应：利率上升使他第一期消费的成本高于第二期消费的成本，即利率升高使第一期消费的机会成本增加。如图 20-1 所示，在利率没有上升时，甲的预算约束线与无差异曲线相切于 A 点，他第一期和第二期的消费都是 1 000 元，旧预算线纵轴截距 $=1\,000+1\,000\times(1+10\%)=2\,100$，横轴截距 $=1\,000+\dfrac{1\,000}{1+10\%}\approx1909$。利率上升后，消费者的均衡点变动到 B 点，甲第一期的消费将低于 1 000 元，第二期的消费将高于 1 000 元。

在新的利率下，通过无差异曲线可知，甲的境况变好了，即甲的无差异曲线从 U_1 上移至 U_2。

（3）利率上升后，乙第一期的消费减少了，而第二期的消费可能增加，也可能减少。他同时面临替代效应和收入效应。由于利率上升后第一期的消费更贵了，所以他决定减少消费。同样由于他的收入都在第二期，因此他借钱的利率越高，收入就越低。如果第一期消费为正常品，就会使他更加坚定地减少消费。他的新消费选择在 B 点，如图 20－2 所示。在较高的利率下乙的境况变坏了，因为他的消费在 B 点，此点所达到的效用低于利率上升前的消费选择点 A 点的效用。

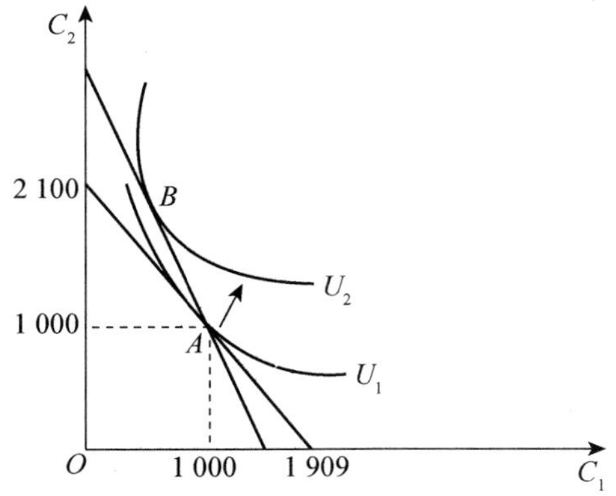

图 20－1

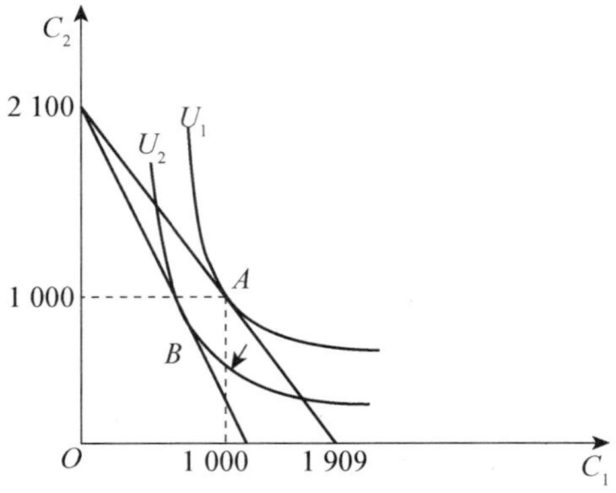

图 20－2

2. （教材中）本章第一节在对费雪模型的分析中，讨论了消费者在第一期进行储蓄的情况下，利率变动对消费决策的影响。现在假设消费者在第一期进行借贷，试分析利率变动对消费决策的影响，并画图说明其收入效应和替代效应。

解答：图 20－3 显示了一个消费者在第一期进行借贷时利率上升的情况。实际利率的上升导致预算线围绕点（Y_1，Y_2）旋转，变得更陡峭。在图 20－3 中，利率上升使预算线发生变化，与相应的无差异曲线的切点由 A 点移到 B 点。

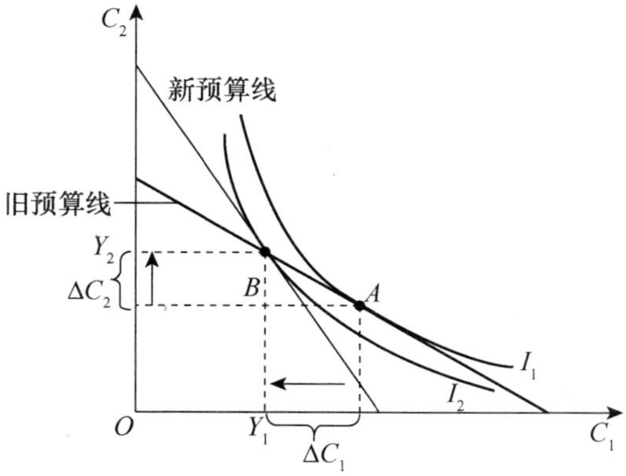

图 20－3

我们可以将这种变化对消费的影响分解为收入效应和替代效应。收入效应是向不同的无差异曲线运动所造成的消费变动。由于消费者是借贷者而不是储蓄者，利率上升使他的境况变坏，所以他不能达到更高的无差异曲线。如果各时期的消费都是正常品，那么这往往使消费下降。

替代效应是两个时期消费的相对价格变动所造成的消费变动。当利率上升时，相对于第一期的消费，第二期的消费变得更加便宜，这往往使消费者选择增加第二期的消费而减少第一期的消费。

最后，我们可以发现对于一个借贷者，当利率升高时，由于收入效应和替代效应同方向，第一期的消费下降，第二期的消费上升。在图 20－3 中，C_1 减少，C_2 增加。

3. 为什么说如果消费者遵循永久收入假说且能够进行理性预期，消费的变动就是不可预测的？

解答：永久收入假说暗示消费者努力使各期的消费平滑化，所以当前的消费取决于对一生中收入的预期。在任何一个时点上，消费者都根据现在对一生收入的预期来选择消费。随着时间的推移，他们可能得到修正其预期的消息，所以会改变自己的消费。如果消费者有理性预期，能最优地利用所有可获得的信息，那么他们应该只对那些完全未预期到的事件感到意外。完全未预期到的事件会影响其对永久收入的预期，因此他们消费的变动也应该是无法预期的，即消费的变动是随机游走的。

4. 试画图分析消费者收入变动对消费决策的影响。

解答：根据消费者跨期消费预算约束方程：$c_1+\frac{c_2}{1+r}=y_1+\frac{y_2}{1+r}$，无论是消费者的现期收入 y_1 增加还是其未来收入 y_2 增加，都将导致预算约束线向外平移。

如图 20－4 所示，假设在收入增加之前，跨期消费预算约束线为 AB，则消费者的跨期最优决策点为无差异曲线 I_1 与 AB 的切点 E_1，相应地，现期消费为 c_1^0，未来消费为 c_2^0。收入增加之后，跨期消费预算约束线向外平移至 $A'B'$，如果两期消费均为正常品，则消费者的跨期最优决策点移动至无差异曲线 I_2 与 $A'B'$的切点 E_2，相应地，现期消费增加为 c'_1，未来消费增加为 c'_2。因此，在两期消费均为正常品的情况下，消费者收入的变动将引起现期消费与未来消费同方向的变动。

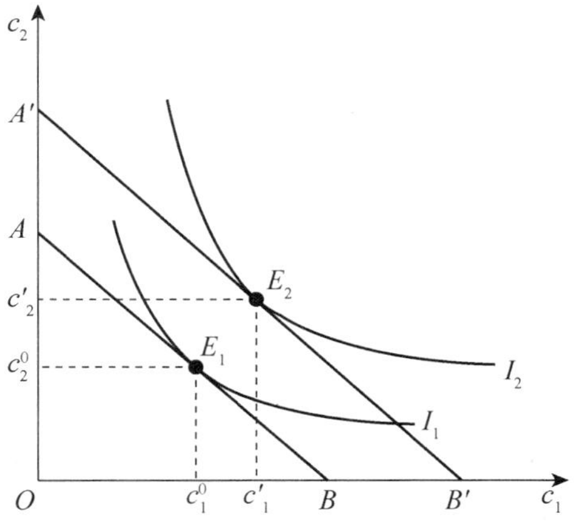

图 20－4

如果现期消费为正常品，未来消费为低档品，则消费者收入的变动会引起现期消费同方向的变动以及未来消费反方向的变动；如果现期消费为低档品，未来消费为正常品，则消费者收入的变动会引起现期消费反方向的变动以及未来消费同方向的变动。

5. 试说明下列两种情况下，借贷约束是提高还是降低了财政政策对总需求的影响程度：

（1）政府宣布暂时减税；

（2）政府宣布未来减税。

解答：财政政策影响总需求的潜力取决于消费的影响：如果消费改变很大，那么财政政策将有一个很大的乘数；如果消费改变很小，那么财政政策将有一个很小的乘数，因为边际消费倾向越大，财政政策乘数就越大。

（1）考虑两个时期的费雪模型。暂时减税意味着增加了第一期的可支配收入，图 20－5（a）显示了暂时减税对没有借贷约束的消费者的影响，而图 20－5（b）显示了暂时减税对有借贷约束的消费者的影响。

有借贷约束的消费者想要通过借贷而增加 C_1，但是不能增加 C_2。暂时减税增加了可支配收入：如图 20－5（a）和图 20－5（b）所示，消费者的消费增加额等于减税额。有借贷约束的消费者第一期消费的增加额大于没有借贷约束的消费者，因为有借贷约束的消费者的边际消费倾向大于没有借贷约束的消费者。因此，与没有借贷约束的消费者相比，有借贷约束的消费者在第一期所对应的财政政策影响总需求的潜力更大。

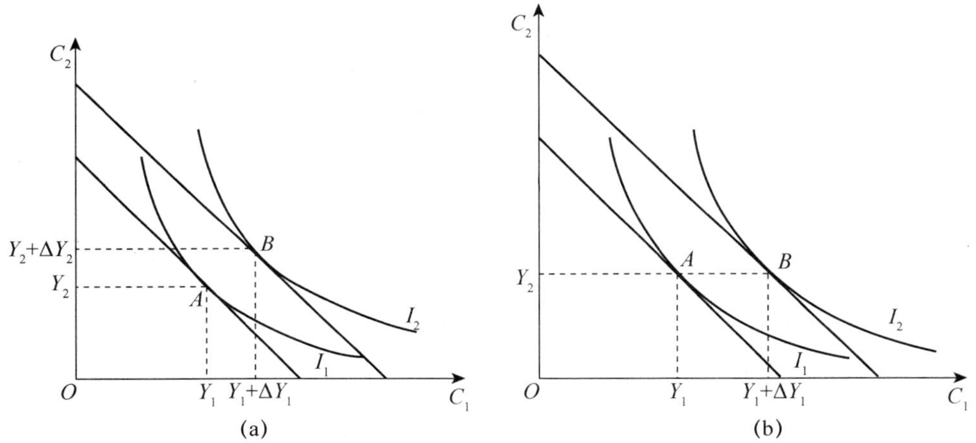

图 20－5

（2）再一次考虑两个时期的费雪模型。宣布未来减税将增加 Y_2。图 20－6（a）显示了减税对没有借贷约束的消费者的影响，而图 20－6（b）显示了减税对有借贷约束的消费者的影响。

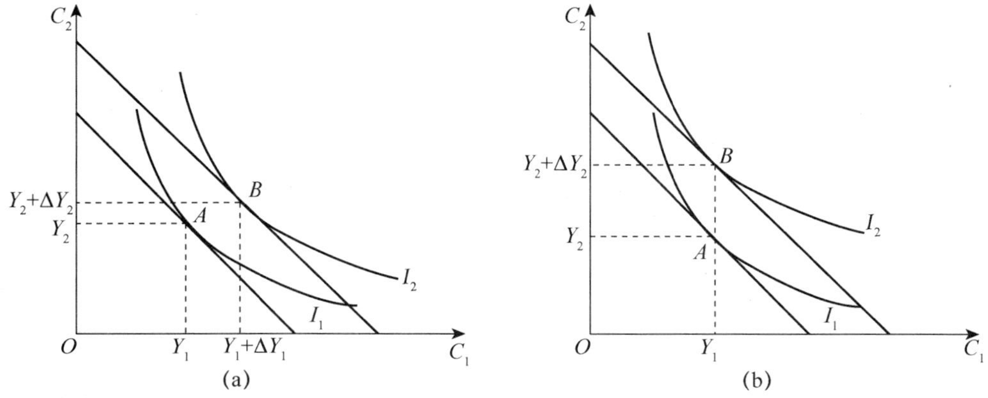

图 20－6

没有借贷约束的消费者立即增加了消费 C_1。有借贷约束的消费者无法增加 C_1，因为可支配收入没有改变。因此如果消费者面临借贷约束，那么宣布未来减税对消费和总需求没有影响。因此，与没有借贷约束的消费者相比，有借贷约束的消费者在第一期所对应的财政政策影响总需求的潜力更小。

6. 假定你是一个追求跨期效用最大化的消费者，正处于青年时期，下述事件的发生将如何影响你现期的消费行为？

（1）一位失散多年的亲戚突然与你取得联系，并在其遗嘱中将你列为其巨额财产的唯一继承人；

（2）你目前所从事的行业属于夕阳行业，未来几年你将面临下岗的威胁；

（3）医生根据你目前的身体状况预测你可以活到 90 岁。

解答：（1）该事件将会导致消费者的当期收入增加，从而会引起跨期消费预算约束线向外平移，由于消费一般为正常品，因而消费者的现期消费增加。

（2）该事件将会导致消费者的未来收入减少，从而会引起跨期消费预算约束线向内平移，由于消费一般为正常品，因而消费者的现期消费减少。

（3）该事件将会导致消费者的消费期数增加。当没有医生的预测时，消费者认为自己可以活到 80 岁，并且消费者的消费期只有两个，一个是青年时期 1，一个是老年时期 2，则消费者的跨期消费预算约束方程为：$c_1+\frac{c_2}{1+r}=y_1+\frac{y_2}{1+r}$。有了医生的预测之后，消费者增加了从 80 岁到 90 岁的时期 3，该期的收入 $y_3=0$，消费为 c_3，则消费者的跨期消费预算约束方程为：$c_1+\frac{c_2}{1+r}+\frac{c_3}{(1+r)^2}=y_1+\frac{y_2}{1+r}$，这将导致以 c_1 和 c_2 为坐标值的跨期消费预算约束线向内平移，由于消费一般为正常品，因而消费者的现期消费减少。

7. 根据新古典投资模型，分析在什么条件下企业增加自己的固定资本存量是有盈利的。

解答：根据新古典投资模型，如果企业资本的边际产量大于资本的成本，那么企业增加资本存量是有盈利的；如果企业资本的边际产量小于资本的成本，那么企业增加资本存量就会亏损。分析如下：

新古典投资模型考察了企业拥有资本品的收益与成本。对每一单位资本，企业赚到的实际收益为 R/P，承担的实际成本为 $(P_K/P)(r+\delta)$。每单位资本的实际利润是：

$$利润率=收益-成本=R/P-(P_K/P)(r+\delta)$$

由于均衡状态是资本的实际租赁价格等于资本的边际产量，所以利润率可写为：

$$利润率=MP_K-(P_K/P)(r+\delta)$$

由上式可看出，如果企业资本的边际产量大于资本的成本，那么企业增加资本就是有盈利的，反之没有盈利。

8. 试分析利率的上升如何减少住房投资流量。

解答：住房需求的一个决定因素是实际利率。许多人用贷款——住房抵押贷款——购买自己的住房，利率是贷款的成本。即使有些人不必贷款买房，他们也将对利率作出反应，因为利率是以住房形式持有财富而不把财富存入银行的机会成本。因此，利率上升减少了住房需求，降低了住房价格，并减少了居住的投资流量。

9. 试阐述企业持有存货的原因。

解答： 企业持有存货的原因是多方面的，主要包括：

第一，保证生产的平稳化。产品的市场需求存在波动性，伴随着市场需求的波动，企业的产品销量也会经历高涨与低落。由于持有一定数量的存货，企业不必随时调整生产以适应销售的波动，减少因频繁调整生产线和产量而造成的损失。企业可以在需求低落、产量高于销量时增加库存；在需求高涨、产量低于销量时减少库存。

第二，避免脱销。产品的生产需要时间，不可能瞬间完成，为了避免产品销量意外高涨而脱销，企业需要持有一定数量的存货。

第三，提高经营效率。批量购买生产资料，批量生产，保持适当存货，可以降低成本。

第四，在产品。有些库存是生产过程中不可避免的，因为有的产品在生产中要求多道工序，当一种产品仅仅部分完成时，会被作为企业存货的一部分。

10. 用新古典投资模型解释下列每一种情况对资本的租赁价格、资本成本以及企业净投资的影响：

(1) 政府实施扩张性货币政策提高实际利率；

(2) 一次自然灾害摧毁了部分固定资产，资本存量减少；

(3) 大量国外劳动力的涌入增加了国内的劳动力供给。

解答： 投资函数是：$I=I_n[MP_K-(P_K/P)(r+\delta)]+\Delta k$。

资本的租赁价格等于资本的边际产量，资本成本$=(P_K/P)(r+\delta)$。

(1) 扩张性货币政策提高了实际利率，资本的租赁价格不变，资本成本增加，投资量减少。因为实际利率上升，由资本成本$=(P_K/P)(r+\delta)$可知，资本成本增加，企业会减少投资，但是由于资本的边际产量没有改变，所以资本的租赁价格不会迅速改变。

(2) 若一次自然灾害摧毁了部分资本存量，则资本的租赁价格上升，资本成本不变，投资增加。因为资本存量减少，使得资本的边际产量上升，所以资本的租赁价格上升。决定资本成本的各因素没有改变，所以资本成本不变。同时，因为资本的边际产量相对于资本的成本上升，使投资更加有利可图，所以企业投资增加。

(3) 大量国外劳动力的涌入增加了本国国内的劳动力供给，使资本的租赁价格上升，资本成本不变，投资量增加。因为劳动投入增加，使得资本的边际产量上升，所以资本的租赁价格上升。决定资本成本的各因素没有改变，所以资本成本不变。同时，因为资本的边际产量相对于资本的成本上升，使投资更加有利可图，所以企业投资增加。

11. 假定在完全竞争市场中，某企业的生产函数 $Q=AK^aL^{1-a}$，产量 $Q=100$，$a=0.3$，资本的租金率 $R=0.1$，企业产品价格 $P=1$。

(1) 计算最优资本存量。

(2) 假设 Q 预期上升到 120，最优资本存量是多少？

(3) 假定最优资本存量在 5 年内保持不变，现有的资本存量为 100，企业会逐步调整资本存量使其接近于最优值，设 $\lambda=0.3$。第一年的投资量是多少？第二年的资本存量是多少？

解答： (1) 当 $a=0.3$ 时，由 $Q=AK^{0.3}L^{1-0.3}$ 得，$MP_K=0.3AK^{-0.7}L^{0.7}$。

根据最优资本存量条件 $MP_K=R/P$，得

$$0.3AK^{-0.7}L^{0.7}=0.1$$

同时根据产量限制条件，有

$$100=Q=AK^{0.3}L^{1-0.3}$$

联立上面的两个等式，可求得当产量为 100 时的最优资本存量 $K^*=300$。

（2）如果 $Q=120$，则联立 $0.3AK^{-0.7}L^{0.7}=0.1$ 与 $120=AK^{0.3}L^{1-0.3}$，可得最优资本存量 $K'=360$。

（3）由于 $K_0=100$，$K^*=300$，所以：

第一年投资量为 $I_1=\lambda(K^*-K_0)=0.3\times(300-100)=60$；

第一年资本存量为 $K_1=100+60=160$；

第二年投资量为 $I_2=\lambda(K^*-K_1)=0.3\times(300-160)=42$；

第二年资本存量为 $K_2=160+42=202$。

12. 假定住房存量供给函数 $S_S=100$，需求函数 $D=Y-0.5P$，住房流量供给函数 $S_F=2P$，式中，P 为住房价格，Y 为收入。当 $Y=200$ 时，住房的均衡价格是多少？若收入增加到 300，并且假定住房能在瞬间造好，则短期住房价格为多少？新建住房价格为多少？

解答：（1）当 $Y=200$ 时，需求函数为 $D=200-0.5P$。

根据住房存量供给函数与住房流量总供给函数得，住房总供给函数为：

$$S=100+2P$$

住房市场均衡时，根据均衡条件 $D=S$，求得住房均衡价格 $P^*=40$。

（2）当收入增加到 300 时，需求函数为：

$$D=300-0.5P$$

短期内住房价格将不变，即：

$$P=40$$

此时住房需求量为 $300-0.5\times40=280$，而短期住房存量供给量只有 100，因此存在 180 单位的住房差额需求，需要由新房来提供。

根据住房流量供给函数 $S_F=2P$，可得当 $S_F=180$ 时，新建住房价格为 90。

13. 解释货币需求的资产组合理论与交易理论之间的区别与联系。

解答：货币需求的资产组合理论与交易理论之间的区别如下：

（1）两种理论所强调的货币的职能不同。

货币需求的资产组合理论强调货币作为价值储藏手段的作用；货币需求的交易理论强调货币作为交易媒介的作用。

（2）两种理论认为货币需求的决定因素不同。

资产组合理论关键的观点是货币提供了不同于其他资产的风险与收益的组合。特别是货币提供了一种安全的（名义的）收益，而股票与债券的价格会上升或下降。该理论认为

货币需求取决于货币和家庭可以持有的各种非货币资产所提供的风险与收益。此外，货币需求还应该取决于总财富，因为财富衡量了可以配置于货币和其他资产的资产组合的规模。货币需求函数写为：$(M/P)^d=L(r_s, r_b, \pi^e, W)$，其中 r_s 为预期的股票实际收益，r_b 为预期的债券实际收益，π^e 为预期的通货膨胀率，而 W 为实际财富。r_s 或 r_b 的提高会减少货币需求，因为其他资产变得更有吸引力。π^e 的上升也会减少货币需求，因为货币变得更缺乏吸引力。W 的增加会提高货币需求，因为更多的财富意味着更大数量的资产组合。

货币需求的交易理论强调，货币是一种被支配资产，并强调人们持有货币而不是其他资产是为了进行购买；认为货币需求取决于持有货币的成本和收益，持有货币的成本是只能赚取低收益率，而收益是使交易更方便。因此，货币需求与利率成反比，与收入成正比。

两种理论的联系为：(1) 货币需求的资产组合理论与交易理论都考虑了货币及其他不同的生息资产，都涉及资产组合。(2) 这两种理论都运用了资产的流动性假设。(3) 这两种理论都形成了对凯恩斯货币需求理论的补充，完善了货币需求理论。

14. 凯恩斯的消费理论与古典学派的消费理论有什么区别？

解答：古典学派的理论认为，消费与利率有关。利率上升会增加储蓄，抑制消费，消费与利率呈反方向变动关系。

凯恩斯认为，消费与收入有关，即 $C=f(Y)$，消费函数可以简单表示为 $C=a+bY$，其中，b 是边际消费倾向$\left(MPC=\dfrac{\Delta C}{\Delta Y}\right)$，而平均消费倾向 $APC=\dfrac{C}{Y}$。消费随着收入的增加而增加，但是随着收入的增加，增加的消费中用于消费的比例越来越小，边际消费倾向和平均消费倾向递减。

15. 凯恩斯的消费函数有哪些特性？

解答：凯恩斯的消费函数有如下特性：

第一，消费是现期收入（可支配收入）的函数，随收入增减而增减。

第二，边际消费倾向大于 0，小于 1，即 $0<MPC<1$。

第三，一般而言，边际消费倾向和平均消费倾向随收入增加而降低。

16. 试述生命周期消费理论的重要含义。

解答：生命周期消费理论的重要含义主要包含以下几个方面的内容：

(1) 生命周期消费理论说明现在消费与未来消费、负债与储蓄的关系。经济增长是国家储蓄率的主要决定因素。当经济增长迅速时，将来的收入会更高，人们会感到至少不必为未来而储蓄，这样储蓄率会下降。相反，当收入和经济产出缓慢增加时，人们就不得不从收入中挤出钱来储蓄，那么储蓄率就会提高。

(2) 当想要对消费者支出进行解释和预期时，财产应当被考虑在内。$C=aWR+cYL$，式中，WR 为实际财富，a 为财富的边际消费倾向，即每年消费掉的财富的比例，YL 为工作收入，c 为工作收入的边际消费倾向。对任何人而言，财产都可以算作未来预期收益的一部分，也会既影响家庭的消费行为，又影响家庭的储蓄行为。财产总额较大意味着人们有更多的财产且可以减少为退休而准备的储蓄。

(3) 根据生命周期消费理论，如果社会上年轻人和老年人的比例增大，则消费倾向会提高；如果社会上中年人的比例增大，则消费倾向会下降。因此，总储蓄和总消费会部分地依赖于人口的年龄分布，当有更多人处于储蓄年龄时，净储蓄就会上升。

（4）除了想使自己一生平稳消费这一点外，还有一系列因素会影响消费和储蓄。例如，当有更多人想及时行乐时，储蓄就会减少；当社会建立起健全的社会保障制度从而有更多人享受养老金待遇时，储蓄也会减少；当社会上有更多人想留一笔遗产给后代时，社会总储蓄率就会提高，但很高的遗产税税率又会影响这种储蓄的积极性。

（5）生命周期消费理论同样能解释为什么暂时的政策变化既不能影响支出也不能影响整个经济活动。例如，税收暂时的变化可能对当前的收入有很大的影响，但它对一生的收入没有什么影响。所以，暂时的税收变化对消费支出影响较小。

17．在生命周期假说中，消费对储蓄的比率一直到退休时都是下降的。（1）为什么？有关消费的什么假设导致了这个结果？（2）在退休以后，这个比率如何变化？

解答：美国经济学家弗兰科·莫迪利安尼（Franco Modigliani）的生命周期假说强调人们会在更长时间范围内计划他们的生活消费开支，以达到他们在整个生命周期内消费的最佳配置。一般说来，年轻人家庭收入偏低，这时消费可能会超过收入。随着他们进入中年，收入日益增加，这时收入会大于消费，不但可能偿还年轻时欠下的债务，更重要的是可以积蓄些钱以备养老。等到年老退休、收入下降时，消费又会超过收入，形成所谓负储蓄状态。

由于在更长时间范围内人们计划他们的生活消费开支，假定一生中每年的消费基本相同，在工作期间，储蓄由负储蓄向储蓄越来越多转变，所以消费对储蓄的比率一直到退休时都是下降的；在退休以后，若消费基本不变，没有了收入，储蓄越来越少，则消费对储蓄的比率一直上升。

（1）根据生命周期假说，消费者每年消费 $C=\frac{WL\cdot YL}{NL}$（WL 为工作的时期，YL 为每年的工作收入，NL 为工作以后的生活年数），则退休前每年储蓄为 $S=YL-C=\frac{NL-WL}{NL}\cdot YL$。至 T 年（$1\leqslant T\leqslant WL$），积累的储蓄 $WR=S\cdot T=\frac{NL-WL}{NL}\cdot YL\cdot T$，则消费对储蓄的比率为 $\frac{C}{WR}=\frac{WL}{(NL-WL)\cdot T}$，显然，随着 T 的增大，消费对储蓄的比率 $\frac{C}{WR}$ 逐渐减小。这主要是由“消费者将其工作收入均匀地用于其一生的消费”即平稳消费这一假设导致的。

（2）在退休以后，消费者每年的消费还是 $C=\frac{WL\cdot YL}{NL}$，而积累的储蓄为 $WR=\frac{NL-WL}{NL}\cdot YL\cdot WL-(T-WL)\cdot C=\frac{NL-T}{NL}\cdot YL\cdot WL$，其中 $WL\leqslant T\leqslant NL$，则消费对储蓄的比率为 $\frac{C}{WR}=\frac{1}{NL-T}$，显然，随着 T 的增大，消费对储蓄的比率也逐渐增大。

18．假定有消费方程 $C=aWR+bY_p$，永久收入 $Y_p=\theta Y_D+(1-\theta)Y_{D-1}$，现有具体的消费方程：$C=0.045WR+0.55Y_D+0.17Y_{D-1}$。试求 θ 值。

解答：将永久收入的等式代入消费方程后可得

$$C=aWR+b\theta Y_D+b(1-\theta)Y_{D-1}$$

具体的消费方程为：

$$C=0.045WR+0.55Y_D+0.17Y_{D-1}$$

对照上面两个等式，可得相应的系数之间有如下关系：

$$\begin{cases}b\theta=0.55\\ b(1-\theta)=0.17\end{cases}$$

解此方程组，可得 $\theta=\frac{55}{72}$。

19. 假设消费函数为 $C=200+0.9Y_p$，其中，Y_p 是永久可支配收入。同时假设消费者的永久可支配收入是当年与前一年数据的加权平均：$Y_p=0.7Y_D+0.3Y_{D-1}$，其中，Y_D 是当年可支配收入。

（1）假设第一年和第二年的可支配收入都是 6 000 元，则第二年的消费为多少？

（2）假设第三年的可支配收入增至 7 000 元，并在将来一直保持这个收入，则第三年、第四年以及以后各年的消费分别为多少？

（3）短期边际消费倾向和长期边际消费倾向各为多少？如何解释（2）？

解答：（1）由于消费者第一年和第二年的可支配收入都是 6 000 元，第二年的永久可支配收入为：

$$Y_{p2}=0.7\times6\,000+0.3\times6\,000=6\,000(\text{元})$$

则第二年的消费为：

$$C_2=200+0.9Y_{p2}=200+0.9\times6\,000=5\,600(\text{元})$$

（2）第三年的永久可支配收入为：

$$Y_{p3}=0.7\times7\,000+0.3\times6\,000=6\,700(\text{元})$$

第三年的消费为：

$$C_3=200+0.9Y_{p3}=200+0.9\times6\,700=6\,230(\text{元})$$

第四年的永久可支配收入为：

$$Y_{p4}=0.7\times7\,000+0.3\times7\,000=7\,000(\text{元})$$

第四年的消费为：

$$C_4=200+0.9Y_{p4}=200+0.9\times7\,000=6\,500(\text{元})$$

由于以后的可支配收入一直维持在 7 000 元，则第四年以后的永久可支配收入也一直保持在 7 000 元，因而消费也将一直保持在 6 500 元这一水平上。

（3）短期边际消费倾向表明的是消费和当年可支配收入之间的关系，将永久可支配收入公式代入消费函数，有：

$$C=200+0.9(0.7Y_D+0.3Y_{D-1})=200+0.63Y_D+0.27Y_{D-1}$$

短期边际消费倾向为：

$$\frac{\partial C}{\partial Y_D}=0.63$$

长期边际消费倾向表明的是消费和长期可支配收入（永久可支配收入）之间的关系，可以直接由消费函数求得长期边际消费倾向为：

$$\frac{\partial C}{\partial Y_p}=0.9$$

第三年的可支配收入比前一年增加 1 000 元，则该年消费的增加额为短期边际消费倾向乘以该年可支配收入的增加值，即 0.63×1 000＝630（元），也等于长期边际消费倾向乘以永久可支配收入的增加值，即 0.9×(6 700－6 000)＝630（元），所以 $C_3=C_2+630=5\,600+630=6\,230$（元）。

第四年与第三年相比，当年的可支配收入没有变化，但永久可支配收入增加了 7 000－6 700＝300(元)，因而消费的增加额为长期边际消费倾向乘以永久可支配收入的增加值，即 0.9×300＝270（元），所以 $C_4=C_3+270=6\,230+270=6\,500$（元）。

第四年与第二年相比，永久可支配收入增加了 1 000 元，因而第四年与第二年相比消费的增加额也是长期边际消费倾向乘以永久可支配收入的增加值，即 0.9×1 000＝900（元），所以 $C_4=C_2+900=5\,600+900=6\,500$（元）。

20. 假设消费者的生活分为两期。在第一期消费者劳动，获得收入，用来满足该期的消费和储蓄。在第二期消费者不劳动，用第一期的储蓄来满足该期的消费。假设消费者在第一期的消费为 C_1，储蓄为 S，劳动收入为 W；在第二期的消费为 C_2，市场利率为 r，贴现因子为 $0<\beta<1$；设消费者的效用函数为：

$$U(C)=\frac{C^{1-\theta}-1}{1-\theta}$$

其中，θ 为正常数。

要求：

（1）写出消费者的效用极大化问题；

（2）求出消费者的储蓄函数，讨论利率的改变与储蓄的关系；

（3）将上面的结论与我国当前实际相结合，分析利率下降与储蓄的关系。

解答：（1）消费者效用最大化指两期消费的效用之和最大：

$$\max U=U(C_1)+U(C_2)$$

约束条件为：

$$W=C_1+C_2\beta$$

构造拉格朗日函数：

$$L=U(C_1)+U(C_2)+\lambda(C_1+C_2\beta-W)$$

效用极大化的一阶条件为：

$$\frac{\partial L}{\partial C_1}=\frac{1}{C_1^{\theta}}+\lambda=0$$

$$\frac{\partial L}{\partial C_2}=\frac{1}{C_2^{\theta}}+\lambda\beta=0$$

$$\frac{\partial L}{\partial \lambda}=C_1+C_2\beta-W=0$$

解得 $C_1=\dfrac{W}{1+\beta^{1-\frac{1}{\theta}}}$，$C_2=\dfrac{W}{\beta+\beta^{\frac{1}{\theta}}}$。

(2) 因为当期的储蓄等于下一期的消费，所以消费函数 $C_2=S(1+r)$，从而可得储蓄和利率的关系为 $S=\dfrac{C_2}{1+r}$，另外，贴现因子和利率间的关系为 $\beta=\dfrac{1}{1+r}$，所以有：

$$S=\frac{C_2}{1+r}=\frac{\dfrac{W}{\beta+\beta^{\frac{1}{\theta}}}}{1+r}=\frac{\dfrac{W}{\dfrac{1}{1+r}+\left(\dfrac{1}{1+r}\right)^{\frac{1}{\theta}}}}{1+r}=\frac{W}{1+(1+r)^{1-\frac{1}{\theta}}}$$

$$C_1=\frac{W}{1+\beta^{1-\frac{1}{\theta}}}=\frac{W}{1+\left(\dfrac{1}{1+r}\right)^{1-\frac{1}{\theta}}},\ C_2=\frac{W}{\beta+\beta^{\frac{1}{\theta}}}=\frac{W}{\dfrac{1}{1+r}+\left(\dfrac{1}{1+r}\right)^{\frac{1}{\theta}}},\ 0<\theta<1 \text{ 且 } 0<\beta<1$$

由上式可知，S 是 r 的减函数，C_1、C_2 是 r 的增函数，所以 r 上升使得 S 下降，C_1、C_2 上升。

(3) 对于我国的利率下降政策，不能简单运用上面的原理进行分析，因为在 (1) 和 (2) 中，我们假设收入 W 是不变的，而我国的降息政策主要是希望增加当前消费，促进居民收入的增加，从而促进经济的下一期增长。因此思考我国的降息政策的效果，需要从一般均衡的角度出发，采用局部均衡的方法是行不通的。

第二部分 精编习题

一、名词解释

1. 永久收入假说
2. 相对收入假说
3. 生命周期假说
4. 新古典投资模型
5. 存货
6. 货币需求
7. 鲍莫尔-托宾模型
8. 惠伦模型

二、单项选择题

1. 绝对收入假说的代表人物是（　　）。

A. 凯恩斯　　B. 杜森贝利　　C. 莫迪利安尼　　D. 弗里德曼

2. 相对收入假说的代表人物是（　　）。

A. 凯恩斯　　B. 杜森贝利　　C. 莫迪利安尼　　D. 弗里德曼

3. 生命周期假说的代表人物是（　　）。

A. 凯恩斯　　B. 杜森贝利　　C. 莫迪利安尼　　D. 弗里德曼

4. 永久收入假说的代表人物是（　　）。

A. 凯恩斯　　B. 杜森贝利　　C. 莫迪利安尼　　D. 弗里德曼

5. 绝对收入假说的主要观点是（　　）。

A. 消费支出是现期收入的函数

B. 消费取决于其他人的收入水平和本人历史上最高的收入水平

C. 个人可支配收入和财富的边际消费倾向取决于该消费者的年龄

D. 消费者的消费支出主要由他的永久收入决定

6. 相对收入假说的主要观点是（　　）。

A. 消费支出是现期收入的函数

B. 消费取决于其他人的收入水平和本人历史上最高的收入水平

C. 个人可支配收入和财富的边际消费倾向取决于该消费者的年龄

D. 消费者的消费支出主要由他的永久收入决定

7. 生命周期假说的主要观点是（　　）。

A. 消费支出是现期收入的函数

B. 消费取决于其他人的收入水平和本人历史上最高的收入水平

C. 个人可支配收入和财富的边际消费倾向取决于该消费者的年龄

D. 消费者的消费支出主要由他的永久收入决定

8. 永久收入假说的主要观点是（　　）。

A. 消费支出是现期收入的函数

B. 消费取决于其他人的收入水平和本人历史上最高的收入水平

C. 个人可支配收入和财富的边际消费倾向取决于该消费者的年龄

D. 消费者的消费支出主要由他的永久收入决定

9. 根据生命周期消费理论，完善的社会保障制度会使边际消费倾向（　　）。

A. 变大　　B. 变小　　C. 不变　　D. 不可确定

三、多项选择题

1. 美国经济学家杜森贝利的相对收入假说指出，（　　）。

A. 人们的消费不取决于其绝对收入水平，而取决于同别人相比的相对收入水平

B. 消费者某期消费受当期收入和过去所达到的最高收入及最高消费的影响

C. 消费具有不可逆性，即存在所谓的“棘轮效应”

D. 人们的消费会相互影响，有攀比倾向，即“示范效应”

2. 生命周期假说指出，（　　）。

A. 个人可支配收入和财富的边际消费倾向取决于该消费者的年龄

B. 当收入相对于一生平均收入高时，储蓄也高
C. 当收入相对于一生平均收入低时，储蓄也低
D. 消费者的消费支出主要不是由他的现期收入决定，而是由他的永久收入决定
3. 永久收入假说指出，（　　）。
A. 消费者的消费支出主要不是由他的现期收入决定，而是由他的永久收入决定
B. 永久收入是指消费者可以预计到的长期收入
C. 永久收入大致可以根据观察到的若干年收入的数值之加权平均数计得，距现在的时间越近，权数越大；反之，则越小
D. 根据这种理论，政府想通过增减税收来影响总需求的政策是不能奏效的
4. 消费者跨期消费的最优决策行为必须满足的条件是（　　）。
A. 最优的消费决策必须是消费者最偏好的两期消费组合
B. 最优的消费决策必须位于给定的预算约束线上
C. 无差异曲线与预算线的相切点
D. 无差异曲线与生产可能性曲线的相切点
5. 与消费的随机游走假说相关的判断是，（　　）。
A. 不可预测的事件影响永久收入
B. 永久收入决定消费
C. 永久收入假说与理性预期的结合意味着消费的变动遵循随机游走方式
D. 在任何一个时点，消费者总会根据当下对一生收入的预期选择消费
6. 短期边际消费倾向较低的原因是，（　　）。
A. 当收入上升时，人们不能确信收入的增加是否会一直继续下去，因此，不会马上充分调整其消费
B. 当收入下降时，人们也不能断定收入的下降是否就一直会如此，因此，消费也不会立即发生相应的下降
C. 在任何一个时点，消费者总会根据当下对一生收入的预期选择消费
D. 只有收入变动最终被证明是永久的，人们才会在最终证明是较高或较低的永久收入水平上充分调整其消费
7. 生命周期消费理论和永久收入理论的相同之处是，（　　）。
A. 单个消费者是前向预期决策者
B. 消费不只同现期收入相关，而是以一生或永久的收入作为消费决策的依据
C. 一次性暂时收入变化引起的消费支出变动很小，即其边际消费倾向很低，甚至接近于零，但来自永久收入变动的边际消费倾向很大，甚至接近于 1
D. 当政府想用税收政策影响消费时，如果减税或增税只是临时性的，则消费并不会受到很大影响，只有永久性税收变动时，政策才会有明显效果
8. 投资包括（　　）。
A. 企业固定投资　　B. 住房投资
C. 个人购买股票的投资　　D. 存货投资
9. 固定投资可细分为（　　）。
A. 企业固定投资　B. 住房投资　C. 存货投资　D. 教育投资

10. 现实中的大多数企业同时具备的两种基本职能是（ ）。
A. 生产职能，即生产产品和提供服务
B. 消费职能，为职工的生活消费提供工资
C. 为个人购买股票提供机会
D. 投资职能，即为了未来生产而进行资本品投资
11. 租赁企业需承担的主要成本是（ ）。
A. 利息成本 B. 存货的保管成本
C. 价格波动成本 D. 资本折旧成本
12. 在市场经济下，居民购买住房主要有三种目的，即（ ）。
A. 为了自己居住
B. 为了向他人出租以收取租金
C. 为了获取其由于价值增加而产生的利润
D. 为了拉动内需
13. 住房投资总成本包括（ ）。
A. 抵押贷款 B. 物业费 C. 物业税 D. 折旧
14. 住房需求曲线的位置取决于（ ）。
A. 人们的财富 B. 拥有住房的真实净收益
C. 房屋的建设成本 D. 其他资产的真实净收益
15. 存货是企业持有的作为储备的产品，包括（ ）。
A. 原材料
B. 厂房和设备
C. 在产品
D. 产成品
16. 对货币需求具有重大影响的宏观经济变量有（ ）。
A. 价格水平 B. 实际收入 C. 利率 D. 货币流通速度
17. 对货币需求具有影响的宏观经济变量有（ ）。
A. 预期股票收益 B. 预期债券收益
C. 预期通货膨胀率 D. 实际财富

四、判断题

1. 消费是指一国居民对本国和外国生产的最终产品的支出，它是总支出的最小组成部分。（ ）

2. 消费者个人的消费决策是关于收入中多少用于当前支出、多少用于储蓄的决策。（ ）

3. 人们在现期消费与未来消费之间进行取舍时，必须提前预测他们在未来能够获得的收入，以及他们希望消费的商品与服务。（ ）

4. 1930 年，美国经济学家欧文·费雪提出跨期消费决策模型，分析非理性的消费者如何在现期消费与未来消费之间作出选择。（ ）

5. 假设一个消费者只面临两个时期的消费决策：第一个时期是青年时期，第二个时期是老年时期。由于消费者可以在两期之间借贷，无差异曲线表示通过两期消费花光两期收入的所有可能的组合。（　）

6. 涉及跨期消费的消费者预算线表示使消费者获得同样满足的第一期与第二期消费的组合。（　）

7. 无差异曲线的斜率的绝对值表示两期消费之间的边际替代率，即消费者愿意用第二期消费替代第一期消费的比率。（　）

8. 由于偏好的非饱和性，对于消费者而言，无论是第一期还是第二期，更多的消费总是能够带来更大的满足，因此，离原点更远的无差异曲线，代表更高的效用水平。（　）

9. 跨期消费的替代效应即利率的上升使得消费者的收入增加，从而可以向更高的无差异曲线移动，并把增加的收入分摊到两期消费中。（　）

10. 跨期消费的收入效应即两期消费的相对价格变动造成两期消费量的变动。（　）

11. 在利率上升的情况下，收入效应和替代效应都增加了第二期的消费，但两种效应对第一期消费的影响是相反的，可能增加也可能减少第一期消费。因此，利率的上升既可能刺激也可能抑制储蓄，这取决于收入效应和替代效应的相对规模。（　）

12. 费雪的跨期消费决策模型的一个假设是消费者可以借贷或储蓄，因此，每期消费与每期收入完全相等。（　）

13. 相对收入消费理论由美国经济学家杜森贝利提出。他认为消费是相对地决定的。消费者的消费由自己过去的消费习惯以及周围的消费水准来决定。（　）

14. 按照杜森贝利的相对收入消费理论，消费与所得在长时期维持一个固定比率，故长期消费函数是从原点出发的直线，但短期消费函数则为有负截距的曲线。（　）

15. 如果消费遵循随机游走方式，则决策者不仅可以通过经济政策影响经济发展，还可以通过影响公众对政策行为的预期来影响公众消费，进而影响整个经济的发展。（　）

16. 生命周期消费理论偏重对储蓄动机的分析，从而提出以永久收入作为消费函数的变量的重要理由。（　）

17. 永久收入消费理论偏重于个人如何预测自己未来收入的问题。（　）

18. 杜森贝利认为，依照人们的习惯，减少消费容易，增加消费则难。（　）

19. 根据永久收入消费理论，政府想通过增减税收来影响总需求的政策是不能奏效的，因为人们由于减税而增加的收入并不会立即都被用来增加消费。（　）

20. 投资支出中占比例最大的一项是企业固定投资，约占总投资支出的1/4。（　）

21. 在市场经济条件下，在经济繁荣时期，企业预期未来的销售将增加，从而会加快生产，导致产量超过销量，存货逐步减少，这是企业存货投资的自愿减少。（　）

22. 当经济开始衰退时，随着市场需求下降，产量会超过销量，企业非自愿地增加了存货。（　）

23. 在衰退过程中，生产的大幅减少可能会使企业非自愿地减少存货。（　）

24. 当经济萧条到来时，企业发现产量大于销量，存货过多，于是自动减少生产，自愿削减存货。（　）

25. 存货投资在经济周期中的作用是自愿的存货变动和非自愿的存货变动的混合。经

济周期中存货的这种变动被称为存货周期。 （ ）

26. 平均价格水平越高，人们在进行交易时所需要的货币就越少。 （ ）

27. 人们的收入越低，所进行的交易就越多，对持有货币的需求就越大。 （ ）

28. 鲍莫尔-托宾模型又称货币交易需求的平方根法则。这一模型的基本思想是，一个人要持有多少货币存量，实际上是一个如何使利息收入损失和交易费用这两种成本之和最大的问题。 （ ）

29. 实际利率上升对消费的影响可被分解为两种效应：收入效应和替代效应。（ ）

五、问答题

1. 简要论述消费理论的几种观点。
2. 长期消费曲线与短期消费曲线有什么区别?
3. 试比较生命周期消费理论与永久收入消费理论。
4. 杜森贝利的短期消费函数的特点是什么?
5. 弗里德曼的短期消费函数的特点是什么?
6. 简述凯恩斯的边际消费倾向递减规律与经济稳定性之间的关系。
7. 预期收入变化和当年收入变化对消费的影响是否相同? 为什么?
8. 哪种消费理论预言总储蓄将依赖于总人口中退休人员和年轻人的比例? 这种关系是什么? 哪种理论预言消费将不会随着经济的繁荣与衰退作太大变化? 为什么?
9. 假设 A 为高收入集团（城镇居民），B 为低收入集团（乡村居民），在经济增长的城市化进程中，B 转变为城镇居民，与 A 的收入差距大为缩小。分别用绝对收入假说和相对收入假说说明上述情况对消费的影响。
10. （1）简述库兹涅茨经验研究结果所提出的“消费难题”（consumption puzzle）。

（2）简述莫迪利安尼生命周期消费理论，并运用该理论解释“消费难题”，以及家庭数据中 APC 与收入之间的反向关系，并用图示说明。

六、计算题

假设某人从 25 岁开始工作，年收入为 50 000 元，60 岁退休，预期寿命为 85 岁，现在他已经 45 岁，试求：

（1）此人财富的边际消费倾向和劳动收入的边际消费倾向。

（2）假定此人现有财富 100 000 元，则他的年消费为多少?

第三部分 精编习题详解

一、名词解释

1. 永久收入假说（permanent income hypothesis）：美国经济学家 M. 弗里德曼提出

的一种消费函数理论。它指出个人或家庭的消费取决于永久收入。永久收入可以被认为是一个人期望终身从其工作或持有的财富中得到的收入。弗里德曼的理论认为，在保持财富完整性的同时，个人的消费在其工作和财富的收入流量的现值中占有一个固定的比例。永久收入假说的消费函数可以表示为：

$$C=b\cdot Y_p$$

式中，C 代表消费，b 代表边际消费倾向，Y_p 代表永久收入。而在实际情况下，个人在任何时期的实际收入都可能与永久收入不同。这可以解释在消费函数形式方面的相互矛盾之处。该假说认为，个人的收入和消费都包含一个永久部分和一个暂时部分。永久收入和永久消费分别由一个预计的、有计划的收入成分和消费成分组成；暂时收入和暂时消费则分别由收入方面的意外收益或意外损失和消费方面的不可预知的变化构成。在长期内，个人消费占有固定比例的永久收入，这就解释了在短期内许多家庭或个人在经济周期中会面临一个负值的暂时收入，然而他们的消费与其永久收入相关，因而他们的平均消费倾向上升，从而这就解释了短期消费函数。由于每个家庭和个人都寻求消费其永久收入的一个固定比例，因而意外的收益或损失将不会影响消费。但在实际运用中，永久收入和消费的价值估计极端困难。弗里德曼的永久收入假说还是他的现代货币数量论的重要组成部分。弗里德曼用永久收入的稳定性证明了货币需求的稳定性，从而说明了货币供给量对经济的决定性作用。

2. 相对收入假说（relative income hypothesis）：美国经济学家 J. 杜森贝利（J. Dusenberry）于 1949 年提出的一种消费函数理论。该假说认为个人或家庭的消费取决于两方面的因素：①其他家庭或个人的相对于他人的收入水平；②最近时期的收入水平相对于消费者过去的收入水平。基于以上两方面的因素，杜森贝利的假说分为两个部分。第一部分指出，一个家庭或个人消费多大比例的收入，即其平均消费倾向，取决于其相对收入，也就是说取决于其在国民收入分配中的地位。杜森贝利认为，人们的消费行为是相互影响的，一个人的消费对他人具有“示范效应”。如果所有个人或家庭的收入都加倍，则其在收入分配中的地位将保持不变，并将继续花费同样比例的收入，其平均消费倾向保持不变。长期中分配格局的稳定性正是平均消费倾向稳定的原因。这可以用来解释长期消费函数。第二部分可以用来解释短期消费函数，它指出家庭和个人对收入上升容易适应，而对收入下降难以适应。由于“棘轮效应”，在短期中，即使收入暂时减少了，家家户户也都会设法维持原有的生活水平，其消费方面的下降幅度低于它们收入的下降幅度。由此可知，在经济处于衰退阶段时，即使收入水平较低，消费水平也很难下降，从而平均消费倾向较高。正如短期消费函数所显示的那样，相对收入假说也存在不足：①它指出充分就业后收入水平的增长必然带来消费的成比例增长。这一点对收入特别多和存在意外收入的情形不适用。②相对收入假说认为消费行为具有不可逆性。但事实上，经过一定时期，收入水平的下降会引起消费缓慢逆转。相对收入假说的以上不足由以后的生命周期假说和永久收入假说作了弥补。

3. 生命周期假说（life cycle hypothesis）：美国经济学家莫迪利安尼（F. Modigliani）、布伦伯格（R. Brumberg）和安多（A. Ando）提出的一种消费函数理论。它指出，在人一生中的各个阶段，个人消费占其一生收入现值的比例是固定的。消费不取决于现期收入，而主要取决于一生的收入。生命周期假说的消费函数可以表示为：

$$C=bY_L+\sigma W_R$$

式中，C 代表消费，b 代表劳动收入中的边际消费倾向，Y_L 代表劳动收入，σ 代表实际财产的边际消费倾向，W_R 代表实际财产。生命周期假说认为，理性人根据自己一生的收入和财产来安排自己一生的消费并保证每年的消费保持在一定水平。人们在一生中的消费规律是：青年时以未来收入换取借款，中年时或清偿早期债务或储蓄防老，老年时逐日消耗一生积蓄。一般而言，中年人具有较高水平的收入，青年人和老年人收入水平较低。所以，中年人具有较低的平均消费倾向，青年人和老年人具有较高的平均消费倾向。但终其一生，个人具有相对稳定的长期平均消费倾向。这就很好地解释了消费函数在长期和短期中的不同形式。

4. 新古典投资模型：现实中的大多数企业同时具备两种职能：一是生产职能，即生产产品和提供服务；二是投资职能，即为了未来生产而进行资本品投资。在这里，可以把企业的这两种职能分开，即假设市场中存在两种企业：生产企业通过租赁资本来生产产品与提供服务；租赁企业则专门从事固定资产的投资，它们购买资本品，并把资本转租给生产企业。这一模型大大简化了对企业固定投资的分析，被称为新古典投资模型。

5. 存货：是企业持有的作为储备的产品，包括原材料、在生产过程中的产品（在产品）以及产成品。

6. 货币需求：指人们在投资组合中所选择持有的现金、支票账户等货币资产的数量。

7. 鲍莫尔-托宾模型（Baumol-Tobin model）：由威廉·鲍莫尔和詹姆斯·托宾在凯恩斯的货币需求理论的基础上提出的基于交易动机的货币需求模型。

鲍莫尔-托宾模型研究的结论是，交易需求层面的货币需求对利率是敏感的。这个模型的基本观点是，人们持有货币是有机会成本的，即持有货币的替代资产如债券的利息收入。而持有货币的好处是避免了交易成本，持有债券是有交易成本的。人们在应付日常交易的时间段里，可以频繁地置换货币和债券，只要利息收入大于交易成本。当利率上升时，持有货币的机会成本必然增大。只要在不影响日常交易的时间内，持有货币的机会成本大于持有债券的交易成本，人们就愿意放弃一部分货币转而持有债券，以谋求利益；反之亦然。可见交易需求对利率是敏感的，即交易需求与利率水平呈负相关关系。

同样，沿着鲍莫尔-托宾模型的思路可以得到谨慎动机也与利率水平呈负相关关系。鲍莫尔-托宾模型的数学表达式为：

$$M^d=\sqrt{\frac{bT_0}{2i}}$$

式中，M^d 表示人们愿意持有的现金额，T_0 表示每期开始时的个体收入，b 表示债券的交易费用，i 表示债券利率。这个模型又被称为平方根法则。

对于货币需求而言，它的意义如下：

（1）收入 T_0 增加，将使货币需求增加。

（2）交易费用 b 增加，将使债券需求减少，货币需求增加。

（3）债券利率 i 上升，将使货币需求减少，债券需求增加。

8. 惠伦模型：指由美国经济学家惠伦在《货币的预防需求的合理化》一文中提出的一种关于货币的预防需求的模型。凯恩斯认为出于预防动机的货币需求不受利率变动影响，这与现实情况不吻合，1966 年美国经济学家惠伦论证了货币的预防需求也与利率呈反方向变动关系的结论，并创立了惠伦模型。这是对凯恩斯的货币的预防需求理论的发展。

惠伦模型的主要思路如下：惠伦认为，货币的预防需求来自事物的不确定性，这与出于交易动机的货币需求以收入和支出为既定或可预料的前提正好相反。考虑了收入与支出在时间上的不确定性后，惠伦分析了最适度预防性货币余额的影响因素。他认为影响货币的预防需求的因素有三个：非流动性成本、持有预防性货币余额的机会成本、收入和支出的平均变化情况。惠伦认为，一个理性的决策者的最优预防性货币余额持有量为：

$$L_{12}^{*}=\sqrt{\frac{2s^{2}b}{r}}$$

这就是惠伦模型的结论，其中，L_{12}^{*} 表示最优预防性货币余额持有量；s^2 表示净支出方差；b 表示非流动性成本；r 表示利率。

惠伦模型的结果表明，最优预防性货币余额持有量与净支出方差 s^2 和非流动性成本 b 正相关，与利率 r 负相关。在上述结果中，收入对货币的预防需求的影响是通过净支出方差间接表现出来的。

二、单项选择题

1. A　2. B　3. C　4. D　5. A　6. B　7. C　8. D　9. A

三、多项选择题

1. ABCD　2. ABC　3. ABCD　4. ABC　5. ABCD　6. ABCD　7. ABCD　8. ABD　9. AB　10. AD　11. ACD　12. ABC　13. ABCD　14. ABD　15. ACD　16. ABCD　17. ABCD

四、判断题

1. ×　2. √　3. √　4. ×　5. ×　6. ×　7. √　8. √
9. ×　10. ×　11. √　12. ×　13. √　14. ×　15. √　16. ×
17. √　18. ×　19. √　20. ×　21. ×　22. √　23. √　24. √
25. √　26. ×　27. ×　28. ×　29. √

判断题详解

1.（×），消费是指一国居民对本国和外国生产的最终产品的支出，它是总支出的最大组成部分。

2. (√)。

3. (√)。

4. (×)，1930 年，美国经济学家欧文·费雪提出跨期消费决策模型，分析理性的消费者如何在现期消费与未来消费之间作出选择。

5. (×)，假设一个消费者只面临两个时期的消费决策：第一个时期是青年时期，第二个时期是老年时期。由于消费者可以在两期之间借贷，预算约束线表示通过两期消费花光两期收入的所有可能的组合。

6. (×)，涉及跨期消费的消费者无差异曲线表示使消费者获得同样满足的第一期与第二期消费的组合。

7. (√)。

8. (√)。

9. (×)，跨期消费的收入效应即利率的上升使得消费者的收入增加，从而可以向更高的无差异曲线移动，并把增加的收入分摊到两期消费中。

10. (×)，跨期消费的替代效应即两期消费的相对价格变动造成两期消费量的变动。

11. (√)。

12. (×)，费雪的跨期消费决策模型的一个假设是消费者可以借贷或储蓄，因此，每期消费与每期收入可以不完全相等。

13. (√)。

14. (×)，按照杜森贝利的相对收入消费理论，消费与所得在长时期维持一个固定比率，故长期消费函数是从原点出发的直线，但短期消费函数则为有正截距的曲线。

15. (√)。

16. (×)，生命周期消费理论偏重对储蓄动机的分析，从而提出以财富作为消费函数的变量的重要理由。

17. (√)。

18. (×)，杜森贝利认为，依照人们的习惯，增加消费容易，减少消费则难。

19. (√)。

20. (×)，投资支出中占比例最大的一项是企业固定投资，约占总投资支出的 3/4。

21. (×)，在市场经济条件下，在经济繁荣时期，企业预期未来的销售将增加，从而会加快生产，导致产量超过销量，存货逐步增加，这是企业存货投资的自愿增加。

22. (√)。

23. (√)。

24. (√)。

25. (√)。

26. (×)，平均价格水平越高，人们在进行交易时所需要的货币就越多。

27. (×)，人们的收入越高，所进行的交易就越多，对持有货币的需求就越大。

28. (×)，鲍莫尔-托宾模型又称货币交易需求的平方根法则。这一模型的基本思想是，一个人要持有多少货币存量，实际上是一个如何使利息收入损失和交易费用这两种成本之和最小的问题。

29. (√)。

五、问答题

1. **解答**：产出与需求是相关联的，消费又是需求中的重要组成部分，由此，西方的经济学家们提出了不同的消费理论。主要有：

（1）绝对收入假说。该理论认为消费是绝对收入水平的函数，随着收入水平的上升，边际消费倾向是递减的。绝对收入假说是凯恩斯理论的重要组成部分。

（2）相对收入假说。杜森贝利提出，人们的消费会相互影响、相互攀比形成“示范效应”，人们的消费不是取决于其绝对收入水平，而是取决于和别人相比的相对收入水平。消费具有习惯性，当期的消费不取决于当期的收入而是取决于过去所达到的最高收入和最高消费，具有不可逆性，这就是“棘轮效应”。

（3）生命周期假说。莫迪利安尼提出，人的一生可以分为两个阶段，第一阶段参加工作挣取收入，第二阶段纯消费而没有收入，靠第一阶段的积蓄维持消费。这样，个人的可支配收入和财富的边际消费倾向取决于该消费者的年龄。它表明在人生的某一年龄段，当收入相对于一生平均收入高时，储蓄也高，当收入相对于一生平均收入低时，储蓄也低。同时，它还指出总储蓄取决于经济增长率和人口的年龄分布等变量。

（4）永久收入假说。弗里德曼提出消费行为与人们的永久收入密切相关，而与当期收入很少有关联。因此，永久收入改变对消费的影响较大，当期收入改变对消费的影响较小。

（5）理性预期学派认为消费者是理性的，是前向预期决策者。消费者利用经验及信息对未来收入进行预测，从而作出消费决策，而不是将过去收入的平均值作为永久收入水平。

理性预期、生命周期和永久收入消费理论结合在一起就是前向预期理论。

2. **解答**：长期消费曲线与短期消费曲线的区别为：

（1）短期消费曲线是与纵坐标相交的一条曲线，而长期消费曲线则是从原点向右上方延伸的一条曲线。

（2）斜率不同，由于长期边际消费倾向比短期边际消费倾向高，所以长期消费曲线的斜率比短期消费曲线的斜率大。

（3）在短期，边际消费倾向递减，消费曲线是一条向上凸的曲线；在长期，边际消费倾向保持稳定，消费曲线是一条直线。

3. **解答**：（1）生命周期消费理论与永久收入消费理论的内容。

生命周期假说由莫迪利安尼提出，他认为人的一生可分为两个阶段，第一阶段参加工作挣取收入，第二阶段纯消费而无收入，用第一阶段的储蓄来弥补第二阶段的消费。这样，个人可支配收入和财富的边际消费倾向取决于该消费者的年龄。它表明当收入相对于一生平均收入高（低）时，储蓄是高（低）的；它同时指出总储蓄取决于经济增长率及人口的年龄分布变量。

永久收入假说由弗里德曼提出，他认为消费者的消费支出主要不是由其现期收入决定，而是由其永久收入决定。所谓永久收入是指消费者可以预计到的长期收入。永久收入大致可以根据观察到的若干年收入的数值之加权平均数计得，距现在的时间越近，权数越大；反之，则越小。根据这种理论，政府想通过增减税收来影响总需求的政策是不能奏效的，因为人们由于减税而增加的收入并不会立即都被用来增加消费。

（2）生命周期消费理论与永久收入消费理论的比较。

生命周期假说和永久收入假说既有联系也有区别。就区别而言，前者偏重对储蓄动机的分析，从而提出以财富作为消费函数之变量的重要理由；而永久收入假说则偏重于个人如何预测自己未来收入的问题。

就联系而言，不管二者强调的重点有何差别，它们都体现了一个基本思想，即单个消费者是前向预期决策者，因而在如下几点上都是相同的：①消费不只同现期收入相联系，而是以一生或永久的收入作为消费决策的依据。②一次性暂时收入变化引起的消费支出变动甚小，即其边际消费倾向很低，甚至接近于 0，但来自永久收入变动的边际消费倾向很高，甚至接近于 1。③当政府想用税收政策影响消费时，如果减税或增税只是临时性的，则消费者并不会受到很大影响，只有是永久性税收变动时，政策才会有明显效果。

4. **解答：**杜森贝利认为，消费支出取决于相对于以前最高收入水平而言的可支配收入水平。当可支配收入减少时，居民倾向于维持稳定的消费水平，消费支出的下降慢于可支配收入的下降；当可支配收入恢复到原来的最高水平时，居民的边际消费倾向提高，消费支出的上升快于可支配收入的上升。因此，消费曲线是一条具有正截距的、向右上方倾斜的直线。

5. **解答：**弗里德曼认为，居民的可支配收入等于永久收入和暂时收入之和，居民的消费支出等于永久消费和暂时消费之和。经验统计分析证明，永久消费与永久收入存在稳定的函数关系，但永久消费不受暂时收入影响，暂时消费也不受暂时收入影响，因而消费支出取决于永久收入。另外，由于存在暂时消费和暂时收入，边际消费倾向是不稳定的。

6. **解答：**凯恩斯的绝对收入假说认为边际消费倾向随着收入的增加而逐渐递减。凯恩斯认为经济在没有达到充分就业的状态时仍可以处于一种稳定状态。这种稳定状态的存在与边际消费倾向递减相关。具体地说，当社会的实际收入下降时，由于边际消费倾向递减（即当收入增加时，消费增加的幅度比收入增加的幅度小一些；当收入减少时，消费减少的幅度比收入减少的幅度小一些），消费量不会同比例减少，这样就不会使经济进一步衰退。这就是说，边际消费倾向递减实际上起了一种自动稳定器的作用，使经济不会过度繁荣，也不会过度衰退、萧条，从而处于充分就业之下、最低就业之上的稳定状态。

7. **解答：**不相同。按照生命周期假说和永久收入假说，预期收入变化和当年收入变化对消费的影响是非常不同的：前者影响大，后者影响小。以收入提高为例。预期收入提高是指预期以后各年收入都提高，这对消费的影响当然非常大。当年收入提高是指仅仅当年收入提高，而预期以后各年收入都不变。这样，当年提高的收入必须被分配到以后各年的消费支出上，对年消费的影响当然很小。

8. **解答：**（1）生命周期消费理论认为储蓄与人口的结构有关，如果社会上年轻人和老年人比例增大，则消费倾向会提高；如果社会上中年人比例增大，则消费倾向会下降。因此，总储蓄和总消费会部分地依赖于人口的年龄分布，当有更多人处于储蓄年龄时，净储蓄就会上升。

（2）相对收入消费理论认为消费不会随着经济的繁荣和衰退作太大变化，这种理论认为消费者会受自己过去的消费水平的影响来决定消费，当期消费是相对地决定的。依照人们的习惯，增加消费容易，减少消费则难。因为一向过着相当高生活水平的人，即使收入降低，多半不会马上因此降低消费水平，而会继续维持相当高的消费水平，故消费固然会随着收入的增加而增加，但不易随着收入的减少而减少。因此从短期来看，在经济波动过程中，收入增加时低水平收入者的消费会增加，但收入减少时消费水平的降低相当有限。

9. **解答：**（1）绝对收入假说。该假说由凯恩斯在《就业、利息和货币通论》一书中提出，消费支出和收入之间有稳定的函数关系，消费函数被假设为 $C=a+bY$，其中 $a>0$，$0<b<1$，C 和 Y 分别为当期消费和收入，b 为边际消费倾向。凯恩斯提出，边际消费倾向随着收入 Y 的增加而递减，平均消费倾向 C/Y 也随着收入的增加而有递减趋势。

相对收入假说。该假说由杜森贝利提出，他认为：①人们的消费会相互影响，有攀比倾向，即“示范效应”，人们的消费不取决于其绝对收入水平，而取决于同别人相比的相对收入水平。②消费有习惯性，某期消费不仅受当期收入影响，而且受过去所达到的最高收入和最高消费的影响。消费具有不可逆性，即所谓“棘轮效应”。

（2）绝对收入假说的说明。城市化使 B 转变为城镇居民。为了适应城镇生活的要求，B 的自发性消费必然提高。这就导致整个社会自发性消费提高。这样，在收入增加的过程中，消费倾向几乎不变，即消费大致按收入增加的比例增加。

（3）相对收入假说的说明。城市化进程使居民相对收入发生变化，从而引起消费倾向的变化：A 的相对收入下降，其消费倾向提高；B 的相对收入提高，其消费倾向下降。如果这种变化相互抵消，则全社会的消费倾向不变；如果不能抵消，则会变化。

10. **解答：**（1）凯恩斯之后的许多经济学家认为凯恩斯提出的绝对收入假说与实证研究不相符，两者之间的矛盾被称为“消费难题”。

凯恩斯所提出的绝对收入假说可以用标准的消费函数来表述，其公式为：

$$C=a+bY_D(a>0,0<b<1)$$

上式说明，消费是可支配收入 Y_D 的函数，其中，a 为自发消费，b 为边际消费倾向。将上式两边同时除以实际可支配收入 Y_D，就可以得到平均消费倾向 APC：

$$APC=\frac{C}{Y_D}=\frac{a}{Y_D}+b$$

上式表明，平均消费倾向 APC 大于边际消费倾向 b，根据绝对收入假说，随着可支配收入的增加，边际消费倾向是递减的；同时，$\frac{a}{Y_D}$ 也将减小，故平均消费倾向也是递减的。

但是，这一研究与对消费统计资料的实证研究并不一致。1946 年，库兹涅茨运用时期交叠的方法，研究了美国 1869—1929 年间的消费支出和收入之间的长期经验关系。他的研究结果进一步说明了凯恩斯的消费函数理论的局限性。第一，在长期，消费支出在收入中所占的比例即平均消费倾向 APC 没有下降的趋势，当收入沿着长期趋势增长时，边际消费倾向和平均消费倾向是相等的。这就说明，在长期中，消费函数曲线是经过原点的一条直线。第二，在经济繁荣时期，消费支出在收入中所占的比例即 APC 低于长期平均水平。在经济萧条时期，消费支出在收入中所占的比例即 APC 高于长期平均水平。这意味着，消费支出在收入中所占的比例在经济周期性波动的过程中，与收入水平本身反向变动。因此，只有在短期才有 $MPC<APC$。而在凯恩斯的绝对消费函数理论中，只进行了短期分析。

（2）生命周期假说是由安多和莫迪利安尼等人首先提出的。他们指出，一般地，一个人在年轻时和年老时的收入水平相对比较低，而在中年时的收入水平相对比较高。为了实现一生消费的效用最大化，一个人在其一生消费的现值不超过他一生收入的现值的条件下，会尽可能使他在一生中的消费保持恒定或是略微持续增长。于是，一个人在生命的早期会是一个借款者，即向他的未来的高收入时期借款，是一个负储蓄者；在他生命的晚期也是一个借款者，向他的以前的高收入时期借款，也是一个负储蓄者。在生命的这两个时期，当时的收入都小于当时的消费。而在他生命的中年，即一生中的高收入时期，也即一个出借款项的时期，他是一个正储蓄者，当时的收入大于当时的消费。因此，从总体上说，在一生中，虽然收入是不稳定的，但是消费是相当稳定的。

生命周期假说的消费函数可以表示为：

$$C=bY_L+\sigma W_R$$

式中，C 代表消费，b 代表劳动收入中的边际消费倾向，Y_L 代表劳动收入，σ 代表实际财产的边际消费倾向，W_R 代表实际财产。

在短期的周期性波动过程中，资产存量是相当稳定的，于是形成短期消费函数。在长期，随着储蓄行为引起的资产存量的不断增加，短期消费函数不断向上移动，形成长期消费函数，如图 20－7 所示。

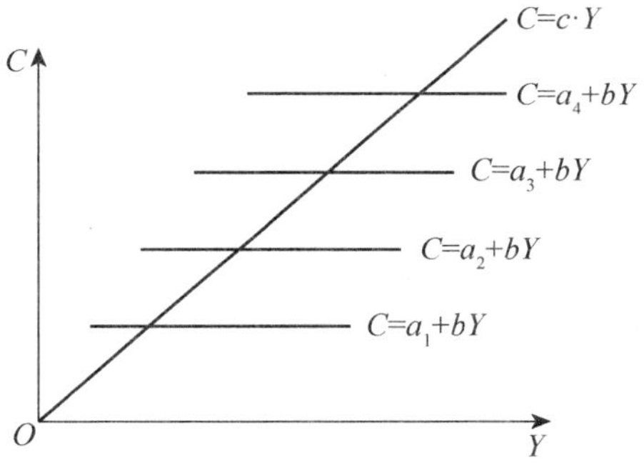

图 20－7　生命周期消费理论对消费难题的解释

这样，安多-莫迪利安尼消费函数就解释了凯恩斯消费函数理论之谜的三个问题。

第一，根据生命周期假说，如果随机地选择一个人口样本，并根据收入水平对它进行分类，那么高收入组所包括的中年人的比例必然较高，消费在其收入中所占的比例必然较低。同样，低收入组所包括的青年人和老年人的比例必然较高，消费在其收入中所占的比例必然较高。因此，收入水平越高的样本组，平均消费倾向越低，这就说明了在横截面资料研究中 $MPC<APC$ 的现象。

第二，根据生命周期假说，在短期，资产存量是既定的，短期消费函数有一个大于 0 的截距项，又由于总消费函数的曲线的斜率总是小于或等于 1 的，于是，在短期，必然有 $MPC<APC$。

第三，根据生命周期假说，在收入沿着趋势增长时，资产存量不断增加，又由于总消费要等于总收入，长期消费函数曲线是一条经过原点、斜率为 1 的直线，所以有 $MPC=APC$。

六、计算题

解答：（1）生命周期消费理论假定，人们总希望自己一生能比较平稳安定地生活，从而他们会计划在整个生命周期内均匀地消费。

此人的终身收入为：

$$YL\times WL=5\times(60-25)=175(\text{万元})$$

平均每年消费为：

$$C=\frac{175}{85-25}=\frac{35}{12}(\text{万元})$$

45 岁时此人拥有的财富为：

$$WR=\left(5-\frac{35}{12}\right)\times(45-25)=\frac{125}{3}(\text{万元})$$

把此人 45 岁看成新的起点，再按生命周期消费理论，以后每年的消费为：

$$\frac{\frac{125}{3}+5\times(60-45)}{85-45}=\frac{35}{12}(\text{万元})$$

此人财富的边际消费倾向为：

$$a=\frac{1}{85-45}=0.025$$

根据生命周期消费理论函数 $C=aWR+cYL$，可得：

$$\frac{35}{12}=\frac{125}{3}\times0.025+5c$$

解得劳动收入的边际消费倾向为：

$$c=0.375$$

（2）假定此人现有财富 10 万元，按生命周期消费理论，其每年消费为：

$$\frac{10+5\times(60-45)}{85-45}=2.125(\text{万元})$$

第二十一章

新古典宏观经济学和新凯恩斯主义经济学

第一部分　课后习题详解

1. 简述货币主义的基本观点和政策主张。

解答：（1）货币主义的基本观点可概括为：第一，货币供给对名义收入变动具有决定性作用；第二，在长期中，货币数量的作用主要在于影响价格以及其他用货币表示的量，而不能影响就业量和实际国民收入；第三，在短期中，货币供给量可以影响实际变量，如就业量和实际国民收入；第四，私人经济具有内在的稳定性，国家的经济政策会使它的稳定性遭到破坏。

（2）货币主义的政策主张可概括为如下三点：其一，反对凯恩斯主义的财政政策；其二，反对“斟酌使用”的货币政策；其三，力主“单一政策规则”，即以货币供给量作为货币政策的唯一控制指标，排除利率、信贷流量、准备金等因素。

2. 简述新古典宏观经济学的假设条件。

解答：新古典宏观经济学的假设条件主要有个体利益最大化、理性预期、市场出清和自然率假说。

新古典宏观经济学认为，宏观经济现象是个体经济行为的后果。微观经济学表明，理解个体行为的一个基本出发点就是假设个体追求其最大利益。所以，要使宏观经济学具有坚实的微观基础，应将个体利益最大化作为基本假设。

所谓理性预期是经济当事人在有效地利用一切信息的前提下，对经济变量作出在长期中平均来说最为准确的，而又与所使用的经济理论、模型相一致的预期。用通俗的话说，理性预期假设的意思是，在长期中，人们会准确地或趋向于预期到经济变量所应有的数值。

市场出清的假设是说，无论是劳动市场上的工资还是产品市场上的价格都具有充分的灵活性，可以根据供求情况迅速进行调整，使相应市场的供给和需求相等或趋向于相等。

自然率假说认为，任何一个社会都存在着一个自然失业率，其大小取决于该社会的技术水平、资源数量和文化传统等，而在长期中，该社会的经济总是趋向于自然失业率。

3. 推导卢卡斯总供给曲线。

解答： 一个典型企业 i 的供给函数由下式给出

$$y_i = h(P_i - P) + y_i^*$$

式中，y_i 为企业的产量，P_i 为其产品的价格，P 为价格总水平，y_i^* 为企业的潜在产量，h 表示企业对其产品价格与价格总水平偏离的一种反应，$h>0$。

用 P^e 表示企业对价格总水平 P 的估计，从而有

$$y_i = h(P_i - P^e) + y_i^* \quad ①$$

进一步地，企业对价格总水平的估计假定按下式进行

$$P^e = \hat{P} + b(P_i - \hat{P}) \quad ②$$

式②表示，企业对价格总水平的估计由两部分组成：一部分是该社会的有关机构预测并公布的价格预测值 $\hat{P}$；另一部分是企业根据其经验对预测值 $\hat{P}$ 的调整，参数 b 为调整系数。

将式②代入式①并整理，得

$$y_i = h(1-b)(P_i - \hat{P}) + y_i^*$$

从整体上看，整个经济的总供给曲线是通过将所有企业的供给曲线加总而得到的。设整个经济的生产由 n 个像企业 i 的企业组成，则经济的总供给函数为

$$y = nh(1-b)(P - \hat{P}) + y^* \quad ③$$

式③即为卢卡斯总供给函数。其中 y 为总产出，P 为整个经济的价格水平，y^* 为经济的潜在产量。卢卡斯总供给函数表示，经济的总产出与未被预期到的价格上升之间具有正相关关系。经过系数的合并，卢卡斯总供给函数通常写为

$$y = y^* + \lambda(P - \hat{P})$$

式中，参数 $\lambda>0$，$\hat{P}$ 为公众对价格的预期。

4. 推导新凯恩斯主义的短期总供给曲线。

解答： 新凯恩斯主义的名义工资黏性意味着给定固定名义工资，则实际工资取决于价格水平。同时，按照新凯恩斯主义的观点，劳动通常取决于典型企业想要雇用多少劳动量，即取决于劳动需求曲线。其理由是，在大多数劳资关系中，雇用多少工人和工人的工作时间是多少都是由企业决定的。按照这一说明，由于就业取决于市场实际工资条件下的劳动需求，因而就业和产出就取决于价格水平。

下面用图 21－1 推导新凯恩斯主义的短期总供给曲线。

由于名义工资在短期是固定的，所以，当价格水平变化时，实际工资 $w=\dfrac{W}{P}$ 也会变化。在图 21－1（a）中，如果价格水平为 P_1，则就业量就由劳动需求曲线 N^d 决定，此时就业量为 $N=N_1$，根据图 21－1（b）中的生产函数曲线可得实际产出水平为 y_1，因

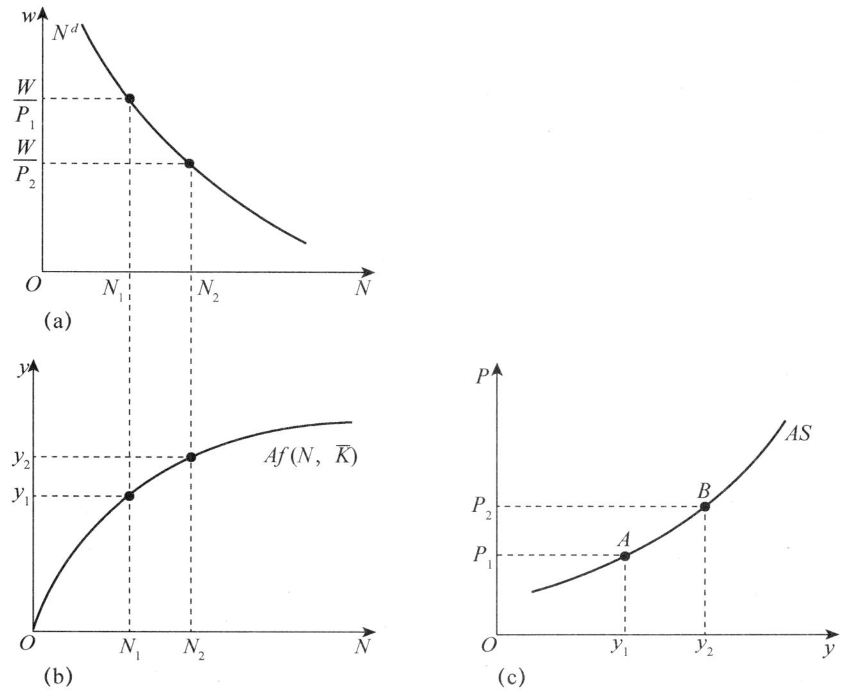

图 21－1　新凯恩斯主义短期总供给曲线的推导

此，给定名义工资和价格水平 P_1，图 21－1（c）中的 $A(y_1,\ P_1)$ 点就表示使经济供给的产出量为 y_1 的产出水平和价格水平，即 A 点为短期总供给曲线上的一点。

如果价格水平提高，即 $P_2>P_1$，这意味着，在名义工资固定的情况下，实际工资降低，即 $\frac{W}{P_2}<\frac{W}{P_1}$。由于实际工资下降，经济中的企业就会提高劳动需求。根据图 21－1（a），此时就业量为 N_2，于是，根据图 21－1（b）中的生产函数曲线，得到 y_2，且在图 21－1（c）中，$B(y_2,\ P_2)$ 也位于短期总供给曲线上。用同样的方法可以得到类似的点，连接 A 和 B 等点构成的曲线即为新凯恩斯主义的短期总供给曲线。总供给曲线 AS 意味着，给定固定的名义工资 W，价格水平的提高降低了实际工资，进而增加了劳动需求和就业，这又使经济的总产出增加。因此，这一总供给曲线是向右上方延伸的。

5. 说明宏观经济政策的时间不一致性。

解答：这一问题最先由基德兰德（F. E. Kydland）和普雷斯科特（E. C. Prescott）在 1977 年提出。简单地说就是，决策者（政府）最初实施一项最优政策，随着时间的推移，到下一阶段会出现使决策者改变计划的动机，即今天的决策不再适合明天了，这就出现了时间的不一致性。特别地，有时决策者能够通过前后不一致把事情做得更好。

6. 从菲利普斯曲线推导总供给曲线。

解答：附加预期变量的菲利普斯曲线可以表示为

$$\pi=\pi^e-\beta(u-u_0)$$

用 $P-P_{-1}$ 代替 π，用 P^e-P_{-1} 代替 π^e，其中 P 为价格水平的对数，P_{-1} 为上一期价格水平的对数，P^e 为预期价格水平的对数，则上式化为

$$P-P_{-1}=P^e-P_{-1}-\beta(u-u_0)$$

即 $$-\beta(u-u_0)=P-P^e \quad ①$$

另外，根据奥肯定律有

$$-\beta(u-u_0)=\frac{1}{a}(y-y^*)$$

将上式代入式①，经整理，得

$$y=y^*+a(P-P^e) \quad ②$$

式②即为所求的总供给曲线，其中 y 为总产量，y^* 为潜在产量。

7. 理性预期和适应性预期有何区别？

解答： 理性预期是在有效利用一切信息的前提下，对经济变量作出的在长期中平均来说最为准确的，而又与所使用的经济理论、模型相一致的预期。而适应性预期只是表明，人们在形成对现期的预测价格时，要考虑上一期的预测误差，当上一期预期价格高于实际价格时，对下一期的预期价格要相应地降低；反之，则相应提高。

8. 黏性价格假定有什么重要性？

解答： 价格黏性是指价格不随着总需求的变动而迅速变化。价格黏性的重要性在于：价格是否有黏性的问题可以转换为市场能否出清的问题，即市场机制是否有效的问题。价格有黏性时，市场不能出清，市场机制失灵，只有政府干预才能纠正市场的无效性。

9. 简要说明实际经济周期理论。

解答： 新古典宏观经济学的实际经济周期理论认为，宏观经济经常受到一些实际因素的冲击，诸如石油危机、农业歉收、战争、技术革新等，它们引起经济波动的途径是，要么使人们的偏好发生变动，要么改变技术状况，要么使可利用的资源发生变动等，其中最常见、最值得分析的是技术冲击。其基本理论主要是说明一个经济中的实际收入和波动源取决于技术和资本存量。假定存在技术进步，生产函数和总资源函数将会向上移动，使下期的消费和资本积累也相应增加，如果没有进一步的技术变化，经济会向新的稳定状态收敛，最终，资本存量、收入、消费和投资都将增加到各自新的稳态水平上。

10. 说明新凯恩斯主义对经济波动的解释。

解答： 新凯恩斯主义对宏观经济波动的考察是用总需求曲线和总供给曲线并结合长期劳动合同的交错性质来说明的，如图 21－2 所示。

假定经济起初位于总需求曲线 AD_0 和新凯恩斯主义短期总供给曲线 ASK_0 的交点上，这时价格水平为 P_0，实际收入为 y_0。假定经济受到总需求冲击，例如，由于企业对将来收益的预期发生变化而减少了投资需求，全球经济的萎缩使净出口需求减少，增税、政府支出的减少或货币供给的减少等引起了总需求的减少，反映在总需求曲线上，则是总需求曲线从 AD_0 向左移动到 AD_1。

现在假定劳动市场的工资合同为期 3 年，且每年都有占合同总数 1/3 的合同需要重新签订。按照新凯恩斯主义理论，在总需求曲线移到 AD_1 后，实际收入下降到 y_1，价格水平亦下降到 P_1，这种状态一直持续到第一批劳动合同被重新签订为止。在第一批占总数 1/3 的劳动合同被重新签订时，劳动供求双方达成了较低的货币工资协议，较低的货币工

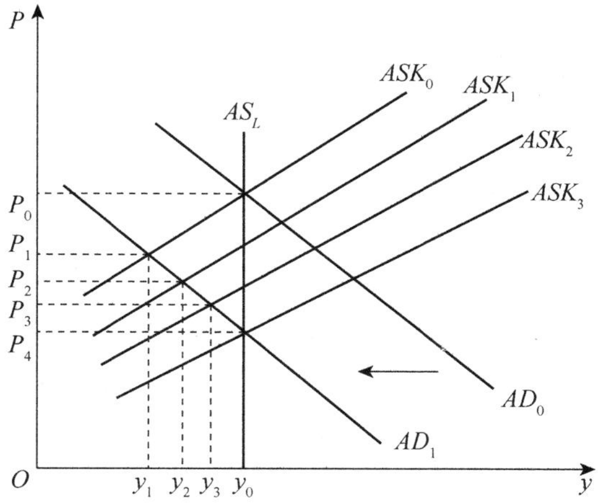

图 21-2

资使短期总供给曲线向右移动到 ASK_1，这时价格水平下降到 P_2，实际收入增加到 y_2。到了需求冲击后的第 2 年，当第二批劳动合同被重新签订时，劳动供求双方又达成了较低的货币工资协议，较低的货币工资又使短期总供给曲线进一步向右移动到 ASK_2，相应地，价格水平下降到 P_3，收入增加到 y_3。类似地，到了第三批劳动合同被重新签订时，总供给曲线向右移动到 ASK_3，这时，价格水平下降到 P_4，而收入则恢复到了总需求冲击前的充分就业的水平 y_0。

按照上述分析，在新凯恩斯主义看来，整个经济经历了 3 年左右的衰退。这便是新凯恩斯主义对宏观经济波动所作的解释。

11. 说明宏观经济学目前的主要共识。

解答：目前宏观经济学的主要共识有以下四点：

（1）在长期中，一国生产产品与劳务的能力决定了它的国民的生活水平。

（2）制度对长期经济增长是非常重要的。

（3）在长期中，货币增长率决定通货膨胀率，但它并不影响失业率。

（4）在短期中，总需求影响一国生产的产品与劳务产量。

（5）在短期中，控制货币政策与财政政策的决策者面临通货膨胀与失业之间的替换关系。

（6）预期是重要的。

12. 给出西方学者将微观经济学应用于宏观经济分析的两个例子。

解答：（1）在国际经济中，关于倾销的经济分析主要运用的是微观经济学中的不完全竞争理论。

（2）在新凯恩斯主义关于工资和价格黏性的理论分析中，也用到了微观经济学的不完全竞争理论。

13. 凯恩斯和弗里德曼都注意到了货币流通速度的顺周期性，分别用他们的理论解释这一现象。

解答：从各国的货币流通数据中大致可以看出这样一个规律，那就是在经济繁荣时，货币流通速度上升；在经济萧条时，货币流通速度则是要么增长率放慢，要么绝对地下降。也就是说，货币流通速度往往是顺周期变动的。

（1）按照凯恩斯主义的观点，货币需求和利率是反向变动的，而利率的变动往往又是顺周期的，也就是说，利率在经济繁荣时上升，在经济衰退时下降，受此影响，货币需求在繁荣时期会趋于下降，在衰退时期会趋于上升。而根据交易方程 $MV=Py$，货币需求又是和货币流通速度呈反向关系的 $\left(M=\frac{Py}{V}\right)$，因此货币流通速度会表现出顺周期变动的特征。经济萧条，利率下降，货币需求增加，货币流通速度降低。

（2）货币主义者弗里德曼的货币需求理论也能够对货币流通速度的顺周期波动提供合理的解释。他的解释是这样的：由于货币的需求是由永久收入决定的，而在繁荣时期，永久收入的增长相对慢于现期收入的增长，因而货币需求的增长相对慢于国民收入的增长，货币流通速度也就上升或加快上升；在衰退时期，永久收入的下降慢于现期收入的下降，因而货币需求的下降也相对慢于国民收入的下降，货币流通速度就下降或增长放慢。这样，货币流通速度就表现出顺周期的特征。

（3）凯恩斯主义和货币主义都认为货币流通速度是顺周期变动的。但是像费雪那样将货币流通速度看成是一个由制度因素决定的外生变量，并据以估计货币需求的方法是需要磋商的。可以换个思路研究这个问题，将货币流通速度视为人们行为的结果，也就是说，用人们的货币需求来解释货币流通速度，而不是用货币流通速度来解释货币需求。

14. 为什么新凯恩斯主义认为稳定化政策是必要的？

解答：新凯恩斯主义认为，由于价格和工资的黏性，经济在遭受总需求冲击后（例如导致衰退），从一个非充分就业的均衡状态恢复到充分就业的均衡状态，是一个缓慢的过程，因此刺激需求是必要的。若等待工资和价格向下压力带来经济恢复，这将是一个长期的痛苦的过程。而政府采取刺激需求的财政政策和货币政策就可较快恢复经济。正因为如此，新凯恩斯主义者认为，稳定经济的政策不仅是必要的，也是有效果的。

15. 怎样理解凯恩斯的“有效需求”概念？假如某经济社会的总供给大于总需求，则国民收入和就业将发生什么变化？凯恩斯认为应采取什么样的财政政策或货币政策？

解答：凯恩斯所讲的有效需求，是指社会上产品总供给和总需求达到均衡状态时的总需求。当总需求大于总供给时，企业会扩大生产；相反，当总需求小于总供给时，企业则会缩减生产，减少雇用工人。只有当总供给与总需求相等时，企业才能获得最大的预期利润，从而生产既不扩大也不缩小，达到均衡状态，这时的总需求就是有效需求。

因此，如果某经济社会的总供给大于总需求，表明有效需求不足，失业率上升，国民收入下降，经济萧条。凯恩斯认为，这时需要政府采取扩张性的财政政策或货币政策对经济加以干预，以降低失业率，提高国民收入水平。扩张性的财政政策主要是减少税收、降低税率，增加政府购买与转移支付；扩张性的货币政策主要是中央银行通过降低再贴现率、法定准备率，在市场上买进债券，增发货币，降低利率，促进消费与投资，增加社会有效需求。

16. 为什么说卢卡斯总供给曲线是建立在微观基础之上的宏观总供给曲线？为什么卢卡斯总供给曲线相对来说是更加经得起卢卡斯批评的？

解答：卢卡斯总供给曲线是以微观分析为基础推导出的宏观总供给曲线，卢卡斯假定整个经济由 n 个完全相同的厂商组成，只要推出代表性厂商 i 的供给曲线，然后进行加总，就可以得出整个社会的总供给曲线。

假定整个经济的最优产出是 y^*，第 i 个厂商的最优产出就是 y^*/n，记作 y_i^*，该厂商的产品价格为 P_i，该经济总的市场价格水平为 P。卢卡斯总供给曲线推导的基础是传统的微观经济学假设：厂商作出的理性决策是最优化的；厂商的产量供给取决于相对价格。

因此代表性厂商的供给曲线为：

$$y_i=h(P_i-P)+y_i^*,\ h>0 \qquad ①$$

实际上，代表性厂商在制定未来的价格时，并不知晓经济未来的总体价格水平，只能用未来的价格水平预期 P^e 来代替，于是，代表性厂商的供给曲线转化为：

$$y_i=h(P_i-P^e)+y_i^*,\ h>0 \qquad ②$$

代表性厂商对未来价格水平的预期由两部分构成：一部分是公认的经济信息 $\hat{P}$，另一部分是根据自己的经验对公共信息的调整，调整系数为 b，可以用以下公式来表示：

$$P^e=\hat{P}+b(P_i-\hat{P}),\ 0\leqslant b\leqslant 1 \qquad ③$$

将式③代入式②，可得

$$y_i=h(1-b)(P_i-\hat{P})+y_i^*$$

从整体上看，整个经济的总供给曲线是通过将所有企业的供给曲线加总而得到的。设整个经济的生产由 n 个像企业 i 的企业组成，则经济的总供给函数为

$$y=nh(1-b)(P-\hat{P})+y^* \qquad ④$$

式④即为卢卡斯总供给函数。其中 y 为总产出，P 为整个经济的价格水平，y^* 为经济的潜在产量。卢卡斯总供给函数表示，经济的总产出与未被预期到的价格上升之间具有正相关关系。经过系数的合并，卢卡斯总供给函数通常写为：

$$y=y^*+\lambda(P-\hat{P})$$

式中，参数 $\lambda>0$，$\hat{P}$ 为公众对价格的预期。

所以卢卡斯总供给曲线是建立在微观基础之上的宏观总供给曲线。卢卡斯批评指出，丁伯根创立的用大规模宏观计量模型来模拟和评价经济政策的做法是建立在政策变化时计量模型的参数保持不变的基础上的。但这个假设本身是站不住脚的。对于总量变量之间的关系，预期是很重要的。政策变化以后，经济当事人会随着经济环境的变化而调整他们的预期和行为，其结果是，政策的变化会改变计量模型的参数。于是利用既定的模型就无法准确地预测政策变化后的经济效果。相反，包括卢卡斯总供给曲线在内的新古典分析的长处在于其微观基础，即厂商和家庭的目标及约束方面，已经把经济主体的预期和公共信息考虑在内，因而其理论模型的参数很可能在政策变化时不发生改变，模型的验证和预测效果更好，因此相对更加经得起卢卡斯批评。

17. 长期劳动合同论与工资黏性有什么关系？

解答：长期劳动合同论认为，在市场经济中，许多行业工人都参加工会组织。在工会化行业中，劳资双方一般签订为期三年或不同期限的劳动合同，这会形成每三年谈判一次

工资的周期，但不同行业和厂商的合同的谈判和签订不是同步的，而是交错进行的，从而每年都有新的合同签订，也有合同期满。影响工资谈判的因素有很多，劳资双方对这些因素都要进行调查研究，从而谈判要花费成本。如果谈判不成，罢工给双方带来的损失会更大，长期劳动合同对厂商和工人都是有利的，可以降低谈判成本，减少罢工次数。因此，厂商和工人都愿意通过谈判签订长期合同，其结果是合同期内工资固定，而且由于合同期满的时间相互交错，排除了工资适应条件变化而迅速调整的可能性。长期劳动合同和交错到期的劳动合同使名义工资具有黏性。

18. 设总需求方程是 $AD=120-20P$，卢卡斯曲线控制着经济的运行。有 100 个企业，每个企业都有供给方程 $y_i=4(P_i-P^e)+1$。每个企业都用去年的价格 P_{-1} 和它自己的价格形成它对总价格水平的预算，$P^e=P_{-1}+0.5(P_i-P_{-1})$。

(1) 通过解出 P_i，求卢卡斯的总供给函数。

(2) 现在假定 $P_{-1}=1.00$，求总需求曲线和卢卡斯总供给曲线相交时的总产量水平和总价格水平。

(3) 假设需求突然上升，AD 方程变为 $AD=131-20P$，求总产量和总价格。

解答：(1) 将 $P^e=P_{-1}+0.5(P_i-P_{-1})$ 代入每个企业的供给方程可得：

$$y_i=2P_i-2P_{-1}+1$$

卢卡斯总供给函数为：

$$y=100(2P-2P_{-1}+1)=200P-200P_{-1}+100$$

(当个别企业的价格 P_i 变为全部企业的价格时，P_i 就成为 P。)

(2) 若 $P_{-1}=1.00$，则 $y=200P-200+100=200P-100$。总供给曲线和总需求曲线相交时，有：

$$120-20P=200P-100$$

从而总产量和总价格水平为：

$$P=1$$
$$y=200\times 1-100=100$$

(3) 若 AD 突然变为 $AD=131-20P$，则有：

$$131-20P=200P-100$$

从而总产量和总价格水平为：

$$P=1.05$$
$$y=131-20\times 1.05=110$$

19. 设卢卡斯总供给函数为：

$$y=c(P-\hat{P})+y^*$$

其中，$c=20\,000$，$y^*=4\,000$。当价格水平 P 为 1.01、预期价格 $\hat{P}$ 为 1.00 时，产量 y 为 4 200，即高于潜在水平 $y^*=4\,000$。假设总需求函数为：

$$y=1101+1.288G+3.221M/P$$

（1）假设某一时期经济已处于产量为潜在水平的状态，并在近期内预期政策不会变化。货币供给为 600，政府支出为 750，则价格水平为多少？

（提示：如果不发生突然变动，则实际价格水平和预期价格水平不相同。）

（2）现假设美联储宣布将把货币供给从 600 增加到 620，新的产量水平和价格水平将为多少？

（3）现假设美联储宣布将把货币供给增加到 620，实际上却增加到了 670，新的产量水平和价格水平将为多少？

解答：（1）根据题意，经济处于潜在产量水平，近期内预期政策不变化，因此：

$$4\,000=1\,101+1.288\times750+3.221\times600/P$$

得 $1\,933=\dfrac{1\,932.6}{P}$，解得 $P\approx1$。

（2）假设美联储宣布将把货币供给从 600 增加到 620，产量仍是 $y^*=4\,000$。这时的价格为：

$$4\,000=1\,101+1.288\times750+3.221\times620/P$$

得 $1\,933=\dfrac{1\,997.02}{P}$，解得 $P\approx1.033$。

（3）美联储宣布把货币供给从 600 增加到 620，因此，这时 $P=1.033$。但实际上增加到了 670，因此，卢卡斯总供给曲线为：

$$y=20\,000(P-1.033)+4\,000=20\,000P-16\,660$$

总需求曲线为：

$$y=1\,101+1.288\times750+3.221\times670/P=2\,067+\frac{2\,158}{P}$$

由总需求等于总供给得：

$$2\,067+\frac{2\,158}{P}=20\,000P-16\,660$$

解得 $P\approx1.04$，$y\approx4\,142$。

20. 假定在通货膨胀政策方面政府与私人部门之间是一个非合作的斯塔克伯格博弈。政府占主导地位，私人部门对政府的决策作出反应，而政府将根据跟随者的反应作出进一步的决策。假定政府的最优化决策是：

$$\max U(\pi,\ y)=-c\pi^2-(y-k\bar{y})^2$$
$$\text{s. t. } y=\bar{y}+\beta(\pi-\pi^e)$$
$$c>0,\ k>1,\ \beta>0$$

式中，π 是通货膨胀率，π^e 是预期通货膨胀率，$\bar{y}$ 是自然失业率下的产量。假设总供给曲线是卢卡斯总供给曲线，政府厌恶通货膨胀，那么，政府零通货膨胀的政策是一个动态时间一致的政策吗？

解答： 首先，如果政府实行零通货膨胀的政策，且私人部门相信政府将坚持这个政策，则有：

$$\pi=\pi^e=0$$

将上式代入政府的最优化函数，可得政府实行零通货膨胀的政策的效用如下：

$$y=\bar{y}$$
$$U_0=-(\bar{y}-k\bar{y})^2=-(k-1)^2\bar{y}^2$$

但零通货膨胀的政策不是一个动态时间一致的政策。这是因为假定政府许诺坚持零通货膨胀的政策，私人部门也相信了该承诺，则此时政府得到最优化结果的通货膨胀率将大于零。推导过程如下：

先求解政府最优化的一阶条件。将最优化约束条件代入效用函数可得：

$$U=-c\pi^2-[\bar{y}+\beta(\pi-\pi^e)-k\bar{y}]^2$$

一阶条件为：

$$\frac{\partial U}{\partial \pi}=-2c\pi-2\beta^2\pi+2\pi^e\beta^2-2\beta(1-k)\bar{y}=0$$

此时，$\pi^*=(c+\beta^2)^{-1}\beta[\beta\pi^e-(1-k)\bar{y}]$。

如果私人部门相信政府将坚持零通货膨胀的政策，则此时政府的最优通货膨胀率是：

$$\pi^*(\pi^e=0)=(c+\beta^2)^{-1}\beta(k-1)\bar{y}>0$$

代入政府的效用函数，得政府的效用为：

$$U_f=-(1+c^{-1}\beta^2)^{-1}(k-1)^2\bar{y}^2$$
$$U_f>U_0$$

所以，政府此时实行大于零的通货膨胀率的效用将高于实行零通货膨胀率的效用。政府有积极性放弃零通货膨胀的政策，实行扩张性政策。

但一旦私人部门能理性预期到政府的这种行为及其结果，私人部门和政府共同博弈的结果将是政府的效用是次优的 U_s，即

$$\pi^*=\pi^e$$

代入一阶条件

$$\pi^*=\pi^e=c^{-1}\beta(k-1)\bar{y}$$
$$U_s=-(k-1)^2(1+c^{-1}\beta^2)\bar{y}^2$$

动态时间不一致政策的最终结果是政府的效用 $U_s<U_0$。

第二部分　精编习题

一、名词解释

1. 理性预期
2. 自然率假说
3. 黏性工资
4. 货币工资刚性
5. 效率工资理论
6. 适应性预期
7. 货币中性
8. 货币非中性
9. 实际工资黏性
10. 市场出清
11. 卢卡斯批评

二、单项选择题

1. 新古典宏观经济学的理论渊源是（　　）。
A. 货币主义　　B. 价格机制　　C. 政府干预　　D. 市场理论
2. 货币主义的创始者是（　　）。
A. 萨缪尔森　　B. 弗里德曼　　C. 卢卡斯　　D. 拉弗
3. 货币主义认为，（　　）是解释价格水平涨落的基本因素。
A. 经济周期　　B. 消费水平　　C. 货币数量　　D. 通货膨胀
4. 理性预期学派的代表人物是（　　）。
A. 萨缪尔森　　B. 弗里德曼　　C. 卢卡斯　　D. 拉弗
5. 货币主义将（　　）作为货币政策的唯一控制指标。
A. 利率　　B. 货币供给量　　C. 信贷流量　　D. 准备金
6. 凯恩斯认为持续不断的高失业率产生的原因是（　　）。
A. 工资与价格能够迅速调整使所有市场达到均衡
B. 工资与价格的调整过程是缓慢的
C. 资本家不愿意生产更多的产品
D. 社会的需求已经饱和
7. 实际经济周期理论认为（　　）是经济波动的根源。
A. 货币因素　　B. 价格因素　　C. 技术因素　　D. 政策因素
8. 经济学家通常评价经济模型的标准是（　　）。
A. 假设是否合理、是否现实
B. 对实际问题的研究是否便于理解并可操作，以及是否可以证实
C. 其应用结果与实际数据相比较是否一致
D. 以上都是
9. 关于现代货币数量论的叙述，错误的是（　　）。
A. 货币流通速度 V 是由几个变量决定的

B. 货币流通速度 V 是制度决定的常数

C. 货币流通速度 V 在长期中是一个不变的数值，在短期内可以有轻微的波动

D. 总财富是决定货币需求的因素

10. 新古典宏观经济学（　　）。

A. 坚持市场出清假设，认为工资和价格具有充分的伸缩性

B. 坚持非市场出清假设，认为工资和价格不具有充分的伸缩性

C. 认为政府干预经济有效

D. 认为财政政策无效，而货币政策是有效的

11. 在新古典模型中，预料外的扩张性政策致使短期（　　）。

A. 价格水平上升，总产出增加　　B. 价格水平上升，总产出减少

C. 价格水平下降，总产出增加　　D. 价格水平下降，总产出减少

12. 在新古典模型中，预料中的扩张性政策致使短期价格水平上升和总产出不变，因为（　　）。

A. 总供给曲线向右上方移动，总需求曲线不移动

B. 总需求曲线向左上方移动，总供给曲线不移动

C. 总供给曲线和总需求曲线都向左上方移动

D. 总供给曲线向左上方移动，总需求曲线向右上方移动

13. 在新凯恩斯主义模型中，预料外的扩张性政策致使短期（　　）。

A. 价格水平下降，总产出增加　　B. 价格水平上升，总产出减少

C. 价格水平上升，总产出增加　　D. 价格水平下降，总产出减少

14. 根据卢卡斯的理性预期供给函数，一次预期的货币供给的减少（　　）。

A. 会降低价格水平，而不会减少 GDP

B. 会减少 GDP

C. 会降低价格水平和产量

D. 不会降低价格水平和产量

15. 构成政策无效性命题的关键是（　　）。

A. 价格和工资是有完全伸缩性的

B. 预期是合乎理性的

C. 价格和工资是有完全伸缩性的，预期是合乎理性的

D. 信息是不完全的

16. 卢卡斯总供给函数表示的是（　　）。

A. 国内生产总值和价格变动之间的正相关关系

B. 国内生产总值和未被预期到的价格变动之间的正相关关系

C. 国内生产总值和预期到的价格变动之间的正相关关系

D. 国内生产总值和未被预期到的价格变动之间的负相关关系

17. 理性预期的总供给函数认为，只要中央银行公开宣布降低货币增长率，则（　　）。

A. 失业率和通货膨胀率就都会下降

B. 失业率会上升，通货膨胀率会下降

C. 失业率不变，通货膨胀率会下降

D. 失业率会下降，通货膨胀率不一定下降

18. 在公债能否影响经济的问题上，（　　）。

A. 凯恩斯主义认为，公债的效果是中性的

B. 新古典主义认为，公债的效果是中性的

C. 凯恩斯主义认为，短期公债的效果是中性的，长期公债的效果是非中性的

D. 新古典主义认为，短期公债的效果是中性的，长期公债的效果是非中性的

19. 新凯恩斯主义最重要的假设是（　　）。

A. 非市场出清　　B. 经济当事人的最大化原则

C. 信息不完全　　D. 价格黏性

20. 新凯恩斯主义认为，厂商对需求变动的反应是（　　）。

A. 可以缓慢地改变价格　　B. 可以缓慢地改变产量

C. 既改变价格，也改变产量　　D. 既不改变价格，也不改变产量

21. 新凯恩斯主义者认为，劳动供过于求时（　　）。

A. 会产生非自愿失业

B. 工资会跌落

C. 产生非自愿失业的同时工资也会跌落

D. 工资不会跌落，非自愿失业也不会产生

22. 实际经济周期理论认为（　　）。

A. 实际国内生产总值的任何减少都是生产能力的减少

B. 劳动市场不均衡导致经济波动

C. 总需求的波动改变着充分就业的实际国内生产总值水平

D. 净出口波动影响实际国内生产总值

23. 根据实际经济周期理论，当实际国内生产总值减少时，如果中央银行增加货币供给，（　　）。

A. 名义国内生产总值不受影响

B. 实际国内生产总值长期增加

C. 实际国内生产总值与物价水平都不受影响

D. 实际国内生产总值不受影响，但物价水平上升

三、多项选择题

1. 货币主义的理论基础是（　　）。

A. 新货币数量论　　B. 理性预期　　C. 自然率假说　　D. 市场出清

2. 货币主义认为，货币需求量主要取决于以下因素（　　）。

A. 总财富

B. 非人力财富在总财富中所占的比例

C. 非人力财富的预期报酬率

D. 个人偏好

3. 自然率假说的内容有（　　）。
A. 自然率主要指自然失业率
B. 其大小取决于社会的技术水平、资源数量和文化传统等
C. 其实际意义是说资本主义在长期中不会存在非自愿失业的现象
D. 结构性失业是自然失业的一部分
4. 货币主义的理论观点包括（　　）。
A. 货币供给对名义收入变动具有决定性作用
B. 货币数量在长期能影响价格，但不能影响就业量和实际国民收入
C. 货币数量在短期可以影响就业量和实际国民收入
D. 国家经济政策会破坏私人经济自身内在的稳定性
5. 货币主义的政策主张包括（　　）。
A. 反对凯恩斯主义的财政政策　　B. 反对“斟酌使用”的货币政策
C. 主张单一政策规则　　D. 主张“相机抉择”的财政政策
6. 新古典宏观经济学的基本假设条件有（　　）。
A. 个体利益最大化　　B. 理性预期
C. 市场出清　　D. 自然率假说
7. 新古典宏观经济学的观点有（　　）。
A. 能预期到的货币供给的变化能够改变价格水平、影响实际产量和就业水平
B. 能预期到的货币供给的变化只能改变价格水平，不能影响实际产量和就业
C. 只有未预期到的货币供给的变化才影响实际产量
D. 未预期到的货币供给的变化不能影响实际产量
8. 新凯恩斯主义认为市场非出清的原因是（　　）。
A. 企业制定价格
B. 厂商之间是不完全竞争的
C. 厂商的外部环境是信息不完全和不对称
D. 工资和价格具有黏性
9. 以下关于新凯恩斯主义和原凯恩斯主义的说法正确的有（　　）。
A. 非市场出清是两者共同的基础
B. 原凯恩斯主义假定名义工资刚性；新凯恩斯主义假定工资和价格具有黏性
C. 经济当事人最大化原则和理性预期是新凯恩斯主义的两个假设
D. 经济当事人最大化原则和理性预期是原凯恩斯主义的两个假设

四、判断题

1. 许多经济理论以模型的方式建立和发展，这些理论是对经济问题的尽可能充分详细的描述。（　　）

2. 由于宏观经济学研究的是总体经济，所以宏观经济分析模型的基础不再是对个人行为的分析。（　　）

3. 古典学派的经济学家们认为政府不应对经济周期问题采取积极行动。（　　）

4. “看不见的手”的思想说明了给定一个国家的资源（自然、人力和技术）和财富的初始分配，自由市场将使人们在经济上尽可能达到最好。（　　）

5. 工资和价格的灵活性对“看不见的手”的思想具有重要意义。（　　）

6. 古典学派与凯恩斯学派对工资与价格调整的看法是一致的。（　　）

7. 凯恩斯学派倾向于怀疑自由市场经济“看不见的手”的作用，更提倡政府在促进宏观经济中的作用。（　　）

8. 经济学家评价经济模型时只需进行逻辑推理而不需要考虑假设是否合理。（　　）

9. 经济学家们之所以在学术上存在许多争论，是因为他们使用的研究方法不一样。（　　）

10. 古典主义和凯恩斯主义是宏观经济学中最主要的两个思想流派。（　　）

11. 菜单成本是指厂商调整价格要花费的成本。（　　）

12. 理性预期学派认为宏观经济政策是有效的。（　　）

13. 根据货币主义的观点，货币的需求主要受利率的影响。（　　）

14. 凯恩斯主义认为公债的效果是中性的。（　　）

15. 新凯恩斯主义者认为，在存在理性预期时，货币政策无效。（　　）

16. 长期雇用合同被新凯恩斯主义者看作工资具有黏性的一个原因。（　　）

17. 新凯恩斯主义是反对理性预期的理论假定的。（　　）

五、问答题

1. 新凯恩斯主义与原凯恩斯主义的共同点和区别有哪些？

2. 说明凯恩斯主义关于工资刚性的主要理论。

3. 按照新凯恩斯学派的分析，价格为什么具有黏性？它对国民收入和价格水平的均衡有什么影响？

4. 新凯恩斯主义的主要政策主张是什么？

5. 新古典宏观经济学与新凯恩斯主义经济学的主要分歧有哪些？

6. 效率工资理论与工资黏性有什么关系？

7. 简述新古典宏观经济学对财政政策的分析。

8. 简述新凯恩斯主义理论。

9. 工资黏性和价格黏性的理由有哪些？

10. 货币主义的理论基础是什么？

11. 凯恩斯主义与货币主义在货币政策主张上的差异有哪些？

12. 理性预期学派是如何否定凯恩斯主义理论的？

13. 费雪方程与剑桥方程的主要差异何在？

14. 理性预期学派的基本观点是什么？

15. 比较传统货币数量论和现代货币数量论。

16. 比较分析凯恩斯学派、新古典学派以及实际经济周期学派对经济周期的解释及政策建议。

第三部分　精编习题详解

一、名词解释

1. 理性预期：是在有效利用一切信息的前提下，对经济变量作出的在长期中平均来说最为准确的，而又与所使用的经济理论、模型相一致的预期。它包含三个含义：①作出经济决策的经济主体是有理性的。②为正确决策，经济主体会在作出预期时力图获得一切有关的信息。③经济主体在预期时，不会犯系统性错误。即使犯错，他也会及时有效地进行修正，使得在长期而言保持正确。它是新古典宏观经济理论攻击凯恩斯主义的重要武器。

2. 自然率假说：指就自然失业率而言，按照自然率假说，任何一个资本主义社会都存在着一个自然失业率，其大小取决于该社会的技术水平、资源数量和文化传统，而在长期中，该社会的经济总是趋向于自然失业率。

3. 黏性工资（sticky wage）：指不能迅速地反映劳动市场供求的变动，只能缓慢地根据劳动市场状况改变而调整的工资。工人的名义工资通常不能随着经济条件的变化而迅速调整，在短期内表现为“迟钝的”或“黏性的”。黏性工资理论可以阐述黏性名义工资对总供给产生影响的模型。如果名义工资是黏性的，价格水平提高会降低实际工资，促使企业多雇用劳动力，从而生产出更多的产品，总供给增加，所以短期总供给曲线是向上倾斜的。

4. 货币工资刚性：是指货币工资不随劳动需求和供给变化而迅速作出相应调整，特别是当劳动需求量低于供给量时，货币工资只能上升而不能下降的现象。

5. 效率工资理论：效率工资是指为了保持工人的劳动积极性，厂商愿意支付比平均工资稍多一点的工资。效率工资理论的基本观点是，雇主必须把工资作为刺激雇员努力工作的手段。雇员在工作时候的努力程度决定了生产和经营的经济效率，如果员工积极性高，则生产的效率就高，反之亦然；而雇员工作时的努力程度又在很大程度上取决于雇员得到的报酬的高低。如果雇主给雇员支付的工资高于其他企业从事同种工作的雇员的工资水平，雇员就会认为自己的工作是有前途的“好工作”，并为了保持这种好工作而努力工作，这就有利于企业效率的提高。根据这一理论，经济学家们得出结论，雇主除非迫不得已，否则不愿意降低员工的工资，因为这不利于刺激工人的生产积极性。不但如此，社会上的工资水平总体上有不断上升的趋势。而且，高工资率还可以刺激产生高效率，效率的提高不可避免地引起劳动需求的下降，从而社会上失业的存在就是可以理解的。效率工资理论是新凯恩斯主义反击新古典主义的批判，并证明其所主张的工资刚性的重要理由。效率工资作为一种激励机制，已被我国的一些企业所采用。由于在知识型企业中，员工的努力程度更加难以控制，因此，采用效率工资制度有助于解决知识型企业监控困难的问题。

6. 适应性预期：预期是指从事经济活动的私人经济在对当前的行动作出决定之前，对将来的经济形势或经济变量（主要指价格波动）所作的预测。预期分为适应性预期和理性预期，其中适应性预期是指根据以前的预期误差来修正以后预期的方式。

7. 货币中性：是指名义货币数量的变化不会改变产品市场原有的均衡状态和国民收入的结构，仅引起产品市场各种商品的绝对价格水平的同比变动。

8. 货币非中性：是指名义货币供给量的变动能够引起相对价格和利率的变动，从而引起消费或投资方式的变化，进而改变经济中的实际变量。

9. 实际工资黏性：是指企业缺乏动力去改变实际工资，或者说，实际工资的变动很缓慢、很迟钝。

10. 市场出清：指劳动市场上的工资及产品市场上的价格都具有充分的灵活性，可根据供求情况作出迅速的调整，因此劳动市场和产品市场都不存在超额供给和超额需求，而是供求相等状态。

11. 卢卡斯批评：又称卢卡斯批判，是卢卡斯提出的一种认为传统政策分析没有充分考虑到人们的预期对政策的影响的观点。卢卡斯在《计量经济学的政策评价：一个批判》一文中指出，人们在对将来的事态作出预期时，不但要考虑过去，还要估计现在的事件对将来的影响，并且根据他们所得到的结果来改变他们的行为。这就是说，他们要估计当前的经济政策对将来事态的影响，并且按照估计的影响来采取政策，即改变他们的行为，以便取得最大的利益。行为的改变会使经济模型的参数发生变化，而参数的变化又是难以衡量的。因此，经济学者用经济模型很难评价经济政策的效果。

二、单项选择题

1. A　2. B　3. C　4. C　5. B　6. B　7. C　8. D　9. B
10. A　11. A　12. D　13. C　14. D　15. C　16. B　17. C　18. B
19. D　20. C　21. A　22. A　23. D

三、多项选择题

1. AC　2. ABCD　3. ABC　4. ABCD　5. ABC　6. ABCD　7. BC　8. ABCD
9. ABC

四、判断题

1. ×　2. ×　3. √　4. √　5. √　6. ×　7. √　8. ×
9. ×　10. √　11. √　12. ×　13. ×　14. ×　15. ×　16. √
17. ×

判断题详解

1. (×)，经济理论是对经济问题抽象的描述。

2. (×)，宏观经济学研究的是总体经济，但是仍以微观经济学的理论包括个人行为理论等为基础。

3. （√），古典学派认为政府的干预会扰乱经济的正常运行，反对凯恩斯相机抉择的宏观经济政策。

4. （√），这是古典经济学的基本观点。

5. （√），工资和价格的灵活性保证了“看不见的手”的作用的发挥。

6. （×），古典学派认为工资与价格是灵活的，而凯恩斯学派则认为工资与价格是具有刚性或者黏性的，即是不灵活的。

7. （√），凯恩斯学派主张政府干预经济。

8. （×），经济模型的逻辑推理必须建立在合理的假设基础上。

9. （×），主要是观点及研究结论存在差异。

10. （√），这两者是宏观经济学中主要观点相反的两个思想流派。

11. （√），调整价格需要花费成本，如重新印制商品目录，此成本被形象地称为菜单成本。

12. （×），理性预期学派认为无论长期还是短期，宏观经济政策都是无效的。

13. （×），根据货币主义的观点，货币需求主要取决于总财富、非人力财富在总财富中所占的比例、各种非人力财富的预期报酬率。最根本的因素是永久收入。

14. （×），凯恩斯主义认为公债的效果是非中性的，是有益处的。

15. （×），新凯恩斯主义者认为，由于价格和工资的黏性，经济会经常出现失衡状况，这时货币政策不仅是必要的，而且是有效的。

16. （√），合同的长期性是工资具有黏性的一个理由。

17. （×），新凯恩斯主义者借鉴和吸收了新古典主义的部分观点，理性预期就是其中之一。

五、问答题

1. **解答**：新凯恩斯主义与原凯恩斯主义在三个方面有共同点：（1）劳动市场上经常存在过剩劳动供给即失业；（2）经济社会存在显著的周期性波动；（3）经济政策在绝大多数场合下还是必要的、重要的。

新凯恩斯主义与原凯恩斯主义在研究方法和基本理论假设上存在重大区别：

（1）原凯恩斯主义关于发生失业和经济衰退的非市场出清模型假定名义工资刚性，而新凯恩斯主义的非市场出清模型假定名义工资和价格具有黏性。

（2）新凯恩斯主义增加了来自新古典宏观经济学的理性预期假设，以使理论框架更符合经济社会的现实状况。

2. **解答**：工资刚性理论是指认为工资能上不能下的一种理论。一般认为工资具有刚性的原因有：

（1）最低工资限制。政府制定的最低工资法律使企业不能降低工资。最低工资限制使非熟练工人特别是青年工人丧失了就业机会。

（2）工会集体谈判。工资刚性的另一来源是工会的垄断力量。工会工人的工资不是由劳动市场的供求均衡而是由工会的谈判力量决定的。工资谈判的最后协议往往规定了高于市场均衡水平的工资，而让企业去决定所雇用的工作人数。通过工会谈判而得到的高工资还将进一步抬高非工会组织工人的工资。

（3）效率工资理论。效率工资理论主张高工资将导致高效率，有四种原因：第一，高工资有助于提高和保持企业的整体素质。第二，高工资有助于调动工人的工作积极性。第三，高工资有助于保持企业工人的稳定性。第四，在发展中国家，高工资有助于改善工人的健康状况，从而提高劳动生产率。总之，效率工资理论认为，支付高于均衡水平的工资对企业本身有利，而这又造成劳动市场工人因等待而失业的现象。

（4）隐含契约理论。隐含契约理论认为，工人和企业之间的隐含契约实质上是一种保险合同。假定工人是风险厌恶的，而企业是风险中立的，追求效用最大化的工人和追求利润最大化的企业将达成一种互利隐含契约。可以证明，根据这一契约，在经济繁荣时期，企业付给工人的工资低于市场出清时的工资（这相当于工人给企业付保险费）；在萧条时期，企业付给工人的工资高于市场出清时的工资，但一部分工人将在得到失业救济和闲暇的情况下被解雇（这相当于企业付给工人保险金）。隐含契约理论于是便推导出一条平缓的劳动供给曲线，从而解释了为什么会有实际工资刚性。

（5）长期合同理论。由于在西方国家里有大量工会存在的情况下，追求利益最大化的厂商和工人都希望通过谈判签订长期劳动合同，以便预先规定厂商和工人的未来行为，因此工资会在一个合同生效期固定不变，合同到期后也不一定能得到迅速调整。

（6）交错合同理论。为防止同工不同酬的现象造成矛盾、影响工作效率，合同到期后重新签订劳动合同时，也不好降工资。

（7）因为存在风险与不确定性，企业不敢轻易调整工资，而宁愿接受生产数量的变动。

（8）在不完全竞争市场上，企业面临一条折弯的劳动供给曲线，降低工资可能会使人才流向其他企业。

3. **解答：**价格黏性是指经济变动中名义价格调整缓慢的倾向。

（1）新凯恩斯主义认为价格之所以具有黏性，原因主要有：①市场不完全，存在垄断竞争。凯恩斯主义者认为在完全竞争市场上不存在价格黏性，但实体经济中完全竞争市场只占有很小的部分，非完全竞争市场是市场的主体，在这种市场上，企业可以决定自己产品的价格，当变动其产品价格的时候需要付出一定的成本，因而导致了短期内价格无法立即作出调整，出现价格黏性。②菜单成本。厂商改变价格需要重新印刷它的产品价格表、向客户解释原因等，这些措施都会带来费用和成本，类似于饭馆改变价格从而重新制作菜单，如果价格变化很多，成本会增加，顾客可能也不满意，这就使企业不会轻易变动其成本，造成价格黏性。③协调失灵。当一个社会无法取得一个可行的、所有人都认可的结果时，社会就出现了协调失灵。因为一个经济单位要改变自己的价格时，不仅要考虑自己的决策，还要看其他相关经济主体的决策，因为它们的收益状况是相互关联的，如果在协调和谈判过程中不能达成一致，就会延缓价格调整，同样也会造成价格黏性。④有效劳动需求。在一定的技术水平、一定的需求水平和一定的工人工作的努力程度下，一个经济单位要改变自己的价格，就要相应地改变劳动的投入数量，因为有工会等劳工组织、劳动协议书的存在，企业不可能随时对劳动投入进行调整，工资也存在黏性，所以也会发生价格不能及时调整的后果，出现价格黏性。

（2）对国民收入和价格水平的均衡的影响。新凯恩斯主义经济学家认为，在长期，价格经过充分调整之后，经济会处于一个均衡状态，此时劳动市场、产品市场和资本市场都处在均衡中，但是在短期内，由于价格的黏性，整体经济会偏离一般均衡，使价格高于或低于均衡时的水平，总需求大于或者小于供给，国民收入出现短期波动。

4. **解答：**新凯恩斯主义认为需求和供给方面的因素都会对经济总水平产生冲击。由于工资黏性和价格黏性，经济在受到冲击后，从非均衡状态恢复到均衡状态要经历一个缓慢、痛苦的过程。因此，政府干预是必要的。

5. **解答：**新古典宏观经济学和新凯恩斯主义经济学是目前西方宏观经济学中两个较有影响的理论流派。两者的主要分歧在于：

(1) 假设条件不同。新古典宏观经济学与新凯恩斯主义经济学最明显的分歧是，前者坚持市场出清假设，而后者则坚持非市场出清假设。新古典宏观经济学家认为，工资和价格具有充分的伸缩性，可以迅速调整，通过工资和价格的不断调整，供给量与需求量相等，市场连续地处于均衡之中，即被连续出清。总之，新古典宏观经济学把表示供给量和需求量相等的均衡看作经常可以得到的情形。与此相反，新凯恩斯主义经济学则认为，当经济中出现需求扰动时，工资和价格不能迅速调整到使市场出清的水平。缓慢的工资和价格调整使经济回到实际产量等于正常产量的状态需要一个很长的过程，例如需要几年的时间，而在这一过程中，经济处于供求不等的非均衡状态。

(2) 在解释经济波动方面不同。新古典宏观经济学与新凯恩斯主义经济学的分歧是，前者试图用实际因素从供给方面解释宏观经济波动，在新古典宏观经济学看来，引起经济波动的实际因素有很多，其中技术是一个重要的因素，在人口和劳动力固定的情况下，一个经济社会中所生产的实际收入便取决于技术和资本存量；后者则从需求方面解释宏观经济波动。

(3) 政策主张不同。新凯恩斯主义经济学认为，由于价格和工资的黏性，经济在遭受总需求冲击之后，从一个非充分就业的均衡状态回到充分就业的均衡状态是一个缓慢的过程，因而刺激总需求是必要的。所以，为了避免较长时期的非充分就业持续出现，新凯恩斯主义经济学认为应该采取宏观经济政策对经济进行干预，其中财政政策尤其重要。新古典宏观经济学反对政府干预。早期的理性预期学派就曾断言，由于人们的合理预期，相机抉择的政策对产量变动是无效的，因而，为了避免由政策的突然变动引起的经济波动，政府应按稳定的政策规则行事。

6. **解答：**效率工资理论认为，劳动生产率依赖于厂商支付给工人的工资，工资削减会降低劳动生产率，引起单位劳动成本的提高。为了保持效率，厂商愿意支付给工人高于均衡工资的工资。效率工资是指努力程度对工资的弹性为 1 的时候的工资。在这个工资水平上，劳动效率达到最高。在新凯恩斯主义理论中，效率工资是一种解释工资黏性的重要理论。

7. **解答：**(1) 公债非中性理论。

凯恩斯主义经济学家不仅把公债作为弥补财政赤字的一个重要手段，而且认为公债是政府实施财政政策的一个重要工具。为此，他们还提出了所谓的“公债哲学”，其要点是：第一，公债的债务人是国家，债权人是公众。国家与公众的根本利益是一致的，政府欠公众的债也就是自己欠自己的债。第二，政府的政权是稳定的，这就确保了债务的偿还是有保证的，不会引起信用危机。第三，公债不会对子孙后代构成负担，因为发行公债可以促使资本更多地形成，加快经济增长的速度，从而使子孙后代在偿付公债的负担之后，还能得到更多的财富和消费。由此，凯恩斯主义经济学家把用公债来弥补由于增加支出而造成的政府预算赤字这一办法看作是经济萧条时期刺激总需求的重要途径。总之，在凯恩斯主义经济学家看来，公债的效果是非中性的，即是有益处的。

（2）李嘉图等价定理。

李嘉图在《政治经济学及赋税原理》一书中表达了这样一种推测：在某些条件下，政府用债券和用税收筹资，其效果是等价的或相同的。西方学者把它称为“李嘉图等价定理”。

新古典宏观经济学不但认为货币政策不能改变产出增长的长期路径，而且认为用公债弥补政府赤字或用减税的办法刺激经济无济于事，因而公债的效果是中性的，即不会带来益处。巴罗认为，不管公债负担落在当代人身上还是后代人身上，李嘉图等价定理都仍是成立的。

8. **解答：**面对新古典宏观经济学的责难和挑战，一批仍然信奉凯恩斯主义基本思想的西方学者也随着新古典学派的成长而形成了目前的新凯恩斯主义的派别，其代表人物有斯蒂格利茨、曼昆、泰勒等。

（1）对新古典学派的观点的肯定和吸收。

新凯恩斯主义者认为，新古典学派的部分观点是能够加以肯定的，从而应该被吸收过来。他们所肯定和吸收的观点大致有下列两个：

①理性预期。

新凯恩斯主义者虽然并不认为人们最终能够准确地预期到现实的情况，但是，他们也认为，为了自己的利益，人们会尽量收集信息，使他们的预测能够趋于正确；收集的信息不但涉及过去，而且涉及未来的事态。

②微观基础。

新凯恩斯主义者同意，宏观经济理论必须符合微观经济学的假设条件，特别是个人利益最大化的假设条件。这就是说，宏观经济理论必须有微观经济学的基础。

（2）对原有的凯恩斯主义的观点的坚持。

在部分地吸收新古典学派的观点的同时，新凯恩斯主义者也坚持了一些凯恩斯主义的原有论点。被坚持的论点约有六个：

①工资和价格黏性。

②工资和价格黏性导致市场非出清。

③“斟酌使用”宏观经济政策进行宏观经济调控。

④李嘉图等价定理不一定成立。第一，普通人的远见不够；第二，人的生命有限，利己的人未必关心下一代的还债情况。

⑤挤出效应的影响受条件的限制。第一，挤出效应只有当 LM 曲线处于垂直状态的时候（充分就业的时候）才完全发生，但是垂直状态毕竟不是常态。第二，在实现充分就业前，只是部分地挤出私人投资，如果政府用适当的扩张性货币政策相配合，利率未必会上升很多。

⑥经济萧条对自然失业率具有永久性作用。永久性作用是指经济萧条的长时间存在会对自然失业率的数值造成永久的作用，提高自然失业率。

9. **解答：**（1）工资黏性的理由：①长期合同理论，认为长期劳动合同对厂商和工人都是有利的，可降低谈判成本，减少罢工次数，而这种劳动合同排除了工资适应条件变化而迅速调整的可能性。②交错合同理论。③效率工资论。效率工资是指满足效率对工资的弹性为1时的工资，即工资增加1%，效率也提高1%时的工资。为了刺激工人的积极性，厂商愿意支付高于平均工资的效率工资。

(2) 价格黏性的理由：①市场的不完全。②工资的黏性。③菜单成本。厂商改变价格需要重新印刷它的产品价格表、向客户解释原因等，这些措施都会带来费用和成本，类似于饭馆改变价格从而重新制作菜单，如果价格变化很多，成本会增加，顾客可能也不满意。④价格分批变动的性质。

10. **解答：**货币主义的基本理论为新货币数量论和自然率假说。

(1) 新货币数量论。

①传统货币数量论包括费雪方程（即交易方程 $Py=MV$ 和 $MV=PT$，后一种形式已经不太流行）和剑桥方程（即庇古的 $M=kY=kPy$），两者的实质是一致的。货币数量与价格水平之间存在直接的因果数量关系，物价水平的高低取决于货币数量的多少，二者呈正向关系。它们被认为是早已存在于西方经济学的“货币数量论”的现代表达形式。二者的不同之处在于：交易方程强调货币的交易媒介的作用，而剑桥方程则强调对货币的需求方面。凯恩斯以灵活偏好为基础提出方程：$\frac{M}{P}=L(y, r)=L_1(y)+L_2(r)$，式中，$L$ 为对货币的总需求，L_1 为对货币的交易需求，L_2 为对货币的投机需求，r 为利率，P 为价格水平。特别是其中的货币投机需求发展了庇古的思想观点。但是它忽略了人们对财富的持有量也是决定货币需求的重要因素。

②弗里德曼根据自己的方程建立了新货币数量论，他强调新货币数量论与传统货币数量论的差别在于，传统货币数量论把货币流通速度 $V\left(\text{或者}\frac{1}{k}\right)$ 当作一个由制度决定的常数，而新货币数量论认为稳定的不是 V，而是决定 V 值的函数，V 只不过是稳定的外在表现而已。V 在长期是一个不变的量，在短期可以作出轻微的变化。

(2) 自然率假说。

在讨论菲利普斯曲线时，自然率假说主要是指自然失业率，也即自愿失业人数在劳动力总人数中所占的比例。自然率假说认为，自由竞争可以使整个经济处于充分就业状态，并且认为这种趋势是完全竞争的市场经济本身固有的属性，而经济活动出现非充分就业的原因不在于市场制度本身，而在于外界的干扰或者人们对经济变量所作预期的误差。根据自然率假说，任何一个资本主义社会都存在一个自然失业率，其大小取决于社会的技术水平、资源数量和文化传统。长期而言，经济总是趋向于自然失业率，尽管短期内经济政策能够使得实际失业率不同于自然失业率。弗里德曼根据自然失业率和菲利普斯曲线得出一个货币主义的结论：在短期，虽然可以通过货币政策把失业率人为地维持在低于自然率的水平，但是，在长期不可能做到这一点。

11. **解答：**凯恩斯主义与货币主义的假设和观点不同，因而在货币政策主张上存在差异。货币主义的政策主张是：反对凯恩斯的财政政策；反对“斟酌使用”（根据情况变化而制定和执行）的货币政策；主张单一规则的货币政策，尽力避免国家干预，例如宣布一个长期不变的货币增长率。

（1）关于财政政策和货币政策的争论。

凯恩斯主义重视财政政策，它从两个方面论述货币政策无效：一方面是流动性陷阱，另一方面是投资的利率弹性。而货币主义认为凯恩斯主义的财政政策是无效的，尤其是在没有相应的货币政策配合的情况下，而且政府支出可能对私人投资产生挤出效应，更降低了整个经济的增长能力。

（2）关于货币政策传导机制和中介目标的选择的争论。

凯恩斯主义：$M\rightarrow i\rightarrow I\rightarrow Y$，通过 i 传导，因此凯恩斯主义以利率作为传导的中介目标。

货币主义：$M\rightarrow Y$，货币政策不需要通过 i 传导，因此货币主义以货币供应量作为传导的中介目标。

（3）凯恩斯主义采取相机抉择，货币主义采取单一抉择。

凯恩斯主义采取相机抉择，即政府进行需求管理时根据市场情况和各项调节措施的特点，机动灵活地采取一种或几种措施，使财政政策和货币政策相互搭配。而货币主义采取单一货币规则，即排除利率、信贷流量、自由准备金等因素，而以一定的货币存量作为唯一支配因素的货币政策，公开宣布长期采用一个固定不变的货币供应量增长率，并且只要货币供应量增长率同国内生产总值增长率相适应，通货膨胀就会被抑制。

12. **解答：**宏观经济理论研究总量问题，但总量是个量的加总，因而，微观经济活动在宏观领域的体现必须与微观行为相一致，即从整个理论体系上来看，宏观总量关系必须存在相应的微观基础。正是在微观基础问题上，理性预期学派给予凯恩斯主义理论以致命的打击。

理性预期学派认为，在凯恩斯主义理论中，作为宏观经济学微观基础的最基本的行为假设是理性行为假设。然而，凯恩斯主义理论至少在三个方面违背了这一假设，从而导致凯恩斯主义理论难以成立。

（1）不合理性的预期。理性预期学派认为，由于人们的预期会影响人们的行为，从而影响宏观经济数量，所以宏观经济理论必须把人们的预期考虑在内。然而，在凯恩斯主义理论模型中，虽然考虑了人们的预期，但是，这种预期是适应性预期。这就意味着，凯恩斯主义理论中的经济当事人只使用过去的信息来决定未来的行为，由于合乎理性的人在将来情况改变时必然会利用一切信息来谋取最大的利益，所以使用适应性预期的凯恩斯主义经济模型不能说明利用有关信息来谋取最大利益的理性人的经济行为，因而凯恩斯主义经济模型不能成立。

（2）不能保证个人行为协调一致。理性预期学派认为，在凯恩斯主义理论涉及同一经济当事人行为的不同地方，经济当事人的行为假设并不能协调一致。

（3）宏观经济政策目标必是个人的最优目标。理性预期学派认为，判断一项经济政策是否成功，必须从微观经济学的角度来考察该政策能否增加社会成员的福利。因此，不能根据凯恩斯主义的宏观经济目标来判断经济政策的成败。理性预期学派认为，人为制造判断标准是不可靠的。

在指出了凯恩斯主义理论的错误之后，理性预期学派通过理性预期对自然率假说进行了重新解释，从而彻底否定了凯恩斯主义经济政策的有效性。

理性预期学派认为，资本主义很难把就业量维持在大于或小于充分就业的水平，其原因在于：①就业量大于或小于自然率的幅度取决于实际通货膨胀率和预期通货膨胀率之间的差距。如果前者大于后者，就业量大于自然率；如果前者小于后者，就业量小于自然率；如果二者相等，就业量等于自然率，即处于萨伊定律所说的供求相等的均衡水平。②既然就业量的变动（大于或小于自然率）取决于实际和预期通货膨胀率之间的差额，那么旨在改变就业量的宏观经济政策，不论是财政政策还是货币政策，都必须通过它们对两个通货膨胀率之间的差额的影响才能发生作用，而影响差额的目的又在于造成经营者的幻觉，使他们错误地把价格的变动看成是对自己商品的需求改变的信息。也就是说，有效的政策必须通过它对两个通货膨胀率的差额的影响来造成幻觉，使人们具有错误的看法，否则，经营者的产量和劳动供给量不会改变，从而就业量也就不会改变。因此，宏观经济政策要想有效，必须具有欺骗的性质。然而，理性预期学派认为，人们会充分利用一切信息来改正他们对事物的错误认识，从而，他们虽然可能偶然犯认识上的错误，但在长期中，却不会系统地和持续地如此。既然宏观经济政策的有效性取决于它能否使人们在认识上犯错误，即造成预期和实际通货膨胀率的差距，那么由于人们不会系统地和持续地犯认识上的错误，所以宏观经济政策是无效的。

综上所述，理性预期学派重新肯定了传统经济学形式的萨伊定律，并且根据传统的微观经济学对凯恩斯主义作了全面否定，认为不仅凯恩斯主义的政策无效，而且凯恩斯主义的整个理论体系都不能成立。

13. **解答：**（1）20 世纪初，美国耶鲁大学教授欧文·费雪提出了交易方程，也被称为费雪方程。这一方程在货币需求理论研究的发展进程中是一个重要环节。

费雪认为，假设 M 是一定时期内流通货币的平均数量，V 为货币流通速度，P 为各类商品价格的加权平均数，T 为各类商品的交易数量，则有：$MV=PT$ 或 $P=\frac{MV}{T}$。从这个方程看，P 的取值取决于 M、V、T 这三个变量的相互作用。不过费雪分析，在这三个经济变量中，M 是一个由模型之外的因素决定的外生变量；V 由于制度性因素在短期内不变，因而可被视为常数；交易数量 T 对产出量通常保持固定的比例，也是大体稳定的；因此，只有 P 和 M 的关系最重要，所以 P 的值特别取决于 M 数量的变化。费雪虽然更多地注意了 M 对 P 的影响，但是反过来，从这一方程中也能导出一定价格水平之下的名义货币需求量。也就是说，由于 $MV=PT$，则 $M=\frac{PT}{V}=\frac{1}{V}PT$。这说明，从货币的交易媒介功能考察，全社会一定时期一定价格水平下的总交易量与所需要的名义货币量具有一定的比例关系，这个比例是 $\frac{1}{V}$。费雪方程没有考虑微观主体的动机对货币需求的影响，许多经济学家认为这是一个缺陷。

以马歇尔和庇古为代表的剑桥学派在研究货币需求问题时，重视微观主体的行为。他们认为，处于经济体系中的个人对货币的需求，实质是选择以怎样的方式保持自己资产的问题。决定人们持有多少货币的原因有：个人的财富水平、名义收入、利率变动，以及持有货币可能拥有的便利等诸多因素。但是，在其他因素不变的情况下，对每个人来说，名义货币需求与名义收入水平之间保持着一个较稳定的比例关系；对整个经济体系来说，也是如此。因此有：$M=kPy$，式中，y 代表实际总收入，P 代表价格水平，k 代表以货币形式拥有的财富占名义总收入的比例，M 代表名义货币需求。该式就是有名的剑桥方程。

（2）比较费雪方程和剑桥方程，前者为 $M=\frac{1}{V}PT$，后者为 $M=kPy$。假若把费雪方程中的 T 等同于剑桥方程中的 y，即把交易商品量等同于收入量，再把 V 视作既代表交易货币的流通次数，又代表与收入水平对应的流通速度，即 $\frac{1}{V}=k$，就容易产生这样的看法：费雪方程和剑桥方程是两个意义大体相同的模型。

（3）实际上，两个方程存在显著的差异，主要有以下几点：

第一，对货币需求分析的侧重点不同。费雪方程强调的是货币的交易媒介功能，而剑桥方程侧重货币作为一种资产的功能。

第二，费雪方程把货币需求和支出流量联系在一起，重视货币支出的数量和速度，而剑桥方程则是从以货币形式拥有资产存量的角度考虑货币需求，重视这个存量占收入的比例。所以也有人将费雪方程称为现金交易说，而将剑桥方程称为现金余额说。

第三，两个方程所强调的货币需求决定因素有所不同。费雪方程用货币数量的变动来解释价格，反过来，在交易商品量给定和价格水平给定时，也能在既定的货币流通速度下得出一定的货币需求结论。而剑桥方程则是从微观进行分析的产物。出于种种经济考虑，人们对于拥有货币存在满足程度的问题；拥有货币要付出代价，比如不能带来收益的特点，就是对拥有货币数量的制约。这就是说，微观主体要在两相比较中决定货币需求。显然，剑桥方程中的货币需求决定因素多于费雪方程，特别是利率的作用已成为不容忽视的因素之一。

14. **解答：**理性预期学派是作为凯恩斯主义的对立物而出现的，这个学派始于 20 世纪 60 年代初，在 70 年代中期形成。由于这个学派的理论观点和政策主张与货币学派有密切联系或相近，因此它又被称为激进的货币主义或新古典宏观经济学，其主要代表人物有：卢卡斯、托马斯·萨金特、罗伯特·J. 巴罗和尼尔·华莱士等。

理性预期学派阐述其观点的两个依据是：（1）理性预期假说。（2）自然率假说。

该学派的理论观点主要有：

（1）界定经济当事人的理性预期，并应用于建立宏观经济模型。

（2）利用附加预期的劳动供给曲线说明国民收入的决定。

（3）货币的非预料到的变动引起国民收入的变动，但同时也形成经济周期。

（4）从微观经济基础上彻底否定凯恩斯主义理论的有效性。

（5）利用理性预期假说和自然率假说否定凯恩斯主义宏观经济政策的有效性。

理性预期学派的政策主张：

（1）主张实行自由主义的经济政策，反对国家干预经济，反对凯恩斯主义的财政政策和货币政策。

（2）主张政府制定并公布长期不变的原则，形成公众的稳定预期，同时政府还要管理货币储备、政府开支、总的价格水平或通货膨胀率等，使之稳定在一定水平上。

（3）改善和刺激劳动供给，降低自然失业率。

15. **解答：**（1）古典学派的货币需求理论就是传统货币数量论，传统货币数量论是以货币的数量来解释货币的价值或一般物价水平的理论，主要有现金交易说和现金余额说两种。

①现金交易说。其主要代表人物是美国经济学家费雪。他在 1911 年出版的《货币的购买力》一书中认为：货币的唯一功能是充当交易媒介，人们需要货币仅仅是因为货币具有购买力，可用来交换产品和劳务。因此，一定时期内社会所需要的货币金额必定等于同期内交易的商品价值总和。费雪提出了交易方程，即：

$$MV=Py$$

式中，M 为货币数量，V 为货币流通速度，P 为一般物价水平，y 为一国的实际国民收入。

费雪认为货币流通速度由人们的支付习惯、社会信用制度、运输和通信条件及人口密度等因素决定，不受货币数量影响，所以在短期内可将货币流通速度 V 视为常数。在充分就业的经济中，y 在短期内也保持稳定，所以也可被视为不变。因此货币数量 M 的变化将等比例地作用于物价水平 P。

费雪的现金交易说是一种机械的货币数量学说，在这一学说中，MV 代表货币供给，Py 形成货币需求，货币需求只是被动地取决于货币供给。

②现金余额说。由剑桥学派创始人马歇尔提出，经过庇古和罗宾逊的发展，形成现金余额方程，又称剑桥方程，即：

$$M=kPy$$

式中，M 为货币数量，k 为以货币形式持有的名义国民收入的比例，P 为一般物价水平，y 为一定时期内按不变价格计算的实际产出，Py 表示名义国民收入。

现金余额说特别强调人们的主观愿望对货币需求的影响。剑桥学派认为，K 的大小取决于两个因素，一是人们对持有货币的利弊权衡，二是人们对未来价格水平的预期。因此现金余额学说中隐含着一些思想，即认为利率对货币需求有影响，将货币需求看作是人们的资产选择。

③现金余额说和现金交易说能得出同一个结论：名义国民收入取决于货币供应量。但两者还是有差异的：第一，对货币需求分析的侧重点不同；第二，现金交易说重视货币支出的速度与数量，而现金余额说重视货币存量占收入的比例；第三，两个学说所强调的货币需求决定因素有所不同，现金余额说是从微观角度分析的产物，其货币需求决定因素多于现金交易说。

（2）1956 年，弗里德曼发表了《货币数量学说的重新表述》一文，奠定了现代货币数量论的基础。弗里德曼认为，货币数量论不是关于产量、货币收入或物价问题的理论，而是关于货币需求的理论。现代货币数量论研究的是影响人们货币持有量的因素：

①总财富。货币是人们持有财富的一种形式，个人所持有的货币量受其总财富限制。总财富包括人力财富和非人力财富。由于总财富难以直接计算，因此用永久收入来代替，这是现代货币数量论的主要特点。

②财富构成，即人力财富与非人力财富的比例。人力财富要转化为现实的非人力财富，受到劳动市场的供求状况等因素的影响，所以在转化过程中，人们必须持有一定量的货币，以应付交易的需要。这一货币量的多少取决于人力财富与非人力财富的比例。

③货币和其他资产的预期收益。在一般情况下，货币的收益为零，而其他资产均有收益，其他资产的收益率提高，则货币需求将减少，反之亦然。

④影响货币需求的其他因素。人们对货币的嗜好程度以及人们对未来经济稳定性的预期也会影响货币需求。

因此，弗里德曼提出了如下货币需求函数：

$$M=f\left(P,r_b,r_e,\frac{1}{P}\cdot\frac{\mathrm{d}P}{\mathrm{d}t},w,Y,u\right)$$

式中，M 为名义货币需求量，P 为价格水平，r_b 为债券预期收益率，r_e 为股票预期收益率，$\frac{1}{P}\cdot\frac{\mathrm{d}P}{\mathrm{d}t}$为物价水平的预期变动率，$w$ 为人力财富与非人力财富的比率，Y 为货币收入，u 为其他影响货币需求的变量。Y、P 与货币需求正相关，r_b、r_e、$\frac{1}{P}\cdot\frac{\mathrm{d}P}{\mathrm{d}t}$、$w$ 与货币需求负相关。

（3）从弗里德曼所列出的货币需求函数关系不难看出，货币主义的货币需求函数不过是传统货币数量论的变形。传统货币数量论的公式是：$M=\frac{Py}{V}$或$M=kPy$。如果把 k 或 V 看作是r_b、r_e、$\frac{1}{P}\cdot\frac{\mathrm{d}P}{\mathrm{d}t}$以及 w 等因素共同作用的结果，则弗里德曼的货币需求函数和剑桥方程或交易方程就极为类似。但传统货币数量论与现代货币数量论有两点明显的不同：第一，货币流通速度在传统货币数量论中被视为一个常数，而在现代货币数量论中被视为一个稳定的函数。第二，现代货币数量论放弃了传统货币数量论所认为的经济持续处于充分就业水平，从而当货币供给变化时，实际国民收入保持不变，价格与货币供给同比例变化的观点，而认为在短期内实际国民收入也将随货币数量的变化而有所变化，货币供给的变动究竟在多大程度上引起实际国民收入的变动，以及在多大程度上引起价格水平的变动，要视其他条件而定。显然，从这两点不同可以看出，现代货币数量论在传统货币数量论的某些观点上有所改进。但是，它们的一些基本立场是一致的，那就是它们都强调货币存量对名义国民收入的重要影响。更重要的是，它们都认为经济自身存在着向充分就业水平收敛的内在趋势。

16. **解答：**（1）凯恩斯学派认为，在短期内，国民收入波动的主要原因来自需求方面，*IS*—*LM* 模型概括了凯恩斯学派的理论体系，是西方宏观经济政策的理论基础。财政政策和货币政策是西方国家进行总需求管理的两大基本经济政策。

（2）新古典宏观经济模型主要说明，在不完全信息下，货币量和一般价格水平导致了货币的非中性，也就是名义货币量的变化导致了相对价格和利率的变动，从而带来了产出和就业的波动。由模型引申出的政策含义是，系统的货币政策无效，随机的货币政策有害。按照新古典宏观经济模型，波动的根源是货币冲击，而这种冲击一般是由中央银行的货币政策引起的。防止波动应该实行单一规则的货币政策。

（3）实际经济周期学派认为，经济周期主要是由总供给冲击造成的，某一部门的创新或技术变动所带来的影响会在经济中传播，进而引起经济的波动。实际经济周期理论在这里强调的是，技术的变化是收入和投资变动的根源，所以政府应该增加对技术创新的支持和投入。短期的需求管理政策不会对经济增长产生实质的影响。

第二十二章

西方经济学与中国

第一部分　课后习题详解

1. 当借鉴西方经济学时必须考虑我国的哪些重大国情?

解答: 我国的国情和西方国家有很多差异，主要特点有以下几个方面:

第一，从社会制度看，西方国家是资本主义国家，而我国是中国特色社会主义国家。中国特色社会主义最本质的特征是中国共产党领导。中国共产党始终坚持从严治党，加强自身建设，始终不忘为中国人民谋幸福、为中华民族谋复兴的初心和使命，不断增强先进性和纯洁性。事实证明，坚持和加强党的全面领导，不仅是中国革命胜利，也是中国各项建设、改革事业胜利推进的根本保证。

第二，从社会发展历史方位看，经过长期努力，现在中国特色社会主义进入了新时代，社会主要矛盾已经转化为人民日益增长的美好生活需要和不平衡不充分的发展之间的矛盾。这是考虑一切问题的立足点。

第三，我国仍处于并将长期处于社会主义初级阶段的国情没有变，我国是世界上最大的发展中国家的国际地位没有变。因此要牢牢坚持党的基本路线，以经济建设为中心，坚持四项基本原则，坚持改革开放，坚定不移把发展作为党执政兴国的第一要务，坚持解放和发展生产力，坚持社会主义经济改革方向，转变发展方式，优化经济结构，转换增长动力，以供给侧结构性改革为主线，推动经济发展质量变革、效率变革、动力变革，提高全要素生产率，着力构建市场机制有效、微观主体有活力、宏观调控有度的经济体制。

第四，从经济发展的基本战略看，中国正在形成以国内大循环为主体、国内国际双循环相互促进的新发展格局。中国是一个有广阔领土的14亿人口大国，有日益壮大的中等收入群体，有超大规模的消费市场和完整的工业体系，完全可以形成这种新格局。加快形成这种新格局，才能确保我国经济安全，确保实现中华民族伟大复兴的中国梦。

第五，从文化传统和意识观念看，我国与西方国家也有重大差别。中华民族历史悠久，中华文化博大精深，中国历来坚持以人为本、生命至上，认同富强、民主、文明、和谐、自由、平等、公正、法治、爱国、敬业、诚信、友善的社会主义核心价值观。

2. 你认为哪些微观经济学理论对我国经济改革具有一定的参考价值？

解答：对我国经济改革有参考价值的微观经济学理论有：均衡价格理论、商品供求理论、厂商均衡理论、公平竞争理论、优胜劣汰理论、博弈论和信息经济学的一些理论、收入分配与贫富差距理论、市场失灵和微观经济政策的理论等。

3. 怎样理解博弈论和信息经济学的一些理论对认识我国当前市场经济秩序是有帮助的？

解答：现代市场经济中充满了不确定性，因此近几十年来迅速发展起来的博弈论和信息经济学对我们研究许多经济现象都非常有用。我国还是一个现代市场经济发展历史不长的国家，现代市场经济所要求的人们的守约意识和诚信观念还比较薄弱，欺诈和坑蒙拐骗事件仍然存在。在这样的情况下，包括各种情况下的策略均衡理论、逆向选择和道德风险理论、信号传递和激励机制理论等都有用处。

4. 你认为西方经济学中的收入分配和贫富差距理论在哪些方面对我国具有参考价值？

解答：西方微观经济学把国民收入分配看作是要素价格问题，掩盖了资本主义资本对雇佣劳动的剥削，这是我们必须认识到的。但这一套理论中也有值得借鉴之处：一是关于贫富差距扩大因素的分析；二是关于贫富差距衡量指标的分析，包括基尼系数、洛伦茨曲线等；三是如何协调公平和效率关系的观点。西方经济学家在这方面提出的一些理论观点和政策主张值得借鉴。

5. 为什么说西方经济学的市场失灵及其调节理论对我国具有一定的参考价值？

解答：无论是在西方国家还是在我国，经济生活中市场失灵的情况都是存在的，而这些情况，包括外部性的克服、公共物品的提供、垄断和竞争中的兴利除弊、贫富差距的调节等，都是无法依靠市场力量来自动纠正的。例如：我国改革开放以来在经济高速发展的过程中，资源过度利用，在水、空气和土壤方面都有污染问题需要治理。西方经济学理论指出，这种治理不可能靠企业自己去做，甚至不能靠地方政府自觉去办，而必须靠中央政府用行政的、经济的各种手段来解决。

6. 为什么西方宏观经济学又称为国民收入决定理论？了解西方宏观经济学对认识和研究我国经济发展有没有意义？

解答：宏观经济学以整个国民经济活动作为考察对象，研究社会总体经济问题以及相应的经济变量的总量是如何决定的及其相互关系。

宏观经济学对总体经济单位的考察，需要解决三个问题：一是已经配置到各个生产部门的经济资源如何决定一国的总产量或就业量；二是产品市场、货币市场、劳动市场、国际市场如何决定着一国的国民收入水平和一般物价水平；三是国民收入水平和一般物价水平的变动产生失业、通货膨胀、经济周期波动及经济增长快慢问题。这三个问题涉及国民收入核算理论、简单国民收入决定理论、产品市场和货币市场同时均衡的 $IS—LM$ 国民收入决定理论、总需求—总供给国民收入决定理论。因此，宏观经济学主要研究国民收入核算、决定和波动，也被称为国民收入决定理论。

宏观经济学国民收入核算理论、国民收入决定理论，以及关于失业、通货膨胀、经济波动问题的解决思路、促进经济增长的对策等对我国经济发展具有一定的指导意义，可以批判地吸收一些合理思想。

7. 为什么说西方宏观经济学对思考和认识我国宏观经济问题的意义是很有限的？

解答：西方经济学的整个理论体系在科学性上存在不少问题。第一，西方经济学的很多理论体系尚未经过实践的检验，因此西方学者目前还只是把西方经济学的理论体系称为“共同认可的理论结构”或“模式”。第二，西方经济学还缺乏科学应有的内部一致性，在理论体系中同时存在两种或两种以上相互抵触的说法。第三，西方经济学在发展演变中所取得的成果缺乏积累性，新理论往往完全排斥旧学说，新旧学说之间不是相互补充而是相互排斥。第四，西方经济学理论体系的假设条件常常是异常苛刻的，往往难以应用于现实生活。第五，一些西方学者自己也承认，西方经济学不完全是科学。所以说西方宏观经济学对思考和认识我国宏观经济问题的意义是很有限的。

8. 中国经济新常态有哪些特点？这种经济新常态蕴含哪些政策寓意？

解答：中国经济新常态是21世纪中国经济社会呈现的一种状态，是指中国经济的发展进入了新的发展阶段。这种状态的特点为：一是从高速增长转变为中高速增长；二是经济结构优化升级，第三产业、消费需求逐步成为主体，城乡区域差距逐步缩小，居民收入占比上升，发展成果惠及更广大民众；三是增长动力转换，从要素驱动、投资驱动转向创新驱动；四是发展方式要从规模速度型转向质量效率型。

中国经济的“新常态”蕴含多方面的政策寓意：一是经济增速正式告别高速增长，宏观经济政策告别常态的调控和刺激，如果经济增速在合理区间，不会采取非常规的刺激措施。二是经济增长的动力悄然转换。尽管发展还是第一要务，但创新成为第一动力，人才成为第一资源。三是经济结构将“避重就轻”，在推动新型工业化的同时，强力扶持服务业。四是告别货币推动型增长模式，控制包括房地产在内的资产价格泡沫和债务杠杆会优于经济增长本身。

9. 什么是供给侧结构性改革？为什么要进行供给侧结构性改革？如何推进供给侧结构性改革？

解答：(1) 供给侧结构性改革是指从提高供给质量出发，用改革的办法推进结构调整，矫正资源配置扭曲，扩大有效供给，提高供给结构对需求变化的适应性，提高全要素生产率，更好满足广大人民日益增长的美好生活需要，促进经济社会持续健康发展。

(2) 进行供给侧结构性改革的原因是：当前我国经济生活中的需求结构已发生明显变化。一是随着收入水平的提高和中等收入群体的扩大，人民对物质生活、精神生活和生态环境等各方面的需求明显提高，多样化、个性化、高端化需求与日俱增。服务需求在消费需求中的占比明显上升，随着恩格尔系数持续下降，居民受教育水平普遍提高和人口老龄化加快，旅游、养老、教育、医疗等服务需求快速增长，同时，产业价值链提升对研发、设计、标准、供应链管理、营销网络、物流配送等生产性服务也提出了更高要求。

二是现有供给侧明显不适应需求结构的变化。无效和低端供给过多，一些传统产业产能严重过剩，产能利用率偏低，有效和中高端供给不足。供给侧调整明显滞后于需求结构升级，居民对高品质产品和服务的需求难以得到满足，出现到境外大量采购日常用品的现象，造成国内消费需求外流。并且，受传统体制机制约束等影响，供给侧调整表现出明显的迟滞，生产要素难以从无效需求领域向有效需求领域、从低端领域向中高端领域流动，新产品和新服务的供给潜力没有得到释放。

三是国际分工格局重构对结构性改革也提出了紧迫要求。前几年的金融危机后，欧美国家的信贷消费模式难以持续，转向推进再工业化战略，一些高端制造业出现回流；能源、原材料生产国迫于新能源技术快速发展的压力，着力延伸产业链，提高产品附加值；人力资源丰富的国家凭借劳动力低成本优势，抢占劳动密集型产业的国际市场。在这种形势下，加快结构性改革是打造中国国际竞争新优势的关键。随着中国要素成本的逐步提高，中国的传统比较优势逐步减弱。而新的竞争优势尚未形成。这就要求从供给侧发力，加快产业结构转型升级，培育建立在新比较优势基础上的竞争优势。

（3）推进供给侧结构性改革，一方面要着力减少无效和低端供给，尤其是其集中表现出来的过剩产能和过大库存，沉淀了大量的厂房、土地、设备和劳动力等生产要素，降低了资源配置效率，去产能、去库存就是减少无效和低端供给以及提高经济运行效率的根本举措；另一方面要着力扩大有效和中高端供给，改变供给体系和产品品质明显不适应居民消费结构升级要求的局面。推进供给侧结构性改革，要着力推进体制机制改革，包括取消一些行业准入限制和民营企业进入障碍；完善金融市场；健全市场诚信体系；加强知识产权保护度等。供给侧结构性改革的主要任务是去产能、去库存、去杠杆、降成本、补短板。

推进供给侧结构性改革并不意味着放弃需求管理。需求管理重在短期调控，重在引导市场预期。在国际动荡、国内面临经济下行压力的背景下，做好需求管理可以改善市场预期，增强人们对经济的信心，避免经济增速短期快速下行激化各种矛盾和潜在风险，避免增大改革的难度和成本。为此，要把握好供给侧结构性改革的时间窗口，营造稳定的宏观经济环境，为改革有序推进创造条件。

10. 什么是中国经济的五大发展理念？

解答：创新、协调、绿色、开放、共享这五大发展理念是指导中国下一个时期经济发展的新的“思想灵魂”。

创新发展是跨越“中等收入陷阱”难题的根本出路。在新常态下，创新是引领发展的第一动力，是国家发展全局的核心。创新包括理论创新、制度创新、科技创新、文化创新、产品创新等各方面创新。未来要把创新摆在国家发展全局的核心位置。

协调发展就是要在优化结构、补齐短板上取得突破性进展。当前，中国在协调发展方面存在三个比较突出的问题：一是城乡二元结构和城市内部二元结构的矛盾依然比较突出；二是区域发展不平衡，东中西部区域间发展不平衡；三是社会文明程度和国民素质与经济社会发展的水平还不匹配。下一个时期经济社会发展要在优化结构、补齐短板上取得突破性进展，着力提高发展的协调性和平衡性。

绿色发展是人与自然和谐共生的现代化要求。过去，中国经济长期发展中积累的大气、水、土壤污染的问题比较突出，所以中国坚持节约资源和保护环境的基本国策，加快生态文明体制改革，建设美丽中国，坚持可持续发展，为经济转型升级添加强劲的“绿色动力”。

开放发展是要在积极融入国际社会的同时成为主动塑造者。历经不懈努力，中国已经成为全球最大货物贸易国、最大外汇储备国，吸引外资和对外投资也居世界前列。中国和世界经济已经形成了你中有我、我中有你的格局。中国要发展更高层次的开放型经济，与世界各国同舟共济，促进贸易和投资自由化、便利化，推动经济朝更加开放、包容、普惠、平衡、共赢的方向发展。

共享发展是经济发展的出发点和落脚点。必须坚持发展为了人民、发展依靠人民、发展成果由人民共享，作出更有效的制度安排，使全体人民在共建共享发展中有更多获得感、幸福感、安全感，增强发展动力，增进人民团结，朝着共同富裕方向稳步前进。要实现共享发展，除了全面小康之外，还要把优先发展教育事业，提高就业质量和人民收入，加强社会保障体系建设，实施健康中国战略，打造共建共治共享社会治理格局，维护国家安全这些事情一件件办好，不断满足人民日益增长的美好生活需要。

五大发展理念体现了要进一步通过改革开放实现高质量发展、满足人民对美好生活的向往、实现中华民族伟大复兴的根本要求。

11. 什么是经济全球化？经济全球化形成的原因是什么？经济全球化可能付出什么代价？

解答：经济全球化是指世界经济活动超越国界，通过对外贸易、资本流动、技术服务形成相互联系、相互依存的全球范围有机经济整体的过程，也是一个以市场经济为基础，以先进科技和生产力为手段，以经济效益为目标，通过分工、贸易、投资、跨国公司和要素流动等，实现各国市场分工与协作、相互融合的过程。

经济全球化的形成，一是生产力发展、高科技发展的结果。信息技术的发展、互联网的发展使信息沟通、资本流动、商品买卖等的速度达到了难以想象的地步，这为经济全球化奠定了物质技术基础。二是原来实行计划经济的国家纷纷实现了市场化经济改革，越来越多的国家走上了市场化道路，为全球化提供了体制保障。三是跨国公司在全球范围的迅速扩张，为经济全球化提供了组织形式。

全球化也是有代价的，其中之一是全球经济的不稳定会成为一种常态，在经济全球化过程中，各国经济的相互依赖性空前加强，因而经济波动和危机的国际传染便成为经常性的而且是不可避免的事情，任何一个国家的内部失衡都可能反映为外部失衡，进而很快影响到与其具有紧密贸易和投资关系的国家，可能将所有国家不同程度地引入失衡与危机的境地，如 2007 年美国的次贷危机，很快便传到了整个欧洲地区以及东南亚，从而形成了严重的地区性金融危机，随后又波及拉美地区，形成了事实上的全球性金融动荡，形成了一股经济逆全球化的潮流。

12. 经济全球化曾经给中国带来什么机遇和利益？中国在未来经济全球化中可能作出什么贡献？

解析：（1）经济全球化曾经给中国带来的机遇和利益：经济全球化是一个生产社会化程度不断提高的过程，社会分工在更大的范围内进行，资金、技术等生产要素在国际社会中的流动和优化配置带来了巨大的分工利益，推动了世界生产力的发展；经济全球化使资源在全球范围内加速流动，中国利用这一机会引进先进技术和管理经验，实现产业结构优化，增强经济竞争力，缩短与发达国家的差距；中国通过吸引外资、扩大就业，使劳动力资源的优势得到充分发挥；中国可以利用不断扩大的国际市场解决产品销售问题，以对外贸易带动本国经济的发展；中国可以借助投资自由化和比较优势从经济全球化中获益。

（2）中国是经济全球化的受益者，也是贡献者。现在，中国作为世界上最大的发展中国家、世界第二大经济体、第一大贸易国、第一大外资吸引国、第二大对外投资国，将继续为世界作出理念贡献、机会贡献、制度贡献，成为推动实现新的全球化的先行者、实践者、引领者。一方面，中国将切切实实从多方面提供发展机会，包括为各国提供更广阔的市场、更充足的资本、更丰富的产品、更宝贵的合作契机；另一方面，中国将实实在在地落实共商共建、共赢共享的全球治理观，倡建"一带一路"，成立丝路基金、亚投行和金砖国家新开发银行，积极建设全球自贸区网络，提出《全球基础设施互联互通联盟倡议》，推进《区域全面经济伙伴关系协定》谈判，推动《巴黎协定》生效并作出有关承诺。总之，中国将高举新的全球化的大旗，积极推动有利于全球共同发展的贸易、投资自由化和服务便利化，继续发挥负责任大国的作用，积极参与全球治理体系改革和建设，不断贡献中国智慧和力量。

第二部分　精编习题

问答题

1. 什么是经济逆全球化？为什么出现了经济逆全球化？

2*. 英国著名经济学家罗宾逊夫人说："马克思是在设法了解这个制度（即资本主义制度——引者）以加速它的倾覆。马歇尔设法把它说得可爱，使它能为人们接受。凯恩斯是在力求找出这一制度的毛病所在，以便使它不致毁灭自己。"你是否同意这一说法？为什么？

3*. 你是否认为2008年的严重的全球金融危机是对西方的"有效市场"理论的挑战？

4*. 为什么必须正确理解和处理虚拟经济与实体经济的关系？虚拟经济的过度膨胀可能会带来什么问题？

5*. 何为科学主义？西方经济学的科学主义突出表现在哪个方面？

6*. 政府的经济管理职能有哪些？

7*. "两高一低"粗放式投资拉动经济增长不可持续的原因是什么？

8*. 实现增长方式由粗放型向集约型转变的主要发力点有哪些？

9*. 从拉美地区和东南亚一些国家的情况看，陷入"中等收入陷阱"的主要原因是什么？

第三部分　精编习题详解

1. **解答**：所谓经济逆全球化是指一种与全球化反向而行的思潮，如主张贸易保护，反对商品、资本、人员、技术等在国际上流动，要求离开和退出国际组织或者地区性组织，走上内向道路。例如，英国脱离欧盟，美国退出《跨太平洋伙伴关系协定》、要求重新谈判世界贸易组织（WTO）规则等。

为什么会出现这种逆全球化？根本原因是近几年来世界经济低迷，发达国家发展停滞。诱发因素可能是，在全球化过程中，这些国家国内利益分配严重不均，贫富差距进一步扩大。少数所谓"精英"更富有了，他们凭借物质资本和人力资本获取从全球化中得来的大量财富；相反，绝大部分中低收入劳动者得益不仅很少，而且由于全球产业链和价值的分工布局、全球生产和外包体系的建立，一些劳动密集型制造业被转移和分布到了广大发展中国家，导致欧美发达国家制造业部门的失业工人增加，促使他们成为反全球化的基层群体。在英国公投中，大多数投票支持脱欧就是一个例子。

政治上的诱发因素可能是国家民族主义回潮。由于全球化会使一部分国家主权有所让渡，例如贸易自由化会使本来属于国家的关税权被让渡给 WTO，有关国家都要按 WTO 规则进行贸易，这就是从经济角度所谓的“去国家化”，从而引起一些国家政府的不满，逐渐在政治上趋向保守，并与经济趋于内向相结合，形成逆全球化。

然而，经济全球化是社会生产力发展的客观要求和科学技术进步的必然结果，它为世界经济增长提供了强劲动力，促进了商品和资本流动、科技和文明进步以及各国人民的交往，符合历史潮流和社会发展方向。逆全球化不可能成为历史趋势，只是暴露了原来发达国家主导下传统全球化的诸多弊端。打造传统全球化的升级版，推动实现新的全球化势在必行。

2*. **解答：**我同意这一说法，因为马克思通过研究认为人民是社会的创造者，工农群众是社会财富的主要创造者，工农群众应该是社会的主人，享受发展成果，但是工农群众在资本主义社会则是被压迫、被剥削的阶级。工农群众要获得解放、改变自己的命运，只有消灭资本主义制度，所以马克思是无产阶级革命家。马歇尔是自由主义经济学家，他相信资本主义自由竞争制度是一架美妙的机器，通过自由竞争，能实现资源的最优配置，达到社会、经济、自然的均衡与和谐。凯恩斯面对资本主义经济大萧条，认为资本主义制度有毛病，需要医治，否则免不了要走向毁灭，由于他的资产阶级利益捍卫者的立场，因此他力求找出资本主义制度的缺陷在哪里，以便通过国家调节，使资本主义经济制度的毛病得到医治。可见，这三位经济学家的根本立场和观点决定了他们研究资本主义制度的不同目的、态度、方法和结论。

3*. **解答：**2008 年，一场由美国次贷危机引发的金融危机席卷了全球，不仅使西方发达国家经济遭受了一次重创，也对现行西方经济理论提出了很大挑战：彻底粉碎了自由的市场经济机制总能有效配置资源的神话。

“有效市场”理论宣称，给定所有公众可获知的信息，金融市场总能正确定价，投资者都会理性地权衡收益和风险，根据这些假设所建立起来的所谓资产定价模型会指导人们如何正确选择投资组合，如何对有价证券包括金融衍生品及其收益的索取权正确定价。

在自由化的经济学和金融学理论不断占据上风的同时，美国经济和金融业在实践上也不断走向自由化。传统的西方经济理论总认定，由理性投资者构成的“有效市场”发出的价格信号通常是正确的。然而，这场由美国次贷危机引发的严重的金融危机告诉我们，事实不是这样。由于过分相信了经济自由化，所以放弃了应有的监管，而由理性投资者构成的“有效市场”发出的价格信号并不完全可靠。包含次贷债券在内的金融资产被一次次打包化装后实际上已面目全非，购买者即投资者已根本弄不清这样的资产的真实价格应是多少，只知道大家去买的东西一定是好东西。由于资产评级公司是根据评估业务量收费，债券卖得越多，其收入会越高，因此在利益驱动下，它们甚至会指点金融机构如何把不同级别的债券打包，以使债券评级更高。正是由于放松了监管，债券价格被过高评估，大量次贷债券才获得安全评价，被保险公司和退休基金这样谨慎的投资机构大量购买。至于那些金融巨头的高管人员，为了获得高额报酬而不惜冒任何风险，对他们来说，如果公司破产了，自己最多是被解雇，而业绩好时拿的高额奖金并不会被追回。在这些情况下，金融衍生品的价格怎么会不失灵呢？传统的西方经济理论总假定，金融机构总会自己把握住风险，从而金融崩溃的概率被严重低估。金融危机的事实表明，经济学家关于经济人具有完全理性的假定是多么脱离实际。基于理性预期假设的经济学穿上了外表华丽的数字外衣，但那只不过是一种浪漫化的和经过净化的经济现象。这种幻象迷住了人们的双眼，使他们忽视了那些可能出错的事情。

4*. **解答：** 虚拟经济是指资本以脱离实体经济的价值形态存在，以票据方式持有权益，按特定规律运动以获取价值增值的经济活动。

实体经济则是指物质产品和精神产品的生产、销售以及提供相关服务的经济活动，既包括工、农、交通运输、邮电、建筑等行业的物质生产活动，也包括教育、文化、艺术等精神产品的生产和服务。

虚拟经济产生于实体经济发展的内在需要，建立在实体经济的基础上，为实体经济服务。虚拟经济对实体经济的促进作用表现为金融的自由化和深化可提高社会资源配置的效率和实体经济运行的效率。资本证券化和金融衍生工具提供的套期保值等服务，可为实体经济提供稳定的经营环境，为企业分散风险，降低实体经济波动引致的不确定性，并且虚拟经济自身的发展也能促进 GDP 的增长，为社会提供就业机会。但是，虚拟经济的发展是与投机活动共存的，因为虚拟经济提供的资本配置效率取决于虚拟资本的高度流动性，而这种流动性要靠投机活动来实现，虚拟经济提供的风险规避功能如套期保值业务，其风险也靠投机者来分摊。与实体经济相比，虚拟经济所具有的高风险、高收益特征，很容易吸引大批资金从事这类投机活动，而投机过度又会使虚拟经济过度膨胀而形成泡沫经济。泡沫经济主要是一种资产价格过分高于其价值的现象。货币政策失误和金融监管不当是泡沫经济产生的体制性因素。泡沫破裂后所形成的金融危机会对实体经济的发展造成多方面的危害。近几年来拉美地区和东南亚地区的新兴工业化国家在金融自由化中因监管失当而引致泡沫经济的事实就提供了深刻的教训。美国次贷危机所引发的 2008 年全球金融危机同样是由于放松了金融监管，任虚拟经济中的泡沫随意膨胀。从虚拟经济和实体经济关系的角度看，这次危机的发生，根源还在于过去几十年间美国的经济增长和消费超越了本国生产力的承受能力：一方面，在实体经济虚拟化、虚拟经济泡沫化过程中实现了不堪重负的增长；另一方面，美国又把这种沉重的负担通过美元的世界储备货币地位和货币市场的价值传导机制分摊给全世界。美国过度消费所造成的贸易逆差主要靠印刷美元“埋单”。日本和石油生产国等国居民的过度储蓄和贸易顺差所积累起来的大量美元储备为华尔街金融衍生品的创造提供了条件，并在一定程度上促使其资产泡沫化。看起来美国经济一时异常繁荣，但实际上美国经济已进入 IT 产业周期波段的末尾，缺乏投资机会，大量制造业已转移到国外，短期内也不可能有大量科技创新项目吸纳资金。因此，这种“繁荣”其实已是泡沫，缺乏实体经济增长作为支撑。于是，虚拟经济过度膨胀形成的泡沫经济终于导致了这场危机。

5*. **解答：** 科学主义是指一门学科虽然在表面上使用了科学的研究方法，却未能得到科学的结果以使该学科成为科学，从而科学方法仅使该学科貌似科学，而在事实上却不是。

西方经济学科学主义的最突出之处是数学的使用。首先，经济学对经济问题和经济规律进行研究，不但要做定性分析，还要做定量分析，需要统计数字和经验加以揭示和证明。其次，人们从事经济活动总要作出优化其活动的决策，而优化在数字上就是求极大、极小问题。最后，研究经济变量之间的均衡关系也需要运用数学工具。这些都说明研究经济学需要运用数学作为工具和方法，但这种运用应当是正确的、恰当的，而不能误用和滥用。

现在有一种不良倾向，即不管研究什么经济问题，都要求搞一套数学模型，弄一个目标函数，列几个约束条件，然后再作一些数学推导，从中引申出几点结论，如此便大功告成。至于结论是否正确，约束条件是否从实际中来，却不作追究，认为只要数学公式成立，推导步骤正确，就是科学的了，而且数学公式越多，推导越复杂，科学性就越强，理论也就越深。这实在是对数学的误用和滥用。实际上，经济生活是十分复杂的，受多种因素影响，而且这些因素又是多变的、很不确定的，这使许多经济问题很难用一个简单的或复杂的数学模型加以概括和研究。总之，数学对研究经济学是很有用的，但数学只是工具，数学工具的运用要恰当。数学不是目的，数学不能代替经济理论和经济思想。

因此，我们把数学的使用作为西方经济学中的科学主义的例子。正是因为如此，曾获得诺贝尔经济学奖的西方经济学家哈耶克宣称：西方经济学中的很大一部分是“科学主义”，而不是科学。现代宏观经济学的鼻祖凯恩斯写道：“近来出现的绝大多数的‘数理经济学’不过是一些拼凑而成的东西，其不精确的程度和它们赖以建立的假设条件相同。这些东西使其作者能在一堆杂乱的徒有其表而又无用的数学符号中忽视现实世界中的复杂性和相互依赖性。”

可以看到，数学仅仅是一种科学方法，与西方经济学的内容无关。数学可以对正确的内容进行论证，也可以给错误的内容披上一层科学的外衣。一门学科是否为科学，应该取决于其内容，而不是它是否使用数学方法。例如，生物学、解剖学等并不大量使用数学，但没有人怀疑它们的科学性。由于西方经济学的部分内容并不正确，而又使用大量数学方法加以论证，所以西方经济学含有大量非科学的成分。

6*. **解答**：资源配置要让市场起“决定作用”，并不是说政府不重要了，也不是说政府管得越少越好。不能说管得越少的政府就是越好的政府，而是管得有效率、能实现社会公平正义的政府才是好的政府。这里的关键是管什么、如何管。任何一国政府的职能都包括政治职能（包括军事、外交、治安和民主政治建设等）、经济职能、文化职能（包括发展文化、教育、医疗卫生、科技等）、社会职能（包括提供社会保障、保护生态、提高人口素质等）等。就经济而言，政府的职能定位可概括为：弥补市场不足，促进社会公平。具体而言，大致可分为这样三个方面：一是提升效率方面的职能。如禁止行业垄断和不正当竞争行为、解决外部性、提供公共物品和管理信息、对经济活动主体的经营活动进行必要的监督等，都属于提升效率方面的职能。二是促进公平方面的职能。如利用税收和转移支付缩小贫富差距的收入再分配政策，向全体公民提供各种社会保障和公共物品，包括向他们及其子女提供基本医疗卫生和义务教育的制度安排等，都体现了这方面的职能。三是稳定经济方面的职能。财政政策和货币政策就表现出这方面的职能。政府之所以必须有这些方面的职能，是因为这些领域都是市场失灵的地方。政府也有能力来承担这些职能。政府是国家的政权机构，它可以依法向全体公民征税和发行公债，集中必要财力来实现包括向公民提供公共物品、向中低收入者提供帮助等职能；它也可以通过立法、司法对市场进行监督管理，通过惩办一切违法犯罪行为来维护公平竞争的市场秩序；它还有权依法执行财政政策和货币政策，以平抑经济的过分波动，实现社会经济的持续、稳定发展。

7*．**解答：**靠“资源高消耗、环境高污染、人工低成本”的粗放式高投资来拉动经济增长，为实现我国经济持续多年10%左右的高增长作出了贡献，然而，今后这条路走不通了。

这是因为：第一，国际环境变了。今天，西方发达国家经过债务危机和金融危机，对中国产品的需求大幅萎缩，还用贸易保护主义棒打中国出口。显然，外需收缩必然使国内投资扩张受阻。第二，资源容忍度变了。多年以来，我国的矿产资源、土地资源、水资源等大量资源被过度消耗，如果以后再要像过去那样，恐怕所有资源都无法容忍。第三，生态环境变了。我国以往持续多年大规模投资使生态环境受到了破坏，空气、河流、湖泊、近海以及土地都受到了不同程度的污染。如果再像过去那样搞拼资源、拼环境的增长，自然环境实在不堪承受。第四，人口红利变了。所谓人口红利是指一个国家生育率的迅速下降在造成人口老龄化加速的同时，少儿抚养比也迅速下降，劳动年龄人口比例上升，在老年人口比例达到较高水平之前，将形成一个劳动力资源丰富、老人和少儿的抚养负担较轻，从而对经济发展十分有利的“黄金时期”的情况。从20世纪90年代起至21世纪初，我国人口年龄结构就处于人口红利阶段。每年劳动供给增加总量约为1 000万人，保证了劳动力的足够需要。同时由于改革开放后国家允许农民到城里务工，大量农民工流入城市打工，不仅本身工资要求低，而且在一定程度上使原来的城市普通工人的工资无法与经济发展同步提高。这种劳动供给充裕和低工资格局十分有利于投资扩张，拉动经济增长。然而，这种格局现在已开始变化：老龄化过程加速，许多本来是劳动者年龄的人步入老年人队伍，而且由于目前养育孩子的成本提高，人们一般也不愿意多生。因此我国人口红利开始消失。这表明，要想再像过去那样靠低工资吸收劳动者，以满足扩大投资规模进而快速发展经济的要求，已经不可行了。第五，人的观念变了。多年来中国普通劳动者一直习惯于过低工资的苦日子。然而，从现在起，情况就不同了。第二代的农民工再也不觉得自己应满足于有口饭吃就行的生活。城里的新一代工人也不再像他们父辈那样安于现状。他们要求过新时代人的日子。上述这些变化都说明，过去那条靠粗放式投资来拉动经济增长的路已越来越难走了。

8．**解答：**一要加快科技进步，提高技术进步对经济增长的贡献率。科技进步可改进产品和工程设计；可更新机器设备，降低能耗，提高物资利用率；可缩短产品生产周期，节约劳动消耗；可提高产品质量，增加产品附加值。一句话，科技进步是实现经济增长的前提条件。二要大力发展教育事业，提高劳动者素质。科技进步、采用新技术都离不开高素质的劳动者，而要提高劳动者素质，就必须大力发展教育事业，改善教育结构。这是经济增长方式转变的重要保证。三要建立竞争性市场体系，完善市场结构。转变增长方式，要求经济资源能优化配置，提高资源的利用效率，这必须在合理的市场结构下通过有效的市场竞争才能实现。完善市场结构就要求进一步深化经济体制改革。

9*．**解答：**从拉美地区和东南亚一些国家的情况看，陷入“中等收入陷阱”的原因主要有以下几个方面：一是错失发展模式转换时机，一直停留在低收入迈向中等收入阶段时的发展模式上，如拉美一些国家的进口替代发展战略（提高进口商品的关税并努力发展进口商品的生产以替代这些商品的进口）和马来西亚的出口导向发展战略（鼓励发展工业生产，以工业产品替代初级产品作为主要出口项目）；二是未能克服技术创新瓶颈，没有在自主创新和人力资本方面持续增加投入、培育新的竞争优势；三是对发展公平性重视不够，不仅导致中低收入居民消费严重不足，消费需求对经济增长的拉动作用减弱，而且由于贫富悬殊，引发社会动荡、政权更迭，对经济发展造成了严重影响；四是宏观经济管理缺乏有效的制度框架，政策缺乏稳定性，政府债台高筑，通货膨胀和国际收支不平衡等顽疾难以消除，危机频发造成经济大幅波动；五是体制变革严重滞后，利益集团势力强大，造成寻租、投机和腐败现象蔓延，市场配置资源的功能受到严重扭曲。

图书在版编目（CIP）数据

宏观经济学习题集/张顺主编. --3版. --北京：中国人民大学出版社，2021.10
21世纪经济学系列教材
ISBN 978-7-300-29798-9

Ⅰ.①宏… Ⅱ.①张… Ⅲ.①宏观经济学-高等学校-习题集 Ⅳ.①F015-44

中国版本图书馆CIP数据核字（2021）第173440号

21世纪经济学系列教材
宏观经济学习题集（第三版）
主　编　张　顺
副主编　田金莹　师颖新
主　审　张树安
Hongguan Jingjixue Xitiji

出版发行	中国人民大学出版社		
社　　址	北京中关村大街31号	**邮政编码**	100080
电　　话	010－62511242（总编室）		010－62511770（质管部）
	010－82501766（自营网店）		010－62514148（明德书店）
	010－62511173（销售部）		010－62515275（盗版举报）
网　　址	http://www.crup.com.cn		
经　　销	新华书店		
印　　刷	北京密兴印刷有限公司	**版　　次**	2018年6月第1版
开　　本	787 mm×1092 mm　1/16		2021年10月第3版
印　　张	19.75 插页1	**印　　次**	2025年12月第12次印刷
字　　数	468 000	**定　　价**	48.00元

教学支持说明

1. 教辅资源获取方式

为秉承中国人民大学出版社对教材类产品一贯的教学支持，我们将向采纳本书作为教材的教师免费提供丰富的教辅资源。您可直接到中国人民大学出版社官网的教师服务中心注册下载——http://www.crup.com.cn/Teacher。

如遇到注册、搜索等技术问题，可咨询网页右下角在线 QQ 客服，周一到周五工作时间有专人负责处理。

注册成为我社教师会员后，您可长期根据您所属的课程类别申请纸质样书、电子样书和教辅资源，自行完成免费下载。您也可登录我社官网的"教师服务中心"，我们经常举办赠送纸质样书、赠送电子样书、线上直播、资源下载、全国各专业培训及会议信息共享等网上教材进校园活动，期待您的积极参与！

2. 高校教师可加入下述学科教师 QQ 交流群，获取更多教学服务

经济类教师交流群：809471792

财政金融教师交流群：766895628

国际贸易教师交流群：162921240

税收教师交流群：119667851

3. 购书联系方式

销售部电话：010－62511173

自营网店咨询电话：010－82501766

明德书店咨询电话：010－62514148

中国人民大学出版社经济分社

地址：北京市海淀区中关村大街甲 59 号文化大厦 1506 室　100872

电话：010－62515803　010－62516948

传真：010－62514775

E-mail：jjfs@crup.com.cn